Código de Processo do Trabalho

E LEGISLAÇÃO COMPLEMENTAR ANOTADOS

Código de Processo do Trabalho

E LEGISLAÇÃO COMPLEMENTAR ANOTADOS

2019

Alcides Martins
Advogado
Professor convidado do ISCTE-IUL e da Universidade Europeia

ALMEDINA

CÓDIGO DE PROCESSO DO TRABALHO
e Legislação Complementar Anotados
AUTOR
Alcides Martins
EDITOR
EDIÇÕES ALMEDINA, S.A.
Rua Fernandes Tomás, nºs 76, 78 e 80
3000-167 Coimbra
Tel.: 239 851 904 · Fax: 239 851 901
www.almedina.net · editora@almedina.net
DESIGN DE CAPA
FBA.
CAPA: Edições Almedina
PRÉ-IMPRESSÃO
EDIÇÕES ALMEDINA, S.A.
IMPRESSÃO E ACABAMENTO
PENTAEDRO, LDA.

outubro, 2019
DEPÓSITO LEGAL
463261/19

ALMEDINA | GRUPOALMEDINA

BIBLIOTECA NACIONAL DE PORTUGAL – CATALOGAÇÃO NA PUBLICAÇÃO
MARTINS, Alcides, 1943-
Código de processo do trabalho e legislação complementar anotados. – (Códigos anotados)
ISBN 978-972-40-8217-2
CDU 349

OBRAS DO AUTOR

- *Noções Fundamentais de Direito*, APG, Lisboa, 1994.
- *Celebração e Cessação do Contrato de Trabalho*, APG, Lisboa, 1994.
- *Direito do Trabalho Fundamental*, ISLA, Lisboa, 2002.
- *Legislação da Segurança Social*: Tomo I – *Sistema Previdencial e Complementar*, Tomo II – *Código dos Regimes Contributivos do Sistema Previdencial*; Dislivro, Lisboa, 2007.
- *Legislação sobre Incapacidades em Direito do Trabalho, Civil e Administrativo*, Dislivro, Lisboa, 2007.
- *Legislação sobre Estrangeiros*, Dislivro, Lisboa, 2008.
- *Incumprimento do Contrato de Trabalho* (parceria), V. Dashôfer, Lisboa, 2010.
- *Organização e Duração do Tempo do Trabalho* (parceria), V. D., Lisboa, 2010.
- *Código do Trabalho e Legislação Complementar*, 3ª ed., Digital Juris Book, Lisboa, 2012.
- *Direito do Processo Laboral*, 4ª ed., Almedina, Coimbra, 2019.

SUMÁRIO

ABREVIATURAS E SIGLAS UTILIZADAS

A. Autor.
Ac. Acórdão.
ACT Autoridade para as Condições de Trabalho – Decreto Regulamentar nº 47/2012, de 31 de julho.
Art. Artigo.
ASF Autoridade de Supervisão de Seguros e Fundos de Pensões, com estatutos aprovados pelo Decreto-Lei nº 1/2015, de 6 de janeiro.
BTE Boletim do Trabalho e Emprego (Despacho Normativo nº 25/2007, publicado em 3/7/2007).
CC Código Civil, aprovado pelo Decreto-Lei nº 47344, de 25 de novembro de 1966.
CCT Convenção coletiva de trabalho ou contrato coletivo de trabalho.
CEDH Convenção Europeia dos Direitos do Homem – Leis nºs 65/78, de 13 de outubro e 12/87, de 7 de abril.
Cfr. Conforme, confirmar.
CJ Coletânea de Jurisprudência.
CJS Coletânea de Jurisprudência – Acórdãos do Supremo Tribunal de Justiça.
CPC Código de Processo Civil, aprovado pela Lei nº 41/2013, de 26 de junho.
CPA Código do Procedimento Administrativo, aprovado pelo Decreto-Lei nº 4//2015, de 7 de janeiro.
CPT Código de Processo do Trabalho, aprovado pelo Decreto-Lei nº 480/99, de 9 de setembro, alterado e republicado pela Lei nº 107/2019, de 9 de setembro.
CRP Constituição da República Portuguesa.
CRCSPSS Código dos Regimes Contributivos do Sistema Previdencial da Segurança Social, aprovado pela Lei nº 110/2009, de 16 de setembro.
CT Código do Trabalho, aprovado pela Lei nº 7/2009, de 12 de fevereiro.

DGCI	www.dgsi.pt (base de dados de jurisprudência).
DL	Decreto-Lei.
DLR	Decreto Legislativo Regional.
DR	Decreto Regulamentar.
DRR	Decreto Regulamentar Regional.
IRCT	Instrumento de regulamentação coletiva do trabalho.
JOUE	Jornal Oficial da União Europeia
LAT	Lei nº 98/2009, de 4 de setembro – Regime de Reparação de Acidentes de Trabalho e Doenças Profissionais, Incluindo a Reabilitação e Reintegração Profissionais.
LGTFP	Lei Geral do Trabalho em Funções Públicas – Lei nº 35/2014, de 20 de junho.
LOSJ	Lei da Organização do Sistema Judiciário – Lei nº 62/2013, de 26 de agosto.
LPDP	Lei da Proteção de Dados Pessoais – Lei nº 58/2019, de 8 de agosto.
LR	Lei de Regulamentação do Código de Trabalho – Lei nº 105/2009, de 14 de setembro.
MP	Ministério Público.
P	Portaria.
PDT	Prontuário de Direito do Trabalho – Centro de Estudos Judiciários.
RCP	Regulamento das Custas Processuais, aprovado pelo Decreto-Lei nº 34/2008, de 26 de fevereiro
RGC	Regime Geral das Contraordenações – Decreto-Lei nº 433/82, de 27 de outubro.
RCLSS	Regime Processual das Contraordenações Laborais e da Segurança Social – Lei nº 107/2009, de 14 de setembro.
Rel.	Relator.
ROFTJ	Regulamento da Lei de Organização do Sistema Judiciário – Decreto-Lei nº 49/2014, de 27 de março.
STJ	Supremo Tribunal de Justiça.
TC	Tribunal Constitucional.
TR	Tribunal da Relação.
UC	Unidade de conta.

Notas:

Sempre que se indique uma disposição legal sem mencionar o diploma a que pertence deve presumir-se que pertence ao código ou à lei que se está a anotar.

ANOTAÇÃO PRÉVIA

1. Após a aprovação do Código de Processo Civil, pela Lei nº 41/2013, de 26 de junho, tornou-se imperiosa a necessidade da adaptação do Código de Processo do Trabalho, dada a forte relação de subsidiariedade existente entre os dois códigos.

2. Contudo, só depois de volvidos mais de cinco anos, é que deu entrada na Assembleia de República a Proposta de Lei, que veio a ter o nº 176/XIII. Conforme consta na sua exposição de motivos, lamentavelmente, nela apenas se contém "um conjunto de alterações ao Código de Processo do Trabalho... cujo escopo essencial reside na atualização do mencionado diploma à luz da realidade normativa que sobreveio à última revisão global de que foi objeto" (em 2009).

3. Entretanto, tendo o texto sido objeto de pequenas alterações veio a ser aprovado na Assembleia, em 19 de julho, originando a Lei nº 107/2019, de 9 de setembro, que, ditosamente, republicou o Código em seu anexo.

4. Tendo acompanhado este moroso processo de renovação deste Código e lecionado já com base naquela Proposta, procurando facilitar a visão do sistema e a compreensão das suas normas, mormente a sua ligação ao CPC e ao CT, procedeu-se à anotação da generalidade do seu articulado. O mesmo se fez em relação às duas leis complementares: a dos acidentes de trabalho e doenças profissionais e a do procedimento das contraordenações laborais e da segurança social e, bem assim, às normas sobre a competência material e internacional dos juízos do trabalho.

5. Obviamente, havendo, para além deste escopo central, outros diplomas com relevância nesta área do procedimento judicial sócio laboral, deles foi dada nota, para além de se apontar a jurisprudência considerada relevante, em especial, destes últimos três anos. Pretendeu-se, assim, concretizar, com coerência, um verdadeiro manual para estudo e aplicação deste ramo do Direito.

Lisboa, 30 de setembro de 2019.
ALCIDES MARTINS
(alcides@amartins.pt)

Parte I

Código de Processo do Trabalho

(LEI Nº 107/2019, DE 9 DE SETEMBRO)

EXPOSIÇÃO DE MOTIVOS DA PROPOSTA DE LEI Nº 176/XIII

O Programa do XXI Governo Constitucional assumiu, entre os seus objetivos essenciais para o relançamento da economia portuguesa e a criação de emprego, o desenvolvimento de políticas que favoreçam o crescimento das empresas, que melhorem o rendimento das famílias e que estimulem o emprego e a estabilidade de vida dos trabalhadores.

A existência de um sistema de justiça dotado de instrumentos que lhe permitam responder com adequação e em tempo útil, dirimindo os conflitos que lhe são submetidos, é essencial ao equilíbrio da economia e à estabilidade das relações laborais.

O direito processual laboral é um instrumento fulcral para o bom funcionamento da justiça do trabalho e para a efetividade da defesa dos direitos dos trabalhadores, dos empregadores e de todos os parceiros sociais envolvidos.

Com a presente proposta de lei, o Governo submete à apreciação da Assembleia da República um conjunto de alterações ao Código de Processo do Trabalho, aprovado pelo Decreto-Lei nº 480/99, de 9 de novembro, e alterado pelos Decretos-Leis nºs 323/2001, de 17 de dezembro, 38/2003, de 8 de março, e 295/2009, de 13 de outubro, que o republicou, e pelas Leis nºs 63/2013, de 27 de agosto, 55/2017, de 17 de julho, e 73/2017, de 16 de agosto, cujo escopo essencial reside na atualização do mencionado diploma à luz da realidade normativa que sobreveio à última revisão global de que foi objeto.

Com efeito, verificaram-se, desde 2009, importantes desenvolvimentos nos domínios do direito adjetivo civil e da legislação da organização judiciária, com a entrada em vigor do novo Código de Processo Civil, aprovado pela Lei nº 41/2013, de 26 de junho – e, entretanto, alterado pelas Leis nºs 122/2015, de 1 de setembro, 40-A/2016, de 22 de dezembro, e 8/2017, de 3 de março, pelo Decreto-Lei nº 68/2017, de 16 de junho, e pelas Leis nºs 114/2017 de 29 de dezembro, e 49/2018 de 14 de agosto –, e da Lei nº 62/2013, de 26 de agosto, que estabelece a Lei da

Organização do Sistema Judiciário, alterada pelas Lei nºs 40-A/2016, de 22 de dezembro, que a republicou, e 94/2017, de 23 de agosto, pela Lei Orgânica nº 4/2017, de 25 de agosto, pela Lei nº 23/2018, de 5 de junho, e pelo Decreto-Lei nº 110/2018, de 10 de dezembro.

Assim, com a presente iniciativa legislativa visa-se, em primeira linha, adequar o Código de Processo do Trabalho à matriz destes diplomas estruturantes, o que se afigura necessário na medida que estes enquadram decisivamente as soluções constantes da codificação adjetiva laboral.

Por outro lado, procura-se, também, harmonizar o Código de Processo do Trabalho com o direito laboral substantivo, a saber, com o Código do Trabalho, aprovado pela Lei nº 7/2009, de 12 de fevereiro, na sua redação atual, e com a Lei nº 98/2009, de 4 de setembro, que regulamenta o regime de reparação de acidentes de trabalho e de doenças profissionais, nos termos do artigo 284º do Código do Trabalho, e que revogou, designadamente, a Lei nº 100/97, de 13 de setembro, que estabelecia o anterior regime jurídico dos acidentes de trabalho e das doenças profissionais.

Aproveita-se também o momento para introduzir algumas modificações adicionais, alguns aperfeiçoamentos considerados úteis, com vista a conferir um maior apuramento a alguns aspetos do processo laboral, deixando de parte, porém, alterações que implicariam uma revisão global de institutos e de trâmites específicos.

Refira-se, por último, que se aproveita ainda o ensejo para introduzir alguns aperfeiçoamentos na organização sistemática do Código de Processo do Trabalho.

O projeto correspondente à presente proposta de lei foi publicado, para apreciação pública, na separata do *Boletim do Trabalho e Emprego*, nº 31, de 6 de agosto de 2018.

Foram ouvidos o Conselho Superior da Magistratura, a Procuradoria-Geral da República, a Ordem dos Advogados, a Associação Sindical dos Juízes Portugueses, o Sindicato dos Magistrados do Ministério Público e as organizações representativas dos trabalhadores e dos empregadores.

Lei nº 107/2019, de 9 de setembro

Altera o Código de Processo do Trabalho, adequando-o ao Código de Processo do Trabalho

A Assembleia da República decreta, nos termos da alínea c) do artigo 161º da Constituição o seguinte:

Artigo 1º – Objeto

A presente lei altera o Código de Processo do Trabalho, aprovado pelo Decreto-Lei nº 480/99, de 9 de novembro, e a Lei da Organização do Sistema Judiciário, aprovada pela Lei nº 62/2013, de 26 de agosto.

I – Antes, vigorou o Código de Processo nos Tribunais de Trabalho de 1940 até 1964. Neste ano foi publicado o Código de Processo do Trabalho, que teve novas versões em 1982 e 1999. Esta última, na sequência do novo Código do Trabalho, foi objeto de ampla reforma em 2009. Pela presente Lei procede-se apenas à sua adequação ao Código de Processo Civil, de 2013 e republica-se o seu articulado.

II – A partir de 1891, vigorou o estatuto dos tribunais de árbitros-avindores criados pela Carta de Lei de 14 de agosto de 1889 e alterado pelo Decreto nº 16.021, de 1928. Em 1934, tais tribunais (e outros) foram substituídos pelos tribunais do trabalho pelo Decreto-Lei nº 24.363, que regulou o seu funcionamento e processo.

Artigo 2º – Alteração ao Código de Processo do Trabalho

Os artigos 5º-A, 7º, 10º, 12º a 22º, 25º a 28º, 30º a 34º, 36º, 38º a 40º-A, 44º, 49º a 51º, 54º, 56º, 58º, 60º 61º 62º, 64º, 66º a 68º, 70º, 72º a 74º, 77º, 79º a 83º-A, 88º, 90º, 98º-C, 98º-D, 98º-F, 98º-G, 98º-H, 98º-J, 98º-L, 98º-O, 100º, 104º, 105º, 107º, 121º, 122º, 127º, 131º, 134º, 137º, 139º, 148º, 150º, 155º, 156º,

160º a 162º, 170º, 172º, 185º, 186º-E, 186º-F, 186º-H, 186º-K, 186º-L, 186º-N, 186º-O, 186º-Q e 186º-S do Código de Processo do Trabalho, aprovado pelo Decreto-Lei nº 480/99, de 9 de novembro, passam a ter a seguinte redação:

A nova redação destes artigos encontra-se integrada na versão do CPT republicada em anexo a esta Lei, de conformidade com o disposto no seu art. 8º, a qual, naturalmente, se utilizará na presente publicação.

Artigo 3º – Aditamento ao Código de Processo do Trabalho

São aditados ao Código de Processo do Trabalho, aprovado pelo Decreto-Lei nº 480/99, de 9 de novembro, os artigos 19º-A, 33º-A, 78º-A e 201º, com a seguinte redação:

Este novos artigos encontram-se inseridos no CPT que se anota e cuja versão é publicada em anexo a esta lei.

Artigo 4º – Alteração à organização sistemática do Código de Processo do Trabalho

São introduzidas as seguintes alterações à organização sistemática do Código de Processo do Trabalho, aprovado pelo Decreto-Lei nº 480/99, de 9 de novembro:

a) A secção II do capítulo II do título II do livro I passa a ser composta pelos artigos 13º a 19º-A;

b) A subsecção I da secção II do capítulo IV do título III do livro I passa a ser composta pelos artigos 33º-A a 40º-A;

c) A subsecção III da secção II do capítulo IV do título III do livro I passa a denominar-se «Proteção da segurança e saúde no trabalho»;

d) O título IV do livro I passa a denominar-se «Processo comum de declaração» e a ser composto por sete capítulos, não divididos em secções, nos seguintes termos:

i) O capítulo I com a epígrafe «Tentativa de conciliação» e composto pelos artigos 51º a 53º;

ii) O capítulo II com a epígrafe «Articulados» e composto pelos artigos 54º a 60º-A;

iii) O capítulo III com a epígrafe «Gestão inicial do processo e audiência prévia» e composto pelos artigos 61º e 62º;

iv) O capítulo IV com a epígrafe «Instrução» e composto pelos artigos 63º a 67º;

v) O capítulo V com a epígrafe «Audiência final» e composto pelos artigos 68º a 72º;

vi) O capítulo VI com a epígrafe «Sentença» e composto pelos artigos 73º a 78º-A;

vii) O capítulo VII com a epígrafe «Recursos» e composto pelos artigos 79º a 87º;

e) O título V do livro I passa a estar dividido em quatro capítulos, nos seguintes termos:

i) O capítulo I com a epígrafe «Título executivo» e composto pelo artigo 88º;

ii) O capítulo II com a epígrafe «Execução baseada em sentença de condenação em quantia certa» e composto pelos artigos 89º a 96º;

iii) O capítulo III com a epígrafe «Execução baseada em outros títulos» e composto pelo artigo 97º, o qual se encontra revogado;

iv) O capítulo IV com a epígrafe «Disposições finais» e composto pelos artigos 98º e 98º-A;

f) O livro II é reintroduzido com a epígrafe «Do processo de contraordenação», não tendo divisão interna e sendo composto pelo artigo 201º.

Dando conteúdo a este art. 201º, na parte IV, insere-se e anota-se o regime processual aplicável às contraordenações laborais e da segurança social, constante da Lei nº 107/2009, de 14 de setembro, com alteração.

Artigo 5º – Regime transitório

1 – As disposições da presente lei são imediatamente aplicáveis às ações, aos procedimentos e aos incidentes pendentes na data da sua entrada em vigor, com exceção do disposto nos números seguintes.

2 – Nas ações pendentes em que, na data da entrada em vigor da presente lei, já tenha sido admitida a intervenção do tribunal coletivo, o julgamento é realizado por este tribunal, nos termos previstos na data dessa admissão.

3 – As alterações introduzidas pela presente lei em matéria de admissibilidade e de prazos de interposição de recurso apenas se aplicam aos recursos interpostos de decisões proferidas após a sua entrada em vigor.

I – Impõe-se a observância do princípio da imediata aplicação da lei processual relativamente a todos os processos, nomeadamente aos que se encontram em decurso. Mas em relação a estes últimos, excetuam-se apenas os casos (raros) em que antes já tenha sido requerido e admitido o julgamento em tribunal coletivo que se manterá, ainda que, no futuro, deixe de ser possível (cfr. art. 68º, nº 1) e em matéria de admissibilidade e de prazos de interposição de recursos já requeridos, que sofre alterações (cfr. art. 79º e segs.).

II – Como resulta do nº 2 do art. 9º, também a revogação dos arts. 173º a 182º, (referentes ao processo especial de liquidação e partilha de bens de instituições de previdência, de associações sindicais, de associações de empregadores ou de comissões de trabalhadores) não afetará os processos em curso.

Artigo 6º – Intervenção oficiosa do juiz

No decurso dos primeiros seis meses subsequentes à entrada em vigor da presente lei:

a) **O juiz corrige ou convida a parte a corrigir o erro sobre o regime legal aplicável por força da aplicação das normas transitórias previstas na presente lei;**

b) **Se, da leitura dos articulados, dos requerimentos ou das demais peças processuais, resultar que a parte age em erro sobre o conteúdo do regime processual aplicável, podendo vir a praticar ato não admissível ou a omitir ato que seja devido, deve o juiz, quando aquela prática ou omissão ainda seja evitável, promover a superação do equívoco.**

I – Corresponde ao preceituado no art. 3º da Lei nº 41/2013, de 26 de junho, que aprovou o CPC, embora nesta o período para a intervenção oficiosa do juiz tivesse sido de um ano.

II – Haverá ainda que considerar o dever de gestão processual estabelecido no art. 27º do CPT e a possibilidade de ser exarado despacho pré-saneador, nos termos do art. 61º, nº 1.

Artigo 7º – Norma revogatória

São revogados:

a) **O nº 3 do artigo 24º, o artigo 65º, os nºs 3 a 5 do artigo 68º, o artigo 69º, o nº 4 do artigo 70º, os nºs 4 e 5 do artigo 72º, os nºs 3 a 5 do artigo 82º, a alínea *d)* do nº 1 do artigo 131º, o artigo 143º, o nº 4 do artigo 146º, o nº 2 do artigo 151º, os artigos 173º a 182º e o artigo 186º-J, bem como o título VII do livro I, do Código de Processo do Trabalho, aprovado pelo Decreto-Lei nº 480/99, de 9 de novembro.**

b) **O artigo 127º da Lei nº 62/2013, de 26 de agosto.**

I – Basicamente, através da revogação destas disposições, banem-se algumas especificidades do CPT, passando a aplicar-se, supletivamente, o CPC. Será assim, nomeadamente, quanto à limitação do número de testemunhas, ao julgamento em tribunal singular, ao adiamento das audiências, à audiência prévia e temas da prova, uniformização dos prazos de recursos ...

II – A Lei nº 62/2013, estabelece as normas de enquadramento e de organização do sistema judiciário (LOSJ) e no seu art. 127º, agora revogado, previa-se a constituição do tribunal coletivo nos juízos do trabalho.

Artigo 8º – Republicação

É republicado, em anexo à presente lei, da qual faz parte integrante, o Código de Processo do Trabalho, aprovado pelo Decreto-Lei nº 480/99, de 9 de novembro, com a redação introduzida pela presente lei.

Artigo 9º – Entrada em vigor

1 – A presente lei entra em vigor 30 dias após a sua publicação.

2 – A revogação dos artigos 173º a 182º do Código de Processo do Trabalho, aprovado pelo Decreto-Lei nº 480/99, de 9 de novembro, apenas se aplica às ações instauradas após a entrada em vigor da presente lei

I – Entrará, pois, em vigor em 9 de outubro de 2019.

II – Na Proposta de Lei, o texto do nº 2 (referente à revogação do processo especial para liquidação e partilha dos bens de instituição de previdência, de associações sindicais, de associações de empregadores ou de comissões de trabalhadores), constava do nº 4 do antecedente art. 5º, relativo ao regime transitório.

Aprovada em 19 de julho de 2019.

O Presidente da Assembleia da República, *Eduardo Ferro Rodrigues.*

Promulgada em 19 de agosto de 2019.

Publique-se.

O Presidente da República, MARCELO REBELO DE SOUSA.

Referendada em 22 de agosto de 2019.

O Primeiro-Ministro, *António Luís Santos da Costa.*

ANEXO
(a que se refere o artigo 8º)
Código de Processo do Trabalho

Disposições fundamentais

Artigo 1º – Âmbito e integração do diploma

1 – O processo do trabalho é regulado pelo presente Código.

2 – Nos casos omissos recorre-se sucessivamente:

a) À legislação processual comum, civil ou penal, que diretamente os previna;

b) À regulamentação dos casos análogos previstos neste Código;

c) À regulamentação dos casos análogos previstos na legislação processual comum, civil ou penal;

d) Aos princípios gerais do direito processual do trabalho;

e) Aos princípios gerais do direito processual comum.

3 – As normas subsidiárias não se aplicam quando forem incompatíveis com a índole do processo regulado neste Código.

I – A presente versão do Código de Processo do Trabalho, dada pela Lei nº 107/ /2019, de 9 de setembro, resultou da Proposta de Lei nº 176/XIII, de 13 de dezembro de 2018, que foi debatida na generalidade e o seu texto de substituição foi aprovado em votação final global da Assembleia da República em reuniões plenárias, respetivamente, de 8 de março e 19 de julho de 2019, donde resultou o Decreto nº 388/XIII, publicado no Diário, II Série – A, nº 140, de 9 de agosto de 2019.

II – Nesta aceção de "processo do trabalho" deve englobar-se o processo contraordenacional laboral e da segurança social. Numa aceção ainda mais lata podem englobar-se as regras dos procedimentos previstos no CT, da medição e da arbitragem laborais.

III – Por "legislação processual comum, civil ou penal" deve entender-se como sendo os respetivos códigos e a legislação complementar de cada um deles. A legislação processual penal apenas terá aplicação (subsidiária) no processo de impugnação contraordenacional, previsto no art. 201º, cujo normativo anotado é inserto na Parte IV desta coletânea.

IV – A integração das lacunas da lei, ou seja, dos casos omissos, é regulada no art. 10º do CC. Segundo o seu nº 2 "há analogia sempre que no caso omisso procedam as razões justificativas da regulamentação do caso previsto na lei".

V – Os princípios gerais (específicos) do direito processual do trabalho têm vindo a ser adotados pelo processo civil. Assim, atualmente, no processo laboral apenas serão mais vincados os princípios da celeridade (art. 26º), da adequação formal (art. 27º), da conciliação (art. 51º), do inquisitório ou da oficiosidade (art. 99º e segs.) e da prevalência da decisão do mérito (arts. 72º e 74º).

VI – Será a especificidade destes princípios e das regras de tramitação própria que constituem a "índole do processo do trabalho" referida no nº 3.

VII – "O processo tem natureza eletrónica, sendo constituído por informação estruturada constante do sistema de informação de suporte à atividade dos tribunais e por documentos eletrónicos", mas ainda pode ter um suporte físico (CPC, art. 132º, nºs 1 e 6, na redação conferida pelo DL nº 97/2019, de 26 de julho).

LIVRO I – DO PROCESSO CIVIL

TÍTULO I – Da ação

CAPÍTULO I – Capacidade judiciária e legitimidade

Artigo 2º – Capacidade judiciária ativa dos menores

1 – Os menores com 16 anos podem estar por si em juízo como autores.

2 – Os menores que ainda não tenham completado 16 anos são representados pelo Ministério Público quando se verificar que o seu representante legal não acautela judicialmente os seus interesses.

3 – Se o menor perfizer os 16 anos na pendência da causa e requerer a sua intervenção direta na ação, cessa a representação.

I – Este Título I, denomina-se como sendo "da ação" (judicial) procurando corresponder ao CPC. Mas, na verdade, apenas contempla as especificidades nos pressupostos processuais: nos arts. 2º, 2º-A e 3º (capacidade judiciária), nos arts. 4º a 5º-A (legitimidade), nos arts. 6º a 9º (representação e patrocínio do MP) e nos arts. 10º a 19º-A (competência do tribunal).

II – "A capacidade judiciária consiste na suscetibilidade de estar, por si, em juízo" e "tem por base e por medida a capacidade do exercício de direitos" (CPC, art. 15º).

III – A capacidade jurídica do menor para celebrar contrato de trabalho regula-se no CT, art. 68º e segs. e na Lei nº 85/2009, de 27 de agosto, que altera a Lei de Bases do Sistema Educativo. Haverá ainda a considerar a participação de menor em atividades de natureza cultural, artística ou publicitária, disciplinada na Lei de Regulamentação do CT, art. 2º e segs.

IV – A condição jurídica dos menores é regulada no CC, art. 122º e segs., nomeadamente no que tange aos negócios jurídico relativos à profissão, arte ou ofício (art. 127º).

Artigo 2º-A – Capacidade judiciária das estruturas de representação coletiva dos trabalhadores

As estruturas de representação coletiva dos trabalhadores, ainda que destituídas de personalidade jurídica, gozam de capacidade judiciária ativa e passiva.

I – As estruturas de representação coletiva dos trabalhadores são: as associações sindicais (sindicatos e suas uniões, federações e confederações); as comissões de trabalhadores e subcomissões de trabalhadores; os representantes dos trabalhadores para a segurança e saúde no trabalho e os conselhos de empresa europeus (CT, art. 404º).

II – Hoje em dia, apenas as duas últimas destas categorias podem não possuir personalidade jurídica.

III – Quanto à sua legitimidade ativa, v. art. 5º, nº 6.

Artigo 3º – Litisconsórcio

1 – Se o trabalho for prestado por um grupo de pessoas, pode qualquer delas fazer valer a sua quota-parte do interesse, embora este tenha sido coletivamente fixado.

2 – Para o efeito do número anterior, o autor deve identificar os demais interessados, que são notificados, antes de ordenada a citação do réu, para, no prazo de 10 dias, intervirem na ação.

3 – Os interessados de que não forem conhecidos a residência ou o local de trabalho são notificados editalmente, com dispensa de publicação de anúncios.

4 – Sendo a ação intentada por um ou alguns dos trabalhadores, cabe ao Ministério Público a defesa dos interesses dos trabalhadores que não intervierem por si.

I – O litisconsórcio voluntário e necessário (convencional, legal e natural) encontram-se regulados, respetivamente, nos arts. 32º e 33º e segs. do CPC. Distinguem-se da coligação, prevista no art. 36º e segs. do mesmo CPC.

II – Constituirão exemplos de "trabalho prestado por um grupo de pessoas", o de uma "empreitada", de uma orquestra, grupo de bailado, ou por uma equipa de desportistas profissionais.

III – Nesta situação de litisconsórcio, "a sentença constitui caso julgado em relação a todos os trabalhadores" (art. 78º, nº 1).

IV – Sobre as questões de legitimidade, v. estudo de Manuela Fialho, Legitimidade Processual Laboral, PDT, 2016 – II, pág. 187.

Artigo 4º – Anulação e interpretação de cláusulas de convenções coletivas de trabalho

As associações sindicais e as associações de empregadores outorgantes de convenções coletivas de trabalho, bem como os trabalhadores e os empregadores diretamente interessados, são partes legítimas nas ações respeitantes à anulação e interpretação de cláusulas daquelas convenções.

I – Esta ação de anulação e interpretação de cláusulas de convenções coletivas de trabalho segue os trâmites do processo especial regulado nos arts. 183º a 186º. Na sua essência, será uma ação declarativa de simples apreciação.

II – As convenções coletivas de trabalho podem assumir a forma de contrato coletivo, acordo coletivo e acordo de empresa (CT, arts. 3º, nº 3 e 485º e segs.).

III – "Os trabalhadores ... diretamente interessados" para usufruírem de tal legitimidade terão que constituir um grupo ao qual a convenção seja diretamente aplicável. Em situações concretas em que a divergência se trave a nível do contrato (individual) de trabalho, a ação judicial terá de revestir a forma do processo comum.

IV – Pela mesma ordem de razões, relativamente ao empregador, excetuando o caso em que a divergência resulta do clausulado de um acordo de empresa também por ele outorgado, apenas terá legitimidade se a cláusula (ou cláusulas) em apreço se aplicarem a um grupo de trabalhadores ao seu serviço.

V – Ac. TRL, de 11-07-2019, Proc. 27582/18.8T8LSB.L1-4; Rel. CELINA NÓBREGA: I – Perante o texto do artigo 4º do CPT e no que às associações sindicais se refere, é de concluir que a intenção do legislador foi limitar o direito de submeter a tribunal os pedidos de interpretação e de anulação de cláusulas de uma convenção coletiva de trabalho apenas àquelas que a outorgaram. II – Mas tal não significa que a referida norma afasta a possibilidade das associações sindicais serem partes legítimas nas ações respeitantes à anulação de cláusulas de convenções coletivas que se limitaram a rever, sem a intervenção daquelas, cláusulas de convenções coletivas de trabalho que anteriormente outorgaram.

Artigo 5º – Legitimidade de estruturas de representação coletiva dos trabalhadores e de associações de empregadores

1 – As associações sindicais e de empregadores são partes legítimas como autoras nas ações relativas a direitos respeitantes aos interesses coletivos que representam.

2 – As associações sindicais podem exercer, ainda, o direito de ação, em representação e substituição de trabalhadores que o autorizem:

a) Nas ações respeitantes a medidas tomadas pelo empregador contra trabalhadores que pertençam aos corpos gerentes da associação sindical ou nesta exerçam qualquer cargo;

b) Nas ações respeitantes a medidas tomadas pelo empregador contra os seus associados que sejam representantes eleitos dos trabalhadores;

c) Nas ações respeitantes à violação, com carácter de generalidade, de direitos individuais de idêntica natureza de trabalhadores seus associados.

3 – Para efeito do número anterior, presume-se a autorização do trabalhador a quem a associação sindical tenha comunicado por escrito a intenção de exercer o direito de ação em sua representação e substituição, com indicação do respetivo objeto, se o trabalhador nada declarar em contrário, por escrito, no prazo de 15 dias.

4 – Verificando-se o exercício do direito de ação nos termos do nº 2, o trabalhador só pode intervir no processo como assistente.

5 – Nas ações em que estejam em causa interesses individuais dos trabalhadores ou dos empregadores, as respetivas associações podem intervir como assistentes dos seus associados, desde que exista da parte dos interessados declaração escrita de aceitação da intervenção.

6 – As estruturas de representação coletiva dos trabalhadores são parte legítima como autor nas ações em que estejam em causa a qualificação de informações como confidenciais ou a recusa de prestação de informação ou de realização de consultas por parte do empregador.

I – As associações sindicais e de empregadores apenas tem legitimidade ativa, direta, "nas ações relativas a direitos respeitantes aos interesses coletivos que representam" (nº 1). Assim, as divergências ao nível de tais interesses coletivos, configuram-se como conflitos coletivos de trabalho de natureza jurídica (que não revistam natureza procedimental e interassociativos). Caso, tais conflitos sejam de natureza económica ou constitutiva de direitos, já terão de ser dirimidos pela conciliação, pela mediação ou pela arbitragem, conforme se regula no CT, art. 522º e segs. Portanto, no âmbito deste nº 1, as associações sindicais e de empregadores apenas têm legitimidade ativa perante os juízos do trabalho para acionarem outras associações congéneres ou empresas em questões do exercício da atividade e liberdade sindicais e da greve. Diferentemente, nos processos especiais previstos nos arts. 162º a 172º, a sua legitimidade é passiva.

II – Aliás, no que tange a associações sindicais, os juízos do trabalho têm competência material apenas para as questões relativas à anulação e interpretação dos irct, para as questões com sócios, para as questões cíveis relativas à greve e para as questões relativas ao controlo da legalidade da sua constituição, estatutos, funcionamento e extinção [LOSJ, art. 126º, nº 1, alíneas a), j), p) e r)].

III – As associações sindicais têm ainda legitimidade para acionarem em representação ou em substituição dos seus associados, nos termos dos números 2 a 4 e para intervirem como assistentes nos termos do nº 4. Em suma, a disputa a dirimir pelo tribunal terá que assentar no direito já estabelecido em instrumento de regulamentação coletiva de trabalho aplicável a trabalhadores dirigentes, representantes e sócios de tais associações.

IV – De conformidade com o estatuído nos nºs 2 e 3, as associações sindicais relativamente a interesses socioprofissionais de trabalhadores seus associados – [CT, arts. 440º, nº 1 e 442º, nº 1, alínea a)] – têm ainda legitimidade para acionar judicialmente, não por direito próprio, mas apenas em substituição, que pode ser presumida nos termos do nº 3, ou em representação, mediante procuração (CC, art. 258º e segs.).

V – O instituto da assistência, como uma das modalidades de intervenção processual acessória, está previsto no art. 326º e segs. do CPC.

VI – Segundo o nº 2 do art. 78º "nas hipóteses previstas no artigo 5º, a sentença constitui caso julgado em relação ao trabalhador que renunciou à intervenção no processo".

VII – As ações previstas no nº 6 são as do processo especial de impugnação da confidencialidade de informações ou da recusa da sua prestação ou da realização de consultas, regulado nos arts. 186º-A, B, e C.

VIII – Ac. do STJ, 22-04-2015; 729/13.3TTVNG.P1. S1; Rel. Gonçalves Rocha: I – As associações sindicais e de empregadores são parte legítima como autoras nas acções relativas a direitos respeitantes aos interesses colectivos que representam, conforme consagra o artigo 5º, nº 1, do CPT. II – O conceito de interesse colectivo assenta numa pluralidade de interessados, ou seja, na existência de vários indivíduos sujeitos aos mesmos interesses, devendo por isso tratar-se de interesses individuais iguais, ou pelo menos de igual sentido. III – Pedindo o A, associação sindical, que sejam declarados ilícitos os cortes impostos pela Ré, desde Agosto de 2012, à retribuição prevista no nº 7 da cláusula 74ª do CCT do sector, e que a mesma seja condenada a devolver os valores retirados àquela remuneração a cada um dos seus trabalhadores seus filiados, e ainda, que a R seja condenada a inserir o valor pago a título de diuturnidades no cálculo do valor mensal pago na retribuição prevista no nº 7, da cláusula 74ª daquele CCT, com o consequente pagamento a cada uma dos seus trabalhadores seus filiados das diferenças daí decorrentes, configura-se uma acção relativa a direitos respeitantes a interesses colectivos, dado que esta pluralidade de trabalhadores partilha do mesmo interesse – o de ver considerada ilegal a actuação da R a partir de Agosto de 2012 e que o valor pago a título de diuturnidades seja incluído na retribuição prevista no nº 7, da cláusula 74ª do CCT do sector.

IX – Ac. TRP, de 21-01-2019, Proc. 5008/15.9T8VNG.P1, Rel. JERÓNIMO FREITAS: Vindo o sindicato exercer "(...) o direito de ação, em representação e substituição de trabalhadores que o autorizem" em ação respeitante "(..) à violação com carácter de generalidade, de direitos individuais de idêntica natureza de trabalhadores seus associados", isto é, nos termos estabelecidos no nº 2 al. c), do art. 5º do CPT, o valor atendível para efeitos de recurso não corresponde ao valor da causa, mas apenas ao valor dos pedidos deduzidos individualmente relativamente a cada um dos Autores, o mesmo se aplicando em relação à sucumbência, em cujo âmbito só releva o "desfavor" de cada trabalhador também visto individualmente.

X – Ac. TRL, de 30-01-2019, Proc. 8491/18.7T8LSB-4, Rel. MANUELA FIALHO: Perspetivando-se uma ação em que uma associação sindical vem, em representação de 22 dos seus associados, e devidamente autorizada, invocar a violação dos respetivos direitos à retribuição de férias, subsídio de férias e de Natal, peticionando a condenação da R. na reposição da legalidade, verifica-se a legitimidade processual da mesma ao abrigo do disposto no Art. 5º/2-a) do CPT (elaborado pela Relatora).

XI – Ac. TRL, 06-02-2013; 2463/10.7TTLSB.L1-4; Rel. SÉRGIO ALMEIDA: As comissões de trabalhadores não têm legitimidade para, em substituição ou representação dos trabalhadores, interporem ações em defesa dos interesses destes. (Elaborado pelo Relator).

XII – Ac. STJ, de 15-01-2019, Proc. 9055/15.2T8LSB.L1.S1, Rel. FERREIRA PINTO: 1. Sendo o requerimento de interposição do recurso omisso quanto às nulidades do acórdão, constando apenas a sua invocação e fundamentação na atinente alegação de recurso, a arguição não é atendível, por incumprimento do disposto no artigo 77º, nº 1, do Código de Processo do Trabalho. 2. São interesses coletivos os interesses organizados de modo a adquirirem uma estabilidade unitária e organizada, de tal forma que se agregam a um determinado grupo ou categoria de indivíduos relacionados com um determinado bem jurídico. 3. Peticionando o Sindicato, Autor, o pagamento de trabalho suplementar prestado por todos os motoristas seus associados, trabalhadores da Ré, incumbia-lhe, de acordo com as regras de repartição do ónus da prova, a alegação e a prova dos factos constitutivos daquele direito, ou seja, a prova de que todos, ou, pelo menos alguns, por serem individualizáveis, prestaram trabalho para além do seu horário normal de trabalho, podendo ficar a sua quantificação para o incidente de liquidação. 4. A inversão do ónus da prova nos termos do artigo 344º do Código Civil, para que remete o nº 2 do artigo 417º do Código de Processo Civil, pressupõe que tenha havido uma recusa de cooperação processual por uma das partes que tenha tornado culposamente impossível a prova à outra parte, sobre quem recaía o ónus probatório de certo facto.

Artigo 5º-A – Legitimidade do Ministério Público

O Ministério Público tem legitimidade ativa nas seguintes ações e procedimentos:

_a_) Ações relativas ao controlo da legalidade da constituição e dos estatutos de associações sindicais, associações de empregadores e comissões de trabalhadores;

_b_) Ações de anulação e interpretação de cláusulas de convenções coletivas de trabalho nos termos do Código do Trabalho;

_c_) Ações de reconhecimento da existência de contrato de trabalho e procedimentos cautelares de suspensão de despedimento regulados no artigo 186º-S.

I – A legitimidade do MP, através dos seus magistrados competentes, para intentar estas ações resulta do disposto nos arts. 219º da CRP, 3º da LOSJ e 3º do Estatuto do MP, aprovado pela Lei nº 47/86, de 15 de outubro, com alterações.

II – As ações previstas na alínea a) emergem do disposto no art. 447º e segs. do CT.

III – O MP ainda tem legitimidade para dar início aos processos emergentes de acidente de trabalho e para dirigir a sua fase conciliatória (arts. 21º, 3ª e 4ª, 22º e 99º e segs.).

CAPÍTULO II – Representação e patrocínio judiciário

Artigo 6º – Representação pelo Ministério Público

São representados pelo Ministério Público o Estado e as demais pessoas e entidades previstas na lei.

I – Segundo o art. 1º do seu Estatuto (antiga Lei nº 47/86 e nova Lei 68/2019), por definição, o *Ministério Público representa o Estado, defende os interesses que a lei determinar, participa na execução da política criminal definida pelos órgãos de soberania, exerce a ação penal orientada pelo princípio da legalidade e defende a legalidade democrática, nos termos da Constituição, do presente Estatuto e da lei.*

II – Para além de outras atribuições e do patrocínio dos trabalhadores referidos no artigo seguinte, de conformidade com o disposto na alínea g), do nº 1, do art. 3º do seu Estatuto, compete também ao MP promover a execução das decisões dos tribunais para que tenha legitimidade, como se prevê na alínea k) daquele artigo e no nº 7 do art. 98º do CPT.

Artigo 7º – Patrocínio pelo Ministério Público

Sem prejuízo do regime do apoio judiciário, quando a lei o determine ou as partes o solicitem, o Ministério Público exerce o patrocínio:

_a_) Dos trabalhadores e seus familiares;

_b_) Dos hospitais e das instituições de assistência, nas ações referidas na alínea _d_) do nº 1 do artigo 126º da Lei nº 62/2013, de 26 de agosto, e nas correspondentes execuções, desde que estes não possuam serviços de contencioso;

_c_) Das pessoas que, por determinação do tribunal, houverem prestado os serviços ou efetuado os fornecimentos a que se refere a alínea _d_) do nº 1 do artigo 126º da Lei nº 62/2013, de 26 de agosto.

I – Nos termos do art. 3º, alínea b) do Estatuto do Ministério Público, compete-lhe "exercer o patrocínio dos trabalhadores e suas famílias na defesa dos seus direitos de carácter social".

II – O acesso ao direito e aos tribunais é objeto da Lei nº 34/2004, de 29 de julho. A sua regulamentação consta da P. nº 10/2008, de 3 de junho e os critérios de prova e de apreciação da insuficiência económica para a concessão da proteção jurídica encontram-se estabelecidos na P. nº 1085-A/2004, de 31 de agosto.

III – O art. 126º da LOSJ (Lei nº 62/2013) estabelece a competência (material) cível dos juízos do trabalho, como tribunais de competência especializada. Na alínea d) do nº 1, confere-se competência a estes juízos para as *"questões de enfermagem ou hospitalares, de fornecimento de medicamentos emergentes de prestação de serviços clínicos, de aparelhos de prótese e ortopedia o de quaisquer outros serviços ou prestações efetuados ou pagos em benefício de vítimas de acidentes de trabalho ou doenças profissionais"*. Tais questões deverão ser dirimidas através do processo especial previsto no art. 154º – processo para a efetivação de direitos de terceiros conexos com acidentes de trabalho.

IV – Ao contrário do que é praticado, no âmbito laboral, a lei apenas determina o patrocínio dos trabalhadores pelo MP e onde já há "partes" para a fase contenciosa nos processos para efetivação de direitos resultantes de acidentes de trabalho e doenças profissionais, como se preceitua nos arts. 113º, 119º e 155º.

V – "Os trabalhadores ou familiares, em matéria de direito do trabalho, quando sejam representados pelo Ministério Público ... desde que o respetivo rendimento ilíquido ... não seja superior a 200 UC estão isentos de custas" [RCP, art. 4º, nº 1, h)].

Artigo 8º – Recusa do patrocínio

1 – O Ministério Público deve recusar o patrocínio a pretensões que repute infundadas ou manifestamente injustas e pode recusá-lo quando verifique a possibilidade de o autor recorrer aos serviços do contencioso da associação sindical que o represente.

2 – Quando o Ministério Público recusar o patrocínio nos termos do número anterior, deve notificar imediatamente o interessado de que pode reclamar, dentro de 15 dias, para o imediato superior hierárquico.

3 – Os prazos de propositura da ação e de prescrição não correm entre a notificação a que se refere o número anterior e a notificação da decisão que vier a ser proferida sobre a reclamação.

I – Conforme a prática seguida, em regra, este prazo será o de um ano *"a partir do dia seguinte àquele em que cessou o contrato de trabalho"*, conforme se dispõe no art. 337º, nº 1, do CT. Na nossa tese (expendida na anotação IV ao artigo anterior) "os prazos de propositura da ação e de prescrição" são os de um ano, como se estabelece no nº 1 do art. 179º da LAT.

II – Face ao texto do nº 3, trata-se de uma suspensão do decurso do prazo e não da sua interrupção, cfr. arts. 300º e segs. do CC.

Artigo 9º – Cessação da representação e do patrocínio oficioso

Constituído mandatário judicial, cessa a representação ou o patrocínio oficioso que estiver a ser exercido, sem prejuízo da intervenção acessória do Ministério Público.

I – A constituição do mandatário judicial é regida pelo art. 40º e segs. do CPC.

II – A intervenção acessória do MP é contemplada no art. 326º do CPC.

TÍTULO II – Competência

CAPÍTULO I – Competência internacional

Artigo 10º – Competência internacional dos juízos do trabalho

1 – Na competência internacional dos juízos do trabalho estão incluídos os casos em que a ação pode ser proposta em Portugal, segundo as regras de competência territorial estabelecidas neste Código, ou em que os factos que integram a causa de pedir na ação tenham sido praticados, no todo ou em parte, em território português.

2 – Incluem-se, igualmente, na competência internacional dos juízos do trabalho:

***a*) Os casos de destacamento para outros Estados de trabalhadores contratados por empresas estabelecidas em Portugal;**

***b*) As questões relativas a conselhos de empresas europeus e procedimentos de informação e consulta em que a administração do grupo esteja sediada em Portugal ou que respeita a empresa do grupo sediada em Portugal.**

I – Como é óbvio, a questão da competência internacional do tribunal apenas se suscita quando as partes (ou alguma delas) estiverem domiciliadas fora do país e/ou os factos predominantes da causa de pedir tiverem acontecido no estrangeiro. Não deve ser confundida com as questões de direitos dos estrangeiros ou de conflitos de leis aplicáveis (CC, art. 14º e segs.).

II – Diferentemente do que se dispõe no art. 62º do CPC, neste art. 10º apenas se prevê a competência dos juízos de trabalho português quando haja coincidência com as regras da sua competência territorial interna (arts. 13º a 19º) ou, não havendo tal coincidência, haja causalidade com os factos que integram a causa de pedir.

III – Ao nível da União Europeia haverá que ter em conta o Regulamento (UE) nº 1215/2012, de 12 de dezembro, que estabelece como regra básica que "as pessoas domiciliadas num Estado-Membro devem ser demandadas, independentemente da sua nacionalidade, nos tribunais desse Estado-Membro". Consta da Parte II – B.

IV – O destacamento de trabalhadores para outro Estado encontra-se regulado no art. 8º do CT. Os conselhos de empresa europeus e os procedimentos de informação e consulta, são previstos no art. 404º do mesmo CT e disciplinados na Lei nº 96/2009, de 3 de setembro.

V – Ac. STJ, de 25-01-2012; 1710/10.0TTPNF.P1.S1; Rel. SAMPAIO GOMES: Os tribunais portugueses são internacionalmente incompetentes para conhecer do litígio em que um sinistrado português demanda companhia de seguros francesa pelos danos emergentes de acidente de trabalho ocorrido em Andorra não se aplicando o artigo 9º, nº 1, alínea b) do Regulamento (CE) nº 44/2001, do Conselho de 22 de Dezembro de 2001.

VI – Ac. TRP, de 13-03-2017, Proc. 13923/16.6T8PRT.P1, Rel. JERÓNIMO FREITAS: I – A competência internacional dos tribunais portugueses para conhecer de determinado litígio de natureza laboral só se afere em função do artigo 10º do CPT, desde que não seja aplicável ao caso convenção de direito internacional. II – O Regulamento (UE) nº 1215/2012, do Parlamento Europeu e do Conselho, de 12 de Dezembro de 2012, relativo à competência judiciária, ao reconhecimento e à execução de decisões em matéria civil e comercial, aplicável em matéria civil e comercial, independentemente da natureza da jurisdição, regula a "Competência em matéria de contratos individuais de trabalho", nos artigos 20º a 23º. III – Tendo a Ré domicílio social em França e resultando do contrato de trabalho que o local da prestação do trabalho era em França, bem assim que o trabalhador foi contratado em França, deve concluir-se que os Tribunais portugueses não têm competência internacional para conhecer do presente litígio. O facto do autor ser cidadão português e ter domicílio pessoal em Portugal não é suficiente para determinar a competência dos Tribunais Portugueses.

Artigo 11º – Pactos privativos de jurisdição

Não podem ser invocados perante tribunais portugueses os pactos ou cláusulas que lhes retirem competência internacional atribuída ou reconhecida pela lei portuguesa, salvo se outra for a solução estabelecida em convenções internacionais.

I – Através dos pactos de jurisdição, normalmente inseridos nos textos contratuais com conexão internacional, as partes escolhem o país, cujo tribunal será competente para julgar o eventual conflito originado entre elas. Portanto, tanto poderão privar algum país, como atribuir a outro tal jurisdição (pactos atributivos).

II – No referido Regulamento da UE nº 1215/2012, admite-se, como regra, o pacto de jurisdição, mas sendo permitido ao trabalhador recorrer a outro Tribunal. V. Parte II – B.

III – Ac. TRL, de 12-10-2016; 2130/14.2T8CSC.L1-4; Rel. Filomena Manso: I – Cessada a relação laboral, nada justifica já que o trabalhador não disponha livremente dos seus créditos laborais, quer salariais, quer outros emergentes da sua violação ou cessação, terminados os constrangimentos existentes durante a vigência dessa relação. II – Sendo validamente convencionado o recurso à arbitragem como forma de resolução dos conflitos emergentes do contrato de trabalho, incluindo a questão suscitada nos presentes autos, ao instaurar a ação nos tribunais comuns, o Autor violou a cláusula que convencionou a arbitragem, ocorrendo preterição de tribunal arbitral voluntário. (Sumário elaborado pela Relatora).

IV – Ac. TRE, de 14-02-2019, Proc. 747/18.5T8PTM-A.E1, Rel. João Luis Nunes: I – O Regulamento (UE) nº 1215/2012 do Parlamento Europeu e do Conselho, de 12 de dezembro de 2012, relativo à competência judiciária, ao reconhecimento e à execução de decisões em matéria civil e comercial [Bruxelas I] tem como objetivo, no referente à competência em matéria de contratos individuais de trabalho, proteger a parte contratante mais fraca, o trabalhador, por meio de regras de competência mais favoráveis aos seus interesses do que a regras geral. II – Por isso, não pode o pacto de jurisdição constante do contrato de trabalho, impedir o trabalhador de intentar ação no tribunal que seria competente de acordo com as regras constantes da secção 5 do referido Regulamento III – O conceito de «lugar onde o trabalhador efetua habitualmente o seu trabalho», constante do artigo 21º, nº 1, alínea b), i), do referido Regulamento, bem como, em termos similares, do nº 2 do artigo 8º do Regulamento (CE) nº 593/2008 do Parlamento Europeu e do Conselho, não é equiparável ao conceito de «base de afetação», na aceção do anexo III do Regulamento (CEE) nº 3922/91 do Conselho, de 16 de dezembro de 1991; IV – Todavia, este último conceito constitui um indício significativo para determinar o «lugar onde o trabalhador efetua habitualmente o seu trabalho»»; V – Para apurar aquele haverá que tomar como referência um conjunto de indícios, como sejam (i) determinar em que Estado se situa o lugar a partir do qual o trabalhador efetua as suas missões de transporte, (ii) o lugar ao qual regressa após essas missões, (iii) se recebe instruções sobre as mesmas e organiza o seu trabalho e (iv) o lugar em que se encontram as ferramentas de trabalho, isto é, o lugar onde se encontram estacionadas as aeronaves a bordo das quais o trabalhador realiza habitualmente a sua atividade. VI – É de concluir que os Tribunais Portugueses são competentes para conhecer da ação de impugnação de despedimento intentada pelo trabalhador – comandante de aeronave – contra a empregadora – que tem sede na República da Irlanda – se da matéria de facto resulta que é a partir de Portugal que o trabalhador efetua a sua missão de transporte, a Portugal que ele regressa após essa missão, e aqui que recebe instruções sobre a missão e trabalho, encontrando-se estacionadas em Faro as aeronaves – de nacionalidade Irlandesa – a bordo das quais o trabalhador desenvolve a sua atividade (sumário elaborado pelo relator).

V – Ac. STJ, de 08-05-2019, Proc. 27383/17.0T8LSB.L1.S1, Rel. Ferreira Pinto: I) Tendo em conta o disposto nos artigos 10º, nº 1, e 11º, ambos do Código do Processo do Trabalho, desde que a ação possa ser proposta em Portugal, segundo as regras de competência territorial estabelecidas no Código de Processo do Trabalho, os tribunais do trabalho portugueses são, por essa razão, internacionalmente competentes, não podendo ser invocados pactos ou cláusulas que lhes retirem competência internacional atribuída ou reconhecida pela lei portuguesa, sem prejuízo do que se encontre estabelecido convenções internacionais. II) A nível da União Europeia o Regulamento (UE) nº 1215/2012, de 12 de dezembro de 2012, relativo à competência judiciária, ao reconhecimento e à execução de decisões em matéria civil e comercial, regula na Secção V, artigos 20º a 23º, a competência internacional em matéria de contratos individuais de trabalho. III) Estando-se perante uma relação jurídica plurilocalizada, em que a ação emergente de contrato de trabalho pode ser proposta nos tribunais do domicílio e do lugar onde o Autor efetua habitualmente o seu trabalho, ou onde o efetuou mais recentemente, e, ainda, no da sede da Ré, não são válidos os pactos atributivos de jurisdição e, ao mesmo tempo, derrogatórios da competência atribuída pelo artigo 23º, nºs 1 e 2, do Regulamento (UE) nº 1215/2012. IV) Assim sendo, uma cláusula inserida num contrato individual de trabalho, atributiva de competência exclusiva aos Tribunais Ingleses e Galeses, para a resolução dos conflitos emergentes desse contrato, celebrado entre a Autora e a Ré, não é válida, apesar de ter sido incluída no contrato de comum acordo.

CAPÍTULO II – Competência interna

SECÇÃO I – Competência em razão da hierarquia

Artigo 12º – Competência dos juízos do trabalho como instância de recurso

Os juízos do trabalho funcionam como instância de recurso nos casos previstos na lei.

I – O único caso em que os juízos de trabalho funcionam como instância de recurso será no caso de reclamação das decisões da ACT e do ISS IP em processos contraordenacionais, cfr. art. 201º.

II – A noção da competência em razão da hierarquia é dada no art. 42º da LOSJ. V. CPC, arts. 67º a 69º. A alçadas dos tribunais da Relação é de € 30.000 e dos de primeira instância é de € 5.000 (art. 44º, nº 1 da LOSJ).

SECÇÃO II – Competência territorial

Artigo 13º – Regra geral

1 – As ações devem ser propostas no juízo do trabalho do domicílio do réu, sem prejuízo do disposto nos artigos seguintes.

2 – As entidades empregadoras ou seguradoras, bem como as instituições de previdência, consideram-se também domiciliadas no lugar onde tenham sucursal, agência, filial, delegação ou representação.

I – No nº 1, segue-se a regra geral estabelecida no art. 80º do CPC, que, na prática, é subvertida pelas disposições dos artigos seguintes.

II – As instituições de previdência, na atualidade, que poderão assumir a posição de rés no âmbito dos processos de doença profissional ou recorridas no processo contraordenacional são o Instituto da Segurança Social, IP; o Instituto da Segurança Social da Madeira, IP-RAM e o Instituto da Segurança Social dos Açores, IPRA.

III – Sobre o tema, v. estudo de José Joaquim Fernandes Oliveira Martins, A (In) competência Territorial no Código de Processo do Trabalho, Revista do CEJ, 2016-II, pág. 181.

Artigo 14º – Ações emergentes de contrato de trabalho

1 – As ações emergentes de contrato de trabalho intentadas por trabalhador contra a entidade empregadora podem ser propostas no juízo do trabalho do lugar da prestação de trabalho ou do domicílio do autor.

2 – Em caso de coligação de autores é competente o juízo do trabalho do lugar da prestação de trabalho ou do domicílio de qualquer deles.

3 – Sendo o trabalho prestado em mais de um lugar, podem as ações referidas no nº 1 ser intentadas no juízo do trabalho de qualquer desses lugares.

I – O contrato de trabalho é regulado no CT, arts. 11º a 403º.

II – Conforme se dispõe no art. 36º do CPC, poderá haver coligação de autores quando sendo os pedidos diferentes, *seja a causa de pedir a mesma e única ou quando os pedidos estejam entre si numa relação de prejudicialidade ou de dependência* e ainda quando estejam em causa os mesmos factos.

Artigo 15º – Ações emergentes de acidentes de trabalho ou de doença profissional

1 – As ações emergentes de acidentes de trabalho e de doença profissional devem ser propostas no juízo do trabalho do lugar onde o acidente ocorreu ou onde o doente trabalhou pela última vez em serviço suscetível de originar a doença.

2 – Se o acidente ocorrer no estrangeiro, a ação deve ser proposta em Portugal, no juízo do trabalho do domicílio do sinistrado.

3 – As participações exigidas por lei devem ser dirigidas ao juízo do trabalho a que se referem os números anteriores.

4 – É também competente o juízo do trabalho do domicílio do sinistrado, doente ou beneficiário se ele o requerer até à fase contenciosa do processo ou se aí tiver apresentado a participação.

5 – No caso de uma pluralidade de beneficiários exercer a faculdade prevista no número anterior, é territorialmente competente o juízo do trabalho da área de residência do maior número deles ou, em caso de ser igual o número de requerentes, o juízo do trabalho da área de residência do primeiro a requerer.

6 – Se o sinistrado, doente ou beneficiário for inscrito marítimo ou tripulante de qualquer aeronave e o acidente ocorrer em viagem ou durante ela se verificar a doença, é ainda competente o juízo do trabalho da primeira localidade em território nacional a que chegar o barco ou aeronave ou o da sua matrícula.

I – Os processos das ações emergentes de acidente de trabalho e de doença profissional encontram-se regulados a partir do art. 99º e no art. 155º. A sua fase contenciosa é disciplinada pelo art. 117º e segs.

II – A participação de acidentes de trabalho é regida pelo art. 86º e segs. da LAT e o modelo desta participação constitui o objeto da P. nº 14/2018, de 14 de janeiro.

III – O direito de ação "caduca no prazo de um ano a contar da data de alta clínica formalmente comunicada ao sinistrado ou, se do evento resultar a morte, a contar desta" (LAT, art. 179º, nº 1).

Artigo 16º – Ações emergentes de despedimento coletivo

1 – Em caso de despedimento coletivo, os procedimentos cautelares de suspensão e as ações de impugnação devem ser propostos no juízo do trabalho do lugar onde se situa o estabelecimento da prestação de trabalho.

2 – No caso de o despedimento abranger trabalhadores de diversos estabelecimentos, é competente o juízo do trabalho do lugar onde se situa o estabelecimento com maior número de trabalhadores despedidos.

I – O despedimento coletivo é regido, de forma imperativa, pelo disposto no art. 359º e segs., 383º, 387º e 388º do CT.

II – O procedimento cautelar de suspensão de despedimento, funda-se no art. 386º do CT e regula-se no art. 33º-A e segs. deste CPT. Por seu turno, o processo especial de impugnação do despedimento coletivo tem o seu dispositivo no art. 156º e segs.

III – Naturalmente, no nº 2, previne-se a possibilidade de uma empresa concretizar, através de um único procedimento de despedimento coletivo, a cessação de contratos de trabalhadores que laboram em estabelecimentos situados em áreas de competência territorial de mais de um juízo do trabalho.

IV – O lugar da prestação do trabalho ainda é essencial para determinar o juízo do trabalho competente para a ação de reconhecimento do contrato de trabalho, cfr. anotação ao art. 186º-K.

Artigo 17º – Processamento por apenso

As ações a que se referem as alíneas *d*) e *e*) do nº 1 do artigo 126º da Lei nº 62/2013, de 26 de agosto, são propostas no juízo do trabalho que for competente para a causa a que respeitarem e correm por apenso ao processo, se o houver.

I – Relativamente às ações da referida alínea d), são as que derivam de questões de enfermagem ou hospitalares e de fornecimento de medicamentos ou serviços médicos em benefício dos acidentados do trabalho e que ficam sujeitas ao processo especial previsto no art. 152º e terão de correr por apenso ao processo principal, ou seja, ao processo para efetivação de direitos resultantes de acidente de trabalho.

II – Já as ações resultantes das questões mencionadas na alínea e) do nº 1 do art. 126º da LOSJ são "as ações destinadas a anular os atos e contratos celebrados por quaisquer entidades responsáveis com o fim de se eximirem a cumprimento de obrigações resultantes da aplicação da legislação sindical ou do trabalho", naturalmente que seja dotada de imperatividade mínima ou absoluta. Serão os casos de "contratos de propriedade" para dar a aparência de que os trabalhadores são empresários.

III – Em regra os dois processos referidos correrão por apenso aos respetivos processos principais. Mas, eventualmente, o processo para a efetivação pode já se ter extinguido ou poderá nunca ter existido, por ex., por falta de participação do acidente. Também o processo de anulação pode não derivar de processo emergente de contrato de trabalho.

IV – A apensação de ações é referenciada nos arts. 267º e 268º do CPC.

Artigo 18º – Ações de liquidação e partilha de bens de instituições de previdência, de associações sindicais, de associações de empregadores ou de comissões de trabalhadores e outras em que sejam requeridas essas instituições, associações ou comissões

1 – Nas ações de liquidação e partilha de bens de instituições de previdência, de associações sindicais, de associações de empregadores ou de comissões de trabalhadores ou noutras em que seja requerida uma dessas instituições, associações ou comissões, é competente o juízo do trabalho da respetiva sede.

2 – Se a ação se destinar a declarar um direito ou a efetivar uma obrigação da instituição ou associação para com o beneficiário ou sócio, é também competente o juízo do trabalho do domicílio do autor.

I – Estas ações eram reguladas nos arts. 173º a 182º. Como todos estes artigos foram revogados pelo art. 7º, alínea a), da Lei 107/2019, que alterou o CPT, parece que o disposto no nº 1 deste art. 18º deixou de ter qualquer utilidade, crendo-se que foi mantido por lapso.

II – Contudo, já o preceituado no nº 2 tem justificação, pois refere-se a "outras ações em que sejam requeridas " associações sindicais e de empregadores ou comissões de trabalhadores, previstas no art. 163º e segs.

Artigo 19º – Nulidade dos pactos de desaforamento e conhecimento oficioso da incompetência em razão do território

1 – São nulos os pactos ou cláusulas pelos quais se pretenda excluir a competência territorial atribuída pelos artigos anteriores.

2 – A incompetência em razão do território deve ser conhecida oficiosamente pelo tribunal, observando-se, quanto ao mais, o regime estabelecido nos artigos 102º a 108º do Código de Processo Civil, com as necessárias adaptações.

Os pactos de desaforamento, normalmente contidos nos textos dos contratos de trabalho, configuram-se como um acordo no sentido da substituição do tribunal (internamente) competente por outro, usualmente o da sede da empresa. Face ao preceituado neste art. 18º, são feridos de ilegalidade e, portanto, nulos. Tal nulidade, não sendo suscitada pelo réu, será do conhecimento oficioso (pelo juiz do tribunal onde a ação for apresentada), ampliando-se, assim, os casos previstos no art. 104º do CPC.

Artigo 19º-A – Competência na falta de juízo do trabalho

Sempre que as regras previstas no presente Código remetam para área não inserida no âmbito da competência territorial de qualquer juízo do trabalho, o juízo competente é determinado de acordo com o disposto na Lei nº 62/2013, de 26 de agosto, e no Decreto-Lei nº 49/2014, de 27 de março, que procede à regulamentação desta.

Tal situação, hoje em dia, apenas se verifica nas ilhas da Região Autónoma dos Açores, com exceção nas de S. Miguel, onde existe o Juízo do Trabalho de Ponta Delgada com competência em todos os seus municípios e da Terceira, onde passa a existir o Juízo Misto de Família e Menores e do Trabalho da Praia da Vitória (LOSJ, arts. 79º e 126 e DL nº 49/2014, de 2 de março, na versão do DL nº 38/2019, de 18 de março).

CAPÍTULO III – Extensão da competência

Artigo 20º – Questões prejudiciais

O disposto no artigo 92º do Código de Processo Civil é aplicável às questões de natureza civil, comercial, criminal ou administrativa, excetuadas as questões sobre o estado das pessoas em que a sentença a proferir seja constitutiva.

I – Conjugando-se este preceito com os do art. 92º do CPC, conclui-se que o juiz do trabalho pode vir a assumir a necessária competência material para julgar as questões prejudiciais indicadas.

II – O estado das pessoas deriva das suas relações jurídicas familiares, cujas fontes são o casamento, o parentesco, a afinidade e a adoção (CC, art. 1576º).

TÍTULO III – Processo

CAPÍTULO I – Distribuição

Artigo 21º – Espécies

Na distribuição há as seguintes espécies:

1ª Ações de processo comum;

2ª Ações de impugnação judicial da regularidade e licitude do despedimento;

3ª Processos emergentes de acidentes de trabalho;

4ª Processos emergentes de doenças profissionais;

5ª Ações de impugnação de despedimento coletivo;

6ª Ações para cobrança de dívidas resultantes da prestação de serviços de saúde ou de quaisquer outros que sejam da competência dos juízos do trabalho;

7ª Procedimentos cautelares;

8ª Processos especiais do contencioso das instituições de previdência;

9ª Controvérsias de natureza sindical sem carácter penal;

10ª Execuções não fundadas em sentença;

11ª Outras cartas precatórias ou rogatórias que não sejam para simples notificação ou citação;

12ª Outros processos especiais previstos neste Código;

13ª Quaisquer outros papéis ou processos não classificados.

I – Nos termos do art. 203º do CPC *é pela distribuição que, a fim de repartir com igualdade o serviço judicial, se designa a secção, a instância e o tribunal em que o processo há de correr ou o juiz que há de exercer as funções de relator* (juiz legal ou natural).

II – A distribuição é realizada por meios eletrónicos e a sua falta ou irregularidade têm um regime próprio (arts. 204º e 205º ainda do CPC). É "efetuada duas vezes por dia, de forma automática" (art. 208º, na redação dada pelo DL 97/2019).

III – Este elenco de espécies documentais a distribuir já não tem lógica, nem material, nem formal, e apena se compreende por razões históricas.

IV – A falha mais gritante respeitará aos "processos especiais do contencioso das instituições de previdência", que continuam a ser previstos no art. 162º do CPT, mas que já deixaram de ter existência legal de conformidade com a Lei de Bases da Segurança Social (Lei nº 4/2007, de 16 de janeiro), onde, no art. 77º, sob a epígrafe *Garantias contenciosas* se estabelece que "as ações e omissões da administração no âmbito do sistema de segurança social são suscetíveis de reação contenciosa nos termos do Código de Processo nos Tribunais Administrativos.

Artigo 22º – Apresentação de papéis ao Ministério Público

As participações e os demais papéis que se destinam a servir de base a processos das espécies 3ª e 4ª são apresentados obrigatoriamente ao Ministério Público, que, em caso de urgência, deve ordenar as diligências convenientes.

As participações respeitam apenas aos acidentes de trabalho, já que o processo de doenças profissionais resulta, em regra, de impugnação de decisão do Instituto da Segurança Social, IP (ISS, IP). – Departamento de Proteção contra os Riscos Profissionais (DPRP) – [ex Centro de Proteção contra Riscos Profissionais (CNPRP)]. V. anotação ao art. 155º.

CAPÍTULO II – Citações e notificações

Artigo 23º – Regra geral

Às citações e notificações aplicam-se as regras estabelecidas no Código de Processo Civil, com as especialidades constantes dos artigos seguintes.

I – Tais regras constam, essencialmente, no art. 219º e segs. do CPC, com alterações significativas introduzidas pelo DL nº 97/2019.

II – De harmonia como o novo princípio da utilização de linguagem simples e clara, agora constante do novo art. 9º-A do CPC, "o tribunal deve, em todos os seus atos, e em particular nas citações, notificações e outras comunicações dirigidas diretamente às partes e a outras pessoas singulares e coletivas, utilizar preferencialmente linguagem simples e clara".

Artigo 24º – Notificação da decisão final

1 – A decisão final é notificada às partes e aos respetivos mandatários.

2 – Nos casos de representação ou patrocínio oficioso, a notificação é feita simultaneamente ao representado ou patrocinado e ao representante ou patrono oficioso, independentemente de despacho.

3 – (*Revogado.*)

4 – Os prazos para apresentação de quaisquer requerimentos contam-se a partir da notificação ao mandatário, representante ou patrono oficioso.

I – A notificação da sentença ainda pode ter de ser efetuada a outras entidades, como nos casos previstos nos arts. 78º-A, ao ISS,IP em caso de assédio; 98º-N, em caso de declaração de ilicitude de despedimento em ação movida há mais de 12 meses;

186º-I comunicação à CITE em caso de igualdade e não discriminação em função do sexo; do art. 186º-O, comunicação à ACT e ao ISS, IP em caso de reconhecimento do contrato de trabalho.

II – A notificação da sentença será realizada oficiosamente pela secretaria (art. 220º do CPC).

Artigo 25º – Citações, notificações e outras diligências em juízo do trabalho alheio

1 – As citações e notificações que não devam ser feitas por via postal nem por mandatário judicial, bem como as diligências que, no critério do juiz da causa, não exijam conhecimentos especializados, são solicitadas:

***a*) Ao juízo do trabalho territorialmente competente na área em que tenham de ser efetuadas;**

***b*) A qualquer juízo territorialmente competente, se a área em que tenham de ser efetuadas não for abrangida pela competência de um juízo do trabalho.**

2 – As diligências que exijam conhecimentos especializados são solicitadas, salvo disposição em contrário:

***a*) Ao juízo do trabalho territorialmente competente na área em que tenham de ser efetuadas;**

***b*) Ao juízo competente para conhecer de questões do foro laboral na área em que tenham de ser efetuadas, se a mesma não for abrangida pela competência de um juízo do trabalho.**

3 – Quando exista mais de um juízo do trabalho na mesma comarca, a respetiva competência, para efeito do disposto no nº 1, determina-se de acordo com a área de jurisdição dentro dessa comarca.

I – Como se referiu na anotação ao art. 19º-A, atualmente, apenas as ilhas da Região Autónoma dos Açores, com exceção de São Miguel e da Terceira, correspondem a áreas não abrangidas pela competência de juízos de trabalho.

II – As diligências que exijam conhecimentos especializados reconduzem-se aos exames de natureza médica no âmbito dos processos de acidentes de trabalho e doenças profissionais. Tais médicos pertencem ao IMLCF, IP ou são por ele contratados. V. art. 105º e sua anotação.

CAPÍTULO III – Instância

Artigo 26º – Processos com natureza urgente e oficiosa

1 – Têm natureza urgente:

a) A ação de impugnação da regularidade e licitude do despedimento;

b) A ação em que esteja em causa o despedimento de membro de estrutura de representação coletiva dos trabalhadores;

c) A ação em que esteja em causa o despedimento de trabalhadora grávida, puérpera ou lactante ou trabalhador no gozo de licença parental;

d) A ação de impugnação de despedimento coletivo;

e) As ações emergentes de acidente de trabalho e de doença profissional;

f) A ação de impugnação da confidencialidade de informações ou da recusa da sua prestação ou da realização de consultas;

g) A ação de tutela da personalidade do trabalhador;

h) As ações relativas à igualdade e não discriminação em função do sexo;

i) A ação de reconhecimento da existência de contrato de trabalho.

2 – Sem prejuízo do disposto no nº 2 do artigo 137º do Código de Processo Civil, os atos a praticar nas ações referidas nas alíneas *f*), *g*) e *h*) do número anterior apenas têm lugar em férias judiciais quando, em despacho fundamentado, tal for determinado pelo juiz.

3 – As ações a que se refere a alínea *e*) do nº 1 correm oficiosamente.

4 – Na ação emergente de acidente de trabalho, a instância inicia-se com o recebimento da participação.

5 – Na ação de impugnação da regularidade e licitude do despedimento, a instância inicia-se com o recebimento do requerimento a que se refere o nº 2 do artigo 387º do Código do Trabalho.

6 – Na ação de reconhecimento da existência de contrato de trabalho, a instância inicia-se com o recebimento da participação.

I – Os processos urgentes ou com natureza urgente, segundo o CPC, são aqueles em que os seus atos devem ser praticados durante as férias judiciais (art. 138º, nºs 1 e 2 deste art. 26º *a contrario*); precedendo qualquer outro serviço judicial não urgente (art. 363º, nº 1); podendo os seus atos ser comunicados por telefone ou outro meio de telecomunicações, incluindo, portanto, o correio eletrónico (art. 172º nº 5); devendo os despachos do juiz serem emitidos no prazo máximo de dois dias (art. 156º, nº 3) e podendo haver citação urgente (arts. 561º e 226º, nº 4, f)).

II – Para além dos processos elencados no nº 1, ainda são urgentes os procedimentos cautelares (art. 32º e segs.). Também para além da ação da alínea f), ainda a ação de reconhecimento de contrato de trabalho corre oficiosamente como resulta do art. 186º-K.

III – A especial proteção no despedimento de membros de estrutura de representação coletiva de trabalhadores deriva do preceituado no CT, art. 410º, e de trabalhadora grávida, puérpera ou lactante ou trabalhador no gozo de licença parental, art. 63º.

IV – As normas dos nºs 4, 5 e 6 estabelecem o momento do início da instância por nas ações nelas previstas não haver petição inicial, nas duas primeiras, ou seguir-se ao recebimento da participação no caso da ação de reconhecimento da existência de contrato de trabalho.

V – Ac. TRP, de 01-12-2014; 221/12.3TTVRL.1.P1; Rel. JOÃO NUNES: I – Nas ações emergentes de acidente de trabalho, por terem natureza urgente, os prazos processuais são contínuos, não se suspendendo nas férias judiciais (artigo 138º, nº 1, do CPC). II – Nas referidas ações, a natureza urgente acarreta, por si só, sem necessidade de alegação, que está em causa a prática de actos destinados a "evitar dano irreparável" e, assim, que os prazos não se suspendem nas férias judiciais (artigo 137º, nºs 1 e 2, do CPC). III – Por isso, os atos inseridos na marcha do processo cujos prazos terminem em férias judiciais, deverão ser praticados durante estas.

VI – Ac. TRL de 02-03-2016; 566/14.8T8CSC-A.L1-4; Rel. ALVES DUARTE: A ação de impugnação da regularidade e licitude do despedimento tem natureza urgente, pelo que os prazos processuais previstos no regime jurídico aplicável a este processo especial, incluindo o prazo para interposição de recurso, são contínuos e não se suspendem durante as férias judiciais.(Sumário elaborado pelo Relator).

Artigo 27º – Dever de gestão processual

1 – Cumpre ao juiz, sem prejuízo do ónus de impulso especialmente imposto pela lei às partes, dirigir ativamente o processo e providenciar pelo seu andamento célere, promovendo oficiosamente as diligências necessárias ao normal prosseguimento da ação, recusando o que for impertinente ou meramente dilatório e, ouvidas as partes, adotando mecanismos de simplificação e agilização processual que garantam a justa composição do litígio em prazo razoável.

2 – O juiz deve, até à audiência final:

_a_) Mandar intervir na ação qualquer pessoa e determinar a realização dos atos necessários ao suprimento da falta de pressupostos processuais suscetíveis de sanação;

_b_) Convidar as partes a completar e a corrigir os articulados, quando no decurso do processo reconheça que deixaram de ser articulados factos que podem interessar à decisão da causa, sem prejuízo de tais factos ficarem sujeitos às regras gerais sobre contraditoriedade e prova.

I – O nº 1 reproduz o teor do art. 6º do CPC e no nº 2 alargam-se os poderes de gestão processual do juiz previstos no art. 590º ainda do CPC.

II – Faculdade mais ampla do que a prevista na alínea b) pode ser exercida na audiência final, de harmonia com o previsto no art. 72º.

III – Entende-se que será de doze meses o período para "a justa composição do litígio em prazo razoável" por aplicação analógica do preceituado no art. 98º-N (pagamento de retribuições intercalares pelo Estado nas ações de impugnação da regularidade e licitude do despedimento).

IV – O preceituado no nº 2 é desenvolvido, nomeadamente, no art. 127º (pluralidade de entidades responsáveis).

V – Ac. TRE, de 02-02-2017, 370/16.9T8EVR-A.E1, Rel. Moisés Silva: i) não deve ser admitida a intervenção de terceiro requerida pelo autor se este não alegar factos donde resulte a existência de litisconsórcio. ii) mostra-se respeitado o princípio do contraditório se o juiz ouve a ré sobre o requerimento do autor para intervenção de terceiro e não admite a resposta do autor à oposição da ré, pois ao requerer a intervenção de terceiro já explanou as suas razões. (Sumário do relator).

VI – Ac. TRP, de 29-05-2017, Proc. 3080/16.3T8MTS.P1, Rel. Paula Leal de Carvalho: I – Alegando a A. que o seu período normal de trabalho era de 40 horas semanais e ... está implicitamente alegado que o referido período normal de trabalho semanal/ diário era de 2ª a 6ª feira. II – Mas se dúvidas tivesse a 1ª instância, deveria esta, nos termos do art. 27º, al. b), do CPT, ter formulado convite à A. no sentido de aperfeiçoar a petição inicial ou, até, não o fazendo, deixar tal facto esclarecido, ao abrigo do disposto no art. 72º do CPT, na decisão da matéria de facto, sendo que ele foi discutido em sede de audiência de discussão e julgamento.

Artigo 27º-A – Mediação

Ao processo de trabalho aplicam-se, com as necessárias adaptações, os artigos relativos à mediação previstos no Código de Processo Civil.

I – Parece que fica excluída a possibilidade do recurso ao Serviço de Mediação Laboral durante o desenvolvimento do processo judicial.

II – O recurso à mediação com suspensão da instância encontra-se prevista no art. 272º do CPC.

Artigo 28º – Cumulação sucessiva de pedidos e de causas de pedir

1 – É permitido ao autor aditar novos pedidos e causas de pedir, nos termos dos números seguintes.

2 – Se, até à audiência final, ocorrerem factos que permitam ao autor deduzir contra o réu novos pedidos, pode ser aditada a petição inicial, desde que a todos os pedidos corresponda a mesma forma de processo.

3 – O autor pode ainda deduzir contra o réu novos pedidos, nos termos do número anterior, embora esses pedidos se reportem a factos ocorridos antes da propositura da ação, desde que justifique a sua não inclusão na petição inicial.

4 – Nos casos previstos nos números anteriores, o réu é notificado para contestar tanto a matéria do aditamento como a sua admissibilidade.

I – Trata-se de um evidente *favor laboratoris,* dado que, normalmente, o autor é o trabalhador, pretendendo-se, assim, alcançar a verdade material e a plenitude do processo, contrariando o princípio da estabilidade da instância e ampliando a possibilidade de alteração do pedido e da causa de pedir, cfr. arts. 260º e 265º do CPC.

II – A dedução de articulados supervenientes está regulada no art. 60º, nº 3.

III – Ac. TRC, de 17-11-2016, Proc. 7072/15.1T8VIS-A.C1, Rel. PAULA DO PAÇO: I – A ampliação do pedido, prevista no nº 3 do art. 28º do CPT, contempla factos que eram do conhecimento do autor antes da propositura da ação, mas o mesmo terá de justificar a sua não inclusão na petição inicial, justificação essa que terá de ser razoável e aferida tendo por base o padrão de diligência exigível a um homem médio perante a situação concreta. II – A ampliação do pedido não se destina a suprir eventuais 'falhas' da petição inicial. III – A ampliação do pedido, prevista no nº 2 do art. 265º do CPC, implica que o pedido ampliado seja um lógico incremento ou corolário do pedido inicial.

Artigo 29º – Modificações subjetivas da instância

1 – A instância não pode ser modificada por sucessão entre vivos da parte trabalhadora.

2 – Só é reconhecida no processo, quanto à transmissão entre vivos do direito litigioso contra o trabalhador, a substituição resultante de transmissão global do estabelecimento; a substituição não necessita de acordo da parte contrária.

I – A impossibilidade prevista no nº 1 está em consonância com o preceituado no art. 280º do CT, onde se limita a cessão dos créditos pelo trabalhador. Obviamente já se permite a sucessão *mortis causa*.

II – A transmissão de empresa e estabelecimento está prevista no CT, art. 285º e segs.

III – Ac. TRG, de 09-07-2015, 391/10.5TTVRL.1.G1, Rel. Manuela Fialho: Extinta uma sociedade, a execução que houver sido impulsionada contra a mesma, continua, considerando-se a sociedade substituída pela generalidade dos sócios, sem necessidade de habilitação.

Artigo 30º – Reconvenção

1 – Sem prejuízo do disposto no nº 3 do artigo 98º-L, a reconvenção é admissível quando o pedido do réu emerge do facto jurídico que serve de fundamento à ação e nos casos referidos na alínea *o*) do nº 1 do artigo 126º da Lei nº 62/2013, de 26 de agosto, desde que, em qualquer dos casos, o valor da causa exceda a alçada do tribunal.

2 – Não é admissível a reconvenção quando ao pedido do réu corresponda espécie de processo diferente da que corresponde ao pedido do autor.

I – Como a reconvenção é, normalmente, deduzida contra o trabalhador, configura-se, neste artigo, com maior limitação do que no CPC (arts. 266º e 583º), nomeadamente excluindo a sua dedução nos processos de valor abaixo da alçada do tribunal.

II – Na referida alínea o) da LOSJ, estabelece-se a competência (material) dos juízos do trabalho para as questões reconvencionais quando emergentes de relações conexas com o contrato de trabalho "salvo no caso da compensação, em que é dispensada a conexão".

III – O modo da resposta pelo autor ao pedido reconvencional é disciplinado no art. 60º.

IV – Ac. TRL, de 13-03-2019, Proc.1403/18.0T8CSC.L1-4, Rel. Celina Nóbrega: I – É pacífico que a competência material dum tribunal, pressuposto processual, afere-se pela forma como o Autor desenha o pedido e a causa de pedir. II – O pacto de não concorrência pode ser celebrado durante a vigência do contrato de trabalho para vigorar durante a sua execução ou após a sua cessação e nada impede que seja celebrado após a cessação do contrato de trabalho e para vigorar no momento pós contrato. III – Na fase do saneamento do processo, incumbe ao juiz apreciar da admissibilidade do pedido reconvencional e, se os autos já contiverem os elementos necessários, cumprido o contraditório, apreciar do mérito da ação reconvencional. IV – Por força do nº 1 do artigo 30º do CPT a reconvenção é admissível: a) quando o pedido do réu emerge do facto jurídico que serve de fundamento à ação, b) quando o pedido do réu está relacionado com a ação por acessoriedade, complementaridade ou dependência; quando o réu invoca a compensação de créditos. (Sumário elaborado pela Relatora).

Artigo 31º – Apensação de ações

1 – A apensação de ações nos termos do artigo 267º do Código de Processo Civil pode também ser ordenada oficiosamente ou requerida pelo Ministério Público, ainda que este não represente ou patrocine qualquer das partes.

2 – A apensação de ações emergentes de despedimento coletivo é obrigatória até ao despacho saneador, sendo ordenada oficiosamente logo que conhecida a sua existência.

3 – Para o efeito dos números anteriores, a secretaria deve informar os magistrados das ações que se encontrem em condições de ser apensadas.

I – Tal apensação só poderá ser ordenada pelo magistrado do MP quando este dirige o processo, o que apenas acontece na fase de conciliação no processo emergente de acidente de trabalho e no processo de reconhecimento da existência de contrato de trabalho (arts. 99º, nº 1 e 186º-K).

II – No processo de impugnação do despedimento coletivo, deve o réu requerer o chamamento para intervenção dos restantes trabalhadores afetados (art. 156º, nºs 3 e 4).

III – Ac. TRP, de 15-06-2015, Proc. 92/14.5T8PNF.P1, Rel. Fernanda Soares: I – A suspensão da instância deve ser decretada ao abrigo do disposto no nº 1 do artigo 272º do CPC mesmo que só se verifique a dependência parcial entre a ação instaurada em primeiro lugar e a subordinada, tendo em vista evitar decisões contraditórias. II – Instaurada ação, ainda que em Tribunal diferente, em que a empregadora pretende a declaração de inexistência de justa causa de resolução do contrato de trabalho da trabalhadora, essa ação é prejudicial relativamente à ação posteriormente instaurada pela mesma trabalhadora conta a mesma empregadora – ainda que nesta não figure apenas como Ré a empregadora – na qual a trabalhadora pretende a declaração de existência de justa causa de resolução do mesmo contrato de trabalho. III – O julgamento uniforme da mesma questão de direito – resolução do contrato de trabalho com justa causa ou sem justa causa – é igualmente alcançado através da apensação de ações, se verificados os pressupostos previstos nos artigos 30, nº 1, 31º, nº 1 do CPT e 267º e nº 1 do CPC.

CAPÍTULO IV – Dos procedimentos cautelares

SECÇÃO I – Procedimento cautelar comum

Artigo 32º – Procedimento

1 – Aos procedimentos cautelares aplica-se o regime estabelecido no Código de Processo Civil para o procedimento cautelar comum, incluindo

no que respeita à inversão do contencioso prevista nesse diploma, com as seguintes especialidades:

***a*) Recebido o requerimento inicial, é designado dia para a audiência final;**

***b*) Sempre que seja admissível oposição do requerido, esta é apresentada até ao início da audiência final;**

***c*) A decisão é sucintamente fundamentada, regendo-se a sua gravação e transcrição para a ata pelo disposto no artigo 155º do Código de Processo Civil.**

2 – Nos casos de admissibilidade de oposição, as partes são advertidas para comparecer pessoalmente ou, em caso de justificada impossibilidade de comparência, fazer-se representar por mandatário com poderes especiais para confessar, desistir ou transigir, na audiência final, na qual se procederá à tentativa de conciliação.

3 – Sempre que as partes se fizerem representar nos termos do número anterior, o mandatário deve informar-se previamente sobre os termos em que o mandante aceita a conciliação.

4 – A falta de comparência de qualquer das partes ou dos seus mandatários não é motivo de adiamento.

I – No CPC, os procedimentos cautelares estão previstos logo no art. 2º, nº 2 e o seu regime no art. 362º e segs. Como decorre do artigo seguinte, são processos com natureza urgente, embora não sejam catalogados como tal no art. 26º do CPT, cfr. anotação. Visam uma tutela jurisdicional antecipada, provisória, cautelar. Materialmente, também constituem processos com natureza eletrónica (CPC, art. 132º).

II – A disciplina jurídica do procedimento cautelar comum cível, que se aplicará subsidiariamente a todos os procedimentos cautelares laborais, comum e especificados, contém-se, essencialmente, nos arts. 362º a 376º do CPC. Mas, as normas do procedimento comum laboral, contidas neste artigo 32º, são primacialmente aplicáveis a todos os procedimentos laborais, como confirmado no artigo seguinte.

III – Em vez de petição, neste artigo refere-se o requerimento inicial, podendo, portanto, não ser articulado, como, em regra, é imposto no art. 147º do CPC. Mas, naturalmente, terá que obedecer aos restantes requisitos do art. 552º do CPC.

IV – A taxa de justiça haverá de resultar da tabela II, conforme se determina no nº 4 do art. 7º do RCP. Para se determinar o valor dos procedimentos cautelares especificados cíveis são estabelecidas algumas regras no CPC, art. 304º, nº 3. A comprovação do seu pagamento ou a concessão do benefício do apoio judiciário devem ser feitos nos termos do art. 145º do mesmo CPC.

V – Na audiência final, porque se iniciará por uma tentativa de conciliação, as partes devem comparecer pessoalmente (ou, pelos seus dirigentes estatutários sendo pessoas coletivas). Apenas poderão faltar em caso justificável e logo comprovado e aceite, podendo, assim, ser substituídas por mandatário com poderes especiais. Neste caso, o mandatário terá de assumir a representação plena e apresentar logo proposta ou contraproposta de conciliação.

VI – A tentativa de conciliação deve obedecer às regras dos arts. 51º a 53º.

VII – Ac. TRG, de 26-02-2015, Proc. 635/14TTBRG-A.P1.G1, Rel. MANUELA FIALHO: A imposição de um corte salarial que levou a que o rendimento auferido se reduzisse para metade constitui lesão grave e dificilmente reparável do direito à retribuição, devendo ser acautelada mediante providência cautelar comum.

VIII – Ac. TRE, de 26-02-2015, Proc. 262/14.6TTFAR.E1, Rel. PAULA DO PAÇO: [...] II – No âmbito de um procedimento cautelar comum que tem como causa de pedir o contrato de trabalho existente entre as partes processuais, demonstrando-se que uma ocorrência posterior (aplicação da sanção disciplinar de despedimento com justa causa) originou a cessação do vínculo laboral, na pendência do processo, os direitos peticionados que emergiam desse contrato (direito ao reconhecimento de uma retribuição em espécie, direito ao subsídio de alimentação e a garantia de não transferência do local de trabalho), deixam de poder ser satisfeitos, pelo que o processo perde a sua utilidade, verificando-se, pois, uma situação de inutilidade superveniente da lide conducente à extinção da instância. (Sumário elaborado pela Relatora).

IX – Ac. TRP, de 29-04-2019, Proc. 8797/18.5T8VNG.P1, Rel. DOMINGOS OLIVEIRA: I – No procedimento cautelar inominado constituem requisitos de verificação cumulativa: (i) o fundado receio de que outrem cause lesão grave e de difícil reparação ao direito do requerente; (ii) a probabilidade séria da existência do direito ameaçado e (iii) a adequação da providência solicitada para evitar a lesão. II – A existência do direito ameaçado e a identificação da lesão grave devem ser alegados, factualmente, no requerimento inicial do procedimento cautelar. III – A mera possibilidade de incumprimento de alegadas obrigações familiares, consubstanciada na simples privação de prestações complementares, que incluem instrumentos de trabalho, quando a requerente se encontrava de baixa médica e de licença de maternidade, não constitui lesão grave que justifique procedimento cautelar inominado.

X – Sobre o tema, v. estudo de Paulo Sousa Pinheiro, Os Procedimentos Cautelares no Projeto de Revisão do CPT, PDT, 2018 – I, pág. 201.

Artigo 33º – Aplicação subsidiária

1 – O disposto no artigo anterior é aplicável aos procedimentos cautelares previstos na secção seguinte em tudo quanto nesta se não encontre especialmente regulado.

2 – Sem prejuízo do disposto no número seguinte, o regime de inversão do contencioso estabelecido no Código de Processo Civil é aplicável, com

as necessárias adaptações e com as especialidades previstas no presente Código, às providências cautelares reguladas na secção seguinte.

3 – O regime de inversão do contencioso não é aplicável à providência cautelar de suspensão do despedimento quando for requerida a impugnação da regularidade e licitude do despedimento, nos termos do nº 4 do artigo 34º e do artigo 98º-C.

I – A figura da inversão do contencioso encontra-se regulada no art. 369º do CPC, onde no seu nº 1 se dispõe: *mediante requerimento, o juiz, na decisão que decrete a providência, pode dispensar o requerente do ónus de propositura da ação principal se a matéria adquirida no procedimento lhe permitir formar convicção segura acerca da existência do direito acautelado e se a natureza da providência decretada for adequada a realizar a composição definitiva do litígio.* (V. os nºs 2 e 3 e art. 376º, nº 4).

II – Relativamente à matéria do nº 3, v. arts. 34º, nº 4; 36º-A e 98º-C.

SECÇÃO II – Procedimentos cautelares especificados

SUBSECÇÃO I – Suspensão de despedimento

Artigo 33º-A – Âmbito

O procedimento cautelar de suspensão de despedimento regulado na presente subsecção é aplicável a qualquer modalidade de despedimento por iniciativa do empregador, seja individual, seja coletivo, e independentemente do modo ou da forma da comunicação ao trabalhador da decisão de despedimento.

I – De conformidade com o preceituado no art. 386º do CT, *"o trabalhador pode requerer a suspensão preventiva do despedimento, no prazo de cinco dias úteis a contar da data da receção da comunicação de despedimento..."*.

II – Deixa de interessar o modo ou a forma da comunicação do despedimento, o que equivale a dizer, que poderá constituir fundamento para o procedimento, o despedimento formal ou informal, expresso ou tácito e com ou sem procedimento prévio.

III – As modalidades de despedimento (naturalmente, por ato unilateral do empregador), em geral, estão previstas e (minuciosamente) reguladas de forma imperativa, no CT (arts. 338º a 340º e 351º e segs.) e são: por facto imputável ao trabalhador, coletivo, por extinção de posto de trabalho e por inadaptação.

IV – As normas desta secção ainda são aplicáveis ao "procedimento cautelar de suspensão de despedimento subsequente a auto de inspeção previsto no artigo 15º-A da Lei nº 107/2009, de 14 de setembro", e regulado no art. 186º-S e de harmonia com o disposto no seu nº 5.

Artigo 34º – Requerimento

1 – Apresentado o requerimento inicial no prazo previsto no artigo 386º do Código do Trabalho, o juiz ordena a citação do requerido para se opor, querendo, e designa no mesmo ato data para a audiência final, que deve realizar-se no prazo de 15 dias.

2 – Se for invocado despedimento precedido de procedimento disciplinar, o juiz, no despacho referido no número anterior, ordena a notificação do requerido para, no prazo da oposição, juntar o procedimento, que é apensado aos autos.

3 – Nos casos de despedimento coletivo, por extinção de posto de trabalho e por inadaptação, o juiz ordena a notificação do requerido para, no prazo da oposição, juntar aos autos os documentos comprovativos do cumprimento das formalidades exigidas.

4 – A impugnação judicial da regularidade e licitude do despedimento deve ser requerida no requerimento inicial, caso não tenha ainda sido apresentado o formulário referido no artigo 98º-C, sob pena de extinção do procedimento cautelar.

I – O "procedimento" disciplinar terá de ser o de despedimento previsto no art. 352º e segs. Os "documentos" são os dos procedimentos estabelecidos nos arts. 360º ou 369º ou 357º e segs. do CT.

II – A ação de impugnação judicial da regularidade e licitude do despedimento encontra-se regulada no art. 90º-B e segs. como processo especial. Mas este processo apenas terá de ser utilizado *"no caso em que seja comunicada por escrito ao trabalhador a decisão de despedimento ..."*. O relacionamento entre os dois processos é disciplinado no art. 36º-A.

III – No nº 4, procura-se dar início à coordenação dos processos do procedimento cautelar e da ação de impugnação, ambos resultantes do mesmo despedimento, como, depois, se desenvolve nos arts. 36º, nº 1 e 36º-A. Porém, não se impediu, nem se regulou o que deverá acontecer quando o requerimento no formulário tenha sido apresentado antes de requerido o procedimento cautelar, o que pode acontecer até ao quinto dia útil após o despedimento. Pela lógica do sistema e pelo preceituado no nº 4 do art. 36º parece que em tal caso deverá o procedimento cautelar também ficar extinto.

IV – A vigência da ação de impugnação judicial da regularidade e licitude o despedimento impedirá a caducidade da providência que venha a ser decretada, cfr. art. 40º-A, nº 2.

V – Ac. TRP, de 07-04-2014. Proc. 1004/13.9TTBCL.P1, Rel. Paula Leal de Carvalho: I – Do art. 34º, nº 4, do CPT resulta que o requerente de procedimento cautelar de suspensão de despedimento deve, desde logo no requerimento inicial desse procedimento, requerer também a impugnação judicial da regularidade e licitude do despedimento (caso não tenha ainda sido apresentado o formulário referido no art. 98º-C), sob pena de extinção do procedimento cautelar. II – A fundamentação da suspensão do despedimento, que passa necessariamente pela alegação da sua ilicitude, não pode ser tida como substitutiva da exigência legal prevista no citado art. 34º, nº 4. ...

Artigo 35º – Meios de prova

1 – As partes podem apresentar qualquer meio de prova, sendo limitado a três o número de testemunhas por parte.

2 – O tribunal pode, oficiosamente ou a requerimento fundamentado das partes, determinar a produção de quaisquer provas que considere indispensáveis à decisão.

I – Os meios de prova encontram-se previstos no CC, art. 341º e segs. e a sua utilização processual no CPC, art. 410º e segs. e 63º a 67º deste CPT.

II – Frisa-se que o limite de três testemunhas é para cada uma das partes e não por cada facto ou tema de prova. Para o processo comum laboral, v. arts. 63º e 64º e considerar a revogação do art. 65º, pela Lei de aprovação (art. 7º).

Artigo 36º – Audiência final

1 – As partes devem comparecer pessoalmente na audiência final ou, em caso de justificada impossibilidade de comparência, fazer-se representar por mandatário com poderes especiais para confessar, desistir ou transigir.

2 – Na audiência, o juiz tenta a conciliação e, se esta não resultar, ouve as partes e ordena a produção da prova a que houver lugar, proferindo, de seguida, a decisão.

3 – Se a complexidade da causa o justificar, a decisão pode ser proferida no prazo de 8 dias, se não tiverem decorrido mais de 30 dias a contar da entrada do requerimento inicial.

4 – Requerida a impugnação judicial da regularidade e licitude do despedimento, aplica-se o disposto no nº 3 do artigo 98º-F, sendo dispensada a tentativa de conciliação referida no nº 2 do presente artigo.

I – Reproduz-se aqui, a anotação V ao antecedente art. 32º relativa à comparência das partes.

II – Nos termos do nº 2, a audiência final deverá iniciar-me pela audição das partes e, na ausência de alguma delas, pela audição do respetivo mandatário munido com poderes especiais.

III – Nos termos do nº 4, a tentativa de conciliação será única para os dois processos. Mas tal como resulta do nº 3 do art. 98º-F a tentativa de conciliação integra-se numa audiência de partes o que implicará, para além do mais, no caso de se frustrar, a notificação do requerido para apresentar articulado de motivação de despedimento, ainda que tal não seja previsto no artigo que se segue.

IV – Correndo os dois processos não haverá lugar à figura da inversão do contencioso, cfr. art. 33º, nº 3.

Artigo 36º-A – Articulação entre o procedimento cautelar e a ação de impugnação judicial da regularidade e licitude do despedimento

Sempre que a audiência final do procedimento cautelar ocorra em simultâneo com a audiência de partes prevista no artigo 98º-I:

***a*) É elaborada uma ata documentando, em sequência, os atos próprios da audiência de partes e da audiência final do procedimento cautelar;**

***b*) Finda a audiência, é extraída certidão do requerimento inicial e da ata referida na alínea anterior e autuada como ação de impugnação judicial da regularidade e licitude do despedimento;**

***c*) A ação referida na alínea anterior prossegue os ulteriores termos por dependência do procedimento cautelar em cujo requerimento inicial foi originariamente formulado o respetivo pedido, nos termos do nº 4 do artigo 34º.**

I – A ação de impugnação é autuada como sendo da 2ª espécie (art. 21º) passando também a ter natureza urgente [art. 26º, nº 1, a)].

II – Face à dependência mencionada na alínea c), a ação será apensada ao procedimento, cfr. art. 31º. Porém, como o pedido e a decisão do procedimento dependerão do processo da a.i.r.l.d. é a este que o procedimento ficará apensado, como deriva do disposto no nº 2 do art. 267º do CPC (segunda situação prevista).

III – Em aditamento à anotação IV do artigo antecedente, considera-se que, de harmonia com os seus poderes de gestão processual, o juiz poderá logo, ou em momento posterior, ordenar ao requerido para apresentar o seu "articulado de motivação do despedimento", previsto no art. 98º-J.

IV – Ac. TRL, de 28-09-2011, Proc. 1718/11.8TTLSB.L1-4, rel. Maria João Romba: Requerida a suspensão de despedimento individual, sem que tivesse sido, previamente ou no próprio requerimento da providência, requerida a impugnação da regularidade e da licitude do despedimento, deve o requerente ser convidado a aperfeiçoar o requerimento sanando tal deficiência, só devendo ser julgado extinto o procedimento se ele não acolher esse convite. (Elaborado pela Relatora)

Artigo 37º – Falta de comparência das partes

1 – Na falta de comparência injustificada do requerente, ou de ambas as partes, sem que se tenham feito representar por mandatário com poderes especiais, a providência é logo indeferida.

2 – Se o requerido não comparecer nem justificar a falta no próprio ato, ou não se fizer representar por mandatário com poderes especiais, a providência é julgada procedente, salvo se tiver havido cumprimento do disposto nos nºs 2 e 3 do artigo 34º, caso em que o juiz decide com base nos elementos constantes dos autos e na prova que oficiosamente determinar.

3 – Se alguma ou ambas as partes faltarem justificadamente e não se fizerem representar por mandatário com poderes especiais, o juiz decide nos termos da segunda parte do número anterior.

I – Nas situações previstas no nº 1 e na primeira parte do nº 2, haverá efeito cominatório pleno, havendo o juiz de observar o teor do art. 566º do CPC. Nas restantes situações de falta, o efeito cominatório será semipleno.

II – O pedido de justificação da falta terá de ser apresentado até ao início da audiência, como se deduz do disposto no nº 2 do presente e do seguinte artigo e do nº 4 do art. 32º.

Artigo 38º – Falta de apresentação do procedimento disciplinar ou dos documentos comprovativos do cumprimento das formalidades exigidas

1 – Se o requerido não cumprir injustificadamente o disposto nos nºs 2 e 3 do artigo 34º, a providência é decretada.

2 – Se o não cumprimento for justificado até ao termo do prazo da oposição, o juiz decide com base nos elementos constantes dos autos e na prova que oficiosamente determinar.

O pedido de justificação da falta do processo disciplinar ou da documentação terá de ser apresentado, com os meios de prova até ao início da audiência final [art. 32º, nº 1, b)].

Artigo 39º – Decisão final

1 – A suspensão é decretada se o tribunal, ponderadas todas as circunstâncias relevantes, concluir pela probabilidade séria de ilicitude do despedimento, designadamente quando o juiz conclua:

***a*) Pela provável inexistência de procedimento disciplinar ou pela sua provável invalidade;**

***b*) Pela provável inexistência de justa causa; ou**

***c*) Nos casos de despedimento coletivo, de despedimento por extinção de posto de trabalho ou de despedimento por inadaptação, pela provável verificação de qualquer dos fundamentos de ilicitude previstos no artigo 381º do Código do Trabalho ou, ainda, pela provável inobservância de qualquer formalidade prevista nas normas referidas, respetivamente, no artigo 383º, no artigo 384º ou no artigo 385º do Código do Trabalho.**

2 – A decisão sobre a suspensão tem força executiva relativamente às retribuições em dívida, devendo o empregador, até ao último dia de cada mês subsequente à decisão, juntar documento comprovativo do seu pagamento.

3 – A execução, com trato sucessivo, segue os termos do artigo 90º, com as necessárias adaptações.

I – Ainda nos termos do nº 4 do art. 410º do CT *"a providência cautelar de suspensão de despedimento de trabalhador membro de estrutura de representação coletiva dos trabalhadores só não é decretada se o tribunal concluir pela existência de probabilidade séria de verificação da justa causa invocada"*.

II – Os fundamentos gerais e especiais de ilicitude do despedimento constam dos arts. 381º a 385º do CT.

III – Nos termos do art. 90º, os presentes créditos relativos à retribuição são considerados direitos irrenunciáveis, o seu prazo de pagamento é prorrogável pelo juiz, mas a sua falta de pagamento, nas datas de vencimento, pode originar a sua execução oficiosa e sucessiva, não por agente de execução, mas, outrossim, por oficial de justiça do tribunal. O trato sucessivo resulta da periodicidade das prestações a pagar, permitindo a renovação da execução, cfr. CPC, art. 850º.

IV – Ac. TRP, de 07-01-2013, Proc. 73/12.3TTBCL.P1, Rel. EDUARDO PETERSEN SILVA: Provando-se que o trabalhador, no quadro da contestação sindical a ordens de entrega de viaturas, intentou procedimento cautelar visando a declaração de que a atribuição de viatura constituía retribuição e visando a proibição da empregadora de lha diminuir, é séria a probabilidade de inexistência de justa causa assente na não entrega da viatura em prazo compreendido na pendência do mesmo procedimento.

V – Ac. TRL, de 25-09-2013, Proc. 204/13.6TTALM.L1-4; Rel. SÉRGIO ALMEIDA: I. Para a procedência do procedimento cautelar de suspensão do despedimento não bastam vagos indícios da inexistência de justa causa ou da verificação de nulidade; é preciso que, face aos elementos disponíveis, seja de concluir, num juízo de probabilidade, que tal se verifica, o que não se confunde nem com um mero elencar de indícios mal definidos nem, inversamente, com o rigor da ação. II. A nulidade relevante é uma das invalidades previstas no art. 382, nº 2 (sendo ainda o despedimento ilícito no caso do art. 382, nº 1, 1ª parte), não relevando outros eventuais vícios. III. Um banco pode juntar ao procedimento disciplinar de um seu empregado extratos e outros elementos bancários sem a autorização deste e de terceiros. IV. A lei não impõe, para que o trabalhador possa exercer o contraditório, que lhe seja dado conhecimento de todos os meios de prova que forem sendo produzidos no procedimento disciplinar após a sua consulta.

VI – Ac. TRL, de 12-02-2014, Proc. 318/13.2TTLSB.L1-4, Rel. PAULA SÁ FERNANDES: 1. A falta ou insuficiência da indicação dos critérios de seleção dos trabalhadores a despedir, no âmbito do despedimento coletivo, constitui causa de ilicitude.

VII – Ac. TRG, 26-02-2015, Proc. 635/14TTBRG-A.P1.G1, Rel. MANUELA FIALHO: A imposição de um corte salarial que levou a que o rendimento auferido se reduzisse para metade constitui lesão grave e dificilmente reparável do direito à retribuição, devendo ser acautelada mediante providência cautelar comum.

VIII – Ac. TRL, de 29-04-2015, Proc. 13603/14.7TTLSB.L1-4, Rel. SÉRGIO ALMEIDA: I – Por força do disposto no art. 39, nº 1, al. c, do Código de Processo do Trabalho, são fundamentos para a suspensão do despedimento coletivo, a provável violação das formalidades previstas no artigo 383° do Código do Trabalho II – No procedimento cautelar de suspensão do despedimento coletivo está vedado ao tribunal apreciar a fundamentação dos critérios que o fundamentam.

Artigo 40º – Recurso

1 – Da decisão final cabe sempre recurso de apelação para a Relação.

2 – A decisão que decretar a inversão do contencioso só é recorrível em conjunto com o recurso da decisão sobre a providência requerida; a decisão que indeferir a inversão do contencioso é irrecorrível.

3 – O recurso previsto nos números anteriores tem efeito meramente devolutivo, mas ao recurso da decisão que decretar a providência é atribuído efeito suspensivo se, no ato de interposição, o recorrente depositar no tribunal a quantia correspondente a seis meses de retribuição do recorrido, acrescida das correspondentes contribuições para a segurança social.

4 – Enquanto subsistir a situação de desemprego pode o trabalhador requerer ao tribunal, por força do depósito, o pagamento da retribuição a que normalmente teria direito.

I – Por estar em causa o despedimento do trabalhador, o recurso para a Relação já seria admissível, por qualquer das partes, nos termos da alínea b) do art. 79º.

II – O modo de obtenção do efeito suspensivo do recurso que decretar a providência é diferente do regime geral, previsto no art. 83º, que se aplica aos restantes procedimentos cautelares.

III – O montante das contribuições (e não das quotizações) para a segurança social no regime geral dos trabalhadores por conta de outrem haverá de resultar da aplicação da taxa de 23,75% da base de incidência contributiva (arts. 37º, 44º e 53º do CRCSPSS). Tal taxa poderá variar se o trabalhador estiver inserido em algum dos regimes especiais.

IV – Caso o trabalhador recorrido requeira ao tribunal o pagamento das suas retribuições "por força do depósito" deverão ser concretizados os descontos legais.

V – O depósito no tribunal é efetivado mediante requerimento, em que se procede à liquidação do valor da retribuição, comprovando o seu depósito à ordem do tribunal. Não é, pois, necessário proceder à consignação em depósito (CPC, art. 916º e segs.).

VI – Ac. STJ, Nº 6/2016, de 18-02-2016, Proc. 59/07.0TTVRL-D.S1, Rel. António Leones Dantas: Interposto recurso com efeito suspensivo para o Tribunal da Relação da decisão proferida em providência cautelar que tenha decretado a suspensão do despedimento, não são devidas ao trabalhador retribuições entre a data do despedimento e o trânsito em julgado do acórdão do Tribunal da Relação que confirme a suspensão do despedimento, sem prejuízo do disposto no nº 3 do artigo 40º do Código de Processo do Trabalho... (DR, I Série, de 18/03/2016).

Artigo 40º-A – Caducidade da providência

1 – Salvo se tiver sido decretada a inversão do contencioso, o procedimento cautelar extingue-se e, quando decretada, a providência caduca:

***a*) Se o trabalhador não propuser a ação de impugnação do despedimento individual ou coletivo da qual a providência depende dentro de 30 dias, contados da data em que lhe tiver sido notificado o trânsito em julgado da decisão que a haja ordenado;**

***b*) Nos demais casos previstos no Código de Processo Civil que não sejam incompatíveis com a natureza do processo do trabalho.**

2 – O disposto na alínea *a*) do número anterior não é aplicável quando for requerida a impugnação da regularidade e licitude do despedimento, nos termos do nº 4 do artigo 34º e do artigo 98º-C.

I – Os demais casos previstos no CPC são os contemplados no seu art. 373º (processo principal parado por mais de 30 dias, por negligência do requerente; se a ação vier a ser julgada improcedente; se o réu vier a ser absolvido da instância ....).

II – Ac. TRE, de 07-09-2016, 82/14.8TTSTR.E2, Rel. JOÃO NUNES: I – A natureza urgente do procedimento cautelar de suspensão de despedimento reporta-se a este processo, o mesmo é dizer à sua tramitação, e não a qualquer ato que não se insira na marcha do mesmo. II – Por isso, tal natureza urgente não abrange o ato de propositura da ação principal de despedimento coletivo – de que aquela é dependência – constituindo este o ato inicial de um processo autónomo e independente. III – Quanto ao prazo de 30 dias de propositura da ação principal deve observar-se o disposto no 138º do CPC, o que significa que o prazo não se suspende nos sábados, domingos e feriados e apenas não corre durante as férias judiciais. IV – Nesta conformidade, tendo sido remetida notificação à parte do acórdão que decretou a providência cautelar em 23-12-2013, e decorrendo as férias judiciais de 22-12-2013 a 03-01-2014, em 28-01-2014, quando o Autor/recorrente intentou a ação principal, ainda não havia decorrido o prazo de 30 dias de que dispunha para tal efeito (sumário do Relator).

SUBSECÇÃO II – Suspensão de despedimento coletivo

Artigo 41º – Requerimento e resposta

(*Revogado.*)

Artigo 42º
Decisão final

(*Revogado.*)

Artigo 43º – Disposições aplicáveis

(*Revogado.*)

SUBSECÇÃO III – Proteção da segurança e saúde no trabalho

Artigo 44º – Âmbito e legitimidade

1 – Sempre que as instalações, os locais ou os processos de trabalho se revelem suscetíveis de pôr em perigo, sério e iminente, a segurança ou a saúde dos trabalhadores, para além do risco inerente à perigosidade do trabalho a prestar, podem estes, individual ou coletivamente, bem como os seus representantes, requerer ao tribunal as providências que, em função da gra-

vidade da situação e das demais circunstâncias do caso, se mostrem adequadas a prevenir ou a afastar aquele perigo.

2 – O requerimento das providências a que se refere o número anterior não prejudica o dever de atuação de quaisquer outras autoridades competentes.

I – Este procedimento cautelar deriva dos princípios e das normas sobre a prevenção de acidentes de trabalho e doenças profissionais que se contêm nos arts. 281º e segs. do CT e na Lei nº 102/2009, de 10 de setembro – regime jurídico da promoção da segurança e saúde no trabalho.

II – Nesta Lei nº 102/2009, no art. 6º, prevê-se a criação do sistema nacional de prevenção de riscos profissionais.

Artigo 45º – Exame

1 – Apresentado o requerimento, o juiz pode determinar a realização, pela entidade com competência inspetiva em matéria laboral, de exame sumário às instalações, locais e processos de trabalho, com vista à deteção dos perigos alegados pelo requerente.

2 – O relatório do exame a que se refere o número anterior deve ser apresentado em prazo a fixar pelo juiz, não superior a 10 dias.

I – A entidade com competência inspetiva em matéria laboral é a ACT – Autoridade para as Condições de Trabalho – que também tem competência própria para realizar inquéritos.

II – O juízo do trabalho territorialmente competente será o do domicílio do réu, cfr. art. 13º.

Artigo 46º – Deferimento das providências

1 – Produzidas as provas que forem julgadas necessárias, o juiz ordena as providências adequadas se adquirir a convicção de que, sem elas, o perigo invocado ocorrerá ou subsistirá.

2 – O decretamento das providências não prejudica a responsabilidade civil, criminal ou contraordenacional que ao caso couber, nos termos da lei.

Também a não observância da providência decretada pode constituir crime de desobediência qualificada, nos termos do art. 375º do CPC.

SUBSECÇÃO IV – Disposição final

Artigo 47º – Regime especial

Os procedimentos cautelares especificados regulados no Código de Processo Civil que forem aplicáveis ao foro laboral seguem o regime estabelecido nesse Código.

Dos procedimentos cautelares especificados regulados no CPC podem ser aplicados no foro laboral o de arbitramento de reparação provisória, o de arresto e o de arrolamento.

CAPÍTULO V – Espécies e formas de processo

Artigo 48º – Espécies de processos

1 – O processo é declarativo ou executivo.

2 – O processo declarativo pode ser comum ou especial.

3 – O processo especial aplica-se nos casos expressamente previstos na lei; o processo comum é aplicável nos casos a que não corresponda processo especial.

I – Corresponde ao teor dos arts. 10º, nº 1 e 546º do CPC. O normativo do processo comum inicia-se no art. 51º e o dos processos especiais no art. 98º-B (Título VI).

II – Nos termos do nº 2 do referido art. 10º, as ações declarativas podem ser de simples apreciação, de condenação ou constitutivas.

III – "O processo tem natureza eletrónica, sendo constituído por informação estruturada constante do sistema de informação de suporte à atividade dos tribunais e por documentos eletrónicos", mas ainda pode ter suporte físico (CPC, art. 132º, nºs 1 e 6, na redação conferida pelo DL nº 97/2019, de 26 de julho).

IV – Ac. TRE, de 30-03-2016, Proc. 166/13.0TTPTG.E1, Rel. Baptista Coelho: 1. Há erro na forma do processo quando se utiliza o processo comum para o pedido de impugnação de um despedimento, que foi comunicado por escrito ao trabalhador. 2. Não sendo possível convolar o processo para a forma especial de impugnação da regularidade e licitude do despedimento, prevista nos arts. 98º-B e seguintes do Código de Processo do Trabalho, deve porém determinar-se o prosseguimento da ação, sob a forma de processo comum, quanto aos pedidos relativos a créditos emergentes do contrato de trabalho, que foram cumulados na petição inicial com o de impugnação do despedimento. (Sumário do relator).

V – Ac. TRL, de 06-03-2013, Proc. 3579/11.8TTLSB.L1-4, Rel. Jerónimo Freitas: I. No que respeita ao prazo de propositura da ação de impugnação de despedimento, nas situações fora da previsão do nº 1 do art. 98º C, do CPT, em que é aplicável o processo comum, aplica-se o prazo de prescrição previsto no art. 337º nº 1, do CT/2009, no entendimento de que o mesmo abrange também os créditos emergentes da realização de um despedimento ilícito e, nesta medida, funciona como um prazo que condiciona a interposição da acção de impugnação sempre que esta revista a forma de processo comum.

Artigo 49º – Processo declarativo comum

1 – O processo declarativo comum segue a tramitação estabelecida nos artigos 54º e seguintes.

2 – Nos casos omissos, e sem prejuízo do disposto no artigo 1º, aplicam-se subsidiariamente as disposições do Código de Processo Civil sobre o processo comum de declaração.

3 – O juiz pode abster-se de proferir o despacho previsto no artigo 596º do Código de Processo Civil, sempre que a enunciação dos temas da prova se revestir de simplicidade.

No art. 596º do CPC prevê-se a emissão do despacho destinado a identificar o objeto do litígio e a enunciar os temas da prova.

Artigo 50º – Formas de processo executivo

O processo executivo tem as formas previstas no Código de Processo Civil.

I – O regime do processo executivo cível insere-se nos arts. 85º a 90º e no Livro IV do CPC, art. 703º e segs. Tais formas constam dos arts. 724º (execução para pagamento de quantia certa), 859º (execução para entrega de coisa certa) e 868º (execução para prestação de facto).

II – Mas sobre o processo executivo, o CPT continua a conter poucas normas, mas relevantes, nos seus arts. 88º (espécies de títulos executivos) e 90º (execução de direitos irrenunciáveis).

TÍTULO IV – Processo comum de declaração

CAPÍTULO I – Tentativa de conciliação

Artigo 51º – Tentativa de conciliação

1 – A tentativa de conciliação realiza-se obrigatoriamente quando prescrita neste Código.

2 – A tentativa de conciliação é presidida pelo juiz e destina-se a pôr termo ao litígio mediante acordo equitativo, devendo o juiz empenhar-se ativamente na obtenção da solução mais adequada aos termos do litígio.

I – A tentativa de conciliação encontra-se prescrita nos arts. 36º, nº 2 (audiência final do procedimento cautelar); 55º, nº 2 (audiência de partes no processo comum); 62º, nº 2 (audiência prévia); 70º, nº 2 (audiência final); 98º-I, nº 2 (audiência de partes na a.i.j.r.l.d.); 108º (fase conciliatória no processo para efetivação de direitos resultantes de acidente de trabalho); 131º, nº 3 (fase contenciosa do mesmo processo); 160º (audiência prévia no processo de impugnação do despedimento coletivo) e 186º-D, nº 3 (tutela da personalidade do trabalhador).

II – No nº 2, salienta-se que a tentativa de conciliação é presidida pelo juiz apenas por razões históricas, pois até 1985 podia ser presidida pelo magistrado do MP.

III – Constitui inovação importante, retirada do nº 3 do art. 594º do CPC, o estabelecimento da obrigação do juiz dever empenhar-se ativamente na obtenção da solução, o que deve ser conciliado com o que se preceitua nos nºs 2 e 3 do art. 53º [consignação na ata do acordo sobre pedidos (ou parte deles) e das razões da persistência do litígio].

IV – Ac. TRP, de 02-05-2016, Proc. 58/12.0TTVLG.1.P1, Rel. MARIA JOSÉ COSTA PINTO: I – A transação pode envolver a constituição, modificação ou extinção de direitos diversos do direito controvertido e pode resolver litígios para além das partes iniciais do processo, vinculando terceiros. II – Mas, para que uma transação com estes contornos seja eficaz, têm esses terceiros que se vincular validamente, ou dando a sua anuência expressa ao convénio no momento da sua celebração – por si ou através de pessoa munida dos necessários poderes de representação –, ou ratificando posteriormente o ato de quem, em seu nome, mas sem poderes de representação, teve intervenção no negócio. III – No caso de transação, a verdadeira fonte da solução do litígio é o ato de vontade do autor e não a sentença do juiz que não decide a controvérsia substancial, embora seja ela que confere aquele ato de vontade efeitos de caso julgado.

Artigo 52º – Desnecessidade de homologação

1 – A desistência, a confissão ou a transação efetuadas na audiência de conciliação não carecem de homologação para produzir efeitos de caso julgado.

2 – O juiz deve certificar-se da capacidade das partes e da legalidade do resultado da conciliação, que expressamente fará constar do auto.

I – A desnecessidade da homologação por sentença contraria o que se dispõe no nº 4 do art. 290º do CPC. Pretende-se com tal medida conferir o efeito de caso julgado imediato, para se banir, em geral, a possibilidade de recurso e conferir ao auto a força de título executivo, conforme resulta do disposto na alínea b) do art. 88º.

II – Contudo, o juiz terá de verificar se as partes disfrutam da capacidade jurídica para o ato e da legalidade da matéria acordada, nomeadamente, se não há cedência em direitos indisponíveis. Nesta perspetiva haverá que considerar se a relação jurídico-laboral em causa já cessou ou ainda se manterá.

Artigo 53º – Elementos do auto de tentativa de conciliação

1 – O auto de conciliação deve conter pormenorizadamente os termos do acordo no que diz respeito a prestações, respetivos prazos e lugares de cumprimento.

2 – Se houver cumulação de pedidos, o acordo discriminará os pedidos por ele abrangidos.

3 – Frustrando-se, total ou parcialmente, a conciliação, ficam consignados no respetivo auto os fundamentos que, no entendimento das partes, justificam a persistência do litígio.

I – A pormenorização estabelecida destina-se a clarificar as obrigações das partes, nomeadamente quando, como é frequente, se acordam pagamentos em prestações.

II – A cumulação de pedidos encontra-se prevista no art. 555º, nº 1, do CPC. Entende-se, até por razões de economia processual, que também deverão ficar consignados as partes do pedido onde se alcançou o acordo.

III – A consignação no auto dos fundamentos para a persistência do litígio, que, na prática tem sido postergada, ganha, agora, a maior acuidade na fixação do objeto do litígio e até na enunciação dos temas da prova.

IV – A norma do nº 3 corresponde à do nº 4 do art. 594º do CPC.

CAPÍTULO II - Articulados

Artigo 54º - Despacho liminar

1 - Recebida a petição, se o juiz nela verificar deficiências ou obscuridades, deve convidar o autor a completá-la ou esclarecê-la, sem prejuízo do seu indeferimento nos termos do disposto no nº 1 do artigo 590º do Código de Processo Civil.

2 - Estando a ação em condições de prosseguir, o juiz designa uma audiência de partes, a realizar no prazo de 15 dias.

3 - O autor é notificado e o réu é citado para comparecerem pessoalmente ou, em caso de justificada impossibilidade de comparência, se fazerem representar por mandatário judicial com poderes especiais para confessar, desistir ou transigir.

4 - Com a citação é remetido ou entregue ao réu duplicado da petição inicial e cópia dos documentos que a acompanhem.

5 - Se a falta à audiência for julgada injustificada, o faltoso fica sujeito às sanções previstas no Código de Processo Civil para a litigância de má fé.

I - Na elaboração da petição haverá que observar, nomeadamente, as normas dos arts. 552º e segs. e 147º e 148º e, na sua apresentação, as dos arts. 144º e 145º, todos do CPC. Quanto à junção de documentos e ao rol de testemunhas valem ainda as normas dos arts. 63º, 64º, 66º e 67º deste CPT. Ainda não deve ser olvidado que, processualmente, será imprescindível a descrição dos factos essenciais, podendo haver ainda factos instrumentais, complementares ou de concretização, para além dos notórios (art. 5º do CPC). Também aqueles factos podem ou não levar à enunciação dos temas da prova (art. 62º).

II - Para além do apoio judiciário, pode haver isenção de custas nas condições previstas no RCP, art. 4º, nº 1, h) - trabalhadores representados pelo MP ou pelos serviços jurídicos do sindicato, quando... . A comprovação do pagamento das custas ou a concessão do benefício do apoio judiciário devem ser feitos nos termos do art. 145º do CPC.

III - Não havendo recusa do recebimento pela secretaria (art. 558º do CPC), a petição será distribuída (art. 203º e segs. do CPC), vindo a integrar-se na primeira espécie (art. 21º, alínea a) do CPT), dando início à instância (art. 259º do CPC) e sendo apresentada ao juiz competente.

IV - Conforme o que se dispõe no nº 1, o juiz deve examinar perfunctoriamente a petição e lavrar o seu despacho liminar, no prazo de 10 dias (art. 156º, nº 1, do CPC). Verificando nela existirem "deficiências ou obscuridades" deverá emitir despacho de aperfeiçoamento, convidando o autor (mais propriamente e em regra o seu mandatário) para completar ou esclarecer os pontos deficientes ou obscuros da petição, conforme se preceitua na alínea b) do nº 2 do art. 27º do CPT (e até no art. 146º do CPC).

V – Caso o autor, depois de notificado de tal despacho de aperfeiçoamento, não corresponder ou não responder, o juiz deverá ponderar de novo, decidindo mandar citar o réu para contestar ou indeferir a petição. Nesta última situação, o autor poderá apresentar nova petição, como se estatue nos arts. 590º, nº 1 (parte final) e 560º, ambos do CPC.

VI – Caso o juiz, "nos termos do disposto no nº 1 do artigo 590º do" CPC (gestão inicial do processo), verifique que "o pedido seja manifestamente improcedente ou ocorram, de forma evidente, exceções dilatórias insupríveis de que o juiz deva conhecer oficiosamente" indefere liminarmente a petição. Assim, a ineptidão da petição inicial pode ser decretada logo no despacho liminar, ou depois da contestação, como se extrai da previsão do art. 186º do CPC.

VII – O conhecimento oficioso das exceções, quer dilatórias, quer perentórias, haverá de resultar da observância do disposto nos arts. 578º, 579º e segs. do CPC.

VIII – O prazo de 15 dias, estabelecido no nº 2, é, naturalmente, um prazo perentório, pois a lei não prevê a sua prorrogação, como preceituado nos arts. 139º, nºs 1 e 3 e 141º, nº 1, ambos do CPC. O seu desrespeito carece, pois, de justificação. Mas, pela natureza da situação, o juiz não terá de observar o que se dispõe no art. 151º do mesmo CPC, quanto à marcação por acordo com os mandatários.

IX – Acontecendo quase sempre ser a ré uma pessoa coletiva, na sua citação haverá que observar as regras do art. 246º do CPC, onde se manda fazer tal citação "para a sede da citanda inscrita no ficheiro central de pessoas coletivas do Registo Nacional de Pessoas Coletivas", que pode não corresponder à sede efetiva e até à indicada pelo autor.

X – Ac. RL, de 07-10-2015, Proc. 1535/14.3TTBRR.L1-4, Rel. DURO MATEUS CARDOSO: III – No caso de ré/sociedade sujeita a inscrição obrigatória no Ficheiro Central de Pessoas Coletivas do Registo Nacional de Pessoas Coletivas, quando a carta registada enviada para citação vem devolvida ao remetente com menção de "Objeto não reclamado", para que a citação se concretize é necessária a expedição nova carta registada com aviso de receção, nos termos previstos no art. 246º-4 do CPC/2013, sob pena de falta de citação prevista nos arts. 187º-a) e 188º-1-a) do CPC/2013 e com a consequência de nulidade de todo o processado depois da petição inicial (sumário elaborado pelo Relator).

XI – Ac. TRP, de 16-11-2015, Proc. 300/15.5T8PNF.P1, Rel. EDUARDO PETERSEN SILVA: A falta de qualquer das partes, mesmo que justificada, à audiência de partes convocada na ação comum do processo laboral, não impõe que seja convocada nova audiência de partes.

XII – Ac. TRE, de 28-01-2016, Proc. 350/13.6T2SNS-A.E1, Rel. MOISÉS SILVA: O autor (trabalhador ou outra entidade) e o réu (sociedade ou não), se não puderem estar pessoalmente presentes na audiência de partes, podem fazer-se representar através de mandatário judicial com poderes especiais para confessar, desistir ou transigir, mas só não serão condenados em multa se justificarem a falta e o juiz deferir a justificação (sumário do relator).

Artigo 55º – Audiência de partes

1 – Declarada aberta a audiência, o autor expõe sucintamente os fundamentos de facto e de direito da sua pretensão.

2 – Após a resposta do réu, o juiz procurará conciliar as partes, nos termos e para os efeitos dos artigos 51º a 53º.

I – Em consonância com o disposto no nº 3 do artigo anterior, faltando alguma das partes, deve ser apresentado o pedido da sua justificação, mesmo quando representada por mandatário com poderes especiais.

II – De conformidade com o preceituado na parte final do nº 2 do art. 51º, o juiz, agora, deve "empenhar-se ativamente na obtenção da solução mais adequada aos termos do litígio", o que quer dizer, que pode e deve cotejar a petição e apresentar propostas de solução como se fosse um mediador. Até porque não conhece a contestação e em nada fica vinculado para as suas decisões futuras.

III – Ainda, nos termos do nº 3 do art. 53º, não havendo acordo total, devem ficar "consignados no respetivo auto os fundamentos que, no entendimento das partes, justificam a persistência do litígio", portanto, devem exarar-se os temas em que há desentendimento.

IV – Não tendo sido respeitados estes procedimentos, verificar-se-á "a omissão de um ato ou de uma formalidade que a lei prescreva" que pode "influir no exame ou na decisão da causa", constituindo, pois, uma nulidade (atípica) da audiência de partes. Como não será de conhecimento oficioso e como as partes estão presentes ou representadas deverão logo argui-la sob pena da sua sanação (arts. 195º, nº 1 a 199º do CPC).

V – Ac. TRE, de 09-06-2016, Proc. 2045/15.7T8TMR.E1, Rel. CHAMBEL MOURISCO: 1. Em processo laboral não se pode considerar a ré citada para contestar a ação, se a carta que lhe foi enviada, nos termos do art. 246º, nº 4 do CPC, se limitar apenas a citá-la para comparecer pessoalmente no tribunal a fim de se proceder a audiência de partes, não fazendo menção de que, caso a R. não compareça na referida diligência, nem se fizer representar, terá o prazo de 10 dias, a contar de tal data, para contestar a ação...

Artigo 56º – Outros atos da audiência

Frustrada a conciliação, a audiência prossegue, devendo o juiz:

a) Ordenar a notificação imediata do réu para contestar no prazo de 10 dias;

b) Determinar a prática dos atos que melhor se ajustem ao fim do processo, bem como as necessárias adaptações, depois de ouvidas as partes presentes;

c) Fixar a data da audiência final, com observância do disposto no artigo 151º do Código de Processo Civil.

I – Este prazo de 10 dias pode ser prorrogado nos termos do art. 58º.

II – As adaptações processuais inserem-se no dever de gestão processual, previsto nos arts. 27º do CPT e 6º e 590º, nºs 2 a 7 do CPC.

III – A data da audiência final poderá vir a ser alterada na situação prevista no art. 62, nº 3.

Artigo 57º – Efeitos da revelia

1 – Se o réu não contestar, tendo sido ou devendo considerar-se regularmente citado na sua própria pessoa, ou tendo juntado procuração a mandatário judicial no prazo da contestação, consideram-se confessados os factos articulados pelo autor e é logo proferida sentença a julgar a causa conforme for de direito.

2 – Se a causa se revestir de manifesta simplicidade, a sentença pode limitar-se à parte decisória, precedida da identificação das partes e da fundamentação sumária do julgado; se os factos confessados conduzirem à procedência da ação, a fundamentação pode ser feita mediante simples adesão ao alegado pelo autor.

I – No nº 1, contemplam-se dois casos de revelia, o primeiro de revelia absoluta e o segundo de revelia relativa. Neste segundo caso, como há mandatário constituído, este, para além de poder intervir, será notificado da sentença e dela poderá recorrer se se reunirem as condições de admissibilidade para tanto.

II – A revelia pode ser ou não operante. Será inoperante se houver outros réus, citação edital, incapacidade e noutros casos, como se prevê no art. 566º e segs. do CPC.

III – Ac. TRL, de 17-02-2016, Proc. 988/14.4TTLSB.L1-4, rel. José Eduardo Sapateiro: I – O nº 2 do art. 57º do C.P.T. não obriga, nos casos aí contemplados, à enumeração dos factos dados como provados por confissão ou documento, mas estabelece um critério exigente, um crivo estreito que constitui o pressuposto base, a verdadeira pedra de toque da aplicação de tal regime excecional e por onde o julgador deve necessariamente fazer passar as ações laborais comuns não contestadas: a qualificada simplicidade (ou a inexistente complexidade, numa perspetiva negativa de tal exigência legal) das questões de facto e direito suscitadas na ação. II – Em litígios dessa índole, relativamente aos quais a factualidade a ponderar é de fácil apreensão e compreensão e as matérias de direito são de solução jurídica mais ou menos evidente e óbvia, quer para o tribunal que os julga em primeira mão como para as demais instâncias que os possam vir a apreciar no seio dos recursos para as mesmas interpostos, justifica-se a permissão de abordagem sumária, sintética, simplificada, reduzida ao essencial. III – Tal significa que fora dos pleitos manifestamente simples que aí se mostram referidos, já não é consentido pelo legislador a omissão de qualquer menção à factualidade dada como assente por confissão e com base em documentos com força probatória suficiente, devendo antes ser feita tal discriminação, nem que seja por remissão para os artigos da Petição Inicial que os integram, pois só assim o autor e o réu podem, com rigor, saber que factualidade fundou a sentença condenatória e ponderar da conveniência e interesse em recorrerem, bem como os tribunais de recurso ficarem cientes do universo fáctico e documental que serviu de base à apreciação jurídica do litígio dos autos.

IV – Ac. TRG, de 16-06-2016, Proc. 3040/15.1T8VCT.G1, Rel. Alda Martins: [...] III – Atento o disposto no nº 2 do art. 57º do CPT, revestindo a causa manifesta simplicidade, a decisão pode assentar em fundamentação sumária, sendo que, se os factos conduzirem à procedência da ação, essa fundamentação pode ser feita por simples adesão ao alegado pelo autor, não enfermando, assim, de nulidade a sentença que aderiu à posição expressa na petição inicial, nem, igualmente procedência da ação, essa fundamentação pode ser feita por simples adesão ao alegado pelo autor, não enfermando, assim, de nulidade a sentença que aderiu à posição expressa na petição inicial, nem, igualmente, de inconstitucionalidade à luz do disposto nos arts. 20º, nº 4 e 205º, nº 1 da CRP, na medida em que justifica suficientemente – permitindo a respetiva perceção pelas partes – as razões da decisão, cumprindo o dever constitucional de fundamentação.

V – Ac. TRE, de 12-10-2017, Proc. 793/16.3T8BJA.E1, Rel. João Nunes: I – Em ação de processo comum, se o Réu não contestar a ação, tendo sido ou devendo considerar-se regularmente citado, consideram-se confessados os factos articulados pelo Autor (nº 1 do artigo 57º do CPT); II – E, se a causa se revestir de manifesta simplicidade, a fundamentação (de facto e de direito) da sentença pode ser feita por simples adesão ao alegado pelo Autor; III – Não padece de nulidade, por falta por falta de especificação dos factos provados, a sentença que face à não contestação da Ré considerou confessados os alegados pelo Autor na petição inicial, remetendo para os mesmos, e da "fundamentação de direito" resulta, de forma clara e objetiva, quais são esses factos, pelo que a Ré teve suficiente oportunidade de ficar ciente de quais foram os factos confessados e dados como provados e que o Autor alegou (sumário do relator).

Artigo 58º – Prorrogação do prazo para contestar

1 – Quando o Ministério Público patrocine um trabalhador, réu na ação, deve, dentro do prazo inicial para oferecimento da contestação, declarar no processo que assumiu esse patrocínio, contando-se o prazo para contestar a partir dessa declaração.

2 – Verificado o circunstancialismo previsto nos nºs 4 e 5 do artigo 569º do Código de Processo Civil, pode ser prorrogado, até 10 dias, o prazo para apresentar a contestação.

I – O patrocínio do trabalhador pelos magistrados do MP é admitido nos termos dos arts. 7º a 9º.

II – O requerimento do mandatário para a prorrogação do prazo deve ser apresentado logo na audiência de partes ou, no máximo, durante a parte inicial do período de dez dias, pois a sua apresentação, naturalmente, não suspende o decurso de tal prazo e a sua decisão sempre resultará do prudente arbítrio do juiz (art. 69º, nº 6, do CPC).

III – A contestação deverá obedecer, nomeadamente, às regras dos arts. 147º e 570º e segs. do CPC, podendo ainda conter a "oposição à reintegração do trabalhador", prevista no art. 60º-A.

Artigo 59º – Notificação do oferecimento da contestação

1 – A apresentação da contestação é notificada ao autor.

2 – Havendo lugar a várias contestações, a notificação tem lugar depois de apresentada a última ou de haver decorrido o prazo para o seu oferecimento.

A notificação oficial será efetuada pela secretaria (art. 220º, nº 2) ainda que também, antes, seja efetuada pelo mandatário ao apresentá-la via *Citius* (art. 221º).

Artigo 60º – Resposta à contestação e articulados supervenientes

1 – Se o valor da causa exceder a alçada do tribunal e tiver havido reconvençao, pode o autor responder à respetiva matéria no prazo de 15 dias.

2 – Independentemente do valor da causa, pode, igualmente, o autor responder à contestação, no prazo de 10 dias, se o réu tiver usado da faculdade prevista no nº 4 do artigo 398º do Código do Trabalho.

3 – Não havendo reconvenção, nem se verificando o disposto no número anterior, só são admitidos articulados supervenientes nos termos do artigo 588º do Código de Processo Civil ou para os efeitos do artigo 28º do presente Código.

4 – A falta de resposta à reconvenção tem o efeito previsto no artigo 574º do Código de Processo Civil.

5 – Às exceções deduzidas no último articulado admissível pode a parte contrária responder na audiência prévia ou, não havendo lugar a ela, no início da audiência final.

I – No nº 4 do art. 398º do CT, referente à impugnação da resolução do contrato de trabalho em ação intentada pelo empregador, prevê-se que *"no caso de a resolução ter sido impugnada com base em ilicitude do procedimento previsto no nº 1 do artigo 395º, o trabalhador pode corrigir o vício até ao termo do prazo para contestar, mas só pode utilizar esta faculdade uma vez"*.

II – Em consonância com o normativo do art. 584º do CPC, conclui-se deste art. 60º que o autor apenas poderá responder, através da réplica, à matéria das eventuais reconvenção e oposição à reintegração do trabalhador. Mas em tais acasos, deverá também responder à matéria de eventuais exceções, como resulta do estabelecido no nº 5 (e até na alínea a) do nº 2 do art. 593º do CPC, aplicável *a contrario* do disposto no nº 1 do art. 62º do CPT). O mesmo acontecerá quando o autor impugne a genuinidade de documentos ou exerça o contraditório, nos termos dos arts. 444º e 415.º do CPC.

III – A reconvenção em processo laboral encontra-se delimitada pelo disposto no art. 30º.

IV – O despacho de admissão ou rejeição de algum articulado é passível de recurso de apelação, como previsto no art. 79º-A, nº 2, d).

Artigo 60º-A – Oposição à reintegração do trabalhador

1 – A oposição à reintegração do trabalhador deve ser deduzida na contestação, salvo se o trabalhador tiver optado pela indemnização na petição inicial.

2 – Tendo havido oposição à reintegração, o autor pode sempre responder à contestação no prazo de 10 dias.

Esta figura tem o seu assento nos arts. 389º, nº 1, b) e 392º, do CT (reintegração do trabalhador como efeito da ilicitude do despedimento, a qual poderá ser substituída por indemnização a pedido do empregador).

CAPÍTULO III – Gestão inicial do processo e audiência prévia

Artigo 61º – Suprimento de exceções dilatórias e convite ao aperfeiçoamento dos articulados

1 – Findos os articulados, o juiz profere, sendo caso disso, despacho pré-saneador nos termos e para os efeitos dos nºs 2 a 7 do artigo 590º do Código de Processo Civil, sem prejuízo do disposto no artigo 27º do presente Código.

2 – Se o processo já contiver os elementos necessários e a simplicidade da causa o permitir, pode o juiz, sem prejuízo do disposto nos nºs 3 e 4 do artigo 3º do Código de Processo Civil, julgar logo procedente alguma exceção dilatória ou nulidade que lhe cumpra conhecer, ou decidir do mérito da causa.

I – De conformidade com o preceituado no nº 1, tal despacho pré-saneador é destinado a:

a) Providenciar pelo suprimento de exceções dilatórias, nos termos do nº 2 do artigo 6º do CPC [e nº 2 do 27º do CPT], ou seja, *o juiz providencia oficiosamente pelo suprimento da falta de pressupostos processuais suscetíveis de sanação, determinando a realização dos atos necessários à regularização da instância ou, quando a sanação dependa de ato que deva ser praticado pelas partes, convidando estas a praticá-lo.*

b) Providenciar pelo aperfeiçoamento dos articulados, ou seja, o *juiz convida as partes a suprir as irregularidades dos articulados, fixando prazo para o suprimento ou correção do vício, designadamente quando careçam de requisitos legais ou a parte não haja apresentado documento essencial ou de que a lei faça depender o prosseguimento da causa.*

Incumbe ainda ao juiz convidar as partes ao suprimento das insuficiências ou imprecisões na exposição ou concretização da matéria de facto alegada, fixando prazo para a apresentação de articulado em que se complete ou corrija o inicialmente produzido. Mas,

Naturalmente, os *factos objeto de esclarecimento, aditamento ou correção ficam sujeitos às regras gerais sobre contraditoriedade e prova.* E

Também as *alterações à matéria de facto alegada, previstas nos nºs 4 e 5, devem conformar-se com os limites estabelecidos no artigo 265º* (alteração do pedido e da causa de pedir na falta de acordo, mas considerando o disposto no art. 28º do CPT), *se forem introduzidas pelo autor, e nos artigos 573º e 574º* (oportunidade de dedução da defesa e ónus de impugnação), *quando o sejam pelo réu.*

Obviamente, n*ão cabe recurso do despacho de convite ao suprimento de irregularidades, insuficiências ou imprecisões dos articulados.*

c) Determinar a junção de documentos com vista a permitir a apreciação de exceções dilatórias ou o conhecimento, no todo ou em parte, do mérito da causa no despacho saneador. Ou seja, se a prova a produzir for apenas documental e já constar dos autos ou ficar a constar na sequência do determinado no despacho pré-saneador, o juiz, depois de observado o contraditório (CPT, 61º, nº 2) poderá:

- julgar alguma exceção dilatória (ou nulidade) que ponha termo ao processo, ou mesmo decidir sobre o mérito da causa (saneador sentença).

Mas tudo isto, como acima referido, "sem prejuízo do disposto no artigo 27º do CPT". Portanto,

d) Ainda, nesta fase (após os articulados) e "até à audiência final", de conformidade com o estatuído no nº 2 do art. 27º do CPT, o juiz deve:

- *Mandar intervir na ação qualquer pessoa e determinar a realização dos atos necessários ao suprimento da falta de pressupostos processuais suscetíveis de sanação;*
- *Convidar as partes a completar e a corrigir os articulados,* como acima já referido.

II – Ac. TRL, de 06-12-2017, Proc. 362/17.0T8TVD-A-4, Rel. MANUELA FIALHO: 1 – Findos os articulados, se o processo contiver já todos os elementos necessários e a simplicidade da causa o permitir, pode o juiz julgar logo procedente alguma exceção dilatória ou nulidade que lhe cumpra conhecer, ou decidir do mérito da causa. 2 – Revela-se fundado o conhecimento da exceção de remissão abdicativa, não se impondo a necessidade de o relegar para momento processual distinto, se, invocada uma declaração para efeitos de remissão abdicativa, a parte não alega a celebração de um acordo de vontades, a natureza dos créditos sobre os quais se emite a declaração, nem o respetivo valor, limitando-se à invocação de uma declaração vaga com celebração na pendência da relação laboral (sumário elaborado pela Relatora).

Artigo 62º – Audiência prévia

1 – Concluídas as diligências resultantes do preceituado no nº 1 do artigo anterior, se a elas houver lugar, é convocada uma audiência prévia quando a complexidade da causa o justifique.

2 – A audiência prévia deve realizar-se no prazo de 20 dias, sendo-lhe aplicável o disposto no artigo 591º do Código de Processo Civil, sem prejuízo do preceituado no nº 3 do artigo 49º do presente Código.

3 – Havendo lugar a audiência prévia, fica sem efeito a data anteriormente designada para a audiência final.

I – "A complexidade da causa" é determinada pelo prudente arbítrio do juiz, que, naturalmente pode ser influenciado pelos resultados da audiência de partes e até pelo volume de serviço no tribunal, sendo certo que não carece de fundamentar a sua decisão, por não incidir sobre qualquer pedido controvertido, nem sobre alguma dúvida suscitada, cfr. nº 1 do art. 154º do CPC.

II – Findo os articulados, e considerando o juiz estar o processo em condições de tomar posição sobre as questões suscitadas pelas partes, pode dispensar a prolação do despacho pré-saneador e proferir despacho que conheça de algumas questões (despacho saneador) ou até do mérito da causa (despacho saneador sentença). Mas, como acontecerá normalmente, prosseguindo o processo laboral, ainda o juiz (do juízo do trabalho) tem de decidir (CPT, 62º, nº 1) (interpretado diretamente e *a contrario*) se o processo ou a causa é:

- complexa, justificando uma audiência prévia (III);

  ou é

- simples ou sem complexidade, não justificando tal audiência prévia (IV)

  Assim,

III – Quando a complexidade da causa o justifique deve o juiz marcar uma audiência prévia, ficando sem efeito a data anteriormente designada para a audiência final, e observando as regras constantes do art. 591º do CPC – CPT 62º e 49º, nºs 1 e 2. De acordo com tais regras, são os seguintes os atos ou fins previstos para os quais, no todo ou em parte (nº 2), a convocatória será dirigida:

a) Realizar tentativa de conciliação, nos termos dos arts. 51º a 53º do CPT e 594º do CPC;

b) Facultar às partes a discussão de facto e de direito, nos casos em que ao juiz cumpra apreciar exceções dilatórias ou quando tencione conhecer, imediatamente, no todo ou em parte, do mérito da causa;

c) Discutir as posições das partes, com vista à delimitação dos termos do litígio;

d) Proferir despacho saneador, nos termos do nº 1 do art. 595º do CPC, para:

- Conhecer de exceções dilatórias e nulidades processuais que hajam sido suscitadas pelas partes ou que, face aos elementos constantes dos autos, deva apreciar oficiosamente (CPC, 196º e 200º, nº 2)
- Conhecer imediatamente (ou em nova sessão) do mérito da causa, sempre que o estado do processo o permitir, sem necessidade de mais provas, procedendo à apreciação, total ou parcial, do ou dos pedidos deduzidos ou de alguma exceção perentória.

e) Determinar, após debate, a adequação formal, a simplificação ou a agilização processual, nos termos previstos do nº 1 e no artigo 547º do CPC;

f) Proferir, após debate, o despacho previsto no nº 1 do art. 596º do CPC – identificação do objeto de litígio e enunciação dos temas da prova, o que pode ser objeto de reclamação pelas partes, sendo que o juiz pode abster-se de o proferir "sempre que a enunciação dos temas da prova se revestir de simplicidade" (CPT, 49º, nº 3);

g) Programar, após audição dos mandatários, os atos a realizar na audiência final, remarcando a sua data se for necessário.

IV – Considerando o juiz que a causa não justifica a convocação de audiência prévia, verificar-se-á a sua dispensa, de conformidade com o disposto no art. 593º do CPC. Destarte, como se prevê no seu nº 2, tendo havido dispensa da audiência prévia, "nos 20 dias subsequentes ao termo dos articulados, o juiz profere":

a) Despacho saneador, nos termos do nº 1 do artigo 595º, onde se dispõe na parte que interessa, que tal despacho se destina a:

a) Conhecer das exceções dilatórias e nulidades processuais que hajam sido suscitadas pelas partes, ou que, face aos elementos constantes dos autos, deva apreciar oficiosamente;

b) Conhecer imediatamente do mérito da causa, sempre que o estado do processo permitir, sem necessidade de mais provas, a apreciação, total ou parcial, do ou dos pedidos deduzidos ou de alguma exceção perentória.

Conforme se dispõe no nº 3 no *caso previsto na alínea a) do nº 1, o despacho constitui, logo que transite, caso julgado formal quanto às questões concretamente apreciadas; na hipótese prevista na alínea b), fica tendo, para todos os efeitos, o valor de sentença.*

Nos termos do nº 4, *não cabe recurso da decisão do juiz que, por falta de elementos, relegue para final a decisão de matéria que lhe cumpra conhecer.*

b) Despacho a determinar a adequação formal, a simplificação ou a agilização processual, nos termos previstos no nº 1 do artigo 6º e no artigo 547º, caso julgue necessário ou conveniente.

c) Despacho previsto no nº 1 do artigo 596º, que "o juiz se pode abster de proferir... sempre que a enunciação dos temas da prova se revestir de simplicidade (cfr. art. 49º, nº 3 do CPT). Assim, será facultativa a i*dentificação do objeto do litígio e enunciação dos temas da prova*, mas se por tal optar, depois de *proferido despacho saneador, quando a ação houver de prosseguir, o juiz profere despacho destinado a identificar o objeto do litígio e a enunciar os temas da prova.*

Em tal caso, as *partes* podem reclamar de tal despacho, obviamente para o próprio juiz. Mas a decisão que resultar da reclamação apenas pode ser impugnada no recurso interposto da decisão final, nos moldes previstos no art. 79º-A do CPT.

d) Despacho destinado a programar os atos a realizar na audiência final, a estabelecer o número de sessões e a sua provável duração e a designar as respetivas datas.

3 – Notificadas as partes, se alguma delas pretender reclamar dos despachos previstos nas alíneas b) a d) do número anterior, pode requerer, em 10 dias, a realização de audiência prévia; neste caso, a audiência deve realizar-se num dos 20 dias seguintes e destina-se a apreciar as questões suscitadas e, acessoriamente, a fazer uso do disposto na alínea c) do nº 1 do artigo 591º (discutir a posição das partes, com vista à delimitação do termos do litígio, e suprir as insuficiências ou imprecisões na exposição da matéria de facto que ainda subsistam ou se tornem patentes na sequência do debate).

V – Embora não previsto no CPT, ainda pode acontecer que em vez da referida dispensa da audiência prévia, se verifique a não realização de audiência prévia, como previsto no art. 592º do CPC, o que acontecerá:

a) em casos de revelia não operante (art. 568º, alíneas b) a d), em que se emite logo despacho saneador, de adequação formal e de identificação do objeto do litígio e enunciação dos termos da prova; e,

b) quando, havendo o processo de findar no despacho saneador pela procedência de exceção dilatória, esta já tenha sido debatida nos articulados (o que pode acontecer no âmbito do art. 60º do CPT).

VI – Por último, há que referir, que o juiz, nesta fase processual e em todas as situações descritas haverá de:

a) Ponderar os meios de prova apresentados ou requeridos, nomeadamente, a necessidade de notificação das testemunhas arroladas, o seu número e o seu modo de audição (CPT, 63º a 67º e CPC, 436º, 452º, 453º, 466º, 467º, 475º, 490º, 502º), exceto quando tiver sido proferido despacho saneador que tenha posto termo ao processo;

b) Fixar o valor da causa, de conformidade com o preceituado no art. 306º do CPC.

VII – Ac. TRC, de 21-02-2018, Proc. 1866/16.8T8FIG.C1, Rel. Jorge Manuel Loureiro: I – Em processo do trabalho não tem de existir decisão fundamentada a dispensar a realização da audiência preliminar (agora, audiência prévia).

CAPÍTULO IV – Instrução

Artigo 63º – Indicação das provas

1 – Com os articulados, devem as partes juntar os documentos, apresentar o rol de testemunhas e requerer quaisquer outras provas.

2 – O rol de testemunhas pode ser alterado ou aditado até 20 dias antes da data em que se realize a audiência final, sendo a parte contrária notificada para usar, querendo, de igual faculdade no prazo de 5 dias.

I – Para além do que se estabelece neste artigo, ainda o requerimento probatório pode ser alterado de conformidade com o preceituado no art. 598º do CPC.

II – O regime dos meios de prova processuais, incluindo as declarações de parte, consta no art. 410º e segs. do CPC. O seu regime geral, começando pelas regras do ónus da prova, integra-se nos arts. 341º a 396º do CC.

III – "As testemunhas são designadas no rol pelos seus nomes, profissões e moradas e por outras circunstâncias necessárias para as identificar" (CPC, art. 498º, nº 1).

IV – Ac. TRP, de 15-02-2016, Proc. 651/13.3TTVNG.P1, Rel. António José Ramos: I – Os documentos são meio de prova, tendo como finalidade a demonstração da realidade de factos (artigo 341º do Código Civil). Por essa razão, a lei exige que os documentos devam, por regra, acompanhar os respetivos articulados onde se alegue o facto respetivo (artigo 423º, nº 1 do CPC) e 63º, nº 1 do CPT). Se não forem juntos com o articulado respetivo, dispõe o nº 2 do artigo 423º do CPC, que os documentos podem ser apresentados até 20 dias antes da data em que se realize a audiência final, mas a parte é condenada em multa, exceto se provar que os não pôde oferecer com o articulado. II – A junção de documentos às alegações da apelação só poderá ter lugar se a decisão da 1ª instância criar pela primeira vez a necessidade de junção de determinado documento, quer quando se baseie em meio probatório não oferecido pelas partes, quer quando se funde em regra de direito com cuja aplicação ou interpretação as partes não contavam.

V – Ac. TRG, de 04-02-2016, Proc. 657/15.8T8BCL-A.G1, Rel. ALDA MARTINS: Não tendo o autor apresentado rol de testemunhas na petição inicial – única oportunidade processual que é certa para o efeito – não o pode fazer no caso (futuro e incerto) de vir a poder apresentar resposta à matéria de exceção ou reconvenção em causa de valor superior à alçada do tribunal, nos termos do art. 60º, nº 1, exceto para prova do alegado nesse mesmo articulado, em atenção aos princípios do dispositivo, da preclusão, da igualdade entre as partes e da responsabilidade das partes, ínsitos no art. 63º, ambos do Código de Processo do Trabalho.

VI – Ac. TRP, de 13-04-2015, Proc. 386/13.7TTVFR.P1, Rel. EDUARDO PETERSEN SILVA: [...] III – Na ação de impugnação do despedimento, "despediu verbalmente" corresponde a uma conclusão de direito, a extrair dos factos respetivos a ela conducentes, devendo a mesma dar-se por não escrita e eliminar-se do rol dos factos provados.

Artigo 64º – Limite do número de testemunhas

1 – As partes não podem oferecer mais de 10 testemunhas para prova dos fundamentos da ação e da defesa; nas ações de valor não superior à alçada do tribunal de primeira instância o limite do número de testemunhas é reduzido para metade.

2 – No caso de reconvenção, as partes podem oferecer ainda 10 testemunhas para prova dos seus fundamentos e respetiva defesa.

"Em matéria cível, a alçada dos tribunais da Relação é de € 30.000,00 e a dos tribunais de primeira instância é de € 5.000,00" (LOSJ, art. 44º, nº 1).

Artigo 65º – Limite do número de testemunhas por cada facto

(Revogado.)

Artigo 66º – Notificação das testemunhas

1 – As testemunhas são notificadas para comparecer na audiência final ou para serem inquiridas por meio de equipamento tecnológico que permita a comunicação, por meio visual e sonoro, em tempo real, salvo no caso previsto no nº 2 do artigo 63º ou se a parte se comprometer a apresentá-las.

2 – As testemunhas em processo judicial cuja causa de pedir seja a prática de assédio são notificadas pelo tribunal.

I – A inquirição das testemunhas por teleconferência encontra-se regulada no artigo seguinte e, subsidiariamente, no art. 502º do CPC.

II – A proibição do assédio está estabelecida nos arts. 29º e 127º, nº 1, alíneas k) e l) do CT, na redação conferida pela Lei nº 73/2017, de 16 de agosto.

Artigo 67º – Inquirição de testemunhas

1 – As testemunhas residentes na área de competência territorial do juízo da causa depõem presencialmente na audiência final, salvo o disposto no número seguinte.

2 – São ouvidas por meio de equipamento tecnológico que permita a comunicação, por meio visual e sonoro, em tempo real, a partir de tribunal ou juízo da área da sua residência:

***a*) As testemunhas residentes fora do município onde se encontra sediado o juízo da causa, caso o juiz, a requerimento da própria testemunha ou de alguma das partes, o determine por despacho irrecorrível;**

***b*) As testemunhas residentes em município não abrangido pela área de competência territorial do juízo da causa, salvo quando a parte deva apresentá-las nos termos do artigo anterior.**

3 – Nos casos previstos no número anterior é aplicável, com as necessárias adaptações, o disposto nos nºs 2 a 4 do artigo 502º do Código de Processo Civil.

I – Sobre a produção da prova testemunhal, v. CPC, art. 498º e segs.

II – *Grosso modo*, só nas comarcas do interior do continente e na Madeira é que existe um único juízo do trabalho. Nos restantes haverá que verificar os municípios que integram a área da competência (territorial) do juízo do trabalho.

III – A inquirição por teleconferência é regulada no art. 502º do CPC.

CAPÍTULO V – Audiência final

Artigo 68º – Instrução, discussão e julgamento da causa

1 – A instrução, a discussão e o julgamento da causa incumbem ao tribunal singular.

2 – A audiência é sempre gravada, nos termos previstos no artigo 155º do Código de Processo Civil.

3 – (*Revogado.*)
4 – (*Revogado.*)
5 – (*Revogado.*)

I – Como o julgamento passa a incumbir ao tribunal singular, ficará sem efeito o normativo sobre o tribunal coletivo e os juízes sociais (respetivamente, nos arts. 127º da LOSJ e 11º a 23º do DL nº 156/78, de 30 de junho – Regime de recrutamento e funções dos juízes sociais – aliás, nesta parte, já com aplicação suspensa pela Lei nº 7/79, de 9 de fevereiro). Transitoriamente haverá que considerar o disposto no art. 5º, nº 2 da Lei 107/2019, de 9 de setembro, que permite a manutenção do tribunal coletivo já admitido.

II – Neste art. 155º regula-se não só a gravação da audiência final como a documentação dos demais atos presididos pelo juiz, ou seja, a elaboração da ata respetiva.

III – Assim e para além do mais, nos termos do seu nº 4, "a falta ou deficiência da gravação deve ser invocada, no prazo de 10 dias a contar do momento em que a gravação é disponibilizada", naturalmente, na plataforma.

IV – No início da audiência final, poderá responder-se às exceções deduzidas no último articulado, de conformidade com o disposto no nº 5, do art. 60º.

Artigo 69º – Instrução, discussão e julgamento da causa por tribunal coletivo

(*Revogado.*)

Artigo 70º – Tentativa obrigatória de conciliação e demais atos a praticar na audiência

1 – Verificada a presença das pessoas que tenham sido convocadas, realiza-se a audiência, salvo se houver impedimento do tribunal, faltar algum dos advogados sem que o juiz tenha providenciado pela marcação mediante acordo prévio ou ocorrer motivo que constitua justo impedimento.

2 – O juiz procura sempre conciliar as partes, aplicando-se o disposto nos artigos 52º e 53º.

3 – Frustrada a conciliação, o resultado da tentativa é registado na respetiva ata, prosseguindo a audiência os seus termos.

4 – (*Revogado.*)

I – A audiência, ou melhor, a audiência final é, fundamentalmente, regulada no art. 599º e segs. do CPC. Assim e nomeadamente, "a falta de qualquer pessoa" deverá ser justificada na própria audiência ou nos cinco dias imediatos (nº 3 deste art. 599º).

II – A marcação da data da audiência deve ter sido efetuada com o acordo, tácito ou expresso, dos advogados, de conformidade com o estatuído no art. 151º do CPC.

III – A noção de justo impedimento é dada no art. 140º do CPC.

Artigo 71º – Consequências da não comparência das partes em julgamento

1 – O autor e o réu devem comparecer pessoalmente no dia marcado para o julgamento.

2 – Se alguma das partes faltar injustificadamente e não se fizer representar por mandatário judicial, consideram-se provados os factos alegados pela outra parte que forem pessoais do faltoso.

3 – Se ambas as partes faltarem injustificadamente e não se fizerem representar por mandatário judicial, consideram-se provados os factos alegados pelo autor que sejam pessoais do réu.

4 – Se alguma ou ambas as partes apenas se fizerem representar por mandatário judicial, o juiz ordenará a produção da prova que haja sido requerida e se revele possível e a demais que considere indispensável, julgando a causa conforme for de direito.

I – Sobre a falta, sua justificação e representação das partes, dá-se aqui por reproduzida a anotação V ao art. 32º.

II – De harmonia com o princípio da conciliação, inerente ao processo laboral, as partes devem comparecer pessoalmente para a audiência de julgamento, sendo as pessoas coletivas, naturalmente, representadas pelos seus administradores nos termos dos respetivos estatutos. Mas se faltarem e apresentarem logo a justificação, desde há alguns anos, podem ser representadas pelo mandatário que detenha poderes especiais para confessar, transigir e desistir quanto ao pedido.

III – Como é notório, nas situações previstas no nº 4, o mandatário (ou até ambos ou alguns dos mandatários) detêm apenas simples poderes forenses.

Artigo 72º – Discussão e julgamento da matéria de facto

1 – Sem prejuízo do disposto no nº 2 do artigo 5º do Código de Processo Civil, se no decurso da produção da prova surgirem factos essenciais que, embora não articulados, o tribunal considere relevantes para a boa decisão da causa, deve o juiz, na medida do necessário para o apuramento da verdade material, ampliar os temas da prova enunciados no despacho mencionado no artigo 596º do Código de Processo Civil ou, não o havendo, tomá-los em consideração na decisão, desde que sobre eles tenha incidido discussão.

2 – Se os temas da prova forem ampliados nos termos do número anterior, podem as partes indicar as respetivas provas, respeitando os limites estabelecidos para a prova testemunhal; as provas são requeridas imediatamente ou, em caso de reconhecida impossibilidade, no prazo de cinco dias.

3 – Abertos os debates, é dada a palavra, por uma só vez e por tempo não excedente a uma hora, primeiro ao advogado do autor e depois ao advogado do réu, para fazerem as suas alegações, tanto sobre a matéria de facto como sobre a matéria de direito.

4 – (*Revogado.*)

5 – (*Revogado.*)

6 – O tribunal pode, em qualquer altura, antes dos debates, durante eles ou depois de findos, ouvir o técnico designado nos termos do artigo 601º do Código de Processo Civil.

I – No nº 1, prevê-se a possibilidade de o juiz, no decorrer da audiência de julgamento, considerar haver factos essenciais novos, isto é, não articulados pelas partes, desde que os considere relevantes para a descoberta da verdade material. Em tal caso, haverá que considerar duas hipóteses:

- Na primeira, quando se verificar que no processo se contêm despacho com temas da prova (art. 62º do CPT e 596º do CPC), então, o juiz procede à sua ampliação, aditando novos temas com tais factos essenciais, que serão, de seguida, objeto de prova como previsto no nº 2.
- Na segunda hipótese, ou seja, quando se verificar que não existem no processo temas da prova (por o processo ter sido considerado sem complexidade), então, o juiz só poderá tomar em conta tais factos na sentença, dando-os como provados, se sobre eles tiver havido discussão, ou seja observado o contraditório. Para tanto, terá que haver um pronunciamento prévio pelo juiz.

II – Ac. TRE, de 07-07-2016, Proc. 426/12.7TTFAR.E1, Rel. Baptista Coelho: 1. A não apresentação imediata de reclamação contra a decisão de facto proferida em audiência não preclude o direito de a parte vir depois, em sede de recurso, impugnar aquela mesma decisão, nos termos do art. 640º do Código de Processo Civil (sumário do relator).

III – Ac. TRP, de 16-01-2017, Proc. 2311/14.9T8MAI.P1, Rel. Nelson Fernandes: [...] II – Os poderes atribuídos no nº 1 do artigo 72º do CPT quanto à consideração dos factos não alegados pelas partes são exclusivos do julgamento em 1ª instância, tendo ocorrido discussão sobre esses factos, não competindo ao tribunal de recurso tomar esses em consideração, e deste modo, dar os mesmos por provados, sob pena de violação do princípio do contraditório (nº 2 do mesmo artigo).

CAPÍTULO VI – Sentença

Artigo 73º – Sentença

1 – A sentença é proferida no prazo de 30 dias.

2 – Se a simplicidade das questões de facto e de direito o justificar, a sentença pode ser proferida de imediato, regendo-se a sua gravação e transcrição para a ata pelo disposto no artigo 155º do Código de Processo Civil.

3 – No caso do número anterior, a sentença pode limitar-se à parte decisória, precedida da identificação das partes e da sucinta fundamentação de facto e de direito do julgado.

I – Não sendo a sentença proferida de harmonia com o disposto neste artigo, então, terá de obedecer aos requisitos traçados no art. 607º e segs. do CPC, excetuando o que se preceitua nos artigos seguintes, nomeadamente, no imediato.

II – Ac. TRE, de 16-03-2017, Proc. 480/14.7T8STB.E1, Rel. Baptista Coelho: 1. Em processo laboral, a matéria de facto relevante para a decisão de mérito deve também considerar os factos que, embora não articulados, o tribunal tenha apurado nos termos do art. 72º, nº 1.

III – Ac. TRP, de 10/07/2019, Proc. 7686/18.8T8VNG.P1, Rel. Domingos Morais: I – A condenação do trabalhador como litigante de má-fé, só deverá ocorrer quando comprovado nos autos, de forma manifesta e inequívoca, que agiu, conscientemente, com dolo ou negligência grave, de forma reprovável. II – A ordem jurídica disponibiliza a tutela jurisdicional a todos os titulares de direitos, não interessando que, no caso concreto, o litigante tenha ou não tenha razão. Mas introduz uma limitação de ordem moral: a de que o exercício dos direitos seja sincero, que a parte esteja convencida da justiça da sua pretensão, que esteja de boa fé, ou suponha ter razão. III – A ignorância ou a má interpretação da lei laboral não justificam, por si só, a condenação do trabalhador como litigante de má fé.

Artigo 74º – Condenação *extra vel ultra petitum*

O juiz deve condenar em quantidade superior ao pedido ou em objeto diverso dele quando isso resulte da aplicação à matéria provada, ou aos factos de que possa servir-se, nos termos do artigo 412º do Código de Processo Civil, de preceitos inderrogáveis de leis ou instrumentos de regulamentação coletiva de trabalho.

I – Para além da ampliação da matéria de facto, prevista no antecedente art. 72º e opostamente ao que acontece no CPC (art. 609º, nº 1), na sentença do foro laboral, o juiz pode condenar fora *(extra)* e para além *(ultra)* do pedido *(petitum-petita)* do autor (ou eventualmente do reconvinte), desde que se trate de direitos consignados em normas inderrogáveis, quer da lei, *maxime*, do CT, quer do i.r.c.t. aplicável, v.g. retribuições e férias mínimas (CT, arts. 2º , 3º e 476º e segs.) e, nomeadamente, na LAT (art. 12º, nº 2).

II – Sobre preceitos inderrogáveis, ver CT, arts. 3º e 476º e sobre direitos irrenunciáveis, v. art. 90º e anotação.

III - Ac. TRP, de 30-09-2013, Proc. 404/11.3TTBGC.P1, Rel. FERREIRA DA COSTA: [IV – A circunstância de a sinistrada ter pedido apenas as prestações normais não impede que o Tribunal, atento o disposto no art. 74º do CPT e no art. 12º da Lei nº 98/2009, de 4 de setembro, condene em prestações agravadas, desde que se provem os factos relativos à culpa da empregadora na produção do acidente.

IV - Ac. TRL, de 02-03-2016, 13/14.5TTBRR. L1-4, Rel. LEOPOLDO SOARES: I – Apesar de para uma trabalhadora ilicitamente despedida em sede remuneratória tudo se dever passar como se a relação laboral sempre tivesse subsistido, uma vez que na data em que intentou a ação em apreço a mesma não podia estar segura da procedência da ilicitude do despedimento, cumpre considerar que o direito às prestações salariais vencidas antes da cessação da relação laboral em causa deve reputar-se como renunciável em sede de pedido e de causa de pedir. II – No fundo, nessa data tratavam-se de prestações salariais atinentes a uma relação laboral cessada factualmente o que, desde logo, implicava a respetiva renunciabilidade. III – Assim, tais valores não devem implicar condenação ao abrigo do disposto no artigo 74º do CPT/2010.

V – Ac. TRP, de 07-01-2019, Proc. 2864/17.0T8VNG.P1, Rel. NELSON FERNANDES: V – A aplicação do regime previsto no artigo 74º do Código de Processo do Trabalho – a condenação ultra ou extra petita – é um dos reflexos processuais da irrenunciabilidade dos direitos substantivos do trabalhador e esta, por sua vez, é uma das características do direito do trabalho, devendo entender-se por preceitos inderrogáveis apenas aqueles que o são absolutamente, isto é, que reconhecem um direito a cujo exercício o seu titular não pode renunciar, como será o caso do direito a indemnização por acidente de trabalho ou doença profissional ou do direito ao salário na vigência do contrato. VI – No entanto, tal condenação está condicionada ao prévio cumprimento do contraditório, concedendo-se à parte com aquela possivelmente prejudicada a possibilidade prática para alegar o que sobre a matéria entender conveniente à defesa dos seus interesses. VII – Os factos a que se alude no referido artigo 74º, ... que corresponde ao artigo 412º do Código vigente – são apenas os "que não carecem de alegação ou de prova" ("os factos notórios" e aqueles de "que o tribunal tem conhecimento por virtude do exercício das suas funções"). VIII – Diversamente é o caso da previsão do artigo 72º, que permite atender a factos que, devendo em princípio ter sido alegados pelas partes de acordo com as regras do ónus da prova, não cumprido porém esse ónus, podem ainda assim ser atendidos, na decisão da matéria de facto, se surgirem no decurso da produção da prova e forem considerados relevantes para a boa decisão da causa, desde que sobre eles tenha incidido discussão. XIX – Porém, estando em causa o referido em VIII, por se tratar de questão referente à matéria de facto, impõe-se, por um lado, que o recorrente, em sede de recurso, este faça incidir também nesse âmbito, ou seja recorrendo da matéria de facto, e, por outro, ainda, que o tribunal de 1ª instância tenha feito uso do citado preceito legal, oficiosamente ou por impulso das partes, pois que os poderes atribuídos no nº 1 do artigo 72º do CPT são exclusivos do julgamento em 1ª instância, tendo ocorrido discussão sobre esses factos, não competindo ao tribunal de recurso tomar esses em consideração, e deste modo, dar os mesmos por provados, sob pena de violação do princípio do contraditório (nº 2 do mesmo artigo).

VI – Ac. STJ, de 20-12-2017, Proc. 359/13.9TTLSB.L1.S1, Rel. FERREIRA PINTO: I. A condenação oficiosa "extra vel ultra petitum", prevista no artigo 74º do Código de Processo do Trabalho, apenas ocorre se estiverem em causa preceitos inderrogáveis, isto é, normas legais que estabelecem direitos de natureza irrenunciável. II. O direito à retribuição é irrenunciável, mas apenas na vigência do contrato de trabalho, dada a situação de subordinação jurídica em que se encontra o trabalhador relativamente ao seu empregador. III. Se um trabalhador tiver um crédito laboral, resultante da diferença entre a retribuição que lhe deveria ser paga pelo empregador e aquela que efetivamente lhe foi paga, por ter exercido funções noutra categoria profissional com retribuição superior à sua, e não formular o inerente pedido na ação que propuser, após ter cessado o seu contrato de trabalho, contra o seu ex-empregador, não deve este ser condenado no pagamento desse crédito, por não ser de conhecimento oficioso.

Artigo 74º-A – Condenação na reintegração do trabalhador

1 – A reintegração deve ser comprovada no processo mediante a junção aos autos do documento que demonstre o reinício do pagamento da retribuição.

2 – Transitada em julgado a sentença, sem que se mostre efetuada a reintegração, pode o trabalhador requerer também a aplicação de sanção pecuniária compulsória ao empregador, nos termos previstos no Código de Processo Civil para a execução de prestação de facto.

I – V. anotações aos arts. 60º-A (dedução da oposição à reintegração do trabalhador).

II – Em caso de condenação do empregador no sentido de reintegrar o trabalhador despedido, basta que aquele comprove no processo que lhe está a pagar as retribuições.

III – Mas depois de transitada em julgado a sentença, já o trabalhador despedido pode mover a execução da sentença para a prestação do facto de reintegração no seu posto de trabalho devido e também nela "requerer o pagamento de quantia devida a título de sanção pecuniária compulsória, em que o devedor tenha sido já condenado ou cuja fixação o credor pretenda obter no processo executivo" (CPC, art. 868º, nº 1).

IV – Nos termos do nº 1 do art. 829º-A do CC, "nas obrigações de prestação de facto infungível, positivo ou negativo, salvo nas que exigem especiais qualidades científicas ou artísticas do obrigado, o tribunal deve, a requerimento do credor, condenar o devedor ao pagamento de uma quantia pecuniária por cada dia de atraso no cumprimento ou ..."

Artigo 75º – Condenação no caso de obrigação pecuniária

1 – Sempre que a ação tenha por objeto o cumprimento de obrigação pecuniária, o juiz deve orientá-la por forma que a sentença, quando for condenatória, possa fixar em quantia certa a importância devida.

2 – No caso em que tenha sido deduzido o montante do subsídio de desemprego nos termos da alínea *c*) do nº 2 do artigo 390º do Código do Trabalho, o tribunal deve comunicar a decisão ao serviço competente do ministério responsável pela área da segurança social.

I – Através do preceito do nº 1, procura-se que, na sentença condenatória em valores pecuniários, estes sejam líquidos para facilitar a sua execução, evitando o incidente de liquidação, como previsto nos arts. 713º e 716º e 358º e segs. do CPC.

II – As entidades que processam e pagam o subsídio de desemprego são o Instituto da Segurança Social, IP, no continente, o Instituto da Segurança Social da Madeira e o dos Açores.

Artigo 76º – Documento comprovativo da extinção da dívida

(*Revogado.*)

Artigo 77º – Arguição de nulidades da sentença

À arguição de nulidades da sentença é aplicável o regime previsto nos artigos 615º e 617º do Código de Processo Civil.

I – Deixam, assim, as nulidades da sentença de ter de ser arguidas "expressa e separadamente no requerimento de interposição do recurso", podendo, doravante, ser arguidas no âmbito ou fora do recurso, embora o juiz as deva apreciar.

II – Ac. TRG, de 14-06-2017, Proc. 620/13.3TTVCT.G1, Rel. Eduardo Azevedo: 1 – Não pode arguir-se a nulidade da sentença para apreciar-se face a determinada prova a carência de fundamentação proferida sobre algum facto essencial para o julgamento da causa tendo em conta os depoimentos. 2 – É em sede de impugnação da decisão da matéria de fato que se torna relevante a par, nomeadamente, da desconsideração de prova produzida ou do erro de apreciação da mesma.

III – Ac. RP, de 06-11-2017, Proc. 839/11.1TTPRT.P4, Rel. JERÓNIMO FREITAS: I – As nulidades da sentença não incluem o "chamado erro de julgamento, a injustiça da decisão, a não conformidade dela com o direito substantivo aplicável, o erro na construção do silogismo judiciário". A nulidade da sentença e o erro de julgamento são realidades diversas que não devem ser confundidas.

Artigo 78º – Caso julgado em situações especiais

1 – Na hipótese prevista no artigo 3º, a sentença constitui caso julgado em relação a todos os trabalhadores.

2 – Nas hipóteses previstas no artigo 5º, a sentença constitui caso julgado em relação ao trabalhador que renunciou à intervenção no processo.

I – No art. 3º prevê-se um regime especial de litisconsórcio no caso de o trabalho ser "prestado por um grupo de pessoas", podendo alguns deles serem citados editalmente e os ausentes virem a ser defendidos pelo MP, donde a sentença vir a constituir caso julgado em relação a todos.

II – No art. 5º, segundo se crê, apenas poderá haver renúncia à intervenção no processo na sequência da autorização dada pelo trabalhador na situação prevista no nº 3.

Artigo 78º-A – Comunicação da sentença em caso de assédio

Da sentença proferida nas ações de condenação por prática de assédio deve ser dado conhecimento ao Instituto da Segurança Social, I.P..

I – V. anotação ao art. 24º, onde se enumeram outras situações de obrigatoriedade de comunicação da sentença.

II – O assédio no âmbito laboral encontra-se expressamente previsto no art. 29º do CT.

CAPÍTULO VII – Recursos

Artigo 79º – Decisões que admitem sempre recurso

Sem prejuízo do disposto no artigo 629º do Código de Processo Civil e independentemente do valor da causa e da sucumbência, é sempre admissível recurso para a Relação:

_a_) Nas ações em que esteja em causa a determinação da categoria profissional, o despedimento do trabalhador por iniciativa do empregador, independentemente da sua modalidade, a reintegração do trabalhador na empresa e a validade ou subsistência do contrato de trabalho;

_b_) Nos processos emergentes de acidente de trabalho ou de doença profissional;

_c_) Nos processos do contencioso das instituições de previdência e de abono de família, das associações sindicais, das associações de empregadores e das comissões de trabalhadores.

I – Ainda nos termos do art. 186º-P "da decisão proferida nos termos do presente capítulo – ação de reconhecimento da existência de contrato de trabalho, "é sempre admissível recurso de apelação para a Relação, com efeito meramente devolutivo". Também "independentemente do valor da causa e da sucumbência, é sempre admitido recurso, em um grau, da decisão que condene por litigância de má fé (CPC, art. 542º, nº 3).

II – No nº 2 do art. 629º do CPC e neste art. 79º prevêem-se situações especiais relativamente às quais as respetivas "decisões ... admitem sempre recurso". Mas nas situações previstas neste art. 79º, tal recurso queda-se pela Relação.

III – Mas em regra, de conformidade com o nº 1 do mesmo art. 629º, a possibilidade para interpor recurso depende do valor da causa ultrapassar o valor da alçada do tribunal *a quo*, e da decisão a impugnar, em princípio, ser "desfavorável ao recorrente em valor superior a metade da alçada desse tribunal... "(sucumbência).

IV – Para além "dos despachos que não admitem recurso" mencionados no CPC (art. 630º), ainda no CPT há também decisões irrecorríveis, como no art. 124º (fixação de pensão ou indemnização provisórias a favor dos sinistrados do trabalho ou de doença profissional), no art. 186º-E, nº 5 (lesão iminente e irreversível da personalidade física ou moral do trabalhador) e no art. 40º, nº 2 (indeferimento da inversão do contencioso).

V – A categoria profissional encontra-se relacionada com a atividade exercida pelo trabalhador, que é regulada no CT, art. 115º a 120º. Mas as definições das categorias profissionais devem integrar os contrato de trabalhos e resultarem das convenções coletivas [CT, arts. 106º, nº 3, c) e 492º, nº 1, f)].

VI – O despedimento pode ser objeto das ações com processo especial, quer de impugnação da regularidade e licitude do despedimento (art.98º-B), quer de impugnação do despedimento coletivo (art. 156º) e ainda da ação com processo comum (art. 51º) nos casos de despedimento informal (art. 98º-C *a contrario sensu*).

VII – Os modos de invalidade (nulidade e anulabilidade) do contrato de trabalho encontram-se previstos no CT, art. 121º e segs. e CC, art. 285º e segs.

VIII – O valor da causa é aquele que, na altura, se encontra atribuído ao processo e não o valor económico dos bens (materiais ou não) em litígio (CPC, arts. 299º, nº 1 e 306º).

Artigo 79º-A – Recurso de apelação

1 – Cabe recurso de apelação:

a) Da decisão, proferida em 1ª instância, que ponha termo à causa ou a procedimento cautelar ou incidente processado autonomamente;

b) Do despacho saneador que, sem pôr termo ao processo, decida do mérito da causa ou absolva da instância o réu ou algum dos réus quanto a algum ou a alguns dos pedidos.

2 – Cabe ainda recurso de apelação das seguintes decisões do tribunal de 1ª instância:

a) Da decisão que aprecie o impedimento do juiz;

b) Da decisão que aprecie a competência absoluta do tribunal;

c) Da decisão que ordene a suspensão da instância;

d) Do despacho de admissão ou rejeição de algum articulado ou meio de prova;

e) Da decisão que condene em multa ou comine outra sanção processual;

f) Da decisão que ordene o cancelamento de qualquer registo;

g) Da decisão prevista na alínea *a*) do nº 3 do artigo 98º-J;

h) Do despacho que, nos termos do nº 2 do artigo 115º, recuse a homologação do acordo;

i) Da decisão prevista na alínea *a*) do nº 5 do artigo 156º;

j) De decisão proferida depois da decisão final;

k) Da decisão cuja impugnação com o recurso da decisão final seria absolutamente inútil;

l) Nos demais casos especialmente previstos na lei.

3 – As restantes decisões proferidas pelo tribunal de 1ª instância podem ser impugnadas no recurso que venha a ser interposto das decisões previstas no nº 1.

4 – No caso previsto no número anterior, o tribunal só dá provimento às decisões impugnadas conjuntamente com a decisão final quando a infração cometida possa modificar essa decisão ou quando, independentemente desta, o provimento tenha interesse para o recorrente.

5 – Se não houver recurso da decisão final, as decisões interlocutórias que tenham interesse para o apelante independentemente daquela decisão podem ser impugnadas num recurso único, a interpor após o trânsito da referida decisão.

I – Neste artigo contemplam-se três tipos de recurso de apelação. No nº 1, prevêem-se os recursos de apelação (para a Relação) das decisões finais que ponham termo ao processo, no todo ou em parte.

II – No nº 2, prevêem-se os recursos de apelação das decisões interlocutórias nele especificadas (que antes se denominavam recursos de agravo).

III – No nº 3, por fim, prevêem-se os recursos de apelação sobre as restantes decisões que, claro, sejam recorríveis (e que dantes também integravam os agravos), que ficam dependentes da dedução de recurso final ou, não vindo este a ser interposto, do interesse especial do recorrente em ver esclarecida determinada questão que tenha suscitado e tenha merecido decisão desfavorável.

IV – Ac. TRL, de 25-10-2017, 4693/16.9T8LSB.L1-4, Rel. Alves Duarte: – Quando o juiz conhece da exceção dilatória da ilegitimidade no despacho saneador, mas com isso não ponha termo ao processo ou absolva algum dos réus da instância, desde logo por a julgar totalmente improcedente, o recurso contra essa decisão deve ser interposto a final e não imediatamente, em apelação autónoma (arts. 79º-A, nºs 1, 2, alínea i) e 3 do CPT e 644º, nºs 1, alínea b), a *contrario sensu* e 3 do CPC) (sumário elaborado pelo relator).

V – Ac. RC, de 17-01-2013, Proc. 889/11.8TTLRA.C1, Rel. Ramalho Pinto: I – Dispõe a al. h) (atual k) do nº 2 do art. 79º-A do CPT que cabe recurso da decisão do tribunal de 1ª instância cuja impugnação com o recurso da decisão final seria absolutamente inútil. II – Decorre da própria norma que, para que seja admissível o recurso, é preciso que exista utilidade, e esta tem de ser do recurso (não da tramitação) e tem de ser absoluta. III – Só será absolutamente inútil o recurso que, quando favorável ao requerente, já em nada lhe aproveita, por a demora na sua apreciação tornar irreversíveis os efeitos da decisão impugnada.

Artigo 80º – Prazo de interposição

1 – O prazo de interposição do recurso de apelação ou de revista é de 30 dias.

2 – Nos processos com natureza urgente, bem como nos casos previstos nos nºs 2 e 5 do artigo 79º-A do presente Código e nos casos previstos nos nºs 2 e 4 do artigo 671º do Código de Processo Civil, o prazo para a interposição de recurso é de 15 dias.

3 – Se o recurso tiver por objeto a reapreciação da prova gravada, aos prazos referidos na parte final dos números anteriores acrescem 10 dias.

I – Os prazos de interposição dos recursos passam a estar em sintonia com os prazos estabelecidos no CPC, no art. 638º. Contudo, o prazo será de 15 dias relativamente às decisões finais nos numerosos processos de natureza urgente, enumerados no art. 26º, incluindo os procedimentos cautelares (art. 32º), para além das restantes decisões indicadas.

II – Para que através do recurso, para além do direito, seja reapreciada a prova gravada haverá o recorrente de dar cumprimento aos requisitos previstos no art. 640º do CPC, dispondo para tanto do alongamento do prazo de 10 dias (nº 3).

III – Ac. TRP, de 30-11-2015, Proc. 855/08.0TTVFR.P1, Rel. Jorge Loureiro: O pedido de reforma de sentença cível passível de recurso ordinário não interrompe nem suspende o prazo de interposição do recurso.

IV – Ac. STJ, de 06-12-2016, Proc. 424/12.0TTFUN.L1.S1, Rel. João Fernando Ferreira Pinto: 1. O prazo normal para a interposição de recurso de apelação, em direito laboral, é o de 20 dias (agora 30), mas se ele tiver por objeto a reapreciação da prova gravada a esse prazo acrescem 10 dias. 2. A justificação para esta extensão, ou alongamento, do prazo consiste na necessidade do recorrente ter que instruir as suas alegações com as especificações dos meios de prova cuja reapreciação, na sua opinião, determinam a modificação da decisão da matéria de facto. 3. Para que o recorrente/apelante possa usufruir desse acréscimo de 10 dias, a impugnação da matéria de facto efetuada deve refletir efetivamente essa reapreciação. 4. Se na alegação e/ou nas conclusões não existir, concreta ou implicitamente, qualquer referência à prova gravada e nem se fizer alusão a qualquer depoimento, não beneficia o recorrente daquele acréscimo.

Artigo 81º – Modo de interposição dos recursos

1 – O requerimento de interposição de recurso contém, obrigatoriamente, a alegação do recorrente, devendo constar das respetivas conclusões o fundamento específico da recorribilidade e a identificação da decisão recorrida, especificando, se for caso disso, a parte dela a que o recurso se restringe.

2 – Sempre que o fundamento específico de recorribilidade referido no número anterior se traduza na invocação de um conflito jurisprudencial que se pretende ver resolvido, o recorrente junta obrigatoriamente, sob pena de imediata rejeição, cópia, ainda que não certificada, do acórdão fundamento.

3 – Em prazo idêntico ao da interposição do recurso, pode o recorrido responder à alegação do recorrente.

4 – Na alegação pode o recorrido impugnar a admissibilidade ou a tempestividade do recurso, bem como a legitimidade do recorrente.

5 – Havendo recurso subordinado, deve ser interposto no mesmo prazo da alegação do recorrido, aplicando-se, com as necessárias adaptações, o disposto nos números anteriores.

6 – À interposição do recurso de revista aplica-se o regime estabelecido no Código de Processo Civil.

I – O modo de interposição do recurso no CPC é regulado no art. 637º e segs. e a taxa de justiça respetiva no RCP, art. 7º, nº 2.

II – Em regra há lugar ao pagamento da taxa de justiça, cfr. RCP, art. 6º, nº 2 e CPC, art. 642º.

III – Sobre o conflito jurisprudencial como fundamento para o recurso v. CPC, arts. 671º, nº 2 b); 672º, nº 1 c) e 688º e segs.

IV – Ac. TRL, de 31-07-2015, Proc. 125/14.5TTCSC.L1-4, Rel. José Eduardo Sapateiro: I – Inexiste norma legal que, em regra, obrigue os tribunais a fornecerem às partes os suportes físicos e informáticos necessários à cópia da gravação a que se procedeu da Audiência de Discussão e Julgamento, limitando-se o artigo 155º do NCPC a determinar que «a gravação deve ser disponibilizada às partes, no prazo de dois dias a contar do respetivo ato», ou seja, que o acesso a tal registo deve ser facultado dentro daquele prazo. II – O prazo de interposição de recurso não se suspende com a formulação do pedido eletrónico de fornecimento de cópia daquele registo-áudio e só se reinicia no dia da efetiva entrega do CD, pois inexiste regra jurídica que, fora das situações excecionais do justo impedimento (artigo 140º do NCPC) ou do nº 6 do artigo 157º do mesmo diploma legal, dê cobertura mínima a uma tal tese.

V – Ac. TRC, de 30-04-2015, Proc. 949/13.0TTLRA.C1, Rel. Ramalho Pinto: II – Nas conclusões do recurso o recorrente também tem de identificar, ainda que de modo sumário, os concretos pontos da matéria de facto que considera incorretamente julgados e os meios de prova com base nos quais deve ser alterada a decisão impugnada, sob pena de rejeição dessa impugnação.

Artigo 82º – Admissão ou indeferimento de recurso

1 – O juiz manda subir o recurso desde que a decisão seja recorrível, o recurso tenha sido interposto tempestivamente, o recorrente tenha legitimidade e o requerimento contenha ou junte a alegação do recorrente, incluindo as conclusões.

2 – Se o juiz não mandar subir o recurso, o requerente pode reclamar nos termos previstos no artigo 643º do Código de Processo Civil.

3 – (*Revogado.*)

4 – (*Revogado.*)

5 – (*Revogado.*)

Nos termos do art. 643º, *do despacho que não admita o recurso pode o recorrente reclamar para o tribunal que seria competente para dele conhecer no prazo de 10 dias contados da notificação da decisão.* É certamente por razoes de semântica que neste preceito se transgride a regra de que a reclamação, ao invés do recurso, é dirigida ao autor do ato e não a uma instância superior.

Artigo 83º – Efeito dos recursos

1 – A apelação tem efeito meramente devolutivo, sem necessidade de declaração.

2 – O recorrente pode obter o efeito suspensivo se no requerimento de interposição de recurso requerer a prestação de caução da importância em que foi condenado.

3 – A apelação tem ainda efeito suspensivo da decisão nos casos previstos nas alíneas *b*) a *e*) do nº 3 do artigo 647º do Código de Processo Civil e nos demais casos previstos na lei.

4 – O juiz fixa prazo, não excedente a 10 dias, para a prestação de caução e se esta não for prestada no prazo fixado, a sentença pode ser desde logo executada.

5 – O incidente de prestação de caução referido no nº 2 é processado nos próprios autos.

I – No que tange à obtenção do efeito suspensivo do recurso da sentença que decreta a providência cautelar de suspensão de despedimento o regime é diferente como se alcança do art. 40º.

II – O valor da "caução da importância em que foi condenado" poderá ser diferente do valor atribuído ao processo.

Artigo 83º-A – Subida dos recursos

1 – Sobem nos próprios autos as apelações das decisões previstas no nº 1 do artigo 645º do Código de Processo Civil.

2 – Sobem em separado as apelações não compreendidas no número anterior.

A instrução do recurso com subida em separado contém-se no art. 646º do CPC, onde para além do mais, se preceitua que "as partes indicam, após as conclusões das alegações, as peças do processo de que pretendem certidão para instruir o recurso".

Artigo 84º – Agravos que sobem imediatamente

(*Revogado.*)

Artigo 85º – Agravos que sobem em separado

(*Revogado.*)

Artigo 86º – Subida diferida

(*Revogado.*)

Artigo 87º – Julgamento dos recursos

1 – O regime do julgamento dos recursos é o que resulta, com as necessárias adaptações, das disposições do Código de Processo Civil que regulamentam o julgamento do recurso de apelação e de revista.

2 – Sem prejuízo do disposto no número anterior, quando funcionar como tribunal de revista, o Supremo Tribunal de Justiça tem os poderes estabelecidos no Código de Processo Civil.

3 – Antes do julgamento dos recursos, o Ministério Público, não sendo patrono ou representante de qualquer das partes, tem vista no processo para, em 10 dias, emitir parecer sobre a decisão final a proferir, devendo observar-se, em igual prazo, o contraditório.

I – As disposições do CPC onde se regula o julgamento do recurso na Relação integram os arts. 652º e segs. e, do recurso no STJ, os arts. 679º e segs., todos do CPC.

II – O parecer do MP, conforme se preceitua no nº 3, é notificado às partes, via *Citius*, que sobre ele se podem pronunciar, nomeadamente, a parte que não é favorecida.

TÍTULO V – Processo de execução

CAPÍTULO I – Título executivo

Artigo 88º – Espécies de títulos executivos

Podem servir de base à execução:

a) Todos os títulos a que o Código de Processo Civil ou lei especial atribuam força executiva;

b) Os autos de conciliação;

c) Os acordos exarados em conciliação extrajudicial presidida pelo Ministério Público.

I – As espécies de títulos executivos estabelecidos no CPC constam do seu art. 703º.

II – Os autos de conciliação são os previstos neste CPT (v. anotação ao art. 52º), os emanados do Serviço de Mediação Laboral, do Serviço Regional de Resolução Voluntária de Conflitos do Trabalho (R.A. da Madeira), Serviço Regional de Conciliação e Arbitragem do Trabalho (R.A. dos Açores), julgados de paz e tribunais arbitrais.

III – Os acordos previstos na alínea c) resultam das diligências realizadas pelos magistrados do MP como patronos dos trabalhadores e seus familiares, efetuadas ao abrigo do art. 7º alínea a).

CAPÍTULO II – Execução baseada em sentença de condenação em quantia certa

Artigo 89º – Notificação para nomeação de bens à penhora

(*Revogado.*)

Artigo 90º – Execução de direitos irrenunciáveis

1 – Tratando-se de direitos irrenunciáveis, o autor tem o prazo de 30 dias após o trânsito em julgado da sentença de condenação em quantia certa, prorrogável pelo juiz, para iniciar a execução do título executivo.

2 – Se o autor não iniciar a execução no prazo fixado, e não tiver sido junto ao processo documento comprovativo da extinção da dívida no prazo referido no número anterior, o tribunal, oficiosamente, ordena o início da execução, cujas diligências são realizadas por oficial de justiça.

3 – (*Revogado.*)

4 – (*Revogado.*)

5 – (*Revogado.*)

6 – (*Revogado.*)

7 – Para o efeito previsto no nº 2, o requerimento executivo é preenchido pelo Ministério Público, ao qual cabe ainda, na falta de resposta do exequente e sem prejuízo do disposto no artigo 9º, a representação deste na execução.

Por direitos irrenunciáveis devem entender-se, nomeadamente, o direito às prestações resultantes de acidente de trabalho e doenças profissionais, aos créditos de retribuições mínimas, a férias mínimas e outros que resultem do que se dispõe no art. 3º do CT.

Artigo 91º – Termos a seguir em caso de oposição

(*Revogado.*)

Artigo 92º – Pluralidade de execuções sobre os mesmos bens

(*Revogado.*)

Artigo 93º – Comunicação ao tribunal da penhora

(*Revogado.*)

Artigo 94º – Sustação da execução com penhora anterior

(*Revogado.*)

Artigo 95º – Suspensão e extinção da execução

(*Revogado.*)

Artigo 96º – Dispensa de publicação de anúncios

(*Revogado.*)

CAPÍTULO III – Execução baseada em outros títulos

Artigo 97º – Execução baseada em título diverso de sentença condenatória em quantia certa

(*Revogado.*)

CAPÍTULO IV – Disposições finais

Artigo 98º – Exclusão da reclamação de créditos

1 – Sem prejuízo do preceituado nos capítulos anteriores, nas execuções para pagamento de quantia certa, baseadas em qualquer título, em que o seu valor não exceda a alçada do tribunal de 1ª instância e a penhora recaia sobre bens móveis ou direitos que não tenham sido dados de penhor, com exceção do estabelecimento comercial, não é admitida a reclamação de créditos.

2 – Excetuam-se do disposto no número anterior:

a) Os créditos que gozem de direito de retenção sobre os bens penhorados, desde que o titular o invoque no ato da penhora;

b) Os créditos que sobre os mesmos bens gozem de garantia real, com registo anterior ou posterior ao registo da penhora.

3 – Os credores com garantia real com registo anterior ao da penhora são citados para reclamar os seus créditos.

4 – Os titulares dos créditos referidos na alínea *b*) do nº 2 que registem a garantia real depois do registo da penhora podem reclamá-los, independentemente de citação, no prazo de 15 dias, contado da junção aos autos da certidão dos direitos, ónus ou encargos inscritos.

I – Trata-se de um benefício para o exequente, que será quase sempre o trabalhador, traduzido no afastamento da reclamação de outros credores, quando o seu crédito vá até € 5.000,00 e obtenha a penhora de bens moveis ou até outros direitos que não estejam penhorados.

II – O elenco das garantias de créditos dos trabalhadores consta do art. 333º e segs. do CT.

III – O regime das garantias especiais das obrigações consta no CC, art. 623º e segs., onde se inclui o penhor, no art. 666º.

Artigo 98º-A – Remissão

Em tudo o que não se encontre especialmente regulado no presente título aplicam-se as regras do Código de Processo Civil relativas ao processo de execução.

I – Estas regras são as dos arts. 85º a 90º, 550º e 551º e 703º e segs.

II – Ac. STJ, de 12-09-2012, Proc. 154/06.2TTMTS-C.P1.S1, Rel. Fernandes da Silva: I – A imperatividade do regime legal atinente à dedução dos rendimentos de trabalho por atividade iniciada após o despedimento não dispensa o empregador de alegar e provar que o trabalhador os auferiu; sem essa alegação e prova não é possível operar/determinar a referida dedução. II – Não sendo alegados, na oposição à execução/penhora, quaisquer factos relativos ao recebimento, pelo exequente, de quaisquer rendimentos auferidos com a cessação do contrato e que este não receberia não fosse o despedimento, ou, mesmo que alegados, mas tendo a oposição sido deduzida para além do prazo assinado, a dedução não pode ser atendida, porque *ex tempore* e por se não tratar de matéria do conhecimento oficioso. III – Diversamente, a dedução do subsídio de desemprego constitui matéria de conhecimento oficioso, já que se trata de uma prestação do Estado, substitutiva da retribuição, que, uma vez recuperada, tem que ser devolvida à segurança social, não redundando, por isso, num qualquer benefício para o empregador.

TÍTULO VI – Processos especiais

CAPÍTULO I – Ação de impugnação judicial da regularidade e licitude do despedimento

Artigo 98º-B – Constituição obrigatória de advogado

Só é obrigatória a constituição de advogado após a audiência de partes, com a apresentação dos articulados.

I – O fundamento para esta ação judicial com processo especial centra-se no art. 387º do CT intitulado: "apreciação judicial do despedimento". Embora longa, a designação seria mais elucidativa se tivesse o qualificativo "individual", porquanto a impugnação do despedimento coletivo terá de ser efetuada através do processo especial regulado nos arts. 156º a 161º. Esta AIJRLD é um processo urgente, cfr. art. 26º, nº 2.

II – Nos termos do nº 1 daquele art. 387º do CT "a regularidade e licitude do despedimento só pode ser apreciada por tribunal judicial", ficando, pois, afastada a competência do tribunal arbitral, até por que tal disposição é dotada de imperatividade, cfr. art. 339º, nº 1 do mesmo CT.

III – A dicotomia entre "regularidade" e "licitude" do despedimento deriva das consequências estabelecidas, respetivamente, nos nºs 2 (deficiência formal do procedimento) e 1 (falta de fundamento material), ambos do art. 389º do CT.

IV – A constituição obrigatória de advogado nas causas judiciais é regulada no CPC, art. 40º e segs.

V – Ac. TRL, de 02-03-2016, Proc. 566/14.8T8CSC-A.L1-4, (ALVES DUARTE): A ação de impugnação da regularidade e licitude do despedimento tem natureza urgente, pelo que os prazos processuais previstos no regime jurídico aplicável a este processo especial, incluindo o prazo para interposição de recurso, são contínuos e não se suspendem durante as férias judiciais (sumário elaborado pelo Relator).

VI – Ac. TRE, de 12-10-2015, Proc. 41/14.0TTABT.E1; (JOÃO LUÍS NUNES): i. na ação especial de impugnação judicial da regularidade e licitude do despedimento, embora se verifique uma alteração da estrutura clássica da ação de impugnação de despedimento, não deixam as partes de se situar nas mesmas posições ativa e passiva relativamente à generalidade dos pedidos que cumpre conhecer, assumindo o trabalhador a posição de autor e o empregador a posição de réu; ii. por isso a este, no articulado que apresenta a motivar o despedimento e não pretendendo que o tribunal exclua a reintegração, apenas se impõe que justifique (motive) o despedimento.

VII – Ac. TRP, de 30-05-2018, Proc.2613/16.0T8MTS-A.P1, Rel. JERÓNIMO FREITAS: I – A ação especial de impugnação judicial da regularidade e licitude do despedimento regulada no artigo 98º B e seguintes do CPT, aplica-se apenas aos casos em que o trabalhador vem impugnar uma decisão de despedimento que lhe tenha sido comunicada por escrito e que seja fundada em despedimento disciplinar, inadaptação ou extinção do posto de trabalho (art. 98º C/1). II – Em todos os demais casos de impugnação de despedimento que não se enquadrem na previsão do art. 98º C/1, o meio processual próprio é o processo declarativo comum, regulado nos artigos 54º e seguintes do CPT (art. 48º nº 1 e 49º nº 2). III – Nos casos em que se aplica a ação especial de impugnação da regularidade e licitude do despedimento, o direito de ação está sujeito ao prazo de caducidade de 60 dias (art. 387º nº 2 do CT). IV – Nos demais casos de impugnação de despedimento em que o meio processual próprio é o processo comum, aplica-se o regime de prescrição estabelecido no art. 337º nº 1, do CT, abrangendo o prazo de um ano aí estabelecido quer a propositura da ação quer os créditos emergentes de despedimento ilícito. V – A ação proposta pela autora não se enquadra na previsão do nº 1, do art. 98º C, do CPT. Não basta que tenha havido uma comunicação por escrito, era também necessário que o despedimento fosse fundado em despedimento disciplinar, inadaptação ou extinção do posto de trabalho, não sendo esse o caso. VI – Assim, aplicando-se a forma de processo comum, o prazo aplicável para o exercício do direito de ação é o de prescrição, de um ano, estabelecido no art. 337º 1, do CT.

VIII – Ac. STJ, de 15-05-2019, Proc. 469/17.4T8TMR.E1.S1, Rel. António Leone Dantas: I – A ação especial de impugnação judicial da regularidade e ilicitude do despedimento prevista nos artigos 98º-B a 98º-P do Código de Processo do Trabalho destina-se a ser utilizada pelo trabalhador que tenha sido alvo de despedimento individual, concretizado por escrito pelo empregador, nas situações descritas no nº 1 do artigo 98º-C daquele código. II – Deve seguir os termos da ação declarativa comum a ação intentada por um trabalhador para impugnar o despedimento de que foi objeto quando a comunicação escrita que lhe foi entregue pelo empregador relativa ao despedimento invoque como fundamento da cessação da relação de trabalho a caducidade do contrato, motivada no encerramento do estabelecimento, nos termos do artigo 346º do Código do Trabalho.

Artigo 98º-C – Início do processo

1 – Nos termos do artigo 387º do Código do Trabalho, no caso em que seja comunicada por escrito ao trabalhador a decisão de despedimento individual, seja por facto imputável ao trabalhador, seja por extinção do posto de trabalho, seja por inadaptação, a ação de impugnação judicial da regularidade e licitude do despedimento inicia-se com a entrega, pelo trabalhador ou por mandatário judicial por este constituído, junto do juízo do trabalho competente, de requerimento em formulário eletrónico ou em suporte

de papel, do qual consta declaração do trabalhador de oposição ao despedimento, sem prejuízo do disposto no número seguinte.

2 – Caso tenha sido apresentada providência cautelar de suspensão preventiva do despedimento, nos termos previstos nos artigos 34º e seguintes, o requerimento inicial do procedimento cautelar do qual conste que o trabalhador requer a impugnação judicial da regularidade e licitude do despedimento dispensa a apresentação do formulário referido no número anterior.

I – O requisito inicial da comunicação por escrito ao trabalhador da decisão de despedimento não se encontra inserido no art. 387º do CT, mas apenas no presente artigo. Mas é naquele art. 387º que se determina o prazo (de caducidade) de 60 dias para ser apresentado o requerimento inicial, sob pena de se verificar a caducidade do direito de ação, divergindo do prazo geral de prescrição de um ano, a contar da data da cessação do contrato de trabalho, estabelecido no art. 337º do CT .

II – As modalidades de despedimento enunciadas têm os seus regimes no CT, os quais se iniciam, respetivamente, nos arts. 351º (por facto imputável ao trabalhador), 367º (por extinção de posto de trabalho) e 373º (por inadaptação).

III – Tendo o trabalhador despedido optado pelo procedimento cautelar de suspensão de despedimento, a deduzir no prazo de 5 dias úteis após o despedimento (art. 386º do CT), deve nele também requerer a instauração da presente ação (art. 34º nº 4).

IV – Ac. TRP, de 09-02-2015, Proc. 556/14.0TTBRG.P1, Rel. Paula Leal de Carvalho: Invocando o empregador, por escrito, que o contrato de trabalho mantido com o trabalhador "terminou ... por falta de trabalho, data a partir da qual se deverão considerar dispensados", tal consubstancia um despedimento suscetível de se configurar como extinção do posto de trabalho e de se reconduzir à hipótese legal do artigo 98º-C, nº 1 do CPT, sendo o processo especial de impugnação da regularidade e licitude do despedimento (arts. 98º-B e segt.s do mesmo) a espécie processual adequada para impugnar a validade desse despedimento.

V – Ac. TRL, de 27-03-2019, Proc. 14182/18.1T8LSB-4, Rel. Manuela Fialho: 1 – Invocando o empregador a licitude do despedimento, compete-lhe alegar e provar que pôs à disposição do trabalhador a compensação até ao termo do prazo de aviso prévio. 2 – Não efetuada esta prova, o despedimento é ilícito. 3 – Contudo, sempre que o trabalhador receba do empregador a totalidade da compensação e a não devolva, fica impedido de discutir a ilicitude, pois o despedimento tem-se como aceite.

VI – Ac. TRL, de 12-06-2019, Proc. 6738/19.1T8LSB.L1-4, Rel. Duro Cardoso: I – O art. 98º-C do CPT manda aplicar o processo especial previsto nos arts. 98º-B e seguintes do CPT "no caso em que seja comunicada por escrito ao trabalhador, seja por facto imputável ao trabalhador, seja por extinção do posto de trabalho, seja por inadaptação". II – Quando se está perante uma situação em que a comunicação escrita da entidade empregadora dirigida ao trabalhador, designadamente imputando-lhe mau desempenho laboral, consubstancia uma invocação de cessação do contrato de trabalho por factos imputáveis ao trabalhador, embora ali se faça menção de que se trata de uma denúncia, o enquadramento sobre a forma de processo tem de ser feito no âmbito do art. 98º-C do CPT. III – Se a justa causa que alegou é procedente ou improcedente, se houve ou não processo disciplinar, se ocorreu ou não durante o período experimental, tudo isso são questões que, após a apresentação do requerimento em papel ou do formulário eletrónico iniciais, não relevam para a determinação da forma processual.

Artigo 98º-D – Formulário

1 – A entrega em suporte de papel do formulário referido no artigo anterior é feita, num único exemplar, na secretaria judicial.

2 – O modelo do formulário é aprovado por portaria dos membros do Governo responsáveis pelas áreas da justiça e do trabalho.

I – Como referido na parte final do nº 1 do artigo anterior, tal formulário pode ser apresentado via Citius, sendo, então, eletrónico e enviado por advogado.

II – O modelo do formulário foi aprovado pela P. nº 1460-C/2009, de 31 de dezembro e, através dele, o requerente apenas declara que se opõe ao despedimento promovido pela entidade que deve identificar, pede a declaração de ilicitude ou irregularidade e junta "a decisão de despedimento".

III – Este requerimento, obedecendo ao referido formulário, de modo algum se pode classificar como uma petição por não respeitar vários dos requisitos estabelecidos no art. 552º do CPC.

IV – Ac. TRP, de 05-01-2015, Proc. 553/14.6TTBRG.P1, Rel. EDUARDO PETERSEN SILVA: I – Recebido pela secretaria o formulário a que se refere o artigo 98º-C do CPT, ao juiz cumpre designar audiência de partes, não podendo indeferir liminarmente o requerimento. II – Tendo a empregadora comunicado ao trabalhador, por escrito, que o contrato de trabalho termina por falta de trabalho, tal comunicação é de inequívoco despedimento, e a ação a utilizar para a impugnação do despedimento é a ação especial de impugnação da regularidade e licitude do despedimento e não a ação comum.

Artigo 98º-E – Recusa do formulário pela secretaria

A secretaria recusa o recebimento do formulário indicando por escrito o fundamento da rejeição quando:

_a_) Não conste de modelo próprio;

_b_) Omita a identificação das partes;

c) Não tenha sido junta a decisão de despedimento;
d) Não esteja assinado.

I – Do ato de recusa da secretaria cabe reclamação para o juiz, de acordo com o estatuído no art. 558º do CPC.

II – Sendo recebido o requerimento, será distribuído pela 2ª espécie, como previsto no art. 21º, originando o processo da ação de impugnação da regularidade e licitude do despedimento (a.i.r.l.d.) que tem natureza urgente e cuja instância logo se inicia, de acordo com o disposto no art. 26º, nº 1, a) e nº 5.

Artigo 98º-F – Notificação para audiência de partes

1 – Recebido o requerimento, e sem prejuízo do seu indeferimento liminar nos termos e com os efeitos previstos no nº 1 do artigo 590º do Código de Processo Civil, o juiz designa data para a audiência de partes, a realizar no prazo de 15 dias.

2 – O trabalhador é notificado e o empregador citado para comparecerem pessoalmente ou, em caso de justificada impossibilidade de comparência, se fazerem representar por mandatário judicial com poderes especiais para confessar, transigir ou desistir.

3 – Tendo sido requerida a suspensão de despedimento, a audiência de partes referida no nº 1 antecede a audiência final do procedimento cautelar.

I – Sobre a audiência de partes no processo comum, v. arts. 55º e 56º e respetivas anotações.

II – Relativamente à coordenação deste processo com natureza urgente com o procedimento cautelar de suspensão de despedimento, também com a mesma natureza urgente, v. arts. 98º-C, nº 2; 34º, nº 4; 36º, nº 4 e 36º-A e as respetivas anotações.

Artigo 98º-G – Efeitos da não comparência do empregador

1 – Se o empregador não comparecer na audiência de partes, nem se fizer representar nos termos do nº 2 do artigo anterior, nem justificar a sua falta nos 10 dias subsequentes à data marcada para a audiência, tendo sido ou devendo considerar-se regularmente citado, o juiz:

a) Ordena a notificação do empregador para, no prazo de 15 dias, apresentar articulado para motivar o despedimento, juntar o procedimento disciplinar ou os documentos comprovativos do cumprimento das formalidades exigidas, apresentar o rol de testemunhas e requerer quaisquer outras provas;

b) Fixa a data da audiência final.

2 – Se a falta à audiência de partes for julgada injustificada, o empregador fica sujeito às sanções previstas no Código de Processo Civil para a litigância de má-fé, sem prejuízo do disposto no número anterior.

3 – Caso a falta seja considerada justificada, procede-se à marcação de nova data para a realização da audiência de partes.

4 – Se o empregador, tendo sido ou devendo considerar-se regularmente notificado, não comparecer na data marcada nos termos do número anterior, nem se fizer representar nos termos do nº 2 do artigo anterior:

a) O juiz ordena a notificação do empregador e fixa a data da audiência final, nos termos das alíneas *a*) e *b*) do nº 1, caso a falta seja considerada justificada;

b) O juiz declara a ilicitude do despedimento do trabalhador, condenando o empregador e ordenando a notificação do trabalhador nos termos das alíneas *a*), *b*) e *c*) do nº 3 do artigo 98º-J, caso a falta seja considerada injustificada.

5 – No caso previsto na alínea *b*) do número anterior, é aplicável, com as necessárias adaptações, o disposto nos nºs 4 e 5 do artigo 98º-J.

I – As sanções previstas para a má fé são a condenação "em multa e numa indemnização à parte contrária, se esta a pedir" (art. 542º, nº 1 do CPC).

II – Face à meticulosidade da lei substantiva no que tange aos formalismos em todas as formas de despedimento e às graves consequências da sua falta ou deficiência, a respetiva documentação assume grande relevância neste processo de a.i.r.l.d.. e também no da impugnação do despedimento coletivo.

III – Mas no âmbito deste processo judicial, há que distinguir o "procedimento disciplinar" dos "documentos comprovativos do cumprimento das formalidades exigidas". Na verdade, o procedimento disciplinar (ou melhor, o processo do procedimento disciplinar) é absolutamente necessário para o despedimento por facto imputável ao trabalhador, que deverá ter sido instruído nos termos do art. 352º e segs. do CT. Por sua vez, quer no despedimento por extinção do posto de trabalho (art. 367º e segs.), quer no despedimento por inadaptação (art. 373º e segs.), a sucessão de atos necessários para concretizar tais despedimentos a documentar por escrito, não merecem para a lei laboral a designação de "processo".

IV – Em caso de falta injustificada do empregador e do seu articulado e porque o requerimento inicial, não encerrando um pedido propriamente dito, contém a manifestação de oposição ao despedimento e nele se requer que "seja declarada ilicitude ou a irregularidade do mesmo, com as legais consequências", será emitida a condenação por estas legais consequências são as que decorrem da aplicação do preceituado nos arts. 389º e 390º do CT. Porém, para a sua concretização o trabalhado é notificado para se pronunciar se opta pela reintegração ou pela indemnização, para informar da sua retribuição e até para vir apresentar articulado a peticionar outros créditos.

Artigo 98º-H – Efeitos da não comparência do trabalhador ou de ambas as partes

1 – Se o trabalhador não comparecer na audiência de partes, nem se fizer representar nos termos do nº 2 do artigo 98º-F, nem justificar a sua falta nos 10 dias subsequentes à data marcada para a audiência, tendo sido ou devendo considerar-se regularmente notificado, o juiz ordena a notificação do empregador e fixa a data da audiência final, nos termos das alíneas *a*) e *b*) do nº 1 do artigo 98º-G.

2 – Caso a falta seja considerada justificada, procede-se à marcação de nova data para a realização da audiência de partes.

3 – Se o trabalhador, tendo sido ou devendo considerar-se regularmente notificado, não comparecer na data marcada nos termos do número anterior, nem se fizer representar nos termos do nº 2 do artigo 98º-F:

a) O juiz ordena a notificação do empregador e fixa a data da audiência final, nos termos das alíneas *a*) e *b*) do nº 1 do artigo 98º-G, caso a falta seja considerada justificada;

b) O juiz determina a absolvição do pedido, caso a falta seja considerada injustificada.

4 – O disposto no nº 2 e na alínea *b*) do número anterior é aplicável, com as necessárias adaptações, no caso de ambas as partes faltarem à audiência de partes.

Ac. TRL, de 11-07-2019, Proc. 9122/18.0T8LRS.L1-4, Rel. Albertina Pereira: Na ação de impugnação judicial da regularidade e licitude do despedimento, deve considerar-se injustificada a falta do trabalhador que tendo embora comparecido à audiência de partes em que ambas as partes requereram a suspensão da instância com vista a realização de um acordo, não se tendo logrado este, faltou à continuação de tal diligência, em data para a qual dera o seu acordo, não se fez representar por mandatário munido como os poderes especiais para desistir, confessar ou transigir, nem justificou a sua falta no prazo legal de 10 dias.

Artigo 98º-I – Audiência de partes

1 – Declarada aberta a audiência pelo juiz, o empregador expõe sucintamente os fundamentos de facto que motivam o despedimento.

2 – Após a resposta do trabalhador, o juiz procurará conciliar as partes, nos termos e para os efeitos dos artigos 52º e 53º

3 – Caso verifique que à pretensão do trabalhador é aplicável outra forma de processo, o juiz abstém-se de conhecer do pedido, absolve da instância o empregador, e informa o trabalhador do prazo de que dispõe para intentar ação com processo comum.

4 – Frustrada a tentativa de conciliação, na audiência de partes o juiz:

a) Procede à notificação imediata do empregador para, no prazo de 15 dias, apresentar articulado para motivar o despedimento, juntar o procedimento disciplinar ou os documentos comprovativos do cumprimento das formalidades exigidas, apresentar o rol de testemunhas e requerer quaisquer outras provas;

b) Fixa a data da audiência final.

I – Esta audiência de partes é idêntica à prevista no art. 55º no âmbito do processo comum.

II – No nº 3, prevê-se a hipótese deste processo especial não ser o aplicável, *maxime*, devendo ser o processo comum. Dado que não há petição, mas apenas um requerimento muito sincrético, considera-se não ser possível a convolação.

III – Ac. TRL, de 11-07-2019, Proc. 9122/18.OT8LRS.L1-4, Rel. ALBERTINA PEREIRA: Na ação de impugnação judicial da regularidade e licitude do despedimento, deve considerar-se injustificada a falta do trabalhador que tendo embora comparecido à audiência de partes em que ambas as partes requereram a suspensão da instância com vista à realização de um acordo, não se tendo logrado este, faltou à continuação de tal diligência, em data para a qual dera o seu acordo, não se fez representar por mandatário munido com os poderes especiais para desistir, confessar ou transigir, nem justificou a sua falta no prazo legal de 10 dias.

Artigo 98º-J – Articulado de motivação do despedimento

1 – O empregador apenas pode invocar factos e fundamentos constantes da decisão de despedimento comunicada ao trabalhador.

2 – No caso de pretender que o tribunal exclua a reintegração do trabalhador nos termos previstos no artigo 392º do Código do Trabalho, o empregador deve requerê-lo desde logo no mesmo articulado, invocando os factos e circunstâncias que fundamentam a sua pretensão, e apresentar os meios de prova para o efeito.

3 – Se o empregador não apresentar o articulado referido no número anterior, ou não juntar o procedimento disciplinar ou os documentos comprovativos do cumprimento das formalidades exigidas, o juiz declara a ilicitude do despedimento do trabalhador, e:

a) Condena o empregador a reintegrar o trabalhador no mesmo estabelecimento da empresa, sem prejuízo da sua categoria e antiguidade, ou, caso o trabalhador tenha optado por uma indemnização em substituição da reintegração, a pagar-lhe, no mínimo, uma indemnização correspondente a 30 dias de retribuição base e diuturnidades por cada ano completo ou fração de antiguidade, sem prejuízo do disposto nos nºs 2 e 3 do artigo 391º do Código do Trabalho;

b) Condena ainda o empregador no pagamento das retribuições que o trabalhador deixou de auferir desde a data do despedimento até ao trânsito em julgado da decisão judicial que declare a ilicitude do despedimento;

c) Ordena a notificação do trabalhador para, querendo, no prazo de 15 dias, apresentar articulado no qual peticione quaisquer outros créditos emergentes do contrato de trabalho, da sua violação ou da sua cessação, incluindo a indemnização prevista na alínea *a*) do nº 1 do artigo 389º do Código do Trabalho.

4 – Na mesma data, o empregador é notificado da sentença quanto ao referido nas alíneas *a*) e *b*) do número anterior.

5 – Se o trabalhador apresentar o articulado a que se refere a alínea *c*) do nº 3, o empregador é notificado para, no prazo de 15 dias, apresentar contestação, observando-se seguidamente os restantes termos do processo comum regulados nos artigos 57º e seguintes.

I – O ónus da prova da licitude do despedimento, como facto extintivo do contrato de trabalho que é, recai, inteiramente, sobre o empregador, de conformidade com o estatuído no art. 342º, nº 2 do CC. Este é o fundamento deste "articulado de motivação do despedimento".

II – Ainda, como consta no nº 1 e no nº 3 do art. 387º, nº 3 do CT, "na ação de apreciação judicial de despedimento, o empregador apenas pode invocar factos e fundamentos constantes de decisão de despedimento comunicada ao trabalhador". Mas o trabalhador despedido poderá, naturalmente, opor contraprova (art. 346º do mesmo CC), o que fará na sua contestação, nos termos do artigo seguinte.

III – Embora não se saiba se o despedimento será julgado lícito ou ilícito, na sequência de antigas discussões, foi imposto que a oposição à eventual reintegração do trabalhador despedido devesse ser deduzida logo neste articulado, o que está em conjunção com o disposto no art. 60º-A.

IV – Caso o empregador não apresente a motivação ou, apresentando tal motivação não apresente os aludidos procedimento disciplinar ou os documentos comprovativos é logo condenado nas consequências tipificadas no CT (art. 389º).

V – Ainda que este articulado sirva para justificar o despedimento e não seja uma contestação, o certo é que nele podem ser deduzidas exceções relativamente ao requerimento inicial, nomeadamente a caducidade do direito, a incompetência do tribunal ou a sua nulidade.

VI – A decisão prevista na alínea a) do nº 3 é passível de recurso de apelação nos termos do art. 79º-A, nº 2, alínea g).

VII – Ac. TRG, de 22-10-2015, Proc. 1084/13.7TTBRG.G1, Rel. MANUELA FIALHO: 1 – No âmbito da ação especial de impugnação judicial da regularidade e licitude do despedimento está vedado ao empregador deduzir reconvenção, tendo em vista o ressarcimento de danos emergentes da conduta alegadamente ilícita do trabalhador.

Artigo 98º-L – Contestação

1 – Apresentado o articulado de motivação do despedimento a que se referem os nºs 1 e 2 do artigo anterior, o trabalhador é notificado para, no prazo de 15 dias, contestar, querendo.

2 – Se o trabalhador não contestar, tendo sido ou devendo considerar-se regularmente notificado na sua própria pessoa, ou tendo juntado procuração a mandatário judicial no prazo da contestação, consideram-se confessados os factos articulados pelo empregador, sendo logo proferida sentença a julgar a causa conforme for de direito.

3 – Na contestação, o trabalhador pode deduzir reconvenção nos casos previstos no nº 2 do artigo 266º do Código de Processo Civil, bem como para peticionar créditos emergentes do contrato de trabalho, da sua violação ou da sua cessação, incluindo a indemnização prevista na alínea *a*) do nº 1 do artigo 389º do Código do Trabalho, independentemente do valor da ação.

4 – Se o trabalhador tiver deduzido reconvenção, nos termos do número anterior, pode o empregador responder à respetiva matéria no prazo de 15 dias.

5 – É correspondentemente aplicável o disposto nos nºs 3 a 5 do artigo 60º do presente Código e no nº 6 do artigo 266º do Código de Processo Civil.

6 – As partes devem apresentar ou requerer a produção de prova nos respetivos articulados ou no prazo destes.

I – A falta de contestação do trabalhador despedido leva a uma situação de revelia relativa como previsto no art. 567º do CPC.

II – A reconvenção segue inteiramente o regime do CPC, não sofrendo as limitações do art. 30º. Dificilmente a reconvenção assentará nalgum dos casos previstos nas alíneas do nº 2 do art. 266º do CPC.

III – Ac. TRL, de 17-06-2015, Proc. 268/14.5TTLRS.L1-4; Rel. JERÓNIMO FREITAS: I. A reconvenção admitida pelo art. 98º L/3 CPT afasta-se do art. 30º do CPT, sendo mais amplos os termos em que podem ser deduzidos pedidos. II. Não obstante, cremos que o trabalhador não poderá na ação especial para impugnação da licitude ou regularidade do despedimento, por via reconvencional, deduzir pedidos que respeitem à violação ou cessação do contrato de trabalho...

IV – Como acontece no processo civil, apenas a dedução de pedido reconvencional permitirá a resposta à contestação. Assim, no caso de ser suscitada alguma exceção no ultimo articulado admissível, a respetiva resposta apenas poderá ser apresentada na audiência prévia, se tiver lugar, ou em caso negativo, na audiência final. V. anotação ao art. 60º.

V – Ac. TRP, de 21-02-2018, Proc. 10118/16.2T8VNG-A.P1, Rel. FERNANDA SOARES: I – Formulando o trabalhador – na contestação apresentada em ação de impugnação da regularidade e licitude do despedimento – pedido reconvencional contra a empregadora que proferiu o seu despedimento, e contra terceira, invocando a pluralidade de empregadores, e requerendo o chamamento desta última, mediante o incidente de intervenção provocada, a tramitação da ação especial – baseada na simplificação processual e na celeridade – não se compadece com a tramitação própria do incidente de chamamento de terceiro. II – Confrontado com o referido pedido não pode o Juiz, ao abrigo do artigo 547º do CPC, convolar a ação especial de impugnação da regularidade e licitude do despedimento para ação com processo comum, por a tramitação da ação especial – constituída pelo apresentação do formulário, do articulado motivador do despedimento, do articulado contestação/reconvenção e da resposta – se diferenciar significativamente da tramitação da ação com processo comum, e deste modo, não permitir o exercício pleno dos princípios da igualdade e do contraditório e ainda contender com a aquisição processual de factos. III – E na impossibilidade de convolação/adequação processual ocorre erro na forma de processo que conduz à absolvição da instância da empregadora e da terceira chamada posto que esta, entretanto, veio apresentar articulado.

Artigo 98º-M – Termos posteriores aos articulados

1 – Terminada a fase dos articulados, o processo segue os termos previstos nos artigos 61º e seguintes, devendo a prova a produzir em audiência de julgamento iniciar-se com a oferecida pelo empregador.

2 – Se for invocado despedimento precedido de procedimento disciplinar, é ainda aplicável o disposto no nº 4 do artigo 387º do Código do Trabalho.

I – Face às regras do ónus da prova, já salientes, a prova a produzir na audiência final, nomeadamente, a audição das testemunhas, começa pelas indicadas pelo empregador, englobando, portanto, o eventual depoimento de parte do trabalhador despedido. Embora apenas se faça referência os meios de prova, pelas mesmas razões, também assim será nas alegações finais dos advogados.

II – No nº 4 do art. 387º do CT dispõe-se que *"em caso de apreciação judicial de despedimento por facto imputável ao trabalhador, sem prejuízo da apreciação de vícios formais, o tribunal deve sempre pronunciar-se sobre a verificação e procedência dos fundamentos invocados para o despedimento".*

III – Ainda interessa considerar o que se preceitua no nº 2 do art. 389º do mesmo CT relativamente à redução para metade da indemnização em caso de mera irregularidade fundada em deficiência de procedimento por omissão de certas diligências probatórias.

Artigo 98º-N – Pagamento de retribuições intercalares pelo Estado

1 – Sem prejuízo do disposto no nº 2 do artigo 390º do Código do Trabalho, o tribunal determina, na decisão em 1ª instância que declare a ilicitude do despedimento, que o pagamento das retribuições devidas ao trabalhador após o decurso de 12 meses desde a apresentação do formulário referido no artigo 98º-C até à notificação da decisão de 1ª instância seja efetuado pela entidade competente da área da segurança social.

2 – A entidade competente da área da segurança social é sempre notificada da decisão referida no número anterior, da interposição de recurso da decisão que declare a ilicitude do despedimento, bem como da decisão proferida em sede de recurso.

3 – A entidade competente da área da segurança social efetua o pagamento ao trabalhador das retribuições referidas no nº 1 até 30 dias após o trânsito em julgado da decisão que declare a ilicitude do despedimento.

4 – A dotação orçamental para suportar os encargos financeiros da entidade competente da área da segurança social decorrentes do nº 1 é inscrita anualmente no Orçamento do Estado, em rubrica própria.

I – No nº 2 do art. 390º do CT estabelece-se que "no caso de mera irregularidade fundada em deficiência do procedimento por diligências probatórias referidas nos nºs 1 e 3 do artigo 356º, se forem declarados procedentes os motivos justificativos invocados para o despedimento, o trabalhador tem apenas direito a indemnização correspondente a metade do valor que resultaria da aplicação do nº 1 do artigo 391º"

II – A entidade competente da área da segurança social é o ISS, IP, no continente; o ISSM, IP-RAM e ISSA, IPRA.

III – Mas o pagamento apenas se verificará a final e se o despedimento for julgado ilícito.

IV – Ac. TRP, de 17-11-2014, Proc. 422/12.4TTGDM.P1, Rel. António José Ramos: III – Apenas as ações de impugnação do despedimento que sigam o processo especial dos artigos 98º-B e seguintes do CPT ficam abrangidas pelo âmbito de aplicação do artigo 98º-N. Ficam, assim, excluídas as ações com processo especial de impugnação do despedimento coletivo e os despedimentos que não tenham sido comunicados por escrito (processo comum).

V – Ac. TRP, de 19-10-2015, Proc. 544/13.4TTGDM.P1, Rel. Maria José Costa Pinto: X – A responsabilidade pelo pagamento das retribuições devidas ao trabalhador desde o despedimento ou desde a data da apresentação do formulário referido no artigo 98º-C (consoante este seja, ou não, entregue nos 30 dias subsequentes ao despedimento), cabe em primeiro lugar ao empregador, passa a recair sobre o Estado após o decurso de 12 meses desde a apresentação do formulário até à notificação da decisão de 1ª instância e ressurge na esfera jurídica do empregador após a notificação da decisão de 1ª instância.

Artigo 98º-O – Deduções

1 – No período de 12 meses referido no artigo anterior não se incluem:

_a_) Os períodos de suspensão da instância, nos termos do artigo 269º do Código de Processo Civil;

_b_) O período correspondente à mediação, tentativa de conciliação e ao aperfeiçoamento dos articulados;

_c_) Os períodos correspondentes a férias judiciais;

_d_) Os períodos em que a causa esteve a aguardar o impulso processual das partes por razão que lhes seja imputável.

2 – Às retribuições referidas no artigo anterior deduzem-se as importâncias referidas no nº 2 do artigo 390º do Código do Trabalho.

I – Não se compreende por que razão se excluem "os períodos correspondente a férias judiciais", já que este processo, como processo urgente, deverá correr durante tal período.

II – Nas importâncias previstas no nº 2 do art. 390º do CT avulta o subsídio de emprego.

Artigo 98º-P – Valor da causa

1 – Para efeitos de pagamento de custas, aplica-se à ação de impugnação judicial de regularidade e licitude do despedimento o disposto na alínea _e_) do nº 1 do artigo 12º do Regulamento das Custas Processuais.

2 – O valor da causa é sempre fixado a final pelo juiz tendo em conta a utilidade económica do pedido, designadamente o valor de indemnização, créditos e salários que tenham sido reconhecidos.

3 – Se for interposto recurso antes da fixação do valor da causa pelo juiz, deve este fixá-lo no despacho que admite o recurso.

I – Na indicada norma do RCP prevê-se que "atende-se ao valor indicado na 1.1 da tabela I-B (0,5 UC) ... sempre que for impossível determinar o valor da causa, sem prejuízo de posteriores acertos se o juiz vier a fixar um valor certo", como acontecerá nos termos do nº 2.

II – Ac. RC, de 20-11-2014, Proc. 265/13.8TTVIS.C1, Rel. Jorge Manuel Loureiro: VII – Resulta do art. 98º-P/2 do C. P. Trabalho que na determinação do valor da ação de impugnação da regularidade e licitude do despedimento deve ser levado em consideração a utilidade económica dos pedidos que tenham sido deduzidos, atendendo-se, designadamente, ao valor de indemnização, créditos e salários que tenham sido reconhecidos.

III – Ac. TRP, de 08-07-2015, Proc. 1267/14.2T8MTS.P1, Rel. João Nunes: I – Em ação de impugnação da regularidade e licitude do despedimento, o valor da causa deve ser fixado nos termos conjugados do artigo 98º-P, nºs 1 e 2, do Código de Processo do Trabalho e alínea e) do nº 1 do artigo 12º do Regulamento das Custas Processuais. II – Nessa conformidade, tendo na ação a ré/empregadora sido absolvida da instância, com fundamento em erro na forma de processo, e tendo nessa decisão sido fixado o valor da causa em € 2.000,00, o mesmo mostra-se conforme ao referido comando legal.

IV – Ac. STJ, de 08-05-2019, Proc. 714/15.0T8BRR.L2.S1, Rel. Ribeiro Cardoso: I – Tendo a Relação revogado a sentença, julgado ilícito o despedimento e condenado a Ré a pagar à A. os créditos decorrentes desse despedimento ilícito, deve, nos termos do art. 98-P, nº 2, do CPT, fixar no acórdão o valor da causa para os efeitos estabelecidos no art. 296º, nº 1 do CPC, por só então a utilidade económica do pedido ter ficado definida. II – Não litiga de má-fé o recorrente que interpõe recurso do acórdão da Relação no qual invoca a sua nulidade por não ter fixado o valor da causa.

CAPÍTULO II – Processos emergentes de acidente de trabalho e de doença profissional

SECÇÃO I – Processo para a efetivação de direitos resultantes de acidente de trabalho

SUBSECÇÃO I – Fase conciliatória

DIVISÃO I – Disposições preliminares

Artigo 99º – Início do processo

1 – O processo inicia-se por uma fase conciliatória dirigida pelo Ministério Público e tem por base a participação do acidente.

2 – Quando a participação seja feita por uma entidade seguradora, deve ser acompanhada de toda a documentação clínica e nosológica disponível, de cópia da apólice e seus adicionais em vigor, bem como da declaração de remunerações do mês anterior ao do acidente, e nota discriminativa das incapacidades e internamentos e de cópia dos documentos comprovativos das indemnizações pagas desde o acidente.

I – Segundo o conceito estabelecido no nº 1 do art. 8º da LAT *"é acidente de trabalho aquele que se verifique no local e no tempo de trabalho e produza direta ou indiretamente lesão corporal, perturbação funcional ou doença de que resulte redução na capacidade de trabalho ou de ganho ou a morte"*. Tal conceito pode ser estendido e também restringido, nos termos dos artigos seguintes aquele art. 8º.

II – Os processos emergentes de acidentes de trabalho e de doença profissional são os seguintes:

- Processo para a efetivação de direitos resultantes de acidente de trabalho – Secção I – arts. 99º a 150º;
- Processo para declaração de extinção de direitos resultantes de acidente de trabalho – Secção II – arts. 151º a 153º;
- Processo para efetivação de direitos de terceiros conexos com acidente de trabalho – Secção III – art. 154º;
- Processo para efetivação de direitos resultantes de doença profissional – Secção IV – art. 156º.

III – O processo para a efetivação de direitos resultantes de acidente de trabalho é, sem dúvida, o mais relevante e, amiudadas vezes, é mesmo denominado de processo de acidentes de trabalho *tout court*. Compõe-se de uma fase conciliatória (subsecção I – até ao art. 116º) e uma fase contenciosa (subsecção II – do art. 117º até ao art. 150º).

IV – A participação do acidente de trabalho, ou melhor, quem está obrigado a fazê-la, é objeto das normas dos arts. 86º a 92º da LAT. Incumbe a diversas pessoas e entidades, incluindo o sinistrado e os seus familiares. Na generalidade dos casos, deverá ser o empregador a participar à seguradora e esta a participar ao tribunal competente:

- no prazo de oito dias a contar da alta clínica quando do acidente tenha resultado incapacidade permanente; e,
- imediatamente quando do acidente tenha resultado a morte.

V – Tal participação deve efetivar-se por meio eletrónico, através de modelo adequado, como se determina na P. nº 14/2018, de 11 de janeiro. Deve ser dirigida ao juízo do trabalho competente (art. 15º).

VI – No juízo do trabalho, o processo inicia-se com a participação do acidente de trabalho. A distribuição será efetuada pela 3ª espécie e o processo terá natureza urgente (arts. 21º e 26º, nº 1 e 4).

VII – A documentação clínica engloba a referente aos tratamentos efetuados e a nosológica, que é a relativa à doença (do grego antigo: *nosos* – doença e *logos* – conhecimento).

VIII – "O direito de ação respeitante às prestações fixadas na presente lei caduca no prazo de um ano a contar da data da alta clínica formalmente comunicada ao sinistrado ou, se do evento resultar a morte, a contar desta" (LAT, art. 179º nº 1).

IX – Ac. STJ, de 22-02-2017, Proc. 2325/15.1T8OAZ.P1.S1, Rel. ANA LUÍSA GERALDES: II – Participado o acidente de trabalho em juízo e tendo o Ministério Público promovido o arquivamento do processo respetivo, não é exigível, nesta fase inicial, o cumprimento do princípio do contraditório com a audição das partes contra quem a participação era dirigida. III – No âmbito do direito processual civil a regra geral que vigora no domínio do começo e desenvolvimento da instância, e que assinala o momento processual em que a ação juridicamente se considera proposta, é a de que o seu início ocorre logo que seja recebida...

X – Ac. TRP, de 04-02-2019, Proc. 2768/17.6T8PNF.P1, Rel. JERÓNIMO FREITAS: II – A fase conciliatória do processo emergente de acidente de trabalho é de realização obrigatória e corre sob a direção do Ministério Público, visando alcançar a satisfação dos direitos emergentes do acidente de trabalho para o sinistrado através da composição amigável, embora necessariamente sujeita a regras legais imperativas (direitos indisponíveis), atendendo aos interesses de ordem pública envolvidos. V – Na fase conciliatória, no rigor processual, não há ainda um litígio propriamente dito, nem verdadeiras partes processuais. Mais, nem tão pouco recai sobre o sinistrado o dever de impulso processual, com vista a que o processo atinja a sua finalidade. VI – Desencadeado o processo em razão de participação apresentada pelo sinistrado, por força desses direitos indisponíveis e por se estar perante interesses de ordem pública, não lhe é possível travar a sua marcha até que seja atingida a tentativa de conciliação e, para além disso, está sujeito ao dever de comparência obrigatória no exame médico, para ser observado e avaliada a sua situação clínica, bem como em quaisquer outros atos para que seja convocado, máxime aquele em que culmina esta fase, isto é, a tentativa de conciliação.

Artigo 100º – Processamento no caso de morte

1 – Recebida a participação, se for caso de morte, o Ministério Público, conforme as circunstâncias, determina a realização da autópsia ou a junção aos autos do respetivo relatório e ordena as diligências indispensáveis à determinação dos beneficiários legais dos sinistrados e à obtenção das provas de parentesco.

2 – Instruído o processo com a certidão de óbito, o relatório da autópsia e certidões comprovativas do parentesco dos beneficiários com a vítima, o Ministério Público designa data para a tentativa de conciliação, se não tiver sido junto o acordo extrajudicial previsto na lei.

3 – Tendo sido junto o acordo, o Ministério Público designa data para declarações dos beneficiários e, se estas confirmarem as bases do acordo, submete-o à homologação do juiz, sem prejuízo do disposto no artigo 114º

4 – Não se conseguindo determinar quaisquer titulares de direitos, procede-se à citação edital; se nenhum comparecer, arquiva-se o processo.

5 – O arquivamento a que se refere o número anterior é provisório durante um ano, sendo o processo reaberto se, nesse prazo, comparecer algum titular.

6 – Expirado o prazo referido no número anterior e não tendo comparecido qualquer titular, o processo é reaberto para efetivação do direito previsto no artigo 63º da Lei nº 98/2009, de 4 de setembro.

I – Como resulta do preceituado neste artigo e nos dois seguintes, poderá haver um de três tipos de processamento, consoante:

- do acidente tiver resultado a morte do trabalhador sinistrado (art. 100º);
- do acidente tiver resultado incapacidade permanente (total ou parcial) para o trabalho (art. 101º); e.
- do acidente de trabalho emergirem outras questões (falta de tratamento médico adequado ou deficiência na sua prestação, não recebimento da indemnização, não conformação com a "alta" (ou "baixa") para o trabalho, divergência na natureza ou grau de incapacidade temporária ou quando tal incapacidade se prolongar por mais de 12 meses (art. 102º).

II – Se houver suspeita de crime, o MP deve dar informação ao tribunal competente (art. 104º, nº 4).

III – Ac. TRC, de 17-10-2013, Proc. 670/08.1TTTMR.C1, Rel. RAMALHO PINTO: I – Ocorrendo a morte do sinistrado, a caducidade a que alude o art. 179º/1 da LAT reporta-se ao exercício do direito de ação dos eventuais beneficiários do sinistrado, sendo que o evento que determina o início da contagem do prazo de caducidade é o da alta clínica ou a morte do sinistrado. II – Como decorre dos arts. 26º, nº 3, e 99º, nº 1 do CPT, nas ações emergentes de acidentes de trabalho a instância inicia-se com o recebimento da participação. III – O ato impeditivo da caducidade é a participação do acidente no tribunal de trabalho competente. IV – A partir da participação inicial, o processo emergente de acidente de trabalho corre oficiosamente e jamais pode reiniciar-se o decurso do prazo de caducidade do direito de ação.

Artigo 101º – Processamento nos restantes casos de incapacidade permanente

1 – No caso de ter resultado do acidente incapacidade permanente, o Ministério Público solicita aos serviços médico-legais a realização de perícia médica, seguida de tentativa de conciliação.

2 – Se com a participação for junto acordo ou se este for apresentado até à data designada, o Ministério Público dispensa a tentativa de conciliação; se, porém, a perícia médica, as declarações do sinistrado, que nessa ocasião deve tomar, e as diligências a que proceder não confirmarem as bases em que o mesmo acordo tenha sido elaborado, designa data para a tentativa de conciliação.

I – Os serviços médico-legais são os do Instituto Nacional de Medicina Legal e Ciência Forenses (INML) e a perícia médica é regulada nos arts. 105º a 107º e no DL nº 45/2004, de 19 de agosto.

II – Conforme se regula nos arts. 19º a 22º da LAT, a natureza da incapacidade por acidente de trabalho pode ser temporária e permanente; a sua determinação é efetuada de acordo com a Tabela Nacional de Incapacidades por Acidentes de Trabalho e Doenças Profissionais (TNIATDP) e é expressa por um determinado grau de incapacidade que, em caso de ser total, corresponde à unidade e não o sendo, corresponde a uma percentagem a ser fixada por aplicação das regras daquela Tabela. Esta Tabela foi aprovada pelo DL nº 352/2007, de 23 de outubro.

Artigo 102º – Processamento noutros casos

1 – Se o sinistrado ainda não estiver curado quando for recebida a participação e estiver sem tratamento adequado ou sem receber a indemnização devida por incapacidade temporária, o Ministério Público solicita perí-

cia médica, seguida de tentativa de conciliação, nos termos do artigo 108º; o mesmo se observa no caso de o sinistrado se não conformar com a alta, a natureza da incapacidade ou o grau de desvalorização por incapacidade temporária que lhe tenha sido atribuído, ou ainda se esta se prolongar por mais de 12 meses.

2 – Se o sinistrado, quando vier a juízo, se declarar curado sem desvalorização e apenas reclamar a indemnização devida por incapacidade temporária, ou qualquer outra quantia a que acessoriamente tiver direito, pode ser dispensada a perícia médica.

I – Este terceiro tipo de processamento engloba as situações anómalas, normalmente derivadas da falta de seguradora ou de divergências com ela ou com os seus médicos, nomeadamente, por causa da assistência prestada.

II – Ainda, no nº 8 do art. 146º, se prevê uma outra situação que se enquadra no âmbito deste artigo. Resulta do caso em que sendo responsável uma seguradora, o acidente não foi participado ao tribunal por o sinistrado ter sido considerado curado sem incapacidade, mas vindo, depois, a constatar-se haver tal incapacidade, nomeadamente por recidiva.

III – Ac. TRP, de 04-02-2019, Proc. 2768/17.6T8PNF.P1, Rel. Jerónimo Freitas: IV – A lei assegura aos sinistrados a faculdade de participarem o acidente de trabalho ao tribunal competente, não estando o exercício desse direito sujeito a qualquer restrição ou condição. No essencial, visa não só salvaguardar o sinistrado das situações em que não é feita a participação devida a juízo – pela seguradora ou por entidade empregadora que não tenha transferida a responsabilidade infortunística –, mas também permitir-lhe que haja um controle e fiscalização sobre a forma como foram assegurados os seus direitos indisponíveis, mormente sobre a avaliação da incapacidade após a alta clínica, tendo em vista uma composição amigável.

Artigo 103º – Entrega de cópia da participação aos não participantes

Com a notificação para a tentativa de conciliação é entregue cópia da participação aos convocados que não forem participantes.

Tal cópia interessa fundamentalmente ao sinistrado e/ou aos seus familiares.

Artigo 104º – Instrução do processo

1 – O Ministério Público deve assegurar-se, pelos necessários meios de investigação, da veracidade dos elementos constantes do processo e das declarações das partes, para os efeitos dos artigos 109º e 114º

2 – Até ao início da fase contenciosa, o Ministério Público pode requisitar aos serviços da entidade com competência inspetiva em matéria laboral, sem prejuízo da competência legalmente atribuída a outras entidades, a realização de inquérito urgente e sumário sobre as circunstâncias em que ocorreu o acidente, quando:

a) Do acidente tenha resultado a morte ou incapacidade grave;

b) O sinistrado não estiver a ser tratado;

c) Houver motivos para presumir que o acidente ou as suas consequências resultaram da falta de observância das condições de segurança ou de saúde no trabalho;

d) Houver motivos para presumir que o acidente foi dolosamente ocasionado.

3 – Para efeitos do disposto nos números anteriores, quaisquer entidades públicas ou privadas têm o dever de prestar a sua colaboração ao Ministério Público, sob pena de condenação em multa.

4 – Sempre que, em resultado de um acidente, não seja de excluir a existência de responsabilidade criminal, o Ministério Público deve dar conhecimento do facto ao foro criminal competente, remetendo, nomeadamente, o inquérito elaborado pela entidade com competência inspetiva em matéria laboral.

I – A entidade com competência inspetiva na área laboral são: a ACT no continente, a Direção Regional do Trabalho e Ação Inspetiva na RA da Madeira e a Inspeção Regional do Trabalho na RA dos Açores.

II – Caso o acidente tenha sido dolosamente ocasionado ou tenha resultado da falta de observância das condições de segurança e saúde no trabalho a responsabilidade será mais alargada como previsto no art. 18º da LAT.

DIVISÃO II – Exame médico

Artigo 105º – Perícia médica

1 – O local e a competência para a realização da perícia médica são definidos nos termos da lei que estabelece o regime jurídico da realização das perícias médico-legais e forenses.

2 – (*Revogado.*)

3 – Sem prejuízo do disposto na lei que estabelece o regime jurídico da realização das perícias médico-legais e forenses, quando a perícia exigir elementos auxiliares de diagnóstico ou o conhecimento de alguma espe-

cialidade clínica não acessíveis a quem deva realizá-la, são requisitados tais elementos ou o parecer de especialistas aos serviços médico-sociais da respetiva área e, se estes não estiverem habilitados a fornecê-los em tempo oportuno, são requisitados a estabelecimentos ou serviços adequados ou a médicos especialistas fora das áreas metropolitanas de Lisboa e do Porto, se os não houver na respetiva circunscrição, o Ministério Público pode solicitar a outro juízo com competência em matéria de trabalho a obtenção desses elementos ou pareceres, bem como a obtenção da perícia.

4 – A perícia é secreta, podendo o Ministério Público, em qualquer caso, propor questões sempre que o seu resultado lhe ofereça dúvidas; o resultado da perícia é notificado, sem necessidade de despacho, ao sinistrado e às pessoas convocadas para a tentativa de conciliação.

I – O regime jurídico da realização das perícias médico-legais e forenses integra a Lei nº 45/2004, de 19 de agosto, interessando, nomeadamente, o art. 22º relativo ao local de realização das perícias, que prevê o seguinte:

1. Os exames e perícias singulares de clínica médico-legal e forense solicitados pelas autoridades judiciárias de comarca compreendida na área de atuação de delegação do Instituto ou de gabinete médico-legal em funcionamento são obrigatoriamente realizados por estes serviços médico-legais, nas suas instalações, exceto se o presidente do Instituto, o diretor da delegação ou o coordenador do gabinete médico-legal decidir a sua execução em local diferente.

2. As juntas médicas que devam ser presididas por juiz podem realizar-se em instalações do tribunal quando as delegações do Instituto ou os gabinetes médico-legais em funcionamento não disponham de condições para tal, ou mediante acordo previamente estabelecido com o diretor da delegação ou coordenador do gabinete médico-legal.

II – O INMLCF, é um instituto público, que se rege pelo DL nº 166/2012, de 31 de julho. Tem sede em Coimbra, mas dispondo de serviços desconcentrados, denominados delegações, no Porto, Coimbra e Lisboa, na dependência dos quais funcionam os gabinetes médico-legais, podendo ainda contratar médicos para o exercício de funções periciais. Para além de outras, o INMLCF, I. P., tem como atribuições *cooperar com os tribunais e demais serviços e entidades que intervêm no sistema de administração da justiça, realizando os exames e as perícias médico-legais e forenses que lhe forem solicitados, nos termos da lei, bem como prestar-lhes apoio técnico e laboratorial especializado, no âmbito das suas atribuições.*

III – A notificação a outro juízo do trabalho encontra-se regulada no art. 25º, nº 2.

IV – A prova pericial tem o seu regime no CC, arts. 388º e 389º e no CPC, art. 467º e segs.

V – Deve ser utilizado o formulário próprio, como se prevê na LAT, art. 175º.

Artigo 106º – Formalismo

1 – No relatório pericial, o perito médico deve indicar o resultado da sua observação clínica, incluindo o relato do evento fornecido pelo sinistrado e a apreciação circunstanciada dos elementos constantes do processo, a natureza das lesões sofridas, a data de cura ou consolidação, as sequelas e as incapacidades correspondentes, ainda que sob reserva de confirmação ou alteração do seu parecer após obtenção de outros elementos clínicos ou auxiliares de diagnóstico.

2 – Sempre que o perito médico não se considerar habilitado a completar o relatório com as respetivas conclusões, fixa provisoriamente a natureza e grau de incapacidade do sinistrado com base em todos os elementos disponíveis nessa altura; se a perícia não se efetuar dentro de 20 dias, o Ministério Público tenta, com base nesse relatório, a conciliação para efeitos do artigo 114º

3 – Se a perícia não for imediatamente seguida de tentativa de conciliação, o Ministério Público, finda aquela, toma declarações ao sinistrado sobre as circunstâncias em que o acidente ocorreu e mais elementos necessários à realização daquela tentativa ou à confirmação do acordo extrajudicial que tenha sido apresentado.

I – O relatório deve obedecer à Norma Procedimental (NP-INMLCF-004), que contém as recomendações para a realização de relatórios periciais de clínica forense no âmbito do direito do trabalho.

II – As quantias devidas pelos exames e perícias médico-legais foram aprovadas pela P. 685/2005, de 8 de agosto.

Artigo 107º – Perícia aos beneficiários legais

O disposto nos artigos anteriores é aplicável, com as necessárias adaptações, à apreciação da existência de doença física ou mental dos beneficiários legais suscetível de afetar sensivelmente a sua capacidade de trabalho, nos termos e para os efeitos do estabelecido no artigo 62º da Lei nº 98/2009, de 4 de setembro.

I – São beneficiários legais (do sinistrado) as pessoas a seu cargo, certos descendentes e ascendentes, cônjuge e ex-cônjuge e unido de facto (LAT, arts. 49º... 59º)

II – No art. 62º da Lei nº 98/2009, define-se a deficiência ou doença crónica de determinados beneficiários legais para efeitos de acréscimo de pensão que lhes será atribuida, desde que tal deficiência reduza definitivamente a sua capacidade geral de ganho em mais de 75%.

DIVISÃO III – Tentativa de conciliação

Artigo 108º – Intervenientes

1 – À tentativa de conciliação são chamadas, além do sinistrado ou dos seus beneficiários legais, as entidades empregadoras ou seguradoras, conforme os elementos constantes da participação.

2 – Se das declarações prestadas na tentativa de conciliação resultar a necessidade de convocação de outras entidades, o Ministério Público designa data para nova tentativa, a realizar num dos 15 dias seguintes.

3 – A presença do sinistrado ou beneficiário pode ser dispensada em casos justificados de manifesta dificuldade de comparência ou de ausência em parte incerta; a sua representação pertence, nesse caso, ao substituto legal de quem, no exercício de funções do Ministério Público, presidir à diligência.

4 – Não comparecendo a entidade responsável, tomam-se declarações ao sinistrado ou beneficiário sobre as circunstâncias em que ocorreu o acidente e mais elementos necessários à determinação do seu direito, designando-se logo data para nova tentativa de conciliação.

5 – Faltando de novo a entidade responsável ou não sendo conhecido o seu paradeiro, é dispensada a tentativa de conciliação, presumindo-se verdadeiros, até prova em contrário, os factos declarados nos termos do número anterior se a ausência for devida a falta injustificada e a entidade responsável residir ou tiver sede no continente ou na ilha onde se realiza a diligência.

6 – Nos tribunais sediados nas áreas metropolitanas de Lisboa e do Porto não há lugar à deprecada para exame médico e tentativa de conciliação.

I – Para além da seguradora pode ser convocada a entidade empregadora, nomeadamente quando se verifique que a retribuição auferida pelo trabalhador é superior ao valor comunicado à seguradora, o que gerará responsabilidade também para a empregadora, ainda que parcial (LAT, art. 79º, nº 4). Também o empregador pode ser convocado, nomeadamente, quando já haja indícios da falta de observação das condições de higiene e segurança.

II – O efeito cominatório previsto no nº 5 justifica-se pela especial natureza deste processo.

III – As áreas metropolitanas de Lisboa e Porto encontram-se definidas na Lei nº 75/2013, de 12 de setembro, que estabelece o regime jurídico das autarquias locais, aprova o estatuto das entidades intermunicipais, entre as quais figuram as áreas metropolitanas de Lisboa e Porto. Foi alterada pela Lei nº 50/2018, de 16 de agosto – lei-quadro da transferência de competências para as autarquias locais e para as entidades intermunicipais.

Artigo 109º – Acordo

Na tentativa de conciliação, o Ministério Público promove o acordo de harmonia com os direitos consignados na lei, tomando por base os elementos fornecidos pelo processo, designadamente o resultado da perícia médica e as circunstâncias que possam influir na capacidade geral de ganho do sinistrado.

I – Face ao teor deste artigo, o magistrado do MP deve apresentar uma proposta de acordo, conformada com o normativo do art. 111º, explicitando-a e submetendo-a à apreciação dos interessados presentes ou representados.

II – Este acordo também pode ser estabelecido pelos interessados extrajudicialmente, cfr. art. 114º, nº 2.

III – Ac. TRG, de 03-03-2016, Proc. 443/13.0TTVNF.G1, Rel. MANUELA FIALHO: 1 – A tentativa de conciliação na fase conciliatória do processo de acidentes de trabalho delimita o objeto do processo, delimitação que assenta no pressuposto de que no auto se consignem os factos sobre os quais se registou acordo.

Artigo 110º – Acordo provisório ou temporário

1 – Quando o grau de incapacidade fixado tiver carácter provisório ou temporário, o acordo tem também, na parte que se lhe refere, validade provisória ou temporária e o Ministério Público retifica as pensões ou indemnizações segundo o resultado das perícias ulteriores, notificando dessas retificações as entidades responsáveis; as retificações consideram-se como fazendo parte do acordo.

2 – Se na última perícia médica vier a ser atribuída à incapacidade natureza permanente e fixado um grau de desvalorização não provisório ou se o sinistrado for dado como curado sem desvalorização, realiza-se nova tentativa de conciliação e seguem-se os demais termos do processo.

I – A provisoriedade prevista resulta da evolução da doença e do seu tratamento e cura. Na perícia médica pode concluir-se pela provisoriedade, quer da natureza, quer do grau da incapacidade, como previsto no art. 105º, nº 2. Aliás, a concretização do conceito de "alta clínica" pode não ser absoluta. Também, a incapacidade temporária pode converter-se em permanente como previsto no art. 22º da LAT.

II – De conformidade com o princípio geral estabelecido no art. 23º da LAT, para além das diversas prestações em espécie devidas ao sinistrado, que vão desde a assistência médica ao apoio psicoterapêutico (arts. 25º a 46º), ainda serão devidas prestações em dinheiro (art. 47º e segs.). Entre estas e para além de outras, destacam-se a indemnização por incapacidade temporária para o trabalho (que é um sucedâneo da retribuição até ao regresso ao trabalho normal) (art. 48º) e a pensão por incapacidade permanente, que começa por ser provisória para depois, na sequência do processo judicial, passar a definitiva, ou seja, para toda a vida (art. 50º e segs.).

Artigo 111º – Conteúdo dos autos de acordo

Dos autos de acordo constam, além da identificação completa dos intervenientes, a indicação precisa dos direitos e obrigações que lhes são atribuídos e ainda a descrição pormenorizada do acidente e dos factos que servem de fundamento aos referidos direitos e obrigações.

I – Estes autos de acordo, pela natureza das questões, são diferentes dos que se preveem no art. 53.

II – Constituem título executivo, cfr. art. 88º, alínea b).

III – Ac. TRP, de 07-09-2015, Proc. 628/14.1TTPRT.P1, Rel. António José Ramos: X – É no auto de conciliação que globalmente se equacionam todos os pontos decisivos à determinação dos direitos do sinistrado, conforme resulta dos artigos 111º e 112º "do CPT, seja no caso de acordo, seja na falta dele. XI – Na fase contenciosa apenas se pode exercitar os pontos ou factos por que o pedido não logrou acordo na fase conciliatória, ou seja, aqueles que ficaram por dirimir na fase conciliatória e que obstaram ao acordo total, à plena reparação, relativamente à pretensão e direitos que o sinistrado reclamou. XII – Do confronto daqueles normativos (artigos 111º e 112º do CPT) podemos concluir que não é possível a posterior discussão de questões acordadas em auto de conciliação, nem o posterior conhecimento de questões não apreciadas nem referidas nesse auto. XIII – É no âmbito do processo emergente de acidente de trabalho, e não fora dele, que o sinistrado pode e deve obrigatoriamente reclamar os danos não patrimoniais, caso entenda que o acidente tenha sido provocado pelo empregador, seu representante ou entidade por aquele contratada e por empresa utilizadora de mão-de-obra, ou se o mesmo for resultado da falta de observação, por aqueles, das regras sobre segurança, higiene e saúde no trabalho – artigo 18º da NLAT. XIV – Tendo transitado a decisão que definiu os direitos da sinistrada advenientes do acidente de trabalho e não tendo a sinistrada, na tentativa de conciliação, equacionado ou discutido que o acidente, de que foi vítima, tivesse ocorrido, por culpa da sua entidade empregadora, nem reclamado quaisquer danos não patrimoniais, e, tendo a tentativa de conciliação a finalidade de delimitar e definir os direitos resultantes do acidente, é manifesto, no nosso ponto de vista, que já o não pode fazer depois, seja no âmbito da acção emergente de acidente de trabalho, seja através da acção de processo comum. Isto porque estamos no âmbito do caso julgado, com preclusão do direito de reclamar qualquer outra e diversa responsabilidade.

Artigo 112º – Conteúdo dos autos na falta de acordo

1 – Se se frustrar a tentativa de conciliação, no respetivo auto são consignados os factos sobre os quais tenha havido acordo, referindo-se expressamente se houve ou não acordo acerca da existência e caracterização do acidente, do nexo causal entre a lesão e o acidente, da retribuição do sinistrado, da entidade responsável e da natureza e grau da incapacidade atribuída.

2 – O interessado que se recuse a tomar posição sobre cada um destes factos, estando já habilitado a fazê-lo, é, a final, condenado como litigante de má fé.

I – No nº 1 deste artigo, encontram-se relacionadas todas as seis questões essenciais que se podem gerar neste processo judicial e que são as seguintes:

- Existência ou não de acidente;
- Caracterização do acidente como acidente de trabalho;
- Existência de nexo causal entre o acidente de trabalho e a lesão sofrida;
- Retribuição devida ao trabalhador acidentado;
- Entidade empregadora responsável;
- Natureza e grau da incapacidade devidas.

II – A litigância de má fé está prevista no art. 542º e segs. do CPC.

III – Ac. TRL, de 13-07-2016, Proc. 244/12.2TBVPV-AL1-4, Rel. Celina Nóbrega: 2 – Tendo as partes, na tentativa de conciliação, aceitado o acordo promovido pelo Ministério Público, que foi homologado pelo Juiz e já transitou em julgado, tal implica que ficaram definitivamente fixados os direitos e obrigações de cada uma, o que impede que o sinistrado, posteriormente, proponha ação a invocar que o acidente ocorreu por culpa exclusiva da empregadora e reclame indemnização por danos não patrimoniais, sem alegar a existência de fundamentos de anulação do acordo ou o conhecimento superveniente dos factos integradores da culpa da empregadora (sumário elaborado pela Relatora).

IV – Ac. TRE, de 13-07-2017, Proc. 1776/15.6T8TMR.E1, Rel. João Nunes: I – A tentativa de conciliação realizada perante o MP na ação emergente de acidente de trabalho destina-se a obter acordo das partes que ponha termo ao processo; II – Não sendo possível o acordo total, destina-se a delimitar o objeto do litígio, a dirimir na fase contenciosa; III – Por isso, no auto de não conciliação devem constar os factos elencados no artigo 112º do Código de Processo do Trabalho sobre os quais tenha havido ou não acordo.

Artigo 113º – Recolha de elementos para apresentação da petição inicial

Não se realizando acordo, o Ministério Público recolhe logo os elementos necessários à elaboração e apresentação da petição inicial.

I – Os elementos documentais já devem constar no processo, mas podem ser obtidas mais informações, nomeadamente, informações colhidas junto do sinistrado ou familiares, cfr. art. 119º.

II – O magistrado do MP ficará isentado de tais diligências se o sinistrado constituir mandatário forense no processo, cfr. art. 9º.

DIVISÃO IV – Acordo acerca das prestações

Artigo 114º – Homologação do acordo

1 – Realizado o acordo, é imediatamente submetido ao juiz, que o homologa por simples despacho exarado no próprio auto e seus duplicados, se verificar a sua conformidade com os elementos fornecidos pelo processo e com as normas legais, regulamentares ou convencionais.

2 – Se tiver sido junto acordo extrajudicial e o Ministério Público o considerar em conformidade com o resultado das perícias médicas, com os restantes elementos fornecidos pelo processo e com as informações complementares que repute necessárias, submete-o, com o seu parecer, a homologação do juiz; se essa conformidade se não verificar, o Ministério Público promove tentativa de conciliação nos termos dos artigos anteriores.

3 – Tendo sido deprecada a realização da tentativa de conciliação, a homologação do acordo cabe ao juiz do tribunal deprecado.

I – A homologação pelo juiz é efetuada mediante "simples despacho", para não ser por sentença, que teria que aguardar pelo seu trânsito em julgado. Mas pode haver mesmo a sentença na situação prevista no art. 116º.

II – A deprecada, ou seja, a solicitação de um tribunal a outro, resulta das "cartas precatórias dirigidas ao juízo em cuja área jurisdicional o ato deva ser praticado", conforme o respetivo regime estabelecido no CPC, art. 173º e segs. Diferentemente, as cartas rogatórias já são endereçadas "à autoridade ou tribunal estrangeiro".

III – Ac. TRG, de 21-04-2016, Proc. 385/14.1T8VRL.G1, Rel. MANUELA FIALHO: A existência de um regime processual específico que impõe aos diversos intervenientes no processo especial emergente de acidentes de trabalho um determinado comportamento, a saber, a dedução de todos os pedidos e de todas as questões no momento em que são chamados à tentativa de conciliação realizada pelo Mistério Público, configura exceção dilatória inominada, pelo que extinta a instância com a homologação do acordo, é tal exceção impeditiva da propositura subsequente de ação para efetivação de outros direitos ali não reclamados.

Artigo 115º – Regime de eficácia do acordo

1 – O acordo produz efeitos desde a data da sua realização.

2 – O Ministério Público, se o acordo não for homologado e considerar possível a remoção dos obstáculos à sua homologação, tenta a celebração de novo acordo para substituir aquele cuja homologação foi recusada.

3 – A não homologação do acordo é notificada aos interessados, mas aquele continua a produzir efeitos até à homologação do que o vier substituir ou, na falta deste, até à decisão final.

I – Face à natureza do processo, confere-se força executiva imediata ao acordo mesmo que seja homologado pelo juiz.

II – Não segue a regra comum da desnecessidade de homologação, cfr. anotação ao art. 52º.

III – Cabe recurso de apelação do despacho que, nos termos do nº 2 deste artigo, recuse a homologação do acordo (art. 79º-A, nº 2, b).

Artigo 116º – Julgamento

Se as entidades responsáveis reconhecerem as obrigações legais correspondentes aos elementos de facto verificados através do processo e o sinistrado ou os respetivos beneficiários se limitarem à recusa do que lhes é devido, o Ministério Público promove que o juiz profira decisão sobre o mérito da causa e lhe fixe o respetivo valor, observando-se o disposto no nº 3 do artigo 73º

I – A situação verifica-se, em regra, por o sinistrado ou os familiares considerarem diminutos os valores indemnizatórios que lhe são atribuídos, o que acontece, desde logo, por não se tratar de puras obrigações cíveis.

II – O julgamento é efetuado com base nos elementos probatórios constantes do processo, mas nada impede que o juiz tome outras providências, nomeadamente ouvir o reclamante.

SUBSECÇÃO II – Fase contenciosa

DIVISÃO I – Disposições gerais

Artigo 117º – Início da fase contenciosa

1 – A fase contenciosa tem por base:

_a_) Petição inicial, em que o sinistrado, doente ou respetivos beneficiários formulam o pedido, expondo os seus fundamentos;

_b_) Requerimento, a que se refere o nº 2 do artigo 138º, do interessado que se não conformar com o resultado da perícia médica realizada na fase conciliatória do processo, para efeitos de fixação de incapacidade para o trabalho.

2 – O requerimento referido na alínea _b_) do número anterior deve ser fundamentado ou vir acompanhado de quesitos.

3 – A fase contenciosa corre nos autos em que se processou a fase conciliatória.

I – Apenas haverá fase contenciosa em relação às matérias não acordadas na fase anterior. Se a divergência se centrar nalguma das questões elencadas no art. 112º, com exceção da última, haverá lugar à apresentação de petição inicial pelo "sinistrado, doente ou respetivos beneficiários" e, assim, se encetando a fase contenciosa [alínea a)]; Se a divergência se centrar também ou apenas na natureza e grau da incapacidade para o trabalho atribuída, então, haverá também ou apenas o requerimento de junta médica [alínea b)].

II – Este requerimento de junta médica deverá ser apresentado por quem não concordou com o resultado da perícia médica emitido nos termos do art. 105º, sob pena de tal resultado se haver por fixada definitivamente como se descreve no art. 138º. É também neste artigo que se inicia a regulação deste procedimento específico.

III – A petição deve obedecer às regras do art. 552º do CPC, cfr. anotação ao art. 54º e tendo em conta as normas sobre o valor da causa traçadas no art. 120º. Como é obvio, podem assumir a posição de autor, tanto o sinistrado ou os seus familiares, como a seguradora e ou os empregadores, cfr. art. 126º e contra o que se pode inferir do art. 119º.

IV – A formulação dos quesitos destina-se a enunciar as questões de facto que se pretende ver esclarecidas pelos peritos médicos que vão constituir a junta, cfr. art. 475º do CPC, podendo ser formulados por ambas as partes.

V – "Sem prejuízo do disposto no artigo 629º do CPC e independentemente do valor da causa e da sucumbência, é sempre admissível recurso para a Relação nos processos emergentes de acidente de trabalho e de doença profissional" [art. 79º, b)].

VI – Ac. TRP, de 01-12-2014, Proc. 221/12.3TTVRL.1.P1, Rel. João Nunes: I – Nas ações emergentes de acidente de trabalho, por terem natureza urgente, os prazos processuais são contínuos, não se suspendendo nas férias judiciais (artigo 138º, nº 1, do CPC). II – Na referidas ações, a natureza urgente acarreta, por si só, sem necessidade de alegação, que está em causa a prática de atos destinados a "evitar dano irreparável" e, assim, que os prazos não se suspendem nas férias judiciais (artigo 137º, nºs 1 e 2, do CPC). III – Por isso, os atos inseridos na marcha do processo cujos prazos terminem em férias judiciais, deverão ser praticados durante estas.

VII – Ac. TRP, de 18-12-2018, Proc. 3992/16.4T8AVR.P1, Rel. Jerónimo Freitas: I – A alínea b), do nº 1, do art. 117º, do CPT, quando se refere ao "resultado da perícia médica realizada na fase conciliatória do processo, para efeitos de fixação de incapacidade para o trabalho", abrange as situações em que o desacordo na tentativa de conciliação incidiu apenas sobre o grau e natureza da incapacidade. II – Verificando-se que a discordância entre a sinistrada trabalhadora e a responsável seguradora na tentativa de conciliação foi para além da questão relativa ao grau e natureza da incapacidade para o trabalho, nomeadamente, por também ter incidido sobre a data da alta e por consequência sobre a indemnização devida por incapacidade temporária absoluta e, ainda, sobre a data desde que se começaram a vencer os juros de mora eventualmente devidos, a forma adequada para dar início à fase contenciosa é a prevista na al. a), do nº 1, do art. 117º, nº 2, ou seja, mediante a apresentação de petição inicial por aquela primeira. III – Tendo o Tribunal a quo considerado que a fase contenciosa se iniciou com o requerimento para realização de exame por junta médica apresentado pela seguradora, determinado a realização de junta médica e realizada esta proferida sentença, há erro da forma de processo. IV – No caso a desadequação formal é impeditiva do aproveitamento de todos os atos processuais praticados, abrangendo o requerimento inicial para realização da junta médica, bem como essa perícia colegial – visto que os senhores peritos não foram confrontados com a questão de saber qual afinal a data que deve considerar-se como a da cura clínica, ou seja, a data da alta – e, concomitantemente a sentença (que considerou provada como data da alta a atribuída no exame médico singular, pese embora o desacordo e sem qualquer apreciação).

VIII – Ac. TRP, de 04-02-2019, Proc. 2768/17.6T8PNF.P1, Rel. Jerónimo Freitas: III – Como decorre do art. 117º, do CPT, o início da fase contenciosa depende da apresentação de petição inicial ou o requerimento a que se refere o nº 2, do art. 138º. Como o sinistrado, pese embora tenha discordado do resultado da perícia médica realizada no INML, acabou por não apresentar requerimento no prazo legal, a fase contenciosa não se iniciou ....

IX – Ac. TRL, 18-05-2016, 1253/12.7TTLRS-A.L1-4, Rel. Filomena Manso: 1. Tendo em conta a estrutura da acção especial emergente de acidente de trabalho, o pedido de reembolso de subsídio de doença pago pelo Instituto da Segurança Social à sinistrada, respeitante a período de incapacidade temporária para o trabalho em consequência de acidente de trabalho de que foi vítima, só pode ser formulado nesta ação se houver fase contenciosa iniciada com a apresentação de petição inicial, nos termos do art. 117, nº 1 do CPT, havendo então a possibilidade de discussão de outras questões para além da fixação da incapacidade. 2. Acresce que só nessa situação a lei lhe confere legitimidade para intervir na ação, através de citação para o efeito, nos termos do art. 1º do DL 59/89, de 22.2. 3. Não assiste legitimidade ao ISS para formular esse pedido de reembolso quer na fase conciliatória do processo, quer na fase contenciosa quando haja apenas discordância quanto à questão da incapacidade, uma vez que não se verificam os pressupostos de que a lei faz depender a possibilidade de intervenção espontânea (art. 311 do CPC). (sumário elaborado pela Relatora).

Artigo 118º – Desdobramento do processo

Nesta fase o processo desdobra-se, se for caso disso, em:

a) Processo principal;

b) Apenso para fixação da incapacidade para o trabalho.

I – O processo apenas se desdobrará se forem apresentadas a petição e o requerimento de junta médica.

II – O processamento por apenso visa o melhor andamento do processo principal ou de cada um dos processos apensos, de molde a que um ato ou diligência de um não fique a aguardar a realização de ato ou diligência de outro, cfr. art. 31º.

Artigo 119º – Petição inicial

1 – Não se tendo realizado o acordo ou não tendo este sido homologado e não se verificando a hipótese prevista no artigo 116º, o Ministério Público, sem prejuízo do disposto no artigo 8º, quanto ao dever de recusa, e no artigo 9º, assume o patrocínio do sinistrado ou dos beneficiários legais, apresentando, no prazo de 20 dias, a petição inicial ou o requerimento a que se refere a alínea *b*) do nº 1 do artigo 117º

2 – Se se verificar insuficiência nos elementos de facto necessários à elaboração da petição inicial, o Ministério Público requer que o prazo seja prorrogado por igual período de tempo e diligencia pela obtenção desses elementos.

3 – Se o sinistrado ou os beneficiários legais se recusarem a fornecer os elementos a que se refere o número anterior e em diligências posteriores se verificar que a recusa derivou do facto de ter havido acordo particular sobre a reparação do acidente, o Ministério Público promove a condenação como litigante de má fé da entidade com quem tenha sido feito o acordo.

4 – Findo o prazo referido no nº 1 ou a sua prorrogação nos termos do nº 2, o processo é concluso ao juiz, que declara suspensa a instância, sem prejuízo de o Ministério Público dever apresentar a petição logo que tenha reunido os elementos necessários.

I – Afigura-se que a epígrafe do artigo continua a ser enganadora, pois o que nele se trata é apenas do patrocínio do sinistrado ou seus familiares pelo MP, deixando o respetivo magistrado de o ser (como foi na fase anterior do processo) para assumir o papel de advogado.

II – A regulamentação do procedimento ou instância inicia-se no art. 126º, ou melhor, no art. 128º, já que nos arts. 121º a 125º se regulam quatro incidentes típicos deste processo para a efetivação de direitos resultantes de acidente de trabalho.

III – Conforme as respetivas anotações, o patrocínio pelo MP dos "trabalhadores e seus familiares" e de outras entidades encontra-se regulado nos arts. 7º a 9º. Haverá isenção de custas para o sinistrado e seus familiares, cfr. RCP, art. 4º, nº 1, h).

Artigo 120º – Valor da causa

1 – Nos processos de acidentes de trabalho, tratando-se de pensões, o valor da causa é igual ao do resultado da multiplicação de cada pensão pela respetiva taxa constante das tabelas práticas aplicáveis ao cálculo do capital da remição, acrescido das demais prestações.

2 – Tratando-se de indemnizações por incapacidade temporária, o valor é igual a cinco vezes o valor anual da indemnização; tratando-se de indemnizações vencidas, o valor da causa é igual ao da soma de todas as prestações.

3 – Em qualquer altura o juiz pode alterar o valor fixado em conformidade com os elementos que o processo fornecer.

I – "A indemnização por incapacidade temporária e a pensão por morte e por incapacidade permanente, absoluta ou parcial, são calculadas com base na retribuição anual ilíquida normalmente devida ao sinistrado, à data do acidente" (LAT, art. 71º, nº 1).

II – A remição das pensões é regulamentada nos arts. 75º a 77º da LAT.

III – Caso não sejam discutidas pensões ou indemnizações, para o cálculo do valor da ação devem seguir-se as regras gerais do art. 296º e segs. do CPC.

IV – Ac. STJ, de 28-01-2016, Proc. 5437/07.1TTLSB.1L1-A.S1, Rel. Gonçalves Rocha: II – Para efeitos de alteração do valor da causa nos processos de acidente de trabalho, ao abrigo do nº 3 do artigo 120º do CPT/99, a referência às "demais prestações" previstas no nº 1 do mesmo artigo só abrange aqueles valores que tenham sido aceites pelas partes ou que tenham resultado de expressa determinação do Tribunal.

DIVISÃO II – Fixação de pensão ou de indemnização provisória

Artigo 121º – Pensão ou indemnização provisória em caso de acordo

1 – Se houver acordo acerca da existência e caracterização do acidente como acidente de trabalho, o juiz, se o autor o requerer ou se assim resultar diretamente da lei aplicável, fixa provisoriamente a pensão ou indemni-

zação que for devida pela morte ou pela incapacidade atribuída pelo exame médico, com base na última remuneração auferida pelo sinistrado, se outra não tiver sido reconhecida na tentativa de conciliação.

2 – Se o grau de incapacidade fixado tiver carácter provisório ou temporário, o juiz retifica a pensão ou indemnização logo que seja conhecido o resultado final do exame médico que define a incapacidade ou lhe reconhece natureza permanente.

3 – Se houver desacordo sobre a transferência da responsabilidade, a pensão ou indemnização fica a cargo do segurador cuja apólice abranja a data do acidente; se não tiver sido junta a apólice, a pensão ou indemnização é paga pela entidade empregadora, salvo se esta ainda não estiver determinada ou se encontrar em qualquer das situações previstas no nº 1 do artigo 82º da Lei nº 98/2009, de 4 de setembro, caso em que se aplica o disposto nos nºs 2 e 3 do artigo seguinte.

4 – Se não for possível determinar a última remuneração do sinistrado, o juiz toma por base uma remuneração que não ultrapasse o mínimo que presumivelmente deva ser reconhecido como base para o cálculo da pensão ou indemnização.

5 – Se o sinistrado ainda necessitar de tratamento, o juiz determina que este seja custeado pela entidade a cargo de quem ficar a pensão ou indemnização provisória.

I – Face às delongas e à natureza do processo, na fase contenciosa, e em situações especiais diferente da situação normal prevista no art. 52º da LAT, podem ser fixadas pelo juiz pensões ou indemnizações para valerem provisoriamente e enquanto não forem fixadas as definitivas pela sentença, que também as poderá amover, como previsto no art. 52º da LAT. Há um fundamento congénere ao do procedimento cautelar de arbitramento de reparação provisória, regulado no CPC, art. 388º e segs.

II – Para tanto, deste artigo 121º até ao art. 125º, regulam-se quatro incidentes da instância típicos deste processo especial para efetivação de direitos resultantes de acidente de trabalho e que são:

- Fixação de pensão ou indemnização provisória em caso de acordo quanto à existência ou à caracterização do acidente como acidente de trabalho (art. 121º);
- Fixação de pensão ou indemnização provisória em caso de falta de acordo quanto à existência ou à caracterização do acidente como acidente de trabalho (art. 122º); e
- Fixação de pensão ou indemnização provisória depois de apurada a entidade responsável (art. 123º)

- Determinação à entidade que anteriormente tiver custeado o tratamento do sinistrado para continuar a fazê-lo (art. 125º).

III – Assim, neste artigo, prevê-se a situação em que já houve acordo (na fase conciliatória) sobre a existência e caracterização do acidente como acidente de trabalho. As divergências ainda existentes resultam das consequências do acidente. Portanto, a responsabilidade pelo pagamento das indemnizações ou pensões caberá à seguradora ou ao empregador.

IV – Diferentemente, no artigo seguinte prevê-se a hipótese em que não há acordo, sequer, quanto à existência ou à caracterização do acidente como de trabalho. Por seu turno, no art. 123º prevê-se a possibilidade do juiz, vindo a concluir sobre a entidade responsável obrigá-la logo a pagar pensão ou indemnização provisória.

V – Ac. TRE, de 14-09-2017, Proc. 328/16.8T8BJA-A.E1, Rel. PAULO AMARAL: I – Não regulando o Código de Processo do Trabalho a fixação de uma indemnização ou pensão provisória por acidente de trabalho na fase conciliatória do processo, é de aplicar subsidiariamente o disposto no Código de Processo Civil. II – Por isso, é de concluir que na fase conciliatória do processo de acidente de trabalho o meio processual adequado para requerer ou fixar uma indemnização ou pensão provisória é o previsto no artigo 388º e seguintes do Código de Processo Civil "arbitramento de reparação provisória".

Artigo 122º – Pensão ou indemnização provisória em caso de falta de acordo

1 – Quando houver desacordo sobre a existência ou a caracterização do acidente como acidente de trabalho, o juiz, a requerimento da parte interessada ou se assim resultar diretamente da lei aplicável, fixa, com base nos elementos fornecidos pelo processo, pensão ou indemnização provisória nos termos do artigo anterior, se considerar tais prestações necessárias ao sinistrado, ou aos beneficiários, se do acidente tiver resultado a morte ou uma incapacidade grave ou se se verificar a situação prevista na primeira parte do nº 1 do artigo 102º

2 – A pensão ou indemnização provisória e os encargos com o tratamento do sinistrado são adiantados ou garantidos pelo fundo a que se refere o nº 1 do artigo 82º da Lei nº 98/2009, de 4 de setembro, se não forem suportados por outra entidade.

3 – Pode o juiz condenar imediatamente na pensão ou indemnização provisória a entidade que considerar responsável, se os autos fornecerem elementos bastantes para se convencer de que a falta de acordo na tentativa de conciliação teve por fim eximir-se à condenação provisória; se no julgamento se confirmar essa convicção, o juiz condena o réu como litigante de má fé.

4 – Na sentença final, se for condenatória, o juiz transfere para a entidade responsável o pagamento da pensão ou indemnização e demais encargos e condena-a a reembolsar todas as importâncias adiantadas.

I – Ao contrário do previsto no artigo anterior, como se referiu, neste artigo prevê-se a hipótese de não haver acordo, sequer, quanto à verificação ou à caraterização do acidente como acidente de trabalho. Quer dizer a seguradora e/ou o empregador ou defendem que não houve qualquer acidente ou que houve acidente, mas este não pode ser caracterizado como acidente de trabalho.

II – Em tal caso, a pensão ou indemnização provisórias serão pagas pelo Fundo dos Acidentes de Trabalho (FAT), previsto no art. 82º da LAT e regulado pelo DL 142/99, de 30 de abril.

III – O Fundo poderá reclamar da decisão do juiz, mas não poderá dela recorrer, cfr. art. 124º, nº 2.

IV – Ac. STJ, de 10-04-2014, Proc. 327/06.8TTGMR.P1.S1, Rel. Mário Belo Morgado: I – No decurso da ação emergente de acidente de trabalho, verificados determinados requisitos, o Fundo de Acidentes de Trabalho (FAT) antecipa uma pensão ou indemnização provisória, por conta dos quantitativos que venham a ser arbitrados a final, sendo que, proferida sentença condenatória, o juiz transfere para a entidade responsável o pagamento da pensão ou indemnização e demais encargos, para além de a condenar a reembolsar todas as importâncias adiantadas (art. 122º, nº 4, CPT). II – Não tendo o FAT deduzido contra o Autor (na ação emergente de acidente de trabalho) qualquer pedido de reembolso das quantias provisoriamente adiantadas, este não teve oportunidade de conhecer (e muito menos de discutir) o fundamento/natureza da correspondente obrigação (pela primeira vez foi invocada no âmbito do recurso de apelação), tal como não teve o ensejo de se pronunciar sobre os seus contornos quantitativos. III – Nestas circunstâncias, proferida sentença absolutória, não podia o juiz, oficiosamente, pronunciar-se sobre a restituição (ou não restituição) das quantias adiantadas pelo FAT, porquanto isso seria incompatível com vetores fundamentais/estruturantes do nosso direito processual civil, como é o caso dos princípios da necessidade de pedido e do contraditório... da igualdade de armas e do processo equitativo.

Artigo 123º – Fixação da pensão ou indemnização provisória depois de apurada a entidade responsável

1 – Julgadas as questões suscitadas no processo principal, se ainda não for possível a condenação definitiva da entidade responsável, o juiz fixa a pensão ou indemnização provisória a pagar por aquela.

2 – Se a pensão ou indemnização provisória já fixada estiver a cargo de outra entidade, o juiz determina que a entidade responsável indemnize

aquela que até aí suportou as pensões, indemnizações e demais encargos, com juros de mora.

I – Nesta terceira hipótese, que, em regra, advirá da situação prevista no artigo anterior, o juiz, perante o desenvolvimento da instância, mormente na audiência final, verifica que a pensão ou indemnização está a ser paga por uma entidade que não é a verdadeira responsável, nomeadamente pelo FAT. Então, não lhe sendo possível a condenação definitiva, o juiz deverá condenar provisoriamente a entidade responsável e libertar a outra entidade de tal obrigação, que ficará com direito a ser ressarcida das quantias pagas e demais encargos com juros de mora.

II – Relativamente a estes juros de mora, v. anotação ao art. 135º.

Artigo 124º – Irrecorribilidade e imediata exequibilidade da decisão que fixar a pensão ou indemnização provisória

1 – Da decisão que fixar a pensão ou indemnização provisória não há recurso, mas o responsável pode reclamar com o fundamento de se não verificarem as condições da sua atribuição.

2 – Da pensão ou indemnização fixada nos termos do artigo 122º pode, igualmente, o fundo a que se refere o seu nº 2 reclamar com fundamento em o sinistrado ou os beneficiários não terem dela necessidade.

3 – A decisão que fixe pensão ou indemnização provisória é imediatamente exequível, dispensando-se a prestação de caução.

I – Por razões evidentes resultantes da sua natureza alimentar, os despachos proferidos ao abrigo dos três artigos anteriores são irrecorríveis, contrariando a regra geral do art. 79º, alínea c). Apenas se admite que sejam objeto de reclamação, o que originará, tão somente, uma segunda ponderação do juiz.

II – Para possibilitar a exequibilidade imediata, dispensa-se a prestação de caução, contrariando a regra geral do art. 704º, nº 3 do CPC.

Artigo 125º – Encargo com o tratamento

1 – O juiz pode determinar, em qualquer altura do processo, que a entidade que anteriormente tiver custeado o tratamento do sinistrado continue a suportar esse encargo, quando este o pedir em requerimento fundamentado e for de entender que o pedido é fundado à face dos exames, perícias e outros elementos constantes do processo e diligências que repute necessárias, sem prejuízo do disposto no nº 5 do artigo 121º

2 – A decisão não prejudica as questões por decidir.

I – Esta situação pode acontecer quando a seguradora conclui, nomeadamente, através de inquérito entretanto realizado, que não houve acidente de trabalho ou que o contrato de seguro não estaria válido. Em tal caso, naturalmente, haverá lugar ao ressarcimento das despesas pelo verdadeiro responsável que deverá vir a ser determinado pelo tribunal.

II – Através do preceituado no nº 2, reforça-se a provisoriedade da decisão.

III – A notificação judicial e execução relativamente à entidade responsável que, injustificadamente, recuse ou protele o fornecimento, a renovação ou reparação de ajudas técnicas e outros dispositivos de compensação está prevista no art. 45º da LAT.

DIVISÃO III – Processo principal

Artigo 126º – Questões a decidir no processo principal

1 – No processo principal decidem-se todas as questões, salvo a da fixação de incapacidade para o trabalho, quando esta deva correr por apenso.

2 – No mesmo processo é fixada a pensão ou indemnização provisória, se tiver sido requerida ou assim resultar diretamente da lei.

I – Como se anotou ao art. 117º e 118º, se não houver mais questões a decidir, a questão da incapacidade constituirá o processo principal, como é intuitivo.

II – A pensão ou indemnização provisórias serão fixadas em alguma das situações previstas nos antecedentes arts. 121º a 123º. Ainda no art. 52º da LAT se prevê uma outra pensão provisória por incapacidade permanente entre o dia seguinte ao da alta e o momento de fixação da pensão definitiva.

III – Ac. TRG, de 28-05-2015, Proc. 187/11.7TUVCT.G1, Rel. Manuela Fialho: Em processo emergente de acidente de trabalho os factos sobre os quais tenha havido acordo na tentativa de conciliação que encerra a fase conciliatória consideram-se assentes, devendo considerar-se não escrita a resposta a um quesito formulado em desrespeito a tal comando.

Artigo 127º – Pluralidade de entidades responsáveis

1 – Quando estiver em discussão a determinação da entidade responsável, o juiz pode, até ao encerramento da audiência, mandar intervir na ação qualquer entidade que julgue ser eventual responsável, para o que é citada, sendo-lhe entregue cópia dos articulados já oferecidos.

2 – Os atos processuais praticados por uma das entidades rés aproveitam às outras; na medida em que derem origem a quaisquer obrigações ou

as reconhecerem, tais atos são, no entanto, próprios da parte que os praticou.

3 – São lícitos os acordos pelos quais a entidade empregadora e a entidade seguradora atribuam a uma delas a intervenção no processo a partir da citação da última, sem prejuízo da questão da transferência da responsabilidade; o acordo é eficaz tanto no que beneficie como no que prejudique as partes.

4 – As sentenças e despachos proferidos constituem caso julgado contra todos os réus, independentemente da falta de intervenção de algum deles.

I – O fundamento para este poder extraordinário do juiz encontra-se no art. 27º, nº 2 e com ele pretende-se descobrir o verdadeiro responsável pelas indemnizações devidas pelo acidente, ou seja, descobrir a verdade material (e não formal ou aparente).

II – Ao mandar intervir no processo qualquer entidade que julgue ser eventual responsável, em princípio por ter sido requerido, abrir-se-á um incidente de intervenção oficiosamente provocada com os efeitos previstos no nº 4, cujo regime difere do que se estabelece no CPC, arts. 316º a 320º).

III – Sobre a responsabilidade por acidentes de trabalho e a sua transferência para as seguradoras autorizadas v. arts. 7º e 79º da LAT.

Artigo 128º – Citação

O réu é citado para contestar no prazo de 15 dias a contar da citação, ou da última citação, havendo vários réus, sendo-lhe entregue duplicado da petição inicial.

I – Está em consonância com o disposto no art. 575º, nº 2 do CPC.

II – Acontecendo quase sempre ser a ré uma pessoa coletiva, na sua citação haverá que observar as regras do art. 246º do CPC, onde se manda fazer tal citação "para a sede da citanda inscrita no ficheiro central de pessoas coletivas do Registo Nacional de Pessoas Coletivas", que pode não corresponder à sede efetiva indicada pelo autor.

Artigo 129º – Contestação

1 – Na contestação, além de invocar os fundamentos da sua defesa, pode o réu:

a) Requerer a fixação de incapacidade nos mesmos termos que o autor;

b) Indicar outra entidade como eventual responsável, que é citada para contestar nos termos do artigo anterior.

2 – A contestação de algum dos réus aproveita a todos.

3 – Se estiver em discussão a determinação da entidade responsável, ao autor e a cada um dos réus é entregue cópia da contestação dos outros réus, podendo cada um responder no prazo de cinco dias, mas apenas sobre aquela questão.

I – Se foi o empregador ou a seguradora que não concordou com a natureza e grau de incapacidade para o trabalho fixados pelo perito médico do tribunal, terá de ser um deles ou ambos a requerer a junta médica, ex vi do preceituado no nº 1 do art. 138º. Em tal caso o sinistrado será o requerido e poderá responder.

II – A contestação deverá obedecer aos requisitos do art. 569º e segs. do CPC, mas o rol de testemunhas pode ser apresentado (ou alterado) após a emissão do despacho saneador, cfr. art. 133º.

Artigo 130º – Falta de contestação

Na falta de contestação de todos os réus, seguem-se, com as necessárias adaptações, os termos previstos no artigo 57º, sem prejuízo do disposto no artigo 74º

I – V. anotação ao art. 57º sobre os efeitos da revelia em processo comum.

II – No art. 74º, prevê-se a *"condenatio extra vel ultra petitum"*, que, naturalmente, também é possível neste processo especial.

Artigo 131º – Despacho saneador

1 – Findos os articulados, o juiz profere, no prazo de 15 dias, despacho saneador destinado a:

a) Conhecer das exceções dilatórias e nulidades processuais que hajam sido suscitadas pelas partes, ou que, face aos elementos constantes dos autos, deva apreciar oficiosamente;

b) Conhecer imediatamente do mérito da causa, sempre que o estado do processo permitir, sem necessidade de mais provas, a apreciação, total ou parcial, do ou dos pedidos deduzidos ou de alguma exceção perentória;

c) Considerar assentes os factos sobre que tenha havido acordo na tentativa de conciliação e nos articulados;

d) (*Revogada.*)

e) Ordenar o desdobramento do processo, se for caso disso.

2 – Proferido despacho saneador, quando a ação houver de prosseguir, o juiz profere despacho destinado a identificar o objeto do litígio e a enun-

ciar os temas da prova nos termos previstos no artigo 596º do Código de Processo Civil.

3 – Seguidamente observam-se os termos do processo comum regulados nos artigos 63º e seguintes, salvo o disposto nos artigos subsequentes.

I – Face à restrição das questões a tratar neste processo especial, diferentemente do que acontece nos arts. 61º e 62º, não haverá despacho pré-saneador, nem audiência prévia, nem tem de ser considerada a complexidade da causa, devendo apenas ser emanado despacho saneador. Se este não for também sentença, deve ainda ser lavrado despacho a identificar o objeto do litígio e a enunciar os temas da prova, que, assim, não podem ser omitidos.

II – Ac. TRG, de 28-05-2015, Proc. 187/11.7TUVCT.G1, Rel. MANUELA FIALHO: Em processo emergente de acidente de trabalho os factos sobre os quais tenha havido acordo na tentativa de conciliação que encerra a fase conciliatória consideram-se assentes, devendo considerar-se não escrita a resposta a um quesito formulado em desrespeito a tal comando. (Cfr. nº 2, a formulação dos quesitos foi substituída pela dos temas da prova).

III – Ac. TRP, de 02-03-2017, Proc. 364/12.3TUGDM.P1, Rel. JERÓNIMO FREITAS: I – Tendo o Tribunal a quo julgado improcedente, no despacho saneador, a exceção da caducidade do direito de ação, a Ré deveria logo ter impugnado essa decisão em recurso imediato e autónomo. II – Como assim não procedeu, só vindo agora impugná-la no recurso da sentença final, aquela decisão é insusceptível de recurso e, logo, transitou em julgado, nos termos do art. 628º do Código de Processo Civil.

Artigo 132º – Processo principal e apenso

1 – A fixação da incapacidade para o trabalho corre por apenso, se houver outras questões a decidir no processo principal.

2 – O juiz pode também ordenar que corra em separado, se o entender conveniente, qualquer incidente; se o não fizer, este corre nos autos a que respeitar.

3 – Sempre que a simultaneidade na movimentação do processo principal e seu apenso seja incompatível com a sua apensação, o juiz pode determinar a desapensação.

I – A norma constante do nº 1 é uma confirmação das normas contidas nos arts. 117º, 118º e 126º, nº 1.

II – Os incidentes típicos deste processo são os previstos nos arts. 121º a 125º, para além do que se regula nos arts. 141º e 142º relativo à reforma do pedido em caso de falecimento do autor, pois, para além da habilitação dos herdeiros, interessa saber no caso de o autor ser o sinistrado se a sua morte resultou ou não do acidente de trabalho.

Artigo 133º – Indicação das testemunhas

O rol de testemunhas pode ser apresentado no prazo de 10 dias a contar da notificação do despacho saneador.

I – Nada impede que as testemunhas não sejam arroladas com os articulados e bem assim a indicações de outros meios de prova. Mas, igualmente, podem ser indicados ou alterados no prazo indicado neste artigo.

II – Ac TRP, de 09-02-2015, Proc. 572/11.4TTPNF-A.C1.P1, Rel. JOÃO NUNES: I – Nos termos da lei processual civil (cfr. artigos 411 e 526º), o juiz tem o poder-dever de determinar a produção de qualquer meio de prova, desde que o mesmo se apresente relevante para a descoberta da verdade material e boa decisão da causa; II – Estando em causa um processo de acidente de trabalho, o princípio do inquisitório mostra-se acentuado, tendo em conta a necessidade de proteção das vitimas daquele ou dos seus beneficiários legais.

Artigo 134º – Comparência de peritos na audiência final

Os peritos médicos comparecem na audiência final quando o juiz o determinar, sempre que a sua audição não possa ou não deva ter lugar através dos meios técnicos processualmente previstos.

I – V. a disposição congénere no CPC, art. 486º.

II – Ac. TRG, de 18-01-2018, Proc. 703/16.8T8VCT-B.G1, Rel. VERA SOTTOMAYOR: I – A comparência dos peritos, que intervieram na Junta Médica, no julgamento permite esclarecer verbalmente as conclusões periciais que as partes e o tribunal ainda não considerem devidamente clarificadas, podem precisar melhor o sentido das suas respostas ou afirmações, podem explicitar melhor o seu raciocínio e podem pormenorizar o processo de aplicação dos seus conhecimentos técnicos, científicos ou profissionais e justificar com maior detalhe o parecer pericial emitido. II – Estando em causa a determinação do nexo de causalidade entre as lesões e o acidente e tendo os Srs. Peritos Médicos emitido parecer sobre tal matéria, impõe-se o deferimento da notificação para comparência na audiência de julgamento para prestarem esclarecimentos de forma a proporcionar que sejam clarificadas e esclarecidas as suas respostas e afirmações, justificando com maior detalhe o parecer pericial emitido, de forma a melhor habilitar o julgador a decidir mediante a análise criteriosa de toda aprova recolhida.

Artigo 135º – Sentença final

Na sentença final o juiz considera definitivamente assentes as questões que não tenham sido discutidas na fase contenciosa, integra as decisões proferidas no processo principal e no apenso, cuja parte decisória deve reproduzir, e fixa também, se forem devidos, juros de mora pelas prestações pecuniárias em atraso.

I – A sentença terá de respeitar os requisitos estabelecidos no CPC, art. 607º e segs. e neste CPT, arts. 73º a 75º.

II – Deverá ainda confirmar as matérias acordadas na fase conciliatória e fazer a coordenação entre as decisões das matérias do processo principal e do apenso ou apensos.

III – A sentença deve ser notificada ao MP, aos advogados e, diretamente, às partes (art. 24º).

IV – Neste art. 135º fixa-se um regime especial para a mora no domínio das pensões e indemnizações devidas por acidente de trabalho, que se sobrepõe ao regime geral previsto nos artigos 804º e 805º do Código Civil.

V – Ac. TRE, de 14-01-2016, Proc. 20230/1974.5.E1, Rel. João Nunes: I – Por força do disposto no artigo 135º do CPT, em conjugação com o artigo 74º do mesmo compêndio legal, em ação emergente de acidente de trabalho, o juiz deve condenar em juros de mora, se forem devidos, ainda que não tenham sido peticionados.

VI – Ac. TRL, de 26-06-2019, Proc. 180/08.7TTSNT.L1-4, Rel. Albertina Pereira: Em caso de morte presumida da sinistrada, deve considerar-se serem devidos os juros moratórios sobre as pensões devidas aos seus beneficiários, nos termos do art. 135º do Código de Processo do Trabalho, desde o dia seguinte à data em que no competente processo foi averbada a morte daquela.

Artigo 136º – Falta de comparência e incumprimento

A não comparência de qualquer pessoa a diligências para que tenha sido convocada e a falta de cumprimento de qualquer determinação do tribunal são punidas com multa, salvo se à infração corresponder outra sanção.

I – O princípio da cooperação e o dever de boa-fé processual encontram-se preconizados nos arts. 7º e 8º do CPC. As multas estão previstas no art. 542º do mesmo CPC. Neste caso, a multa deve ser fixada entre 0.5 e 5 UC, de conformidade com o art. 27º do RCP.

II – Ac. TRL, de 14-09-2016, Proc. 30616/15.4T8LSB-A.L1-4, Rel. Alves Duarte: É ilícito ao prestador de serviços médicos a um sinistrado invocar o sigilo profissional para se recusar a entregar ao Ministério Público informações que solicitou no âmbito da fase graciosa de um processo por acidente de trabalho (art. 136º do Código de Processo do Trabalho) (sumário elaborado pelo Relator).

Artigo 137º – Documentos a enviar à Autoridade de Supervisão de Seguros e Fundos de Pensões

1 – Quando deva ser prestada caução ou constituída reserva matemática, envia-se à Autoridade de Supervisão de Seguros e Fundos de Pensões um exemplar do acordo com o despacho de homologação, se o houver, ou certidão da decisão que condenar no pagamento da pensão, de que conste o teor da sua parte dispositiva, e, em todos os casos, as certidões necessárias aos respetivos cálculos.

2 – Se a obrigação de pagamento de pensão vier a cessar ou for modificada, envia-se à entidade referida no número anterior certidão da decisão que declarar prescrito ou extinto o direito à pensão ou que conceder a sua revisão, ou certidão do termo de pagamento do capital, ou um exemplar do acordo extrajudicial de remição, com nota de ter sido homologado.

I – A Autoridade de Supervisão de Seguros e Fundos de Pensões – ASF (antes, Instituto de Seguros de Portugal, IP) tem os seus estatutos aprovados pelo DL 1/2015, de 6 de janeiro.

II – A prestação de caução ou a constituição de reservas matemáticas servem para garantir o pagamento das pensões devidas por acidente de trabalho quando não haja contrato de seguro ou este não seja suficiente. O valor de tal caucionamento será determinado pela ASF (LAT, arts. 4º e 85º).

DIVISÃO IV – Fixação de incapacidade para o trabalho

Artigo 138º – Requerimento de junta médica

1 – Quando não se conformar com o resultado da perícia realizada na fase conciliatória do processo, a parte requer, na petição inicial ou na contestação, perícia por junta médica.

2 – Se na tentativa de conciliação apenas tiver havido discordância quanto à questão da incapacidade, o pedido de junta médica é deduzido em requerimento a apresentar no prazo a que se refere o nº 1 do artigo 119º; se não for apresentado, o juiz profere decisão sobre o mérito, fixando a natureza e grau de incapacidade e o valor da causa, observando-se o disposto no nº 3 do artigo 73º.

I – Neste artigo desenvolve-se o conteúdo dos antecedentes arts. 117º e 118º, alíneas b).

II – Ac. TRL, de 22-11-2017, Proc. 4419/13.9TTLSB-C.L1-4, Rel. Celina Nóbrega: Tendo sido ordenado o desdobramento do processo nos termos da al. e) do nº 1 do artigo 131º do CPT, é no apenso que são discutidas e avaliadas todas as questões relacionadas com a incapacidade para o trabalho do sinistrado (sumário elaborado pela Relatora).

III – Ac. TRE, de 30-05-2019, Proc. 3892/17.0T8FAR-A.E1, Rel. Moisés Silva: i) a fase contenciosa nas ações emergentes de acidente de trabalho e de doença profissional tem início com a petição inicial ou através de requerimento para a realização de junta médica quando está apenas em causa a fixação da incapacidade. ii) nesta última hipótese, se não for requerida a realização de junta médica no prazo de 20 dias, fica precludido o direito de o fazer para se iniciar a fase contenciosa e o juiz deve proferir decisão sobre o mérito, fixando a natureza e grau de incapacidade e o valor da causa, observando-se o disposto no nº 3 do artigo 73º do CPT. iii) o prazo de 20 dias corre em férias, dada a natureza urgente da ação emergente de acidente de trabalho. (sumário do relator).

Artigo 139º – Perícias

1 – A perícia por junta médica, constituída por três peritos, tem carácter urgente, é secreta e presidida pelo juiz.

2 – Se na fase conciliatória a perícia tiver exigido pareceres especializados, intervêm na junta médica, pelo menos, dois médicos das mesmas especialidades.

3 – Fora das áreas metropolitanas de Lisboa e do Porto, se não for possível constituir a junta nos termos dos números anteriores, a perícia é deprecada ao juízo com competência em matéria de trabalho mais próximo da residência da parte, onde a junta possa constituir-se.

4 – Sempre que possível, intervêm na perícia peritos dos serviços médico-legais que não tenham intervindo na fase conciliatória.

5 – Os peritos das partes devem ser apresentados até ao início da diligência; se o não forem, o tribunal nomeia-os oficiosamente.

6 – É facultativa a formulação de quesitos para perícias médicas, mas o juiz deve formulá-los, ainda que as partes o não tenham feito, sempre que a dificuldade ou a complexidade da perícia o justificarem.

7 – O juiz, se o considerar necessário, pode determinar a realização de exames e pareceres complementares ou requisitar pareceres técnicos.

8 – É aplicável, com as necessárias adaptações, o disposto no nº 1 do artigo 105º

I – Além destas normas, são aplicáveis as do CPC, art. 467º e segs.

II – Como referido na anotação ao art. 105º, o regime jurídico da realização das perícias médico-legais e forenses está contido na Lei nº 45/2004, de 19 de agosto, interessando, nomeadamente, o art. 22º relativo ao local de realização das perícias, que, no nº 2, prevê que *as juntas médicas que devam ser presididas por juiz podem realizar-se em instalações do tribunal quando as delegações do Instituto ou os gabinetes médico-legais em funcionamento não disponham de condições para tal, ou mediante acordo previamente estabelecido com o diretor da delegação ou coordenador do gabinete médico-legal.*

III – Deve ser utilizado o formulário próprio, como previsto na LAT, art. 175º.

IV – Ac. TRL, de 13-07-2016, Proc. 1491/14.8T2SNT.L1-4, Rel. EDUARDO AZEVEDO: 1 – O exame por junta médica está sujeito à livre apreciação do julgador (art. 389º do CC e 489º do CPC). 2 – Esse exame colegial tem como pressuposto a aproximação máxima à inequivocidade da situação do sinistrado. 3 – Sendo livremente apreciada pelo juiz, em princípio leigo nas matérias observadas, deve reunir-se das mais variadas cautelas de modo a que essa inequivocidade seja tangível. 4 – Para isso a lei prevê a solicitação de esclarecimentos aos senhores peritos por eficiência, obscuridade ou contradição do relatório pericial como modo de superação de dúvidas suscitáveis pelo mesmo (arts. 1º, nºs 1 e 2, al. a), do CT e 413º e 485º do CPC). 5 – E podem ser requisitados elementos auxiliares de diagnóstico (art. 105º do CPT), determinar-se a realização de exames complementares e requisitados pareceres técnicos (art. 139º do CPT). Entre estes avultam os realizáveis nos termos dos arts. 21º, nº 4, da Lei nº 98/2009 de 04.09 e 2º do DL nº 352/2007, de 23.10 (sumário elaborado pelo Relator).

V – Ac. TRL, de 12-06-2019, Proc. 1015/12.1TTLSB.L1-4, Rel. EDUARDO SAPATEIRO: I – As perícias médicas realizadas por juntas médicas têm de ser presididas, no rigor dos princípios, sempre por um juiz, devendo tal presença e presidência do juiz do tribunal do trabalho acontecer quer quando essa diligência se realiza nas instalações do próprio juízo laboral, quer nas instalações das delegações do IML, gabinetes médico-legais ou de hospitais ou locais onde tais exames coletivos têm lugar. II – O quadro legal atual impõe tal regra, que se justifica por razões de imediatismo, celeridade, equacionamento correto das questões jurídicas e médico-legais, com reflexos jurídicos nos litígios em presença, que se podem suscitar e esgotamento dos aspetos relevantes quanto a elas, designadamente, quando os senhores peritos respondem aos quesitos formulados pelas partes e pelo tribunal (que pode, aliás, no próprio ato e Auto aditar novos quesitos, em resultado da discussão que se desenvolveu perante ele e com ele ao longo do mencionado exame). II – A realização do Exame por Junta Médica sem a presença e presidência do juiz do processo reconduz-se a uma nulidade processual secundária, nos termos dos artigos 195º e 199º do Novo Código de Processo Civil, que, não obstante ter sido atempadamente arguida nos autos, não foi, como já vimos, apreciada autonomamente pelo tribunal recorrido, que optou por proferir antes e de imediato sentença judicial que, ao acolher os resultados médico-legais emergentes de tal Exame por Junta Médica, apesar da verificação daquela irregularidade adjetiva com influência no mérito da causa, acabou por validá-los, formal e materialmente, através de uma decisão judicial, abrindo assim a porta à possibilidade da sua invocação no seio das alegações do recurso da mesma, como veio a Ré Seguradora a fazer na Apelação por si interposta, sendo então permitido o conhecimento por este Tribunal da Relação de Lisboa de tal nulidade processual secundária, no quadro dessa impugnação recursória. IV – A nova Junta Médica, que deverá ser presidida pelo juiz do processo, não visa apenas regularizar a já analisada omissão formal (o que poderia ser ultrapassado pela procedência total das demais questões de mérito suscitadas pela recorrente) mas deve ainda esclarecer devidamente a fixação da IPP e da IPATH ao sinistrado, designadamente quando nos deparamos com um jogador de futebol profissional, que beneficia de um regime especial de acidentes de trabalho, com uma tabela de comutação específica para atividade de praticante desportivo profissional, que tem de ser devidamente conjugada com a TNI e a existência de limites etários para a fixação de uma IPATH a um trabalhador como o recorrido, por força da sua atividade laboral específica praticante desportivo profissional).

Artigo 140º – Decisão

1 – Se a fixação da incapacidade tiver lugar no processo principal, o juiz profere decisão sobre o mérito, realizadas as perícias referidas no artigo anterior, fixando a natureza e grau de incapacidade e o valor da causa, observando-se o disposto no nº 3 do artigo 73º

2 – Se a fixação da incapacidade tiver lugar no apenso, o juiz, realizadas as perícias referidas no número anterior, profere decisão, fixando a natureza e grau de incapacidade; a decisão só pode ser impugnada no recurso a interpor da sentença final.

3 – A fixação da incapacidade não obsta à sua modificação nos termos do que se dispõe para o incidente de revisão.

I – O incidente de revisão da incapacidade (ou das pensões) está regulado no art. 145º e segs.

II – Ac. TRP, de 26-01-2015, Proc. 1011/12.9TTVFR.P1, Rel. Maria José Costa Pinto: Se a decisão da 1ª instância que fixa o grau de incapacidade permanente de que ficou afetado o sinistrado em consequência de acidente de trabalho, o faz por referência ao auto de junta médica e neste não estão descritos de modo completo os elementos de facto indispensáveis aquela fixação, estas deficiências do laudo da junta médica, para cujo conteúdo a decisão remete, implicam insuficiência da matéria de facto para a decisão de direito e justificam a anulação da decisão nos termos do artigo

662º, nº 2, alínea c) do Código de Processo Civil aprovado pela Lei nº 41/2013, de 26 de Junho.

III – Ac. TRP, de 22-05-2019, Proc. 3770/15.8T8OAZ.P1, Rel. Domingos Morais: I – O resultado dos exames por perícia médica é expresso em ficha apropriada, devendo os peritos fundamentar todas as suas conclusões. II – O incumprimento do nº 8 das Instruções Gerais da TNI deve ser logo sindicado pelo Juiz que preside à perícia por junta médica. III – Caso a decisão da 1ª instância que fixa o grau de incapacidade permanente de que ficou afetado o sinistrado em consequência de acidente de trabalho, o faz por referência ao auto de junta médica e neste não estão descritos de modo completo os elementos de facto indispensáveis àquela fixação, estas deficiências do laudo da junta médica, para cujo conteúdo a decisão remete, implicam insuficiência da matéria de facto para a decisão de direito e justificam a anulação da decisão nos termos do artigo 662º, nº 2, alínea c) do Código de Processo Civil.

DIVISÃO V – Reforma do pedido em caso de falecimento do autor

Artigo 141º – Suspensão da instância e habilitação

Se na pendência da causa o autor falecer, suspende-se a instância e citam-se por éditos, com dispensa de anúncios, os herdeiros do sinistrado para, querendo, deduzirem habilitação.

I – A suspensão por falecimento da parte está prevista no CPC, art. 270º, podendo a informação do falecimento ser transmitida ao processo, de forma automática e eletrónica, pela base de dados do registo civil (nº 3).

II – O incidente de habilitação de sucessores da parte falecida na pendência da causa encontra-se regulado no CPC, art. 351º e segs.

Artigo 142º – Investigação das causas da morte e tentativa de conciliação

1 – Logo que haja conhecimento da morte do sinistrado, o Ministério Público deve averiguar se ela resultou direta ou indiretamente do acidente.

2 – Se houver elementos para presumir a relação de causalidade referida no número anterior, o Ministério Público organiza o processo regulado no artigo 100º por apenso ao processo principal.

3 – Frustrando-se a tentativa de conciliação ou não sendo homologado o acordo, o Ministério Público deduz, nos termos do nº 1 do artigo 119º e sem necessidade de habilitação, o pedido que corresponder aos direitos dos beneficiários legais do sinistrado.

4 – Apresentada a respetiva petição inicial e retificado o valor da causa, o réu é notificado para responder no prazo de 10 dias, seguindo-se os demais termos do processo.

5 – As novas partes têm de aceitar os articulados das partes que substituem, mantendo-se os atos e termos já processados, salvo se em manifesta oposição com as novas circunstâncias.

I – No art. 100º regula-se, ainda na fase conciliatória, o processamento no caso de morte indicada na participação do acidente.

II – Os titulares do direito à pensão em caso de morte encontram-se elencados na LAT, art. art. 57º e vão desde o cônjuge até certos parentes sucessíveis.

Artigo 143º – Interrupção da instância

(*Revogado.*)

Artigo 144º – Renovação da instância

Se o falecimento do autor ocorrer depois do julgamento da causa ou da extinção da instância por outro motivo, esta renova-se nos mesmos autos para os efeitos dos artigos anteriores.

Naturalmente, não teria sentido iniciar-se um novo processo. A renovação da instância está contemplada no CPC, art. 282º.

SUBSECÇÃO III – Revisão da incapacidade ou da pensão

Artigo 145º – Revisão da incapacidade em juízo

1 – Quando for requerida a revisão da incapacidade, o juiz manda submeter o sinistrado a perícia médica.

2 – O pedido de revisão é deduzido em simples requerimento e deve ser fundamentado ou vir acompanhado de quesitos.

3 – O local de realização da perícia médica é definido nos termos da lei que estabelece o regime jurídico da realização das perícias médico-legais e forenses.

4 – Finda a perícia, o seu resultado é notificado ao sinistrado e à entidade responsável pela reparação dos danos resultantes do acidente.

5 – Se alguma das partes não se conformar com o resultado da perícia, pode requerer, no prazo de 10 dias, perícia por junta médica nos termos pre-

vistos no nº 2; se nenhuma das partes o requerer, pode a perícia ser ordenada pelo juiz, se a considerar indispensável para a boa decisão do incidente.

6 – Se não for realizada perícia por junta médica, ou feita esta, e efetuadas quaisquer diligências que se mostrem necessárias, o juiz decide por despacho, mantendo, aumentando ou reduzindo a pensão ou declarando extinta a obrigação de a pagar.

7 – O incidente corre no apenso previsto na alínea *b*) do artigo 118º, quando o houver.

8 – O disposto nos números anteriores é aplicável, com as necessárias adaptações, aos casos em que, sendo responsável uma seguradora, o acidente não tenha sido participado ao tribunal por o sinistrado ter sido considerado curado sem incapacidade.

I – A revisão da pensão (e de outras prestações) está prevista no art. 70º (e até no art. 51º) da LAT para "quando se verifique uma modificação na capacidade de trabalho ou de ganho do sinistrado proveniente de agravamento, recidiva, recaída ou melhoria da lesão ou doença que deu origem à reparação, ou de intervenção clínica ou aplicação de ajudas técnicas..."

II – Tal revisão pode ser no sentido da sua alteração ou extinção e pode ser requerida pelo sinistrado ou pelo responsável pelo pagamento, no máximo de uma vez por ano.

III – A figura da revisão da pensão nada tem a ver com a atualização do valor das pensões que é decretada anualmente.

IV – Ac. STJ, de 28-01-2016, Proc. 5437/07.1TTLSB.1L1-A.S1, Rel. Gonçalves Rocha: I – Não tendo a sinistrada indicado qualquer valor nos seus requerimentos que iniciaram o incidente de revisão de incapacidade e os incidentes de pagamento de despesas alegadamente resultantes das lesões do acidente, deve entender-se que aceitou o valor da causa que resultava dos direitos que lhe foram reconhecidos no auto de conciliação que foi homologado, conforme resulta do artigo 316º, nº 1 do CPC em vigor na data da apresentação desses requerimentos. II – Para efeitos de alteração do valor da causa nos processos de acidente de trabalho, ao abrigo do nº 3 do artigo 120º do CPT/99, a referência às "demais prestações" previstas no nº 1 do mesmo artigo só abrange aqueles valores que tenham sido aceites pelas partes ou que tenham resultado de expressa determinação do Tribunal.

V – Ac. TRP, de 11-04-2019, Proc. 81/11.4TTPRT.1.P1, Rel. Rui Penha: I – No caso de incidente de revisão, o direito ao capital de remição vence-se na data em que o pedido de revisão foi formulado em juízo, pelo que é à pensão fixada a essa data que importa deduzir o valor da pensão anteriormente fixada já remida. II – Para se determinar se a pensão atualizada é ou não obrigatoriamente remível há que considerar o valor da pensão resultantes da atualização deduzido, o valor da pensão anteriormente fixada já remida, repostada à data do requerimento de revisão.

VI – Ac. STJ, de 26-06-2019, Proc. 6806/16.1T8FNC.1.L1.S1, Rel. Chambel Mourisco: I – A revisão da incapacidade ou da pensão não constitui um processo autónomo, mas sim um incidente que corre no apenso previsto na alínea b) do artigo 118º do CPT, quando o houver, e é decidido por despacho (nºs 6 e 7 do artigo 145º, do mesmo Código) em momento posterior à sentença final prolatada no processo principal.

Artigo 146º – Discussão da responsabilidade do agravamento

1 – Se a entidade responsável pretender discutir a responsabilidade total ou parcial do agravamento e a questão só puder ser decidida com a produção de outros meios de prova, assim o declara no prazo fixado para requerer perícia por junta médica e apresentará dentro de 10 dias a sua alegação e meios de prova; se for requerida perícia, o prazo conta-se a partir da realização deste.

2 – Notificado o sinistrado, este pode responder, com indicação dos respetivos meios de prova, no prazo de 10 dias.

3 – A partir da resposta, seguem-se, com as necessárias adaptações, os termos do processo comum regulados a partir do nº 2 do artigo 63º, com salvaguarda do disposto no artigo 134º e no número seguinte.

4 – (*Revogado.*)

O requerimento de junta médica será em moldes idênticos aos previstos no art. 138º

Artigo 147º – Revisão da pensão dos beneficiários legais

1 – Quando o beneficiário legal requeira a revisão da respetiva pensão com fundamento em agravamento ou superveniência de doença física ou mental que afete a sua capacidade de ganho, o incidente corre por apenso ao processo a que disser respeito, observando-se o disposto no artigo 145º

2 – Se o aumento da pensão depender de facto que só possa ser provado documentalmente, o juiz, feita a prova e ouvidos a parte contrária e o Ministério Público, se não for o requerente, decide sem mais formalidades.

Os titulares do direito à pensão por morte do acidentado do trabalho encontram-se elencados no art. 57º da LAT, sendo o exercício dos respetivos direitos regulado nos artigos subsequentes.

SUBSECÇÃO IV – Remição de pensões

Artigo 148º – Remição facultativa

1 – Requerida a remição, o juiz, ouvidos o Ministério Público e a parte não requerente e efetuadas, se necessário, diligências sumárias, decide por despacho fundamentado, admitindo ou recusando a remição.

2 – A remição, depois de recusada, só pode ser pedida de novo passado um ano e só é concedida quando se provar não subsistir o motivo que fundamentou a recusa.

3 – Quando a remição for admitida, a secretaria procede ao cálculo do capital que o pensionista tenha direito a receber.

4 – Em seguida, o processo vai ao Ministério Público, que, após verificar o cálculo, ordena as diligências necessárias à entrega do capital.

5 – Nos juízos do trabalho das áreas metropolitanas de Lisboa e do Porto não há lugar à deprecada para a entrega do capital da remição.

I – A remição da pensão consiste no pagamento, por uma única vez, de uma importância em dinheiro representativa da capitalização do valor da pensão. Aplica-se apenas a pensões de reduzido montante por se considerar mais vantajoso para o beneficiário.

II – As condições para que a pensão devida ao sinistrado seja obrigatória ou facultativamente remida encontram-se estabelecidas na LAT, art. 75º.

III – Tal remição é calculada por aplicação das bases técnicas estabelecidas na P. nº 11/2000, de 13 de janeiro, *ex vi* do disposto no art. 174º da LAT.

IV – Ac. TRE, de 02-03-2017, Proc. 1900/15.9T8PTM.E1, Rel. BAPTISTA COELHO: 1. Sendo a revisão da incapacidade promovida em juízo pelo sinistrado ao abrigo do art. 145º, nº 8, do Código de Processo do Trabalho, a data do início da incapacidade que nessa sede lhe vier a ser atribuída deve ser reportada à data da apresentação em juízo do requerimento para revisão, se outra posterior não lhe vier a ser fixada. 2. A prova pericial respeitante à avaliação da incapacidade resultante de um acidente de trabalho ocorrido em 2006 deve ser efetuada à luz da Tabela Nacional de Incapacidades aprovada pelo Dec.-Lei nº 341/93, de 30 de setembro, e respetivas Instruções gerais, designadamente no que toca a uma eventual aplicação do fator de bonificação 1,5, em função da idade do sinistrado (sumário do relator).

Artigo 149º – Remição obrigatória

Fixada a pensão, se esta for obrigatoriamente remível, observar-se-á o disposto nos nºs 3 e 4 do artigo anterior.

I – A remição obrigatória é efetuada oficiosamente, nos termos do nº 1 do art. 75º da LAT.

II – Ac. TRP, de 02-05-2016, Proc. 2255/15.7T8MTS.P1, Rel. MARIA JOSÉ COSTA PINTO: Sendo a pensão devida para reparação do acidente de trabalho obrigatoriamente remida, os juros de mora são devidos desde o dia seguinte ao da alta, sobre o valor do capital de remição e até à sua efetiva entrega, pois este capital mais não é do que uma forma de pagamento unitário da pensão anual e vitalícia.

Artigo 150º – Entrega do capital

A entrega ao pensionista do capital da remição ou de parte dele é feita preferencialmente por meio de transferência bancária para o IBAN do respetivo destinatário ou, não sendo possível, por termo nos autos.

Segundo informação do Banco de Portugal, o IBAN (International Bank Account Number) é uma estrutura normalizada de número de conta de pagamento. Consagrou-se como um standard internacionalmente aceite com a publicação da norma ISO 13616.

No caso particular das contas de pagamento domiciliadas em Portugal, o IBAN é composto pelo antigo NIB (Número de Identificação Bancária), que corresponde ao BBAN português, precedido pelo código de país (PT) e por dois dígitos de controlo (no caso português, estes dígitos são sempre '50').

SECÇÃO II – Processo para declaração de extinção de direitos resultantes de acidente de trabalho

Artigo 151º – Processo aplicável

1 – As ações para declaração de prescrição ou de suspensão de direito a pensões e para declaração de perda de direito a indemnizações seguem, com as necessárias adaptações, os termos do processo comum, com exceção dos artigos 61º e 62º, mas o juiz pode oficiosamente ordenar exames ou outras diligências que considere necessárias.

2 – (*Revogado.*)

I – As prestações (em espécie ou em dinheiro) estabelecidas por decisão judicial prescrevem no prazo de cinco anos a partir da data do seu vencimento, que só correrá depois do beneficiário ter conhecimento pessoal da fixação das prestações (LAT, art. 179º, nºs 2 e 3).

II – A prescrição tem o seu regime básico no CC, art. 300º e segs.

III – Ac. TRP, de 27-09-2017, Proc. 53/10.3TTVLG-A.P1, Rel. Jerónimo Freitas: II – As ações para declaração de extinção de direitos resultantes de acidente de trabalho, reguladas nos artigos 151º a 153º do CPT, são o meio próprio para os responsáveis pelo pagamento de prestações devidas para reparação de acidentes de trabalho se desonerarem do cumprimento dessas obrigações, seja com fundamento na prescrição ou suspensão do direito a pensões ou perda de direito a indemnizações (art. 151º, 1), seja por caducidade do direito em razão da idade, morte, segundas núpcias ou união de facto (art. 152º, 1). III – A simples verificação de factos que determinativos da prescrição, suspensão, perda de direitos ou caducidade, não opera automaticamente.

Artigo 152º – Caducidade do direito a pensões

1 – Quando o direito a pensão caducar em razão da idade, morte, segundas núpcias ou união de facto, a entidade responsável deve requerer que seja declarada a caducidade, apresentando os respetivos meios de prova.

2 – Em caso de morte do sinistrado, o processo vai com vista ao Ministério Público para os efeitos do disposto nos artigos 142º e 144º; nos demais casos, o juiz ouve a parte contrária e o Ministério Público.

3 – Produzida a prova requerida e realizadas as diligências oficiosamente ordenadas, se verificar que não há pensões, indemnizações ou quaisquer outras prestações a satisfazer, o juiz decide o incidente.

I – A caducidade do direito à pensão resulta de diversos factos previstos na LAT, art. 57º e segs.

II – O regime básico da caducidade consta do CC, art. 328º e segs.

III – Ac. TRL, de 16-03-2016, Proc. 3302/14.5T8LRS-A.L1-4, Rel. Duro Mateus Cardoso: I – Para feitos do art. 152º do CPT, quanto à caducidade em razão da idade basta que a entidade responsável solicite a declaração de caducidade com o único fundamento de que o sinistrado ultrapassou a idade de 18 anos, o que está em consonância com o estabelecido no art. 60º-1-a)-b) da LAT/2009. II – A regra geral é, assim, que a caducidade se verifica com o atingir dos 18 anos e só assim não será, como matéria de exceção com prova a cargo do beneficiário, se este demonstrar que está a frequentar estabelecimento de ensino. III – Colocar sobre a entidade empregadora do sinistrado ou sua seguradora o ónus probatório de que o beneficiário já não se encontra a frequentar estabelecimento de ensino seria impor uma *probatio* diabólica pois trata-se de prova muito difícil ou impossível de fazer. IV – Foi o critério da normalidade que esteve subjacente ao pensamento legislativo no que concerne à distribuição do ónus probatório (sumário elaborado pelo Relator).

Artigo 153º – Processamento por apenso

A ação prevista no artigo 151º e o incidente a que se refere o artigo 152º correm por apenso ao processo a que disserem respeito, se o houver.

SECÇÃO III – Processo para efetivação de direitos de terceiros conexos com acidente de trabalho

Artigo 154º – Processo

1 – O processo destinado à efetivação de direitos conexos com acidente de trabalho sofrido por outrem segue os termos do processo comum, por apenso ao processo resultante do acidente, se o houver.

2 – As decisões transitadas em julgado que tenham por objeto a qualificação do sinistro como acidente de trabalho ou a determinação da entidade responsável têm valor de caso julgado para estes processos.

I – Este processo deverá ser utilizado por terceiros em relação ao acidente de trabalho, nomeadamente, os herdeiros do sinistrado em caso de morte no acidente, quando pretendam serem indemnizados "nos termos gerais" nas situações previstas no art. 18º da LAT, ou seja, quando o acidente:

- tiver sido provocado pelo empregador, seu representante ou entidade por aquele contratada e por empresa utilizadora de mão de obra; ou
- resultar de falta de observação por aqueles das regras sobre segurança e saúde no trabalho.

II – Tal indemnização "nos termos gerais", não será já nos precisos termos da LAT, mas, outrossim, nos termos gerais do direito civil, ou seja de acordo com as normas do CC, art. 483º e segs. e 562º e segs., nomeadamente quanto ao ressarcimento dos prejuízos patrimoniais e não patrimoniais e outros, mas sendo devida ainda uma pensão anual ou indemnização diária nos termos do nº 4 e suas alíneas e números seguintes daquele art. 18º.

III – Ainda deverão utilizar este processo especial os titulares de direitos por serviços ou prestados produtos fornecidos ao acidentado e que não lhes tenham sido pagos, de conformidade com os arts. 29º (dever de assistência clínica), 38º (estabelecimentos de saúde), 39º (transportes e estada), 45º (ajudas técnicas) e outros, cfr. LOSJ, art. 126º, nº 1, d).

IV – Ac. TRC, de 08-07-2015, Proc. 1038/12.0TTLRA-C.C1, Rel. Jorge Manuel Loureiro: I – Da conjugação dos arts. 154º/2 do CPT e 272º/1/1ª parte do nCPC extrai-se interpretativamente o regime jurídico segundo o qual estando pendente uma ação de acidente de trabalho deva ser suspensa a instância na ação para a efetivação de direitos de terceiro conexos com o acidente de trabalho objeto daquela ação, por prejudicialidade daquela em relação a esta. II – No entanto, tal regime deve ser objeto de uma interpretação e aplicação restritivas de molde a só poder ser aplicado naquelas situações que foram as pensadas como pressuposto do regime normativo do art. 154º do CPT, ou seja naquelas em que já foi ou será necessariamente proferida no processo emergente de acidente de trabalho a decisão suscetível de transitar em julgado e que se pronuncie sobre a qualificação do acidente e/ou sobre o responsável pela reparação infortunística que seja devida. III – Reportamo-nos, concretamente, aos processos de acidentes de trabalho em que tenha já sido desencadeada a correspondente fase contenciosa, bem assim àqueles em que seja proferida decisão de mérito ao abrigo do art. 138º/2 do CPT, por falta de apresentação do requerimento de junta médica após insucesso da tentativa de conciliação determinado por discordância incidindo exclusivamente sobre a questão da incapacidade do sinistrado. IV – Esse regime suspensivo não deve aplicar-se, pois, naqueles casos em que não exista garantia processual de que seja realmente proferida uma decisão do tipo da prevista no art. 154º/2 do CPT. V – Ou seja, não deve aplicar-se nas situações em que se malogrou a tentativa de conciliação por divergências que se estenderam a outras questões para lá da referente à incapacidade do sinistrado e em que não é apresentada pelo autor a petição inicial no prazo legal cominado no art. 119º/1 do CPT, sendo essa a única forma de nessas circunstâncias, ser desencadeada a fase contenciosa do processo de acidente de trabalho por aquele a quem, exclusivamente é reconhecida legitimidade processual para o efeito – art. 117º/1/a CPT. VI – Sempre que a instância do processo de acidente de trabalho se suspende nos termos do art. 119º/4 do CPT, o terceiro que se arrogue a titularidade de um direito conexo com o acidente de trabalho dever ser admitido a exercê-lo através da ação correspondente a tal direito e à forma pela qual o mesmo se pretender exercitar, devendo suscitar nessa mesma ação as questões de qualificação do acidente como de trabalho e do responsável pelas prestações devidas por causa desse acidente.

V – Ac. TRE, de 09-03-2016, Prc. 210/12.8TTFAR.E1, Rel. Baptista Coelho: 1 – A decisão proferida, em processo emergente de acidente de trabalho, quanto às circunstâncias do sinistro e à entidade responsável pela reparação dos danos, constitui caso julgado na ação instaurada para efetivação de direitos conexos com o mesmo acidente. 2 – Não é por isso possível nessa ação discutir-se de novo se o acidente resultou da violação de regras sobre segurança no trabalho, ou foi causado por negligência grosseira do sinistrado (sumário do relator).

VI – Ac. TRP, de 27-06-2019, Proc. 281/08.1TTVLG-A.P1, Rel. Rita Romeira: I – Os tribunais de trabalho têm competência cível, em concreto, para conhecer das questões de reembolso das quantias relativas a prestações pagas em benefício de vítimas de acidentes de trabalho. II – Esta questão e as demais a que se refere a al. d) do art. 126º, da LOSJ, constituem o objeto do processo regulado no art. 154º, do Código do Processo do Trabalho.

SECÇÃO IV – Processo para efetivação de direitos resultantes de doença profissional

Artigo 155º – Doença profissional

1 – O disposto nos artigos 117º e seguintes aplica-se, com as necessárias adaptações, aos casos de doença profissional em que o doente discorde da decisão do Instituto da Segurança Social, I. P., em matéria de doenças emergentes de riscos profissionais.

2 – Nesses casos, o tribunal requisita o processo organizado naquela instituição, que é apensado ao processo judicial e devolvido a final.

I – A doença profissional é a lesão corporal, a perturbação funcional ou a doença incluídas na lista das doenças profissionais que se prove ser consequência necessária e direta da atividade exercida e não represente normal desgaste do organismo (LAT. art. 94º).

II – A proteção da eventualidade de doenças profissionais integra-se no âmbito material do regime geral de segurança social dos trabalhadores vinculados por contrato de trabalho e é prestada, no continente, pelo Instituto da Segurança Social, IP, através do seu Departamento de Proteção contra os Riscos Profissionais, que tem a colaboração na RAM, do Instituto de Segurança Social da Madeira, IP-RAM e na RAA, do Instituto de Segurança Social dos Açores, I.P.R.A., por onde também corre toda a fase conciliatória.

III – Em consequência apenas será instaurado o processo judicial, de harmonia com o art. 117º e segs., quando, ao invés do desejo do beneficiário, a doença não for caracterizada como profissional ou, sendo-o, não houver aceitação da sua natureza ou graduação ou modo de reparação (LAT, art. 95º e segs.).

IV – "Sem prejuízo do disposto no artigo 629º do CPC e independentemente do valor da causa e da sucumbência, é sempre admissível recurso para a Relação nos processos emergentes de acidente de trabalho e de doença profissional" [art. 79º b)].

V – Ac. TRG, de 16-04-2015, Proc. 4785/14.9T8VNF.G1, Rel. Antero Veiga: 1 – As eventuais doenças profissionais integram-se no âmbito material do regime geral de segurança social, devendo ser ressarcidas pelo modo previsto na lei (98/2009), sendo matéria de interesse público. O modo de fazer valer os inerentes direitos prevê-os a lei 98/2009. 2 – Claro que o CNPCRP não cobre a indemnização decorrente da culpa, mas apenas os valores fixados na lei para a responsabilidade objetiva. Os demais, conforme resulta do artigo 18º da LAT são a cargo do responsável. 3 – Ainda que haja culpa da entidade patronal, o meio processual é o mesmo, aplicando-se à fase contenciosa as regras aplicáveis aos acidentes de trabalho conforme artigo 155º do CPT.

VI – Ac. TRL, de 12-06-2019, Proc. 3095/17.4T8BRR.L1-4, Rel. Sergio Almeida: I. Nos termos do disposto no art. 155 do Código de Processo do Trabalho o regime previsto nos art. 117 e ss. para os acidentes de trabalho aplica-se às doenças profissionais, porém "com as necessárias adaptações", não sendo, pois, o processado de um e de outro, totalmente igual; II. No processo para efetivação de direitos resultantes de doença profissional, fase contenciosa, justifica-se o desdobramento para fixação da incapacidade, nos termos do disposto nos art. 131, nº 1, al. e), 132, nº 1 e 155 do Código de Processo do Trabalho, de um trabalhador entretanto reformado por incapacidade. III. É razoável que uma junta médica, no apenso de fixação de incapacidade, conclua, fundamentadamente, que não pode pronunciar-se sobre a desvalorização decorrente de doença profissional, na medida em que, no caso, não se verifica uma tal doença. De outro modo, estar-se-ia a praticar atos inúteis, violando o princípio da limitação dos atos consagrado no art. 130 do Código de Processo Civil. IV. As nulidades da decisão devem ser arguidas expressa e separadamente perante o Tribunal recorrido, sem o que o seu conhecimento fica prejudicado por extemporaneidade (art. 77/1, CPT). V. Nos termos dos art. 283, nºs 2 e 3, do Código do Trabalho e 94, nºs 1 e 2, da Lei 98/2009, de 4.9, que regulamenta o regime de reparação de acidentes de trabalho e doenças profissionais, doença profissional é (1) aquela que resulta diretamente das condições de trabalho, consta da Lista de Doenças Profissionais e causa incapacidade para o exercício da profissão ou morte; e (2) a lesão corporal, a perturbação funcional ou a doença não incluídas na lista, que sejam consequência, necessária e direta, da atividade exercida e não representem normal desgaste do organismo. VI. Não se provado que a doença do trabalhador resulta diretamente das condições de trabalho, e nem que é consequência, necessária e direta, da atividade exercida, a ação improcede. VII. Não se vislumbrando vícios nem se vendo que o requerente tenha tido alguma especial dificuldade em carrear a prova que entendesse pertinente, não cabe anular diligências ou renovar a prova.

CAPÍTULO III – Processo de impugnação de despedimento coletivo

Artigo 156º – Contestação

1 – Nas ações de impugnação de despedimento coletivo, apresentada a petição, o réu é citado para, no prazo de 15 dias, contestar.

2 – Com a contestação deve o réu juntar os documentos comprovativos do cumprimento das formalidades previstas nas normas reguladoras do despedimento coletivo.

3 – No prazo referido no nº 1, deve ainda o réu requerer o chamamento para intervenção dos trabalhadores que, não sendo autores, tenham sido abrangidos pelo despedimento.

4 – A admissão do chamamento referido no número anterior é decidida sem audição da parte contrária.

5 – Se o réu não apresentar contestação ou não juntar os documentos comprovativos do cumprimento das formalidades previstas nas normas reguladoras do despedimento coletivo, nos termos dos nºs 1 e 2, o juiz declara a ilicitude do despedimento e, com referência a cada trabalhador:

a) Condena o réu a reintegrar o trabalhador no mesmo estabelecimento da empresa, sem prejuízo da sua categoria e antiguidade, ou, caso o trabalhador tenha optado por uma indemnização em substituição da reintegração, a pagar-lhe, no mínimo, uma indemnização correspondente a 30 dias de retribuição base e diuturnidades por cada ano completo ou fração de antiguidade, sem prejuízo do disposto nos nºs 2 e 3 do artigo 391º do Código do Trabalho;

b) Condena, ainda, o réu no pagamento das retribuições que o trabalhador deixou de auferir desde a data do despedimento até ao trânsito em julgado da decisão judicial que declare a ilicitude do despedimento;

c) Ordena a notificação do trabalhador para, querendo, no prazo de 15 dias, apresentar articulado no qual peticione quaisquer outros créditos emergentes do contrato de trabalho, da sua violação ou da sua cessação, incluindo a indemnização prevista na alínea *a*) do nº 1 do artigo 389º do Código do Trabalho.

6 – Na mesma data, o réu é notificado da sentença quanto ao referido nas alíneas *a*) e *b*) do número anterior.

7 – Se o trabalhador apresentar o articulado a que se refere a alínea *c*) do nº 5, o réu é notificado para, no prazo de 15 dias, apresentar contestação, observando-se, seguidamente, os restantes termos do processo comum regulados nos artigos 57º e seguintes.

I – "A ilicitude do despedimento coletivo só pode ser declarada por tribunal judicial", sendo materialmente competente o juízo do trabalho [CT, art. 388º, nº 1 e LOSJ, art. 126º, nº 1, b)].

II – "A ação de impugnação do despedimento coletivo deve ser intentada no prazo de seis meses contados da data da cessação do contrato" (CT, art. 388º, nº 2). Tal prazo é de caducidade, cfr. CC, art. 298º, nº 2 e conta-se nos termos deste mesmo Código. Trata-se de um processo urgente, cfr. art. 26º, nº 1, d).

III – "Na ação de apreciação judicial de despedimento, o empregador apenas pode invocar factos e fundamentos constantes de decisão de despedimento comunicada ao trabalhador" (CT, arts. 388º, nº 3 e 387º, nº 3).

IV – A petição deve apresentar os requisitos dos arts. 552º e 147,º do CPC, cfr. anotação ao art. 54º. Pode ser apresentada por todos ou alguns dos trabalhadores despedidos através do mesmo procedimento, convindo fazê-lo em coligação (art. 36º do CPC). O juízo do trabalho territorialmente competente é definido pelas normas do art. 16º.

V – A causa de pedir terá de conter os factos (ou omissões) essenciais que justifiquem algum ou alguns dos fundamentos gerais ou específicos de ilicitude de despedimento, elencados nos arts. 381º e 383º do CT.

VI – "Os documentos comprovativos do cumprimento das formalidades previstas nas normas reguladoras do despedimento coletivo" são os que integram o procedimento regulado no art. 359º e segs. do CT e que devem ser juntos à contestação, sob pena de logo ser declarada a ilicitude do despedimento. Igualmente tal efeito cominatório pleno resultará da falta de apresentação da contestação, cfr. nº 5, a) e b).

VII – O réu, para além do ónus de contestar, ainda tem o dever de "requerer o chamamento para intervenção" dos restantes trabalhadores despedidos através do mesmo despedimento coletivo no qual o autor ou autores se integram. Tal chamamento parece reconduzir-se a uma intervenção provocada nos moldes do art. 316º do CPC.

VIII – Por, ao contrário do que acontece na a.i.r.l.d., neste processo haver petição, onde o autor deve expor os factos essenciais, não se compreende a novidade constante da alínea c) do nº 5 e do nº 7. Além do mais, uma empresa que não contesta a impugnação de despedimento coletivo, provavelmente já não vai apresentar contestação de créditos parciais.

IX – Da decisão prevista na alínea a) do nº 5, cabe recurso de apelação, cfr. art. 79º-A.

X – Ac. TRL, de 19-12-2012 Proc. 2816/11.3TTLSB.L1-4, Rel. SEARA PAIXÃO: 1 – No processo especial de despedimento coletivo não é aplicável o efeito cominatório semipleno, uma vez que este processo está regulado no CPT de forma completa, não existindo caso omisso e, ainda, porque a remissão para os termos do processo comum apenas ocorre após a prolação do despacho saneador (art. 161º do CPT). 2 – O procedimento de despedimento coletivo junto aos autos no prazo da contestação ou através da apensação do procedimento cautelar, funciona como contestação (elaborado pelo Relator).

XI – Ac. TRL, de 01-06-2016, Proc. 1869/14.7TTLSB-C.L1-4, Rel. EDUARDO AZEVEDO: No processo de impugnação de despedimento coletivo a coligação passiva é ilegal no caso da causa de pedir que fundamente as pretensões deduzidas contra a pluralidade dos réus for diferente da que se consubstancia apenas na relação jurídica de trabalho e na ilicitude do despedimento a esse título (elaborado pelo Relator).

XII – Ac. TRL, de 27-01-2016, Proc. 2078/14.0T8LSB.L1-4, Rel. DURO MATEUS CARDOSO: I – Nos termos dos arts. 156º a 160º do CPT o processo especial de impugnação de despedimento coletivo é aplicável quando se pretende unicamente impugnar os fundamentos invocados para o despedimento coletivo, quando se pretende unicamente invocar o incumprimento das formalidades legais do despedimento coletivo, ou quando se pretende invocar ambos os fundamentos em simultâneo. II – Nos processos especiais de impugnação de despedimento coletivo a remessa para as regras do processo comum só acontece após a prolação do despacho saneador e a partir da audiência de discussão e julgamento, por força do art. 161º do CPT e no caso de ausência de contestação tempestiva não poder ser aplicado o efeito cominatório semipleno. III – No que toca a créditos vencidos da trabalhadora, esta apenas precisa de provar que o contrato vigorou durante determinado período para poder reclamar a contraprestação devida pela entidade empregadora e resultante da celebração desse contrato, cabendo à empregadora invocar e provar que durante tal espaço de tempo aquela não prestou trabalho efetivo numa situação que implicou perda da remuneração respetiva. IV – Quanto aos créditos exigíveis por efeito da cessação do contrato de trabalho, o pagamento não se presume e constitui exceção perentória com alegação e prova a cargo do devedor (art. 342º-2 do CC) (sumário elaborado pelo Relator).

XIII – Sobre o tema, v. estudo de Joana Vasconcelos, Efetivação de Créditos Laborais do Trabalhador na Impugnação do Despedimento Coletivo, PDT, 2018 – II, pág. 91.

Artigo 157º – Assessoria técnica

1 – Terminados os articulados, se tiver sido formulado pedido de declaração de improcedência dos fundamentos invocados para o despedimento, o juiz nomeia um assessor qualificado na matéria.

2 – A requerimento de qualquer das partes, no prazo de 10 dias contados da notificação da nomeação do assessor a que se refere o número anterior, o juiz nomeia mais dois assessores qualificados na matéria.

3 – Após a notificação das partes da nomeação do assessor a que se refere o nº 1, podem aquelas, no prazo de 10 dias, designar um técnico cada uma para assistir o assessor ou assessores no desempenho das suas funções.

4 – Se da parte dos trabalhadores não houver acordo na designação do técnico, considera-se o que for designado pela maioria, prevalecendo, em caso de empate, a designação apresentada em primeiro lugar.

5 – Aos assessores é aplicável o regime de impedimentos, suspeições, escusa e dispensa legal previsto no Código de Processo Civil para os peritos.

I – O "pedido de declaração de improcedência dos fundamentos para o despedimento" terá de resultar expressamente da petição. Tais fundamentos ou motivo devem estar descritos na decisão de despedimento coletivo comunicada a cada trabalhador, nos termos do art. 363º do CT, e consubstanciada em documento junto à contestação.

II – Como resulta do nº 5, a designação e regime dos peritos são regulados no art. 467º e segs. do CPC.

Artigo 158º – Relatório

1 – Os assessores nomeados juntarão aos autos relatório de que constem as verificações materiais realizadas, as informações recolhidas e sua origem e, bem assim, parecer sobre os factos que fundamentaram o despedimento coletivo e sobre se este encontra ou não justificação.

2 – O relatório referido no número anterior é junto nos 30 dias posteriores ao termo do prazo para a designação dos técnicos ou, no caso referido no nº 2 do artigo anterior, da nomeação dos assessores aí previstos.

3 – Os técnicos de parte, se não se conformarem com as conclusões do relatório, podem apresentar nos cinco dias seguintes declaração fundamentada das razões da sua discordância.

4 – Por proposta do assessor, o prazo referido no nº 1 pode ser prorrogado por uma vez, pelo tempo que o juiz fixar.

I – "A força probatória das respostas dos peritos é fixada livremente pelo tribunal" (CC, art. 389º).

II – Ac. TRL, de 10-01-2018, Proc. 610/16.4T8SNT-A.L1-4, Rel. CELINA NÓBREGA: 1 – Por força do disposto no nº 1 do artigo 158º do CPT, compete ao assessor ou assessores nomeados pelo Tribunal a elaboração conjunta do relatório pericial, sem prejuízo de não se verificar unanimidade entre eles. 2 – Não havendo unanimidade entre os assessores rege o disposto no nº 2 do artigo 484º do CPC *ex vi* artigo 1º, nº 2, al. a) do CPT, o que equivale a dizer que o relatório dos assessores continua a ser único, mas que o discordante deve lavrar as razões da sua discordância quanto ao seu teor. 3 – Embora o relatório pericial junto aos autos, em termos formais, não tenha obedecido exatamente ao modelo legal, extraindo-se do seu conteúdo as duas posições assumidas pelos Assessores e divergentes quanto aos fundamentos do despedimento coletivo, não justifica aquela circunstância um juízo de não admissibilidade de tal documento (elaborado pela relatora).

Artigo 159º – Diligências auxiliares

1 – Para a elaboração do relatório a que se refere o artigo anterior os assessores podem solicitar às partes os documentos e demais elementos que considerem pertinentes e averiguar, se necessário nas instalações do próprio réu, os factos invocados para o despedimento.

2 – Os assessores informarão os técnicos de parte das diligências que pretendam promover, podendo estes acompanhá-los.

Artigo 160º – Audiência prévia

1 – Juntos o relatório e os documentos a que se referem os artigos anteriores, é convocada audiência prévia nos termos e para os efeitos do disposto no artigo 591º do Código de Processo Civil.

2 – Sendo proferido despacho saneador, este destina-se também a decidir:

_a_) Se foram cumpridas as formalidades legais do despedimento coletivo;

_b_) Se procedem os fundamentos invocados para o despedimento coletivo.

3 – Não pode ser relegada para momento posterior ao despacho saneador a decisão sobre as questões referidas nas alíneas _a_) e _b_) do número anterior, bem como sobre quaisquer exceções que obstem ao respetivo conhecimento, exceto se, no que se refere à alínea _b_) do número anterior, o processo não contiver, nessa fase, todos os elementos necessários para a prolação de decisão.

4 – A decisão proferida sobre as questões referidas nas alíneas _a_) e _b_) do nº 2 tem, para todos os efeitos, o valor de sentença.

I – Dado que se está num processo laboral, a remissão devia ser para o art. 62º e não para o art. 591º do CPC. Assim, o juiz terá de excluir alguns dos fins previstos, nomeadamente em relação ao despacho previsto no art. 596º – identificação do objeto do litígio e enunciação dos temas da prova.

II – Desde que seja apresentada contestação, crê-se que o processo só não conterá todos os elementos necessários para a decisão final se houver dúvidas sobre o exato valor da retribuição base e diuturnidades ou da antiguidade de algum dos autores, porquanto é destes elementos que resulta o montante da compensação por despedimento coletivo, conforme se dispõe no art. 366º do CT.

III – Ac. TRP, de 07-09-2015, Proc. 976/11.2TTPRT.P1, Rel. Paula Leal de Carvalho: I – O recurso do despacho saneador que conhece parcialmente do mérito (que julga o despedimento coletivo ilícito), tempestivamente interposto, sido erradamente admitido pela 1ª instância com subida a final (e não, como deveria, imediatamente, em separado) deve, não obstante, ser conhecido ainda que o recurso posteriormente interposto da decisão final, com o qual aquele veio a subir, não seja de admitir por extemporaneidade da sua interposição.

IV – Ac. TRP, de 08-01-2018, Proc. 12220/15.9T8PRT.P1, Rel. Domingos Morais: I – O processo de impugnação de despedimento coletivo é um processo especial, com natureza urgente. II – O conhecimento dos fundamentos invocados pelo empregador para o despedimento coletivo, não pode ser relegado para momento posterior ao despacho saneador (obrigatório), nos termos do artigo 160º, nº 3 do CPT. III – A decisão proferida no despacho saneador sobre os fundamentos invocados pelo empregador para o despedimento coletivo tem, para todos os efeitos, o valor de sentença – cf. artigo 160º, nº 4 do CPT. IV – O despacho saneador (com o valor de sentença) que apreciou, ainda que parcialmente, o mérito da causa, sem pôr fim ao processo, é recorrível – cf. artigo 79º-A, nº 1, alínea i).

Artigo 161º – Termos subsequentes

Se o processo houver de prosseguir, a audiência final pode ser marcada separadamente com referência a cada um dos trabalhadores, observando-se, quanto ao mais, as regras do processo comum.

As regras do processo comum serão as do art. 66º e segs.

CAPÍTULO IV – Processo do contencioso de instituições de previdência, abono de família, associações sindicais, associações de empregadores ou comissões de trabalhadores

SECÇÃO I – Disposição geral

Artigo 162º – Forma dos processos

1 – Os processos do contencioso de instituições de previdência, abono de família, associações sindicais, associações de empregadores ou comissões de trabalhadores seguem os termos do processo comum previsto neste Código, salvo o disposto nos artigos seguintes.

2 – Nos processos referidos no número anterior não há lugar a audiência prévia.

I – Hoje em dia, não obstante o que se dispões no art. 106º da Lei nº 4/2007, de 6 de janeiro, que aprova as bases gerais do sistema de Segurança Social, já não existem instituições de previdência ou de abono de família com regime de direito privado. Efetivamente, as últimas destas caixas de previdência foram extintas por incorporação no ISS, IP, através do DL nº 26/2012, de 6 de fevereiro. Aliás, nos artigos seguintes não há qualquer referência ao "abono de família", que aparece no título do presente capítulo. Mas os "processos especiais do contencioso das instituições de previdência" ainda continuam a ter uma espécie para a distribuição, a 8ª – art. 21º.

II – A constituição, organização e funcionamento das associações sindicais e associações de empregadores têm o seu regime específico no CT, art. 440º e segs., constando o das comissões de trabalhadores no art. 415º e segs. O regime geral das pessoas coletivas contém-se a partir do art. 157º do CC, incluindo o das associações, depois do art. 167º.

III – Nas secções seguintes deste capítulo regulam-se os seguintes processos:

- Sec. II – Convocação de assembleias gerais ou órgão equivalente – art. 163º;
- Sec. III – Impugnação de estatutos, deliberações de assembleias gerais ou atos eleitorais – art. 164º a 169º;
- Sec. IV – Impugnação judicial de decisão disciplinar – art. 170º a 172º;
- Sec. V – *Liquidação e partilha .....Artigos 173 a 182 todos revogados*
- Sec. VI – Ação de anulação e interpretação de cláusulas de convenções coletivas de trabalho – Artigos 183º a 186º.

IV – Em todos estes processos, o recurso para a Relação é sempre admissível, independentemente do valor da causa e da sucumbência [art. 79º, alínea d)].

SECÇÃO II – Convocação de assembleias gerais

Artigo 163º – Convocação

1 – O requerimento de convocação de assembleia geral ou órgão equivalente de instituição de previdência ou de associação sindical deve ser acompanhado dos documentos necessários para prova da legitimidade dos requerentes e da verificação das condições legais ou estatutárias do requerimento.

2 – Se pela documentação apresentada reconhecer fundamento ao pedido, o juiz ordena que a entidade competente, segundo a lei e os estatutos, convoque a assembleia ou justifique, no prazo de 10 dias, a recusa da convocação.

3 – Não sendo convocada a assembleia nem apresentada justificação que seja admitida pelo juiz, este determina que a assembleia se realize, procedendo-se através do tribunal, mas à custa da instituição ou associação, às formalidades da convocação.

4 – O juiz fixa a data e o local da reunião, podendo determinar que o local seja diferente do designado nos estatutos; pode ainda nomear a pessoa que presidirá à assembleia.

I – Incongruentemente com a epígrafe do capítulo, não são incluídas neste subprocesso as assembleias gerais das associações de empregadores e das comissões de trabalhadores, sendo certo que não tem aplicação quanto às instituições de previdência, por já serem inexistentes.

II – As assembleias gerais das associações devem ser convocadas e realizadas nos termos dos respetivos estatutos. Mas de conformidade com o enunciado no nº 2 do art. 172º do CC "são, necessariamente, da competência da assembleia geral a destituição do titulares dos órgãos da associação, a aprovação do balanço, a alteração dos estatutos, a extinção da associação e a autorização para esta demandar os administradores por factos praticados no exercício do cargo".

SECÇÃO III – Impugnação de estatutos, deliberações de assembleias gerais ou atos eleitorais

Artigo 164º – Ação de declaração de nulidade

1 – As deliberações e outros atos de órgãos de instituições de previdência, associações sindicais, associações de empregadores ou comissões de trabalhadores viciados por violação da lei, quer de fundo quer de forma, ou violação dos estatutos podem ser declarados inválidos em ação intentada por quem tenha interesse legítimo, salvo se dos mesmos couber recurso.

2 – A ação deve ser intentada no prazo de 20 dias, a contar da data em que o interessado teve conhecimento da deliberação, mas antes de passados 5 anos sobre esta; se, porém, a ação tiver por fim a impugnação de deliberações relativas à eleição dos corpos gerentes, o prazo é de 15 dias e conta-se sempre a partir da data da sessão em que tenham sido tomadas essas deliberações.

3 – A petição inicial da ação deve ser acompanhada de documento comprovativo do teor da deliberação ou, não sendo possível, do oferecimento da prova que o requerente possuir a esse respeito.

I – Segundo o art. 177º do CC, "as deliberações da assembleia geral contrárias à lei ou aos estatutos, seja pelo seu objeto, seja por virtude de irregularidades havidas na convocação dos associados ou no funcionamento da assembleia, são anuláveis".

II – O recurso previsto no nº 1, será o recurso hierárquico, em princípio, interposto para a assembleia geral ou órgão equivalente. V. art. 169º.

III – O interesse legítimo será dos sócios em geral, que se encontrem em pleno gozo dos seus direitos associativos, para além de outro órgão da associação.

IV – Ac. TRL, de 25-10-2017, Proc. 4693/16.9T8LSB.L1-4, Rel. ALVES DUARTE: II – Numa ação declarativa para impugnação de deliberação de assembleia-geral de um Sindicato, a legitimidade para demandar afere-se pela titularidade de um interesse legítimo na anulação da deliberação: a qualidade de associado do autor e a sua pretensão de anular uma deliberação daquele órgão (arts. 164º, nº 1 do CPT e 30º do CPC). III – Tem legitimidade para pedir a anulação de uma deliberação o associado que a não votou, vale dizer, que se absteve ou votou contra a sua aprovação (art. 178º, nº 1 do CC). IV – A admissibilidade de recurso da deliberação para um órgão interno do Sindicato não é um requisito da legitimidade mas um pressuposto de procedibilidade do pedido e, nessa medida, uma exceção dilatória inominada (arts. 164º, nº 1 do CPT e 576º, nº 2 do CPC). V – Porque o juiz não está sujeito à alegação das partes na aplicação do direito e deve conhecer das exceções dilatórias *ex officio*, pode o Tribunal da Relação conhecer daquela exceção inominada mesmo no caso de ter sido qualificada pelo apelante como ilegitimidade (arts. 5º, nº 3 e 578º do CPC) (sumário elaborado pelo Relator).

V – Ac. TRL, de 27/03/2019, Proc. 12425/18.0T8LSB.L1-4, Rel. José Feteira: 1 – No art. 164º nº 1 do Código de Processo do Trabalho, o legislador confere, a quem se apresente com um interesse legítimo, o direito de agir judicialmente de forma a obter a declaração de invalidade de deliberações e/ou de outros atos de órgãos de instituições de previdência, associações sindicais, associações de empregadores ou comissões de trabalhadores, desde que essas deliberações e/ou atos se mostrem viciados por violação da lei, quer de fundo quer de forma, ou por violação dos respetivos estatutos; 2 – O mencionado direito de ação judicial, apenas se mostra, no entanto, exercitável, desde que de tais deliberações e/ou outros atos de órgãos de instituições de previdência, de associações sindicais, de associações de empregadores ou de comissões de trabalhadores não caiba recurso para outro órgão da própria instituição de previdência, associação sindical, associação de empregadores ou comissão de trabalhadores que se mostre dotado de competência definida para o efeito, como decorre da ressalva estabelecida na parte final da mencionada norma.

Artigo 164º-A – Impugnação de estatutos

1 – Os estatutos das entidades referidas no artigo anterior podem ser impugnados pelo Ministério Público, por iniciativa própria ou a requerimento de qualquer interessado.

2 – A petição inicial deve ser acompanhada de cópia dos referidos estatutos.

I – A promoção da declaração judicial da associação sindical ou de empregadores pelo MP está contemplada no art. 447º, nº 8 do CT.

II – A legitimidade ativa do MP para mover este processo prevê-se na alínea a) do art. 5º-A.

III – Ac. TRL de 06-07-2017, Proc. 829/16.8T8LSB.L1-4, Rel. Sérgio Almeida: I – Ao interpretar as normas estatutárias de um sindicato importa presumir que a entidade legiferante consagrou as soluções mais acertadas e soube exprimir o seu pensamento em termos adequados. II – Não admite impugnação judicial a decisão da mesa da assembleia geral do STAD que não admitiu uma lista a eleições, mas apenas a decisão que a assembleia geral do sindicato tome ao reexaminar a questão (elaborado pelo Relator).

Artigo 164º-B – Impugnação de atos eleitorais

Os atos eleitorais para os órgãos das entidades referidas nesta secção podem ser impugnados com fundamento na sua ilegalidade por quem tenha ficado vencido na respetiva eleição, no prazo de 10 dias a contar dessa eleição ou do conhecimento da irregularidade, se posterior.

Os princípios da organização e gestão democrática, nomeadamente os referentes a eleições e a mandatos estão inseridos no art. 451º do CT.

Artigo 165º – Citação e contestação

1 – O juiz manda citar o réu e ordena que este apresente os documentos relativos à situação objeto de impugnação que ainda não tenham sido juntos aos autos.

2 – O réu pode contestar no prazo de 10 dias e, ainda que não conteste, deve enviar ao tribunal os documentos referidos no número anterior.

I – Os documentos relativos ao procedimento eleitoral vão desde a convocatória até ao termo de posse, passando pelas candidaturas e sua publicitação, pelos boletins de voto e ata do ato eleitoral.

II – A ilegalidade pode resultar dos próprios estatutos e até do regulamento eleitoral.

Artigo 166º – Proposição da prova

Com os articulados são requeridas quaisquer diligências de prova.

Para além de requeridos também podem ser apresentados documentos e arroladas testemunhas, como no processo comum.

Artigo 167º – Recurso

O recurso da sentença tem efeito suspensivo.

I – Contraria a regra geral em que se prevê o efeito meramente devolutivo, cfr. art. 83º, nº 1.

II – Mas, como referido, tal recurso é sempre admissível para a Relação, independentemente do valor da causa e da sucumbência [art. 79º, alínea d)].

Artigo 168º – Suspensão de eficácia

Se na petição inicial o autor requerer a suspensão de eficácia dos atos ou disposições impugnados, demonstrando que da sua execução pode resultar dano apreciável, o juiz pode decretar a suspensão nesse momento ou após a contestação.

I – O pedido da suspensão da eficácia dos atos ou disposições impugnados configura-se como uma providência cautelar semelhante à do procedimento cautelar civil de suspensão de deliberações sociais (CC, art. 380º e segs.).

II – No Código de Processo nos Tribunais Administrativos regula-se a suspensão da eficácia de um ato administrativo no art. 128º.

Artigo 169º – Declaração de invalidade de atos de outros órgãos

Nos casos em que de ato de qualquer outro órgão gerente ou diretivo de instituição de previdência ou associação sindical não possa ser interposto recurso para outro órgão, a declaração de invalidade é pedida através de processo regulado nesta secção.

I – O "recurso para outro órgão" será o recurso hierárquico para a assembleia geral ou órgão equivalente, apresentado através do seu presidente da mesa.

II – Naturalmente, depois da deliberação da assembleia geral é que poderá ser interposto o processo judicial.

SECÇÃO IV – Impugnação judicial de decisão disciplinar

Artigo 170º – Impugnação

1 – O arguido em processo disciplinar que pretenda impugnar a respetiva decisão deve apresentar no juízo do trabalho competente o seu requerimento no prazo de 15 dias, contados da notificação da decisão.

2 – O requerimento é instruído com a notificação da decisão e os documentos que o requerente entenda dever juntar; no requerimento são requeridas todas as diligências de prova.

O regime disciplinar aplicável aos associados tem por base o disposto no art. 452º do CT, devendo estar desenvolvido nos estatutos ou em regulamento próprio.

Artigo 171º – Citação e diligências subsequentes

1 – A entidade é citada para responder no prazo de 10 dias, devendo juntar o processo disciplinar e podendo requerer diligências de prova.

2 – O envio do processo disciplinar ao tribunal é obrigatório, ainda que não seja apresentada resposta.

Artigo 172º – Decisão

1 – O juiz declara nulo o processo disciplinar quando o arguido não tenha sido ouvido ou não tenham sido efetuadas no processo diligências requeridas pelo arguido que repute essenciais.

2 – Se o juiz verificar que houve erro de direito ou de facto, anula a decisão.

3 – Da sentença apenas cabe recurso para o tribunal da Relação.

I – Este é o recurso previsto na alínea c) do art. 79º.

II – Ac. STJ, de 27-10-2010, Proc. 4483/07.0TTLSB.L1.S1, Rel. Vasques Dinis: VIII – O texto do artigo 172º, nº 3, do CPT, na parte em que, expressamente, trata do recurso da sentença, em ação de impugnação de sanção disciplinar, ao estabelecer que «dela apenas cabe recurso para a Relação» reforça a ideia de que a lei adjetiva laboral, valora, para efeitos de recurso, os interesses em causa com total autonomia do regime adjetivo comum, sendo que, diversamente do que sucede para os casos previstos no artigo 79º, o referido texto não contém qualquer expressão que possa ser interpretada no sentido de ser permitido o recurso, «independentemente do valor da causa e da sucumbência».

SECÇÃO V – Liquidação e partilha dos bens de instituições de previdência, de associações sindicais, de associações de empregadores ou de comissões de trabalhadores

Artigo 173º – Processo

(*Revogado.*)

Fica sem processo especial a situação decorrente da aplicação do art. 456º do CT, sobre a extinção de associações sindicais e de empregadores e cancelamento dos seus registos.

Artigo 174º – Início do processo

(*Revogado.*)

Artigo 175º – Nomeação, exoneração e substituição de liquidatários
(*Revogado.*)

Artigo 176º – Competência dos liquidatários
(*Revogado.*)

Artigo 177º – Contas de liquidação e projeto de partilha
(*Revogado.*)

Artigo 178º – Julgamento
(*Revogado.*)

Artigo 179º – Contas da partilha
(*Revogado.*)

Artigo 180º – Prolongamento das funções de liquidatário
(*Revogado.*)

Artigo 181º – Desconhecimento dos interessados com direito ao saldo
(*Revogado.*)

Artigo 182º – Regime supletivo
(*Revogado.*)

SECÇÃO VI – Ação de anulação e interpretação de cláusulas de convenções coletivas de trabalho

Artigo 183º – Requisitos da petição
1 – Nas ações respeitantes à anulação e interpretação de cláusulas de convenções coletivas de trabalho, deve o autor, na petição, identificar todas as entidades outorgantes e expor os fundamentos da sua pretensão.

2 – Com a petição é junta cópia do *Boletim do Trabalho e Emprego* onde esteja publicada a convenção coletiva e oferecida a prova pertinente.

I – "As associações sindicais e as associações de empregadores outorgantes de convenções coletivas de trabalho, bem como os trabalhadores e os empregadores diretamente interessados, são partes legítimas nas ações respeitantes à anulação e interpretação de cláusulas daquelas convenções" (art. 4º).

II – Esta ação será de simples apreciação e não de condenação, nos termos do art. 10º, nº 3, a) do CPC. Insere-se em conflitos coletivos de trabalho de mero direito constituído e não económicos ou de direitos a constituir. Para estes últimos, os juízos do trabalho não têm competência, devendo as partes seguir os procedimentos de conciliação e arbitragem, estabelecidos, de forma imperativa, no art. 522º e segs. do CT.

III – Contrariamente ao que se dispõe no nº 2, se o processo se limitar às regiões autónomas, será a cópia do JORAM ou do JORAA que se deverá apresentar.

IV – O elenco das convenções coletivas de trabalho consta do art. 2º, nº 3 e o seu regime próprio insere-se no art. 485º e segs., ambos do CT.

V – Ac. STJ nº 6/2015, publicado no D.R. de 05.05.2015, Rel. António Leones Dantas: 1 – A interpretação das cláusulas de instrumentos de regulamentação coletiva obedece às regras atinentes à interpretação da lei, consignadas, em particular, no artigo 9º do Código Civil, visto tais cláusulas serem dotadas de generalidade e abstração e serem suscetíveis de produzir efeitos na esfera jurídica de terceiros. .....

Artigo 184º – Alegações

1 – Os outorgantes são citados para, no prazo de 20 dias, apresentarem as suas alegações por escrito.

2 – Com as alegações é oferecida toda a prova.

3 – A falta de alegações não tem efeitos cominatórios.

I – Caso o autor seja um dos outorgantes da convenção coletiva (e não apenas seu destinatário) todos os restantes outorgantes serão réus, independentemente de serem representantes de trabalhadores ou dos empregadores.

II – A prova deverá ser essencialmente documental, consubstanciando-se no procedimento de negociação e depósito da convenção. Mas, em casos especiais, podem admitir-se outros meios de prova, incluindo as testemunhas, v.g., que intervieram nas negociações.

III – Não há efeitos cominatórios por a questão ou questões serem de simples interpretação de determinadas cláusulas da convenção, não carecendo de apuramento de factos, em regra. Por isso faz mais sentido falar-se em alegações do que em contestação ou articulados, como acontece no artigo seguinte.

IV – Embora com escopo diferente, também o MP poderá deduzir esta ação nos termos do art. 479º do CT, tendo para tanto legitimidade expressa conferida na alínea b) do art. 5º-A, o que é confirmado no nº 2 do art. 186º-G.

Artigo 185º – Forma, valor do processo e efeitos do recurso

1 – As ações a que se referem os artigos anteriores seguem, depois dos articulados, os termos do processo comum, com exclusão da audiência prévia e da tentativa de conciliação.

2 – Da decisão final cabe sempre recurso de revista até ao Supremo Tribunal de Justiça.

3 – O recurso da decisão de mérito tem efeito suspensivo.

I – Após as alegações (apresentadas na fase dos articulados) poderá se lavrado despacho pré-saneador e, por ser excluída a audiência prévia deverá ser cumprido o preceituado na alínea a) do art. 592º do CPC e, consequentemente, nos termos do nº 2 do artigo seguinte, o juiz deve proferir despacho saneador, onde, em regra deve conhecer do mérito (saneador-sentença).

II – Só muito excecionalmente, poderá haver necessidade de apurar algum facto para permitir melhor interpretação ou anulação de cláusula da convenção justificando-se a continuação do processo e, assim, dar cumprimento ao preceituado nalgumas das restantes alíneas daquele nº do art. 593º, conforme art. 62º.

III – Do texto do nº 2, parece que o legislador impunha que o recurso da decisão final de primeira instância fosse logo para o STJ. Na prática, apenas se as partes assim o requererem poderá, de tal decisão, haver recurso *per saltum* para o STJ, nos termos do art. 678º do CPC até porque dela "cabe sempre recurso de revista até ao Supremo Tribunal de Justiça" com efeito suspensivo.

IV – Dada a especial natureza da questão a decidir que é, essencialmente jurídica, contra a regra geral, o recurso tem efeito suspensivo, cfr. art. 83º.

Artigo 186º – Valor do acórdão do Supremo Tribunal de Justiça

O acórdão do Supremo Tribunal de Justiça sobre as questões a que se refere o artigo 183º tem o valor ampliado da revista em processo civil e é publicado na 1ª série do jornal oficial e no *Boletim do Trabalho e Emprego.*

I – O julgamento ampliado de revista será efetuado com intervenção do pleno da secção social, como resulta do nº 1 do art. 686º do CPC.

II – Como acima ficou anotado (ao art. 183º), em vez do BTE, a publicação poderá ser nos jornais oficiais das regiões autónomas.

CAPÍTULO V – Impugnação da confidencialidade de informações ou da recusa da sua prestação ou da realização de consultas

Artigo 186º-A – Requerimento

1 – No caso de se pretender a impugnação da confidencialidade de informações ou da recusa da sua prestação ou da realização de consultas, o autor alega os fundamentos do pedido, indica os pontos de facto que interessa averiguar e requer as providências que repute convenientes.

2 – O réu é citado para contestar no prazo de 15 dias.

I – Este processo especial tem o seu fundamento no art. 413º do CT – justificação e controlo judicial em matéria de confidencialidade de informação.

II – A legitimidade das e.r.c.t. está concedida no art. 5º, nº 6.

III – Ac. TRL, de 20-06-2016, Proc. 30165/15.0T8LSB.L1-4, Rel. EDUARDO AZEVEDO: As providências reputadas convenientes no art. 186º-A do CPT (processo de impugnação da confidencialidade de informações ou da recusa da sua prestação ou da realização de consultas), são as relacionadas com estes objetivos, pelo que devem ser apenas as tendentes à remoção de confidencialidade de informações que se invoca, para promover a sua prestação ou ainda para a realização de consultas (sumário elaborado pelo Relator).

Artigo 186º-B – Termos posteriores

1 – Findos os articulados, o juiz conhece imediatamente do pedido, salvo se entender que se justifica proceder a diligências complementares de prova, caso em que ordena aquelas que repute convenientes.

2 – O processo tem natureza urgente.

A natureza urgente deste processo já se encontrava garantida na alínea f) do nº 1 do art. 26º, mas só correrá em férias judiciai se o juiz assim despachar (nº 2 do mesmo art. 26º).

Artigo 186º-C – Decisão

1 – A decisão de condenação determina as informações que devem ser prestadas e o prazo para a sua prestação.

2 – A requerimento do autor pode ser fixada uma sanção pecuniária compulsória.

3 – A decisão é apenas suscetível de recurso para o Tribunal da Relação, com efeito suspensivo.

Sobre a sanção pecuniária compulsória, v. anotação ao art. 74º-A.

CAPÍTULO VI – Tutela da personalidade do trabalhador

Artigo 186º-D – Requerimento

O pedido de providências destinadas a evitar a consumação de qualquer violação dos direitos de personalidade do trabalhador ou atenuar os efeitos da ofensa já praticada é formulado contra o autor da ameaça ou ofensa e, igualmente, contra o empregador.

I – Os direitos de personalidade do trabalhador encontram-se explanados no art. 14º e segs. do CT.

II – Este processo tem natureza urgente, com se dispõe na alínea *g*) do nº 1 do art. 26º Porém, o processo só correrá em férias judiciais se o juiz assim o decidir (nº 2 do mesmo art. 26º). Sobre a natureza urgente dos processos, v. anotação ao art. 26º.

III – Conforme decorre da norma do nº 5 do artigo seguinte, este processo também se pode configurar como um procedimento cautelar.

Artigo 186º-E – Termos posteriores

1 – Apresentado o requerimento com o oferecimento das provas, se não houver motivo para o seu indeferimento liminar, o tribunal designa imediatamente dia e hora para a audiência, a realizar num dos 20 dias subsequentes.

2 – A contestação é apresentada na própria audiência, na qual, se tal se mostrar compatível com o objeto do litígio, o tribunal procura conciliar as partes.

3 – Na falta de alguma das partes ou se a tentativa de conciliação se frustrar, e independentemente de haver ou não contestação, o tribunal ordena a produção de prova e, de seguida, decide por sentença sucintamente fundamentada.

4 – Se o pedido for julgado procedente, o tribunal determina o comportamento concreto a que o requerido fica sujeito e, sendo caso disso, o prazo para o cumprimento, bem como a sanção pecuniária compulsória por cada dia de atraso no cumprimento ou por cada infração, conforme for mais conveniente às circunstâncias do caso.

5 – Pode ser proferida uma decisão provisória, irrecorrível e sujeita a posterior alteração ou confirmação no próprio processo, quando o exame das provas oferecidas pelo requerente permitir reconhecer a possibilidade de lesão iminente e irreversível da personalidade física ou moral e se, em alternativa:

a) O tribunal não puder formar uma convicção segura sobre a existência, extensão ou intensidade da ameaça ou da consumação da ofensa;

b) Razões justificativas de especial urgência impuserem o decretamento da providência sem prévia audição da parte contrária.

6 – Quando não tiver sido ouvido antes da decisão provisória, o réu pode contestar, no prazo de 20 dias, a contar da notificação da decisão, aplicando-se, com as necessárias adaptações, o disposto nos nºs 1 a 4.

I – Como haverá dois réus, diferentemente do que se preceitua no nº 2, pode haver duas contestações.

II – No nº 5, prevê-se uma verdadeira providência cautelar.

Artigo 186º-F – Regras especiais

1 – O processo, incluindo a fase de recurso, tem natureza urgente.

2 – Os recursos interpostos pelas partes devem ser processados como urgentes.

3 – A execução é efetuada oficiosamente e nos próprios autos, sempre que a medida executiva integre a realização da providência decretada, e é acompanhada de imediata liquidação da sanção pecuniária compulsória.

I – As normas dos nºs 1 e 2 afiguram-se pleonásticas, pois a natureza urgente do processo mantêm-se nos recursos. Também esta ação judicial já havia sido crismado de urgente no art. 26º, nº 1, alínea *g*).

II – No processo comum a execução também pode ser oficiosa, como previsto no art. 90º, devendo as suas normas se aplicarem com as necessárias adaptações.

III – A liquidação da sanção pecuniária compulsória não pode deixar de ser o seu cômputo e não a sua execução, ainda que pareça ser este o sentido da norma (CC, art. 9º, nº 3).

IV – Sobre a sanção pecuniária compulsória, v. anotação ao art. 74º-A.

CAPÍTULO VII – Igualdade e não discriminação em função do sexo

Artigo 186º-G – Remissão

1 – Nas ações relativas à igualdade e não discriminação em função do sexo aplicam-se as disposições correspondentes do processo comum, com as especificações dos artigos seguintes, sem prejuízo do disposto no nº 2.

2 – A declaração judicial de nulidade de disposição de convenção coletiva em matéria de igualdade e não discriminação nos termos do artigo 479º do Código do Trabalho segue os trâmites da ação prevista nos artigos 183º e seguintes.

I – Neste processo especial visa-se acautelar os direitos estabelecidos nos arts. 30º a 32º do CT.

II – No art. 183º e segs., regula-se a ação de anulação e interpretação de cláusulas de convenções coletivas de trabalho.

III – A legitimidade do MP para intentar esta ação advém do que se dispõe no art. 5º-A, alínea *b*).

Artigo 186º-H – Informação sobre decisões judiciais registadas

Até à audiência final, o juiz solicita oficiosamente à entidade que tenha competência na área da igualdade e não discriminação entre homens e mulheres no trabalho, no emprego e na formação profissional informação sobre o registo de qualquer decisão judicial relevante para a causa.

I – Esta entidade é a CITE – Comissão para a Igualdade no Trabalho e Emprego, cuja orgânica foi aprovada pelo Decreto-Lei nº 76/2012, de 26 de março, alterada pela Lei nº 60/2018, de 21 de agosto.

II – Tal comunicação será efetuada nos moldes traçados no CPC, art. 172º, nº 4.

Artigo 186º-I – Comunicação da decisão

O juiz deve comunicar a decisão à entidade competente na área da igualdade e não discriminação entre homens e mulheres no trabalho, no emprego e na formação profissional, para efeitos de registo.

Artigo 186º-J – Remissão

(*Revogado.*)

CAPÍTULO VIII – Ação de reconhecimento da existência de contrato de trabalho

Artigo 186º-K – Início do processo

1 – Após a receção da participação prevista no nº 3 do artigo 15º-A da Lei nº 107/2009, de 14 de setembro, o Ministério Público dispõe de 20 dias para propor ação de reconhecimento da existência de contrato de trabalho.

2 – Caso o Ministério Público tenha conhecimento, por qualquer meio, da existência de uma situação análoga à referida no nº 3 do artigo 2º da Lei nº 107/2009, de 14 de setembro, comunica-a à Autoridade para as Condições

do Trabalho (ACT), no prazo de 20 dias, para instauração do procedimento previsto no artigo 15º-A daquela lei.

I – A legitimidade do MP para intentar esta ação advém-lhe do preceituado no art. 5º, alínea c).

II – A Lei nº 107/2009, de 14 de setembro, com a alteração introduzida pela Lei nº 55/2017, de 17 de julho, estabelece o regime jurídico aplicável às contraordenações laborais e da segurança social. Na parte laboral, tal procedimento compete à Autoridade para as Condições de Trabalho (ACT), ainda que também interesse à Segurança Social, dados os reflexos de natureza contributiva, cfr. art. 186º-O, nº 9.

III – No art. 15º-A desta Lei prevê-se o "procedimento a adotar em caso de inadequação do vínculo que titula a prestação de uma atividade em condições correspondentes às do contrato de trabalho" que se traduz no levantamento de um auto pelo inspetor do trabalho, que deverá notificar "o empregador para, no prazo de 10 dias, regularizar a situação, ou se pronunciar dizendo o que tiver por conveniente".

IV – Caso a situação não seja regularizada, "a ACT remete, em cinco dias, participação dos factos para os serviços do MP junto do tribunal do lugar da prestação da atividade, acompanhada de todos os elementos de prova recolhidos, para fins de instauração de ação de reconhecimento da existência de contrato de trabalho", como se prevê neste art. 186º-K.

V – O prazo indicado de 20 dias é um prazo de caducidade (CC, art. 298º, nº 2).

VI – Ac. STJ, de 06-05-2015, Proc. 327/14.4TTLRA.C1.S1, Rel. Pinto Hespanhol: 1. As normas dos artigos 26º, nº 1, alínea i), e 186º-K, nº 1, ambos do Código de Processo do Trabalho, que atribuem natureza urgente à ação de reconhecimento da existência de contrato de trabalho e fixam o prazo de 20 dias para o Ministério Público a intentar, não ofendem os princípios constitucionais do Estado de direito democrático, na vertente do princípio da segurança jurídica ou da proteção da confiança, da liberdade de escolha do género de trabalho e da igualdade, tal como não infringem o princípio do respeito da dignidade da pessoa humana, o direito ao desenvolvimento da personalidade e o direito à iniciativa privada 2. O prazo estipulado no nº 1 do artigo 186º-K do Código de Processo do Trabalho tem natureza processual e está sujeito ao regime dos artigos 138º e seguintes do Código de Processo Civil. 3. Contando-se o prazo de 20 dias para apresentação da petição inicial a partir da receção da participação da ACT, o que ocorreu em 21 de Abril de 2014, e tendo o Ministério Público praticado esse ato em 15 de Maio de 2014, portanto, dentro do prazo máximo suplementar para a prática de ato processual, previsto no nº 5 do artigo 139º do Código de Processo Civil, tem ainda o direito de praticar aquele ato, devendo o processo seguir a normal e subsequente tramitação.

VII – Ac. TRC, de 28-04-2017, Proc. 2282/16.7T8LRA.C1, Rel. Jorge Manuel Loureiro: II – A falta de habilitação profissional de um professor para o desempenho da atividade docente não obsta à procedência de uma ação de reconhecimento da existência do contrato de trabalho entre esse professor e a entidade que o contratou para o desempenho da atividade docente. III – Não são inconstitucionais as normas do CPT que disciplinam a ação especial de reconhecimento da existência do contrato de trabalho, designadamente os seus arts. 186º-K a 186º-R, introduzidos pela Lei nº 63/2013, de 27/08. IV – Atuando o MP, no âmbito da ação de reconhecimento da existência do contrato de trabalho, na defesa imperativa do interesse público, aquele não incorre em situação de abuso de direito ao peticionar a declaração de existência de um contrato de trabalho inválido, ainda que o indigitado trabalhador tenha gerado no indigitado empregador expectativas de que a relação entre ambos era de prestação de serviço e de que jamais reclamaria a declaração de existência de um contrato de trabalho.

VIII – Ac. TRE, de 08-03-2018, Proc. 2166/17.1T8STR.E1, Rel. Moisés Silva: I) A ação de reconhecimento da existência de contrato de trabalho é uma ação de simples apreciação positiva. Pretende pôr fim à situação de incerteza quanto a determinada situação de facto e de direito. É necessário apurar os factos e qualificá-los. A empregadora não é condenada. É apenas destinatária de uma declaração que torna certa uma questão de facto e de direito incerta. II) Na ação de reconhecimento da existência de contrato de trabalho, quando a empregadora é o Estado ou uma empresa pública, o único efeito jurídico que não pode ser produzido com a declaração de reconhecimento da existência de contrato de trabalho é a condenação da empregadora a admitir o trabalhador ao abrigo de um contrato de trabalho, por impedimento legal. III) Quanto ao mais, a decisão proferida na ação de reconhecimento da existência de contrato de trabalho produz os seus efeitos normais, pelo que o processo deve prosseguir os seus termos a fim de que o seu objeto seja apreciado após a fixação dos factos provados e não provados (sumário do relator).

Artigo 186º-L – Petição inicial e contestação

1 – Na petição inicial, o Ministério Público expõe sucintamente a pretensão e os respetivos fundamentos, devendo juntar todos os elementos de prova recolhidos até ao momento.

2 – O empregador é citado para contestar no prazo de 10 dias.

3 – A petição inicial e a contestação não carecem de forma articulada, devendo ser apresentadas em duplicado, nos termos do nº 1 do artigo 148º do Código de Processo Civil.

4 – Os duplicados da petição inicial e da contestação são remetidos ao trabalhador simultaneamente com a notificação da data da audiência final, com a expressa advertência de que pode, no prazo de 10 dias, aderir aos factos apresentados pelo Ministério Público, apresentar articulado próprio e constituir mandatário.

I – Este "trabalhador" pode vir, a final, a ser julgado como verdadeiro prestador de serviço e também o "empregador" pode vir a não sê-lo.

II – Esta adesão do "trabalhador" configura-se como uma forma de intervenção acessória no processo, mais concretamente na assistência, (CPC, art. 326º).

III – O procedimento cautelar respeitante a este processo é regulado no art. 186º-S e não no capítulo IV do Título II (art. 32º e segs.).

IV – Ac. TRL, de 17-12-2014, Proc. 1340/14.7TTLSB.L1-4, Rel. MARIA JOÃO ROMBA: Na ação especial de reconhecimento da existência de contrato de trabalho, a declaração apresentada pela "trabalhadora" de não pretender aderir aos factos apresentados pelo M.P., nem apresentar articulado próprio ou constituir mandatário é irrelevante para ajuizar sobre o interesse em agir do M.P.

V – Ac. TRL, de 07-10-2015, Proc. 940/14.0TTLSB.L1-4, Rel. ALBERTINA PEREIRA: I – Na ação especial de reconhecimento da existência de contrato de trabalho, o impulso processual cabe ao Ministério Público e só a este, incumbindo-lhe a apresentação da petição inicial, onde expõe sucintamente a pretensão e os respetivos fundamentos, devendo juntar todos os elementos de prova recolhidos até ao momento (art. 186º-L) e apresentar até três testemunhas (art. 186º-N), atuando o mesmo ao longo de todo o processo em representação do Estado coletividade, na defesa dos interesses que lhe estão confiados por lei, bem como na defesa da legalidade democrática (art. 3º do EMP e art. 219º da CRP). II – O trabalhador, pode alhear-se da ação e nela nem sequer intervir (artigos 186º-M e 186º-O). E, caso o faça, a sua intervenção consubstancia-se em aderir aos factos apresentados pelo Ministério Público, apresentar articulado próprio e constituir mandatário (art. 186º- L), do que resulta assumir o mesmo uma posição "complementar" ou "acessória", do Ministério Público, que, no essencial, o reconduz à condição de assistente. III – Não obstante o trabalhador intervenha na ação, apresentando articulado próprio e constituindo mandatário, o Ministério Público como titular da ação deverá nela continuar a intervir até ao seu desfecho na qualidade de autor, podendo o trabalhador, enquanto sujeito da relação material em causa, vir a prestar esclarecimentos factuais relevantes, no sentido da existência (ou não) de um contrato de trabalho. IV – O entendimento contrário, e subjacente à decisão da primeira instância, por via do qual se afastou da ação o Ministério Público, implicou que a prova por este arrolada tivesse sido ignorada, com evidente perda de economia processual e, quiçá, de uma melhor ponderação da factualidade relevante, o que se nos afigura perfeitamente desrazoável (sumário elaborado pela Relatora).

VI – O TC reconhece ao MP o direito autónomo de prosseguimento da ação especial de reconhecimento da existência de contrato de trabalho (Ac. Nº 238/2016, de 04/05/2016, Rel. Lino Rodrigues Ribeiro).

VII – Ac. TRL, de 12-06-2019, Proc. 7/18.1T8CSC.L1-4, Rel. MANUELA FIALHO: 1 – Em presença de uma relação laboral estabelecida em 2015, visando-se o reconhecimento da existência de contrato de trabalho, decorre da presunção de laboralidade estabelecida no art. 12º do CT que compete ao autor provar alguns dos factos índice, ficando o réu com o ónus de demonstrar que não existe contrato de trabalho. 2 – A presunção tem aplicação também nas ações implementadas pelo Ministério Público com vista ao reconhecimento da existência de contrato de trabalho. 3 – Provados dois daqueles factos, mas evidenciando-se autonomia própria do contrato de prestação de serviços, a presunção resulta elidida, não podendo reconhecer-se a existência de contrato de trabalho.

Artigo 186º-M – Falta de contestação

Se o empregador não contestar, o juiz profere, no prazo de 10 dias, decisão condenatória, a não ser que ocorram, de forma evidente, exceções dilatórias ou que o pedido seja manifestamente improcedente.

Sobre o conhecimento oficioso de exceções dilatórias, v. CPC, art. 578º.

Artigo 186º-N – Termos posteriores aos articulados

1 – Se a ação tiver de prosseguir, pode o juiz julgar logo procedente alguma exceção dilatória ou nulidade que lhe cumpra conhecer ou decidir do mérito da causa.

2 – A audiência final realiza-se dentro de 30 dias, não sendo aplicável o disposto nos nºs 1 a 3 do artigo 151º do Código de Processo Civil.

3 – As provas são oferecidas na audiência, podendo cada parte apresentar até três testemunhas.

I – No nº 3 do art. 151º do CPC prevê-se a possibilidade de o juiz alterar a data quando esta foi marcada sem o prévio acordo com os mandatários.

II – Face à norma do nº 3, as testemunhas não serão notificadas para comparecer na audiência final, contrariando a regra geral do art. 66º.

Artigo 186º-O – Julgamento

1 – O julgamento inicia-se com a produção das provas que ao caso couberem.

2 – (*Revogado.*)

3 – Não é motivo de adiamento a falta, ainda que justificada, de qualquer das partes ou dos seus mandatários.

4 – Quando as partes não tenham constituído mandatário judicial ou este não comparecer, a inquirição das testemunhas é efetuada pelo juiz.

5 – Se ao juiz parecer indispensável, para boa decisão da causa, que se proceda a alguma diligência, suspende a audiência na altura que reputar mais conveniente e marca logo dia para a sua continuação, devendo o julgamento concluir-se dentro de 30 dias.

6 – Finda a produção de prova, pode cada um dos mandatários fazer uma breve alegação oral.

7 – A sentença é sucintamente fundamentada, regendo-se a sua gravação e transcrição para a ata pelo disposto no artigo 155º do Código de Processo Civil.

8 – A sentença que reconheça a existência de um contrato de trabalho fixa a data do início da relação laboral.

9 – A decisão proferida é comunicada oficiosamente pelo tribunal ao trabalhador, à ACT e ao Instituto da Segurança Social, I. P., com vista à regularização das contribuições desde a data de início da relação laboral fixada nos termos do número anterior.

I – Como, nos termos do artigo anterior, as testemunhas não são notificadas pelo tribunal para comparecerem, também a sua falta não justificará o adiamento, que apenas será possível por impedimento do tribunal (CPC, art. 603º).

II – No art. 155º do CPC regula-se a gravação da audiência final e a documentação dos demais atos presididos pelo juiz.

III – A comunicação à ACT e ao ISS (ou ISSM, IPRAM ou ISSA, IPRA) insere-se no disposto no art. 15º-A da Lei n. 107/2009, d 14 de setembro, que aprova o regime processual aplicável às contraordenações laborais e da segurança social.

IV – "As entidades contribuintes são responsáveis pelo pagamento das contribuições e das quotizações dos trabalhadores ao seu serviço" (CRCSPSS, art. 42º. nº 1).

V – Ac. STJ, de 21-03-2018, Processo 20416/17, Rel. Chambel Mourisco: I. A ação de reconhecimento da existência de contrato de trabalho é uma ação de cariz publicista que resulta da atividade da Autoridade para as Condições do Trabalho, com uma tramitação muito simplificada, cujo objeto consiste em apurar a factualidade relevante para qualificar o vínculo existente, e caso se reconheça a existência de um contrato de trabalho fixar a data do início da relação laboral, como impõe o nº 8 do art. 186º-O do Código de Processo do Trabalho. II. Caso a ação venha a ser julgada procedente, por se ter concluído que existe um contrato de trabalho, é que será oportuno discutir uma série de questões que poderão ser suscitadas, como por exemplo a validade do contrato, a responsabilidade de quem procedeu à contratação e os direitos do trabalhador. Cfr. acórdãos do mesmo STJ lavrados nos processos nºs 17240/17.6T8LSB.L1.S1 e 17459/17.0T8LSB.L1.S1.

Artigo 186º-P – Recurso

Da decisão proferida nos termos do presente capítulo é sempre admissível recurso de apelação para a Relação, com efeito meramente devolutivo.

I – Esta norma deve também considerar-se inserta no art. 79º como nele anotado.

II – Ac. TRL, de 25-03-2015, Proc. 1343/14.1TTLSB.L1-4, Rel. JERÓNIMO DE FREITAS: I. A intervenção principal do Ministério Público, assumida na ação de reconhecimento da existência de contrato de trabalho por tal competência lhe ser atribuída por lei para defesa dos interesses que a mesma visa salvaguardar, nomeadamente o combate à precariedade de modo a evitar a perpetuação das formas atípicas e injustas de trabalho, entre elas, os falsos recibos verdes, mantém-se até ao desfecho final da ação ou, melhor dito, até à extinção da instância, tendo necessariamente legitimidade para recorrer de toda e qualquer decisão recorrível que à ação respeite. II. Através do recurso vem o Ministério Público questionar se o tribunal a quo fez a correta aplicação do direito ao julgar extinta a instância. O seu propósito, alicerçado nos fundamentos que invoca, é o de ver a decisão revogada e, consequentemente, o prosseguimento da ação. Portanto, o Ministério Público tem interesse processual em recorrer, sendo inquestionável a necessidade que o justifica. III. O princípio da liberdade contratual (art. 405º CC) não significa que esteja na disponibilidade das partes qualificarem um contrato como bem lhes aprouver – mesmo que o façam sem qualquer intenção simulatória – designadamente, denominando-o como contrato de prestação de serviços, quando na verdade do que convencionaram ou da sua execução prática resulta um verdadeiro contrato de trabalho subordinado...

III – Ac. TRP, de 15-05-2017, Proc. 6214/16.4T8PRT.P1, Rel. JERÓNIMO FREITAS: II – Ao estabelecer que na presente ação de reconhecimento da existência de contrato de trabalho é sempre admissível recurso de apelação para a Relação, o legislador fez a valoração dos interesses em causa para efeitos de recurso, equiparando-a, para esse efeito, aos casos em que o valor da ação é o da alçada do Tribunal da 1ª instância acrescido de mais €0,01. Nessa consideração, quando não existam elementos para fixação do valor da causa atendendo à utilidade económica do pedido, servirá de critério essa valoração, por dela resultar o valor que, pelo menos, será o mínimo a fixar.

Artigo 186º-Q – Valor da causa e responsabilidade pelo pagamento das custas

1 – Para efeitos de pagamento de custas, aplica-se à ação de reconhecimento da existência de contrato de trabalho o disposto na alínea *e*) do nº 1 do artigo 12º do Regulamento das Custas Processuais, aprovado pelo Decreto-Lei nº 34/2008, de 26 de fevereiro.

2 – O valor da causa é sempre fixado a final pelo juiz tendo em conta a utilidade económica do pedido.

3 – Se for interposto recurso antes da fixação do valor da causa pelo juiz, deve este fixá-lo no despacho que admita o recurso.

4 – O trabalhador só pode ser responsabilizado pelo pagamento de qualquer quantia a título de custas se, nos termos do disposto no nº 4 do artigo 186º-L, tiver apresentado articulado próprio e se houver decaimento.

Na alínea e) do nº 1 do art. 12º do RCP, estabelece-se que "atende-se ao valor indicado na 1.1 da tabele I-B ... sempre que for impossível determinar o valor da causa, sem prejuízo de posteriores acertos de o juiz vier a fixar um valor certo". Portanto, haverá um valor provisório correspondente a 0,5 de UC.

Artigo 186º-R – Prazos

Os prazos previstos no nº 1 do artigo 337º e no nº 2 do artigo 387º do Código do Trabalho, aprovado pela Lei nº 7/2009, de 12 de fevereiro, contam-se a partir da decisão final transitada em julgado.

No nº 1 do art. 337º do CT, estabelece-se para o exercício dos créditos laborais o prazo (de prescrição) de um ano, a partir da data da cessação do contrato de trabalho. No nº 2 do art. 387º do mesmo CT, estabelece-se o prazo (de caducidade) de 60 dias para o trabalhador opor-se ao seu despedimento.

Artigo 186º-S – Procedimento cautelar de suspensão de despedimento subsequente a auto de inspeção previsto no artigo 15º-A da Lei nº 107/2009, de 14 de setembro

1 – Sempre que o trabalhador tenha sido despedido entre a data de notificação do empregador do auto de inspeção a que se refere o nº 1 do artigo 15º-A da Lei nº 107/2009, de 14 de setembro, na sua redação atual, que presume a existência de contrato de trabalho e o trânsito em julgado da decisão judicial da ação de reconhecimento da existência de contrato de trabalho, o Ministério Público intenta procedimento cautelar de suspensão de despedimento, nos termos da alínea *c*) do artigo 5º-A deste Código.

2 – O Ministério Público, caso tenha conhecimento, por qualquer meio, da existência de despedimento na situação a que se refere o nº 1 do artigo 15º-A da Lei nº 107/2009, de 14 de setembro, na sua redação atual, interpõe oficiosamente o procedimento cautelar.

3 – O disposto no número anterior é aplicável sempre que a pessoa ou pessoas a quem a atividade é prestada aleguem que o contrato que titula a referida atividade cessou, a qualquer título, durante o período referido no nº 1.

4 – Caso o despedimento ocorra antes da receção da participação dos factos prevista no nº 3 do artigo 15º-A da Lei nº 107/2009, de 14 de setembro, na sua redação atual, o Ministério Público, até dois dias após o conhecimento da existência do despedimento, requer à ACT para, no prazo de cinco dias, remeter a referida participação, acompanhada de todos os elementos de prova recolhidos.

5 – Em tudo o que não seja regulado no presente artigo, é aplicável o regime previsto nos artigos 33º-A a 40º-A, com as necessárias adaptações.

Assim, antes de se julgar a existência do contrato de trabalho, já a lei presume que pode haver despedimento, estabelecendo a possibilidade da sua suspensão. Deste modo, certamente a discussão da existência de um verdadeiro contrato de trabalho terá de ser travada no procedimento.

TÍTULO VII – Processo de contraordenação

Artigo 187º

(Revogado.)

Artigo 188º – Intervenção do Ministério Público

(Revogado.)

Artigo 189º – Notificação dos interessados

(Revogado.)

Artigo 190º – Prescrição

(Revogado.)

Artigo 191º – Pessoa coletiva e sociedade

(Revogado.)

Artigo 192º – Ação

(Revogado.)

Artigo 193º – Interrupção e suspensão da prescrição de obrigações pecuniárias

(*Revogado.*)

Artigo 194º – Prazo de cumprimento de obrigações pecuniárias

(*Revogado.*)

Artigo 195º – Espécies

(*Revogado.*)

Artigo 196º – Pagamento voluntário

(*Revogado.*)

Artigo 197º – Inquirição por carta

(*Revogado.*)

Artigo 198º – Oralidade da audiência

(*Revogado.*)

Artigo 199º – Recurso

(*Revogado.*)

Artigo 200º – Regime supletivo

(*Revogado.*)

LIVRO II – DO PROCESSO DE CONTRAORDENAÇÃO

Artigo 201º – Remissão

A impugnação judicial de decisão de autoridade administrativa que aplique coimas e sanções acessórias em processo laboral segue os termos previs-

tos na Lei nº 107/2009, de 14 de setembro, que estabelece o regime processual aplicável às contraordenações laborais e de segurança social.

I – A Lei nº 107/2009, de 14 de setembro, com a alteração introduzida pela Lei nº 55/2017, de 17 de julho, estabelece o regime jurídico aplicável às contraordenações laborais e da segurança social. Na parte laboral tal procedimento compete à Autoridade para as Condições de Trabalho (ACT) e na parte da segurança social ao Instituto da Segurança Social, IP (ISS).

II – Depois da fase administrativa, a partir do art. 32º desta Lei disciplina-se a fase judicial para impugnação da decisão de aplicação de coima pela ACT ou ISS.

III – Tal impugnação judicial deverá ser dirigida ao juízo do trabalho competente (onde se terão verificados os atos que encerrarão a contraordenação), contendo alegações, conclusões e a indicação dos meios de prova. Porém, será apresentada na autoridade administrativa no prazo de 20 dias a contar da data do recebimento da notificação a aplicar a coima.

Parte II

Competência Material e Internacional dos Juízos do Trabalho

A – Lei nº 62/2013, de 26 de Agosto – Organização e Funcionamento dos Tribunais Judiciais

EXTRATO

SUBSECÇÃO V – Juízos do trabalho

Artigo 126º – Competência cível

1 – Compete aos juízos do trabalho conhecer, em matéria cível:

a) Das questões relativas à anulação e interpretação dos instrumentos de regulamentação coletiva do trabalho que não revistam natureza administrativa;

b) Das questões emergentes de relações de trabalho subordinado e de relações estabelecidas com vista à celebração de contratos de trabalho;

c) Das questões emergentes de acidentes de trabalho e doenças profissionais;

d) Das questões de enfermagem ou hospitalares, de fornecimento de medicamentos emergentes da prestação de serviços clínicos, de aparelhos de prótese e ortopedia ou de quaisquer outros serviços ou prestações efetuados ou pagos em benefício de vítimas de acidentes de trabalho ou doenças profissionais;

e) Das ações destinadas a anular os atos e contratos celebrados por quaisquer entidades responsáveis com o fim de se eximirem ao cumprimento de obrigações resultantes da aplicação da legislação sindical ou do trabalho;

f) Das questões emergentes de contratos equiparados por lei aos de trabalho;

g) Das questões emergentes de contratos de aprendizagem e de tirocínio;

h) Das questões entre trabalhadores ao serviço da mesma entidade, a respeito de direitos e obrigações que resultem de atos praticados em comum na execução das suas relações de trabalho ou que resultem de ato ilícito praticado por um deles na execução do serviço e por motivo deste, ressalvada a competência dos tribunais criminais quanto à responsabilidade civil conexa com a criminal;

i) Das questões entre instituições de previdência ou de abono de família e seus beneficiários, quando respeitem a direitos, poderes ou obrigações legais, regulamentares ou estatutárias de umas ou outros, sem prejuízo da competência própria dos tribunais administrativos e fiscais;

j) Das questões entre associações sindicais e sócios ou pessoas por eles representados, ou afetados por decisões suas, quando respeitem a direitos, poderes ou obrigações legais, regulamentares ou estatutárias de uns ou de outros;

k) Dos processos destinados à liquidação e partilha de bens de instituições de previdência ou de associações sindicais, quando não haja disposição legal em contrário;

l) Das questões entre instituições de previdência ou entre associações sindicais, a respeito da existência, extensão ou qualidade de poderes ou deveres legais, regulamentares ou estatutários de um deles que afete o outro;

m) Das execuções fundadas nas suas decisões ou noutros títulos executivos, ressalvada a competência atribuída a outros tribunais;

n) Das questões entre sujeitos de uma relação jurídica de trabalho ou entre um desses sujeitos e terceiros, quando emergentes de relações conexas com a relação de trabalho, por acessoriedade, complementaridade ou dependência, e o pedido se cumule com outro para o qual o juízo seja diretamente competente;

o) Das questões reconvencionais que com a ação tenham as relações de conexão referidas na alínea anterior, salvo no caso de compensação, em que é dispensada a conexão;

p) Das questões cíveis relativas à greve;

q) Das questões entre comissões de trabalhadores e as respetivas comissões coordenadoras, a empresa ou trabalhadores desta;

r) De todas questões relativas ao controlo da legalidade da constituição, dos estatutos e respetivas alterações, do funcionamento e da extinção das associações sindicais, associações de empregadores e comissões de trabalhadores;

s) Das demais questões que por lei lhes sejam atribuídas.

2 – Compete ainda aos juízos do trabalho julgar os recursos das decisões das autoridades administrativas em processos de contraordenação nos domínios laboral e da segurança social.

I – Relativamente à alínea a), são instrumentos de regulamentação coletiva do trabalho com natureza administrativa os que se preveem na Lei Geral do Trabalho em Funções Públicas (Lei nº 35/2014, de 20 de junho), no art. 355º e segs. – acordos coletivos de trabalho e de adesão.

No que concerne à alínea d), as questões nela previstas deverão ser dirimidas através do processo especial para efetivação de direitos de terceiros conexos com acidente de trabalho, regulado no CPT, art. 154º.

Quanto à alínea f) são contratos equiparados por lei ao de trabalho os de trabalho no domicílio regulados na Lei nº 101/2009, de 8 de setembro.

Em relação à alínea I), anota-se que, atualmente, apenas existem duas caixas de previdência (CPAS e CPME) cujo contencioso é da competência dos tribunais administrativos e fiscais, cfr. jurisprudência uniforme. Neste âmbito, os juízos do trabalho, hoje em dia, apenas têm competência para apreciarem as impugnações judiciais das decisões da ACT e dos ISSs em matéria de contraordenações, cfr. nº 2 deste artigo 126º.

II – Ac. STJ, de 14-12-2016, Proc. 1267/15.5T8FNC-A1.S1, Rel. Ribeiro Cardoso: 1 – A competência do tribunal, sendo um pressuposto processual, afere-se pelo pedido e respetivos fundamentos, nos termos em que são configurados pelo autor. 2 – Tendo as partes inserido no contrato de trabalho uma cláusula de confidencialidade para vigorar até três anos após a cessação do contrato de trabalho, esta obrigação, livremente assumida pela trabalhadora, é inerente a relação laboral e dela emerge diretamente. 3 – Sendo pedida a condenação da ex-trabalhadora no pagamento da indemnização estabelecida na cláusula penal, em consequência da violação da cláusula de confidencialidade, estão em causa questões emergentes de relações de trabalho subordinado, ainda que a violação tenha ocorrido após a cessação do contrato de trabalho, cabendo, por isso, a competência para a ação a secção do trabalho, nos termos do art. 126, nº 1, al. b) da LOSJ.

III – Ac. TRC, de 07-04-2017, Proc. 1264/11.OTTCBR.C1, Rel. Jorge Manuel Loureiro: Os tribunais do trabalho são materialmente incompetentes para conhecer e decidir de ações emergentes de acidentes de serviço ocorridos no âmbito de uma relação de trabalho de emprego público em que figura como empregador uma empresa municipal que integra a denominada administração autárquica indireta privada que faz parte da denominada administração pública autónoma, mesmo que tenha sido transferida para uma seguradora a responsabilidade civil emergente desses acidentes.

IV – Ac. STJ, de 08-06-2017, Proc. 5515/15.3T8OAZ-A.P1.S1,Rel. António Leones Dantas: 1 Incumbe à Jurisdição do Trabalho, através das Secções Especializadas do Trabalho, conhecer «c) das questões emergentes de acidentes de trabalho e doenças profissionais», nos termos da alínea c) do nº 1 do artigo 126º da Lei nº 62/2013, de 26 de agosto. 2 Cabe na competência daquelas secções conhecer dos litígios emergentes de acidentes sofridos por trabalhadores por conta própria, no exercício das suas funções, litígios esses que ocorram entre aqueles trabalhadores e as seguradoras para quem tenham transferido a responsabilidade pela reparação das consequências daqueles acidentes, mesmo quando ocorridos antes de 1 de janeiro de 2000.

V – Ac. TRL, de 19-09-2017, Proc. 27786/15.5T8LSB.L1-7, Rel. CRISTINA COELHO: 1 – A competência do tribunal em razão da matéria afere-se pela natureza da relação jurídica tal como ela é apresentada pelo A. na petição inicial, ou seja, analisando o que foi alegado como causa de pedir e, também, o pedido formulado pelo demandante, não estando o tribunal vinculado às qualificações jurídicas do autor, como resulta do art. 5º, nº 3 do CPC. 2 – A resolução dos litígios emergentes de acidentes de trabalho há muito que está atribuída a uma jurisdição especializada – a jurisdição do Trabalho – que aborda esta competência num quadro processual próprio – o processo dos acidentes de trabalho – que integra disciplina processual específica para a realização deste ramo do Direito, articulando a dimensão pericial da determinação das consequências do acidente, com a realização dos interesses de natureza pública que estão subjacentes à reparação da perda da capacidade de ganho. 3 – Se a causa de pedir na ação é a simulação pela R. da verificação de um acidente de trabalho (ocorrido durante a sua prestação e no local de trabalho), que determinou a entidade patronal à sua participação à A., e levou esta, no âmbito do contrato de seguro contratado, a suportar as inerentes despesas, cujo reembolso peticiona da R., é o tribunal cível que tem competência, em razão da matéria, para conhecer da ação.

VI – Ac. do TRE, de 24-05-2018, Proc. Nº 807/17.OT8TMR.E1, Rel. JOÃO NUNES: O juízo do trabalho é materialmente competente para uma execução em que o título executivo consiste num acordo de pagamento de créditos laborais, que foi autenticado pelo notário, no qual a dívida aí reconhecida, e que a exequente pretende executar, se refere a créditos pela cessação do contrato de trabalho que vigorou entre aquela, como trabalhadora, e o executado-marido, como empregador.

VII – Ac. TRP, de 17-11-2014; Proc. 609/13.2TTPRT-A.P1; Rel. MARIA JOSÉ COSTA PINTO: Os tribunais comuns têm competência para apreciar a questão da nulidade do ato administrativo em que se consubstancia o parecer da CITE emitido sobre a pretensão de horário flexível formulada pelo trabalhador com responsabilidades familiares, quando a mesma se apresenta como questão prejudicial do litígio.

VIII – Ac. STJ, de 15-04-2015, Proc. 197/14.2TTALM.L1.S1, Rel. FERNANDES DA SILVA: I – A competência material afere-se pela forma como o autor configura a ação, sendo esta definida pelo pedido, pela causa de pedir e pela natureza das partes, não estando o tribunal adstrito à qualificação que a/s parte/s tenha/m produzido para definir o objeto da ação. II – Em matéria cível, compete aos Tribunais do Trabalho, para além do mais, conhecer das questões emergentes de relações de trabalho subordinado. III – Aos Tribunais de Comércio compete o julgamento das ações previstas no artigo 89º, nº 1, da LOFTJ (atual artigo 128º, nº 1, da LOSJ), cabendo-lhe, igualmente, o julgamento dos apensos e incidentes que, porventura, se suscitem no âmbito das ações cuja competência lhes é atribuída. IV – Da declaração de insolvência de pessoa coletiva não deriva, autonomamente, a cessação dos contratos de trabalho em vigor até essa data (artigo 347º, nº 1. do Código do Trabalho), passando a gestão desses vínculos a ser assumida pela administrador da insolvência, conforme decorre do artigo 55º, nº 1., al. b), do CIRE, com a faculdade prevista no nº 2 do citado artigo 347º do Código do Trabalho. V – Todavia, praticado ato pelo administrador da insolvência, gerador de consequências sobre a massa insolvente, mormente o ato previsto no artigo 347º, nº 2, do Código do Trabalho, os encargos que daí decorram projetam-se na massa insolvente, conforme decorre do disposto no artigo 51º do CIRE. VI – Proposto procedimento cautelar visando a declaração da ilicitude de cessação do contrato de trabalho promovido pelo administrador da insolvência, deve o mesmo correr por apenso ao respetivo processo, conforme imposto pelo artigo 89º, nº 2, do CIRE, sendo a competência para o seu conhecimento e tramitação cometida ao Tribunal do Comércio, ao abrigo do disposto no artigo 89º, nº 2, da LOFJT.

IX – Ac. TRL, de 17-06-2015, Proc. 2266/10.9TTLSB.L1-4, Rel. ALDA MARTINS: Verificando-se, nos termos do alegado na petição inicial, à luz do direito aplicável, que o autor mantém um vínculo de emprego com o réu, ininterruptamente, primeiramente sujeito ao regime do contrato de trabalho, e, a partir de 1 de Janeiro de 2009, ao regime do contrato de trabalho em funções públicas, para apreciação da ação posteriormente proposta em que o pedido e a causa de pedir emergem dessa relação jurídica (abrangendo um e outra, também, o período decorrido desde que vigora o contrato de trabalho em funções públicas, e, inclusive, para futuro) é competente materialmente o tribunal administrativo, por força do art. 4º, nº 3, al. d) do Estatuto dos Tribunais Administrativos e Fiscais. (sumário elaborado pela Relatora)

X – Ac. STJ, de 11-02-2016, Proc. 255/14.3T8AGD.P1.S1, Rel. ANTÓNIO LEONES DANTAS: 1 – A Lei nº 23/2004, de 22 de junho, que aprovou o regime jurídico do contrato individual de trabalho na Administração Pública, estabeleceu a possibilidade de a Administração Pública, celebrar contratos de trabalho por tempo indeterminado ou a termo resolutivo, aos quais era aplicável o regime do Código do Trabalho e respetiva legislação complementar, com as especificidades constantes do mesmo diploma. 2 – Com a entrada em vigor da Lei nº 59/2008, de 11/9, que aprovou o Regime Jurídico do Contrato de Trabalho em Funções Públicas e revogou a Lei nº 23/2004, deixou de estar prevista no nosso ordenamento jurídico a vinculação do Estado e de outras entidades públicas através de relações laborais comuns, de direito privado, passando os trabalhadores com contrato de trabalho validamente celebrado ao abrigo do regime anterior para o regime do Contrato de Trabalho em Funções Públicas criado por aquela lei. 3 – Na vigência da Lei nº 23/2004, de 22 de junho, a Administração Pública não dispunha do grau de autonomia dos empregadores privados, encontrando-se adstrita a um conjunto de normas imperativas de direito público para a celebração de contratos de trabalho que, uma vez incumpridas, determinavam a respetiva nulidade. 4 – O Estatuto dos Tribunais Administrativos e Fiscais atribuiu aos Tribunais Administrativos a competência para conhecer dos litígios emergentes de contrato de trabalho em funções públicas e excluiu expressamente da competência destes tribunais os conflitos derivados de contratos individuais de trabalho, ainda que uma das partes seja uma pessoa coletiva de direito público. 5 – Incumbe aos Tribunais Judiciais – Secções do Trabalho das instâncias centrais dos Tribunais de Comarca – a competência para conhecer de uma ação movida contra um Município em que um trabalhador pede que se declare a existência de um contrato de trabalho com o Réu, com início em 2006 e termo em julho de 2014 e que se condene este em várias pretensões derivadas daquele contrato e da respetiva cessação e fundamentadas no regime jurídico do contrato individual de trabalho.

XI – Ac. TRC, de 12-05-2016, Proc. 1056/15.7T8CLD-A.C1, Rel. Azevedo Mendes: I – Nos termos conjugados dos arts. 30º, nº 1 do CPT e 126º, al. o) da Lei nº 62/ /2013, de 26/08, é admissível, em processo laboral, a dedução de pedido reconvencional, não apenas quando o pedido do réu emerge do facto jurídico que serve de fundamento à ação, mas ainda quando o mesmo tenha com o facto jurídico que serve de fundamento à ação uma relação de conexão por acessoriedade, complementaridade ou dependência, salvo no caso de compensação, em que a conexão é dispensada. II – O sentido da expressão 'facto jurídico que serve de fundamento à ação' empregue no primeiro segmento do art. 30º, nº 1 do CPT, pelo seu exato teor literal e pela sua inserção sistemática em capítulo intitulado 'instância', em que é regulada a cumulação sucessiva de pedidos e de causas de pedir (art. 28º), só pode ser entendido como referindo-se à causa de pedir, ao facto jurídico concreto e específico invocado pelo autor como fundamento da sua pretensão. III – As relações de conexão, para que operem, devem estabelecer-se entre as questões reconvencionais e a ação, ou seja quando o pedido reconvencional está relacionado com o pedido do autor por acessoriedade, por complementaridade o por dependência.

XII – Ac. STJ, de 17-11-2016, Proc. 31/14.3T8PNF.P1.S1, Rel. António Leones Dantas: 1 – Os trabalhadores com vínculo de natureza pública aos estabelecimentos hospitalares a que foi atribuído o estatuto de EPE, nos termos dos Decretos Leis nº 326/2007, de 28 de setembro e nº 233/2005, de 29 de dezembro, caso não tenham optado pelo contrato de trabalho de direito privado, mantêm o vínculo de natureza pública, com a conservação integral do respetivo estatuto, nos termos do artigo 15º do último daqueles diplomas. 2 – O estatuto dos trabalhadores com vínculo de natureza pública previsto no número anterior engloba o regime de proteção dos acidentes em serviço decorrente do Decreto-Lei nº 503/99, de 20 de novembro, na redação emergente da Lei nº 59/2008, de 11 de setembro. 3 – Incumbe aos tribunais da jurisdição administrativa, nos termos do artigo 4º do Estatuto dos Tribunais Administrativos e Fiscais, aprovado pela Lei nº 13/2002 de 17 de fevereiro, o conhecimento de litígio derivado de acidente em serviço sofrido por trabalhador ao serviço de Hospital EPE, com vínculo de natureza pública e que não optou pelo contrato de trabalho de direito privado.

XIII – Ac. TRG, de 05-01-2017, Proc. 3653/15.4T8GMR.G1, Rel. FERNANDA VENTURA: Compete ao tribunal de competência genérica da comarca conhecer da ação em que a seguradora, no exercício do direito de regresso, pede contra a tomadora do seguro de acidentes laborais a condenação no pagamento de quantia que tenha pago, com base em contrato de seguro de acidentes laborais, ainda que para o efeito invoque a concessão desse direito por preceito da Lei dos Acidentes de Trabalho, neste caso violação das regras de segurança por parte da entidade patronal.

XIV – Ac. TRP, de 07-02-2017, Proc. 9179/15.6T8PRT.P1, Rel. RODRIGUES PIRES: I – A aferição da competência em razão da matéria é feita pela natureza da relação jurídica, tal como ela é configurada pelo autor na petição inicial, ou seja, no confronto entre a pretensão deduzida (pedido), independentemente do seu mérito, e os respetivos fundamentos (causa de pedir). II – A competência para conhecer de uma ação que, embora se funde num acidente de trabalho, tem como causa de pedir o cumprimento defeituoso do contrato de seguro de acidentes de trabalho celebrado entre as partes, em virtude de eventual atuação negligente de médicos que prestam serviço à seguradora, cabe não às secções de trabalho, mas sim aos tribunais comuns.

XV – Ac. TRC, de 04-04-2017, Proc. 328/14.2TBGRD-D.C1, Rel. LUÍS CRAVO: Compete à Secção Cível da Instância Local que exista na comarca, e não à Secção do Trabalho da mesma comarca, preparar e julgar uma ação relativa a dívidas da massa insolvente, na medida em que ao determinar concretamente o art. 89º, nº3 do C.I.R.E. que as ações relativas a dívidas da massa insolvente correm por apenso ao processo de insolvência, com isso alterou, por apelo à competência extensiva dos tribunais do comércio [cf. nº 3 do art. 128º da LOSJ], a normal reserva de competência material do tribunal do trabalho para a apreciação de créditos laborais emergentes da cessação do contrato de trabalho [cf. al. b) do art. 126º da mesma LOSJ].

XVI – Ac. TRP, de 06-11-2017, Proc. 472/17.4T8VNG.P1, Rel. FERNANDA SOARES: I – O recurso à arbitragem voluntária, em sede de resolução de conflitos no âmbito do contrato de trabalho desportivo, é admissível desde que essa possibilidade seja prevista em convenção coletiva. II – É o que estabelecia o nº 1 do artigo 30º da Lei nº28/98 de 26.06 e que a Convenção Coletiva celebrada entre a Liga Portuguesa de Futebol Profissional e o Sindicato D... – publicada no BTE 1ª série, nº33, de 08.09.1999 – acabou por consagrar nos seus artigos 54º e 55º e Anexo II e o que atualmente se prevê nos artigos 6º e 7º da Lei do Tribunal Arbitral do Desporto e no novo regime jurídico do contrato de trabalho do praticante desportivo estabelecido pela Lei nº54/2017 de 14.07. III – Se a sujeição de litígio laboral em sede de contrato de trabalho desportivo a um Tribunal Arbitral depende da vontade expressa e inequívoca das partes – artigo 150º, nº 1 da LOSJ – e se a possibilidade de recurso ao Tribunal Arbitral do Desporto

(TAD) deve constar da respetiva convenção coletiva, então, a partir de 31.07.2016, existe um vazio «legislativo» em termos de previsão de regulamentação coletiva no que concerne ao recurso ao TAD em sede de arbitragem voluntária. IV – Por isso, o determinado no artigo 3º, nº 3 [Norma transitória] da Lei do Tribunal Arbitral do Desporto não pode ser imposto às partes que convencionaram «outro órgão de competência» para dirimir o litígio, não obstante a extinção deste órgão e a sua substituição por outro [o TAD]. V – Perante a supressão do órgão constante da cláusula compromissória, e atento o princípio consagrado no art. 20º da Constituição da República Portuguesa – acesso ao direito e tutela jurisdicional efetiva – compete ao Tribunal do Trabalho conhecer do litígio, ou seja, da presente ação.

XVII – Ac. TRP, de 14-12-2017, Proc. 21041/15.8T8PRT-A.PI, Rel. Teresa Sa Lopes: III – Para aferir se determinada questão se insere no âmbito deste segmento da competência dos tribunais do trabalho importa analisar antes de mais se do pedido formulado e da factualidade concreta alegada pelo Autor podemos concluir que estamos perante uma questão emergente de trabalho subordinado, independentemente da designação dada ao contrato ou da sua qualificação como contrato de trabalho por parte do Autor na ação. IV – A obrigação de liquidar e pagar as contribuições devidas à Segurança Social não decorre diretamente da violação do contrato de trabalho mas sim da violação de um dever de contributo/tributário. O Tribunal do Trabalho é incompetente em razão da matéria para conhecer dos pedidos de condenação da entidade patronal no pagamento de tais contribuições.

XVIII – Ac. TRE, de 01-02-2018, Proc. 951/17.3T8TMR.E1, Rel. Paula do Paço: Compete materialmente à jurisdição laboral julgar o mérito de uma ação, cuja causa de pedir e o pedido apresentados pelo autor na petição inicial se fundamente no alegado incumprimento parcial de um acordo extrajudicial celebrado entre os outorgantes do contrato de trabalho, por via do qual a empregadora se obrigou a pagar ao trabalhador uma determinada quantia pela cessação do contrato de trabalho e demais créditos laborais devidos. (sumário da Relatora).

XIX – Ac. TRL, de 26-06-2019, Proc. 7840/17.0T8CBR.L1-4, Rel. Sérgio Almeida: I – Para aferir a competência material do Tribunal importa atender aos factos articulados pelo autor na petição inicial e à pretensão jurídica por ele apresentada, ou seja, à causa de pedir invocada e aos pedidos formulados. II – Invocando o autor, Sindicato, uma transmissão de estabelecimento feita no intuito de prejudicar os trabalhadores, é competente o Tribunal do Trabalho.

XX – Ac. STJ, de 30-04-2019, 100/18.0T8MLG-A.G1.S1, Proc. Rel. Ana Paula Boularot: I – A competência do Tribunal, como pressuposto processual que é, determina-se pelos termos em que o autor estruturou o pedido e a causa de pedir. II – Dispõe o artigo 126º da Lei 62/2013, de 26 de Agostos (LOFT), no que respeita à competência cível dos tribunais de trabalho: «1 – Compete aos juízos do trabalho conhecer, em matéria cível: (...) c) Das questões emergentes de acidentes de trabalho e doenças profissionais;». III – O exercício do direito de regresso por parte de uma seguradora – a Autora aqui Recorrida – contra uma entidade patronal – a Ré aqui Recorrente –, por haver satisfeito uma indemnização a um trabalhador desta, vitima de um acidente de trabalho, no âmbito das obrigações existentes entre ambas em sede de contrato de seguro de acidentes de trabalho, na medida em que lhe imputa o incumprimento das normas de segurança no trabalho, com a violação de normas imperativas destinadas à proteção e segurança dos trabalhadores, não visa discutir uma situação autonomizada – o direito de crédito da Recorrida accionado em sede de regresso -, mas antes a factualidade consubstanciadora que conduziu a esse direito, isto é, o acidente de trabalho. IV – Nos termos do artigo 40º, da LOFT, os tribunais judiciais têm uma competência residual, apenas intervindo quando as causas não estejam atribuídas a outra ordem jurisdicional e a situação dos autos está expressamente afecta à jurisdição laboral, ex vi do artigo 126º, nº 1, alínea c) do mesmo diploma, tendo em atenção o pedido e a causa de pedir. V – Seria uma incongruência concluir-se que o Tribunal de Trabalho era o competente para se aferir da responsabilidade da entidade seguradora nesta sede, por via da transferência das responsabilidades através da celebração obrigatória do contrato de seguro havido com a entidade patronal em sede de acidentes de trabalho, e, já não o seria, para averiguar, afinal das contas, se teria ou não ocorrido uma efetiva responsabilidade funcional desta na ocorrência do sinistro, por forma a desonerar aquela das obrigações assumidas, porquanto o que está em causa, a jusante e a montante, é o acidente de trabalho e as circunstâncias em que o mesmo se verificou. VI – Consagra-se, assim, o princípio da absorção das competências, o que equivale a dizer que tendo os Tribunais de trabalho a competência exclusiva para a apreciação das problemáticas decorrentes dos acidentes de trabalho, a eles competirá, mutatis mutandis, igualmente, o conhecimento de todas as questões cíveis relacionadas com aqueles que prestem apoio ou reparação aos respetivos sinistrados, já que, o cerne da discussão se concentra na ocorrência do sinistro e eventual violação por banda da entidade empregadora das regras de segurança.

Artigo 127º – REVOGADO
Constituição do tribunal colectivo

1 – Nas causas referidas nas alíneas a), b), e), f), g) e q) do nº 1 do artigo 126º em que deva intervir o coletivo, o tribunal é constituído pelo coletivo e por dois juízes sociais.

2 – Nas causas referidas na alínea f) do nº 1 do artigo 126º, um dos juízes sociais deve ser nomeado na qualidade de trabalhador independente e outro na qualidade de trabalhador assalariado.

3 – Nas restantes causas a que se refere o nº 1, um dos juízes sociais é recrutado de entre entidades patronais e outro de entre trabalhadores assalariados.

O julgamento através do tribunal coletivo (e sem juízos sociais) apenas será possível, transitoriamente, nos processos em que já havia sido requerido, *ex vi* do art. 5º, nº 2 da Lei nº 107/2019, de 9 de setembro, que alterou o Código de Processo do Trabalho e revogou este artigo 127º, através do seu art. 7º, alínea b).

B – Regulamento (EU) nº 1215/2012 do Parlamento Europeu e do Conselho, de 12 de dezembro de 2012 relativo à competência judiciária, ao reconhecimento e à execução de decisões em matéria civil e comercial[1]

(EXTRATO)

Tendo em conta o Tratado sobre o Funcionamento da União Europeia, nomeadamente o artigo 67º, nº 4, e o artigo 81º, nº 2, alíneas a), c) e e), ...

Deliberando de acordo com o processo legislativo ordinário,

Considerando o seguinte:

(1) Em 21 de abril de 2009, a Comissão adotou um relatório sobre a aplicação do Regulamento (CE) nº 44/2001 do Conselho, de 22 de dezembro de 2000, relativo à competência judiciária, ao reconhecimento e à execução de decisões em matéria civil e comercial (3). O relatório concluía que, em geral, a aplicação daquele regulamento é satisfatória, mas que seria desejável aplicar melhor algumas das suas disposições, facilitar mais a livre circulação de decisões e continuar a reforçar o acesso à justiça. Dada a necessidade de efetuar uma série de alterações ao referido regulamento, deverá o mesmo, por razões de clareza, ser reformulado. .... (41)

ADOTARAM O PRESENTE REGULAMENTO:

CAPÍTULO I – Âmbito de aplicação e definições

Artigo 1º

1. O presente regulamento aplica-se em matéria civil e comercial, independentemente da natureza da jurisdição. Não abrange, nomeadamente, as

[1] Contendo as alterações introduzidas pelos Regulamentos (UE) nºs 542/2014, de 15 de maio e 281/2015, de 25 de fevereiro.

matérias fiscais, aduaneiras ou administrativas, nem a responsabilidade do Estado por atos ou omissões no exercício da autoridade do Estado («acta jure imperii»).

2. O presente regulamento não se aplica:

a) Ao estado e à capacidade jurídica das pessoas singulares ou aos regimes de bens do casamento ou de relações que, de acordo com a lei que lhes é aplicável, produzem efeitos comparáveis ao casamento;

b) Às falências, concordatas e processos análogos;

c) À segurança social;

d) À arbitragem;

e) Às obrigações de alimentos decorrentes de uma relação familiar, parentesco, casamento ou afinidade;

f) Aos testamentos e sucessões, incluindo as obrigações de alimentos resultantes do óbito.

Artigo 2º

Para efeitos do presente regulamento entende-se por:

a) «Decisão», qualquer decisão proferida por um tribunal de um Estado-Membro, independentemente da designação que lhe for dada, tal como acórdão, sentença, despacho judicial ou mandado de execução, bem como as decisões de fixação do montante das custas do processo pela secretaria do tribunal. ....

b) «Transação judicial», uma transação aprovada por um tribunal de um Estado-Membro ou celebrada perante o tribunal de um Estado-Membro no decurso do processo;

c) «Instrumento autêntico», um documento exarado ou registado como instrumento autêntico no Estado-Membro de origem e cuja autenticidade:

i) se relacione com a assinatura e o conteúdo do instrumento, e

ii) tenha sido confirmada por uma autoridade pública ou outra autoridade habilitada para esse efeito;

d) «Estado-Membro de origem», o Estado-Membro em que, consoante o caso, a decisão tenha sido proferida, a transação judicial aprovada ou celebrada ou o instrumento autêntico formalmente exarado ou registado;

e) «Estado-Membro requerido», o Estado-Membro em que é invocado o reconhecimento da decisão ou em que é requerida a execução da decisão, da transação judicial ou do instrumento autêntico;

f) «Tribunal de origem», o tribunal que tiver proferido a decisão cujo reconhecimento é invocado ou, se for o caso, cuja execução é requerida.

....

CAPÍTULO II – Competência

SECÇÃO 1 – Disposições gerais

Artigo 4º

1. Sem prejuízo do disposto no presente regulamento, as pessoas domiciliadas num Estado-Membro devem ser demandadas, independentemente da sua nacionalidade, nos tribunais desse Estado-Membro.

2. As pessoas que não possuam a nacionalidade do Estado-Membro em que estão domiciliadas ficam sujeitas, nesse Estado-Membro, às regras de competência aplicáveis aos nacionais.

Artigo 5º

1. As pessoas domiciliadas num Estado-Membro só podem ser demandadas nos tribunais de outro Estado-Membro nos termos das regras enunciadas nas secções 2 a 7 do presente capítulo.

2. Em especial, as regras de competência nacionais notificadas pelos Estados-Membros à Comissão nos termos do artigo 76º, nº 1, alínea a), não se aplicam às pessoas a que se refere o nº 1.

Artigo 6º

1. Se o requerido não tiver domicílio num Estado-Membro, a competência dos tribunais de cada Estado-Membro é, sem prejuízo do artigo 18º, nº 1, do artigo 21º, nº 2, e dos artigos 24º e 25º, regida pela lei desse Estado--Membro.

2. Qualquer pessoa com domicílio num Estado-Membro pode, independentemente da sua nacionalidade, invocar contra um requerido que não tenha domicílio nesse Estado-Membro as regras de competência que nele estejam em vigor, nomeadamente as notificadas pelos Estados-Membros à Comissão nos termos do artigo 76º, nº 1, alínea a), do mesmo modo que os nacionais desse Estado-Membro.

....

SECÇÃO 5 – Competência em matéria de contratos individuais de trabalho

Artigo 20º

1. Em matéria de contrato individual de trabalho, a competência é determinada pela presente secção, sem prejuízo do disposto no artigo 6º, no

artigo 7º, ponto 5, e, no caso de ação intentada contra a entidade patronal, no artigo 8º, ponto 1.

2. Se um trabalhador celebrar um contrato individual de trabalho com uma entidade patronal que não tenha domicílio num Estado-Membro mas tenha uma filial, agência ou outro estabelecimento num Estado-Membro, considera-se, quanto aos litígios resultantes do funcionamento dessa filial, agência ou estabelecimento, que a entidade patronal tem o seu domicílio nesse Estado-Membro.

Artigo 21º

1. Uma entidade patronal domiciliada num Estado-Membro pode ser demandada:

_a_) Nos tribunais do Estado-Membro em que tiver domicílio; ou

_b_) Noutro Estado-Membro:

_i_) no tribunal do lugar onde ou a partir do qual o trabalhador efetua habitualmente o seu trabalho, ou no tribunal do lugar onde efetuou mais recentemente o seu trabalho, ou

_ii_) se o trabalhador não efetua ou não efetuava habitualmente o seu trabalho num único país, no tribunal do lugar onde se situa ou se situava o estabelecimento que contratou o trabalhador.

2. Uma entidade patronal não domiciliada num Estado-Membro pode ser demandada nos tribunais de um Estado-Membro nos termos do nº 1, alínea _b_).

I – Ac. TRL, de 31-05-2017, nº 27891/16.0T8LSB.L1-4, Rel. Sérgio Almeida: I. Havendo conexão com duas ou mais ordens jurídicas pertencentes à União Europeia importa apurar a qual delas, e face aos factos descritos pelo autor na petição inicial, pertencem os Tribunais com competência internacional para dirimir o conflito laboral. II. A competência internacional dos tribunais portugueses para conhecer de determinado litígio de natureza laboral afere-se pelas normas do Regulamento UE 1215/2012, mormente, sendo a ação interposta pelo trabalhador, o seu art. 21º, sendo princípio geral aplicável em matéria de contratos individuais de trabalho o de que as pessoas, independentemente da sua nacionalidade, devem ser judicialmente demandadas no Estado-Membro onde se acham domiciliadas, só o podendo ser em outros Estados membros que não o do seu domicílio nos termos previstos nas restantes normas do Regulamento, nomeadamente no do lugar onde ou a partir do qual o trabalhador efetua habitualmente o seu trabalho, ou no tribunal do lugar onde efetuou mais recentemente o seu trabalho. III. Se uma trabalhadora portuguesa se propõe cobrar créditos laborais vencidos e não pagos no âmbito de um contrato de trabalho doméstico com empregadores que têm domicílio na Áustria, onde vivem, a competência pertence aos Tribunais austríacos, mesmo que os empregadores sejam também portugueses e o contrato tenha sido celebrado em Portugal. (Elaborado pelo relator).

II – Ac. TRP, de 13-03-2017, Proc. 13923/16.6T8PRT.P1, Rel. JERÓNIMO FREITAS: I – A competência internacional dos tribunais portugueses para conhecer de determinado litígio de natureza laboral só se afere em função do artigo 10º do CPT, desde que não seja aplicável ao caso convenção de direito internacional. II – O Regulamento (EU) nº 1215/2012, do Parlamento Europeu e do Conselho, de 12 de Dezembro de 2012, relativo à competência judiciária, ao reconhecimento e à execução de decisões em matéria civil e comercial, aplicável em matéria civil e comercial, independentemente da natureza da jurisdição, regula a "Competência em matéria de contratos individuais de trabalho", nos artigos 20º a 23º. III – Tendo a Ré domicílio social em França e resultando do contrato de trabalho que o local da prestação do trabalho era em França, bem assim que o trabalhador foi contratado em França, deve concluir-se que os Tribunais portugueses não têm competência internacional para conhecer do presente litígio. O facto do autor ser cidadão português e ter domicílio pessoal em Portugal não é suficiente para determinar a competência dos Tribunais Portugueses. IV – A incompetência absoluta decorrente da violação das regras de competência internacional [art. 96º, al. *a*), do CPC] é uma exceção dilatória que o Tribunal aprecia oficiosamente, devendo abster-se de conhecer do pedido e absolver o réu da instância [art. 278º, 1, al. *a*), do CPC)]. V – Contudo, o mesmo Regulamento contém ainda normas que regulam a extensão de competência e, também, o conhecimento oficioso da competência internacional por parte dos Estados-Membros, em concreto, no que aqui importa, os artigos 26º da Secção 7 (Extensão de Competência) e 28º da SECÇÃO 8 (Verificação da competência e da admissibilidade). VI – Da conjugação do artigo 28º, 1 com o art. 26º, 1, retira-se que o conhecimento oficioso em matéria de competência internacional, à luz das regras estabelecidas do Regulamento, nos casos em que o requerido domiciliado num Estado-Membro seja demandado no tribunal de outro Estado-Membro, apenas é permitido quando aquele não compareça em juízo ou quando comparecendo a sua intervenção no processo tenha tido como único objetivo a arguição da incompetência do Tribunal. VII – A Ré foi citada em França, no seu domicílio social, e fez-se representar na audiência de partes por mandatário judicial, o qual apresentou procuração com poderes especiais. Como não se logrou alcançar a resolução do litígio por acordo, a Ré foi imediatamente notificada para contestar a ação sob cominação de se considerarem confessados os factos articulados pelo autor e ser proferida sentença como é de direito. VIII – Não tendo a Ré contestado, para os efeitos do artigo 28º/1 do Regulamento, compareceu em juízo e, logo, o juiz não podia declarar-se oficiosamente incompetente. Só o poderia fazer caso a Ré tivesse contestado e suscitado essa exceção, coisa que não fez.

Artigo 22º

1. A entidade patronal só pode intentar uma ação nos tribunais do Estado-Membro em que o trabalhador tiver domicílio.

2. O disposto na presente secção não prejudica o direito de formular um pedido reconvencional no tribunal em que, nos termos da presente secção, tiver sido intentada a ação principal.

Artigo 23º

As partes só podem derrogar ao disposto na presente secção por acordos que:

1) Sejam posteriores ao surgimento do litígio; ou

2) Permitam ao trabalhador recorrer a tribunais que não sejam os indicados na presente secção.

....

Artigo 81º

O presente regulamento entra em vigor no vigésimo dia seguinte ao da sua publicação no Jornal Oficial da União Europeia.

Aplica-se a partir de 10 de janeiro de 2015, com exceção dos artigos 75º e 76º, que se aplicam a partir de 10 de janeiro de 2014.

O presente regulamento é obrigatório em todos os seus elementos e diretamente aplicável nos Estados-Membros nos termos dos Tratados.

Feito em Estrasburgo, em 12 de dezembro de 2012.

Pelo Parlamento Europeu	Pelo Conselho O Presidente
O Presidente M. SCHULZ	A. D. MAVROYIANNIS

Parte III

Lei da Reparação de Acidentes de Trabalho e de Doenças Profissionais

Lei nº 98/2009, de 4 de Setembro

Regulamenta o regime de reparação de acidentes de trabalho e de doenças profissionais, incluindo a reabilitação e reintegração profissionais, nos termos do artigo 284º do Código do Trabalho, aprovado pela Lei nº 7/2009, de 12 de Fevereiro

A Assembleia da República decreta, nos termos da alínea *c*) do artigo 161º da Constituição, o seguinte:

CAPÍTULO I – Objecto e âmbito

Artigo 1º – Objecto da lei

1 – A presente lei regulamenta o regime de reparação de acidentes de trabalho e de doenças profissionais, incluindo a reabilitação e reintegração profissionais, nos termos do artigo 284º do Código do Trabalho, aprovado pela Lei nº 7/2009, de 12 de Fevereiro.

2 – Sem prejuízo do disposto no capítulo III, às doenças profissionais aplicam-se, com as devidas adaptações, as normas relativas aos acidentes de trabalho constantes da presente lei e, subsidiariamente, o regime geral da segurança social.

I – Este art. 284º insere-se no capítulo do CT contendo os princípios gerais sobre a prevenção e reparação de acidentes de trabalho e doenças profissionais (arts. 281º a 284º).

II – A Lei nº 27/2011, de 16 de junho, estabelece o regime relativo à reparação dos danos emergentes de acidentes de trabalho dos praticantes desportivos profissionais.

III – Nos termos da Constituição da República, todos os trabalhadores têm direito "à prestação do trabalho em condições de higiene, segurança e saúde" e "à assistência e justa reparação, quando vítimas de acidente de trabalho ou de doença profissional" [art. 59º, alíneas c) e f)].

IV – A Lei nº 4/2007, de 16 de janeiro, que aprova as bses gerais da segurança social, no seu art. 107º, sobre a proteção nos acidentes de trabalho, estatui que "a lei estabelece o regime jurídico da proteção obrigatória em caso de acidente de trabalho, definindo os termos da respetiva responsabilidade".

V – Na presente Lei nº 98/2009, (doravante LAT), o regime das doenças profissionais consta do capítulo III (arts. 93º a 153º). No CPT, o processo (especial) para efetivação de direitos resultantes de doença profissional, encontra-se previsto no seu art. 155º, onde apenas se estabelece a aplicação, com as necessárias adaptações, das normas da fase contenciosa do processo para a efetivação de direitos resultantes de acidentes de trabalho.

VI – O regime jurídico da promoção da segurança e saúde no trabalho consta da Lei nº 102/2009, de 10 de setembro, que desenvolve os princípios insertos nos arts. 281º e 282º do CT, que foi estendido à função pública através da Lei nº 7/2019, de 2 de setembro.

VII – A presente Lei nº 98/2009, revogou e substituiu a Lei nº 100/97, de 13 de setembro, incluindo a sua regulamentação, que se continha nos DLs 143/99 (acidentes de trabalho) e 248/99 (doenças profissionais). O primeiro regime, que se referia aos desastres de trabalho, constou da Lei nº 83, de 24 de junho de 1913, regulamentada pelo Decreto nº 5637, de 10 de maio de 1919.

VIII – Em Portugal, no ano de 2018, registaram-se mais de 200.000 acidentes e 156 pessoas mortas (GEP/ACT/Pordata).

IX – O direito da reparação dos acidentes de trabalho e das doenças profissionais, inserindo-se no Direito do Trabalho, tem vindo a assumir-se como um seu subramo, nomeadamente pela via jurisprudencial e ganhando a designação (de origem brasileira) de direito infortunístico.

Artigo 2º – Beneficiários

O trabalhador e os seus familiares têm direito à reparação dos danos emergentes dos acidentes de trabalho e doenças profissionais nos termos previstos na presente lei.

I – No âmbito da presente lei, como se verifica do artigo seguinte, o conceito de trabalhador não se restringe ao sujeito da relação jurídico-laboral como se regula no art. 11º e segs. do CT, tendo maior amplitude.

II – Também o conceito de familiares é bastante lato, comportando pessoas a cargo, enteados, tutelados e outros, conforme se preceitua, nomeadamente, nos arts. 49º e 100º.

CAPÍTULO II – Acidentes de trabalho

SECÇÃO I – Disposições gerais

Artigo 3º – Trabalhador abrangido

1 – O regime previsto na presente lei abrange o trabalhador por conta de outrem de qualquer actividade, seja ou não explorada com fins lucrativos.

2 – Quando a presente lei não impuser entendimento diferente, presume-se que o trabalhador está na dependência económica da pessoa em proveito da qual presta serviços.

3 – Para além da situação do praticante, aprendiz e estagiário, considera-se situação de formação profissional a que tem por finalidade a preparação, promoção e actualização profissional do trabalhador, necessária ao desempenho de funções inerentes à actividade do empregador.

I – Nos termos do art. 4º da Lei nº 7/2009, que aprovou o CT, o regime dos acidentes de trabalho e doenças profissionais é estendido, "com as necessárias adaptações" a praticante, aprendiz, estagiário e formandos, administradores e trabalhadores independentes. Relativamente a estes é através do DL nº 159/99, de 11 de maio, que se regulamenta o respetivo seguro de acidentes de trabalho, onde se dispõe, no art. 1º que:

1 – Os trabalhadores independentes são obrigados a efectuar um seguro de acidentes de trabalho que garanta, com as devidas adaptações, as prestações definidas na Lei nº 100/97, de 13 de Setembro, para os trabalhadores por conta de outrem e seus familiares.

2 – São dispensados de efectuar este seguro os trabalhadores independentes cuja produção se destine exclusivamente ao consumo ou utilização por si próprio e pelo seu agregado familiar.

A presente LAT revogou e substituiu a referida Lei nº 100/97.

II – Na LGTFP, aprovada pela Lei nº 35/2014, de 20 de junho, no art. 5º, b), dispõe-se que consta de diploma próprio "o regime de acidentes de trabalho e doenças profissionais dos trabalhadores que exercem funções públicas". É o DL nº 503/99, de 20 de novembro que "aprova o novo regime jurídico dos acidentes em serviço e das doenças profissionais no âmbito da Administração Pública".

III – Neste Decreto-Lei, é estabelecido, no seu art. 2º, o seguinte:

1 – O disposto no presente decreto-lei é aplicável a todos os trabalhadores que exercem funções públicas, nas modalidades de nomeação ou de contrato de trabalho em funções públicas, nos serviços da administração directa e indirecta do Estado.

2 – O disposto no presente decreto-lei é também aplicável aos trabalhadores que exercem funções públicas nos serviços das administrações regionais e autárquicas e nos órgãos e serviços de apoio do Presidente da República, da Assembleia da República, dos tribunais e do Ministério Público e respectivos órgãos de gestão e de outros órgãos independentes.

3 – O disposto no presente decreto-lei é ainda aplicável aos membros dos gabinetes de apoio quer dos membros do Governo quer dos titulares dos órgãos referidos no número anterior.

IV – Como resulta do nº 4 do referido art. 2º, já é a LAT que se aplica no setor empresarial do Estado, ao prever que aos trabalhadores que exerçam funções em entidades públicas empresariais ou noutras entidades não abrangidas pelo disposto nos números anteriores é aplicável o regime de acidentes de trabalho previsto no Código do Trabalho, aprovado pela Lei nº 99/2003, de 27 de agosto, devendo as respetivas entidades empregadoras transferir a responsabilidade pela reparação dos danos emergentes de acidentes de trabalho nos termos previstos naquele Código.

V – Ac. TRP, de 10-07-2019, Proc. 1942/18.2T8VNG.P1, Rel. Joaquim Correia Gomes: I – Havendo nos contratos de emprego-inserção uma dependência funcional e uma relação jurídica de subordinação por parte do seu beneficiário em relação à entidade promotora na prestação do trabalho socialmente necessário, podemos considerar que existe uma *relação laboral sui generis*. II – Sendo o beneficiário de tais contratos de emprego-inserção um trabalhador por conta de outrem em sentido lato, o sinistro ocorrido na execução desse contrato deve ser considerado como um acidente de trabalho, sendo os juízos do trabalho os competentes para conhecer das suas consequências.

Artigo 4º – Exploração lucrativa

Para os efeitos da presente lei, não se considera lucrativa a actividade cuja produção se destine exclusivamente ao consumo ou utilização do agregado familiar do empregador.

Artigo 5º – Trabalhador estrangeiro

1 – O trabalhador estrangeiro que exerça actividade em Portugal é, para efeitos da presente lei, equiparado ao trabalhador português.

2 – Os familiares do trabalhador estrangeiro referido no número anterior beneficiam igualmente da protecção estabelecida relativamente aos familiares do sinistrado.

3 – O trabalhador estrangeiro sinistrado em acidente de trabalho em Portugal ao serviço de empresa estrangeira, sua agência, sucursal, representante ou filial pode ficar excluído do âmbito da presente lei desde que exerça uma actividade temporária ou intermitente e, por acordo entre Estados, se tenha convencionado a aplicação da legislação relativa à protecção do sinistrado em acidente de trabalho em vigor no Estado de origem.

I – "O trabalhador estrangeiro ou apátrida que esteja autorizado a exerce uma atividade profissional subordinada em território português goza dos mesmos direitos e está sujeito aos mesmos deveres do trabalhador com nacionalidade portuguesa" (CT, art. 4º e CRP, arts. 13º e 15º).

II – O residente ou segurado num país da União Europeia, na Islândia, no Liechtenstein, na Noruega (EEE) ou na Suíça se sofrer um acidente de trabalho é-lhe aplicável as regras desse país (Regulamento (CE) nº 987/2009 do Parlamento Europeu e do Conselho, de 16/09/2009 – coordenação dos sistemas de segurança social – art. 33º e segs.). V. anotação ao art. 105º. Para maior desenvolvimento, v. anotação ao art. 105º.

III – O regime do destacamento em território português e as condições de trabalho de trabalhador destacado encontram-se inseridos nos arts. 6º e 7º do CT.

IV – Na perspetiva do direito internacional privado português, o normativo deste art. 5º está em consonância com o disposto no CC, art. 45º.

Artigo 6º – Trabalhador no estrangeiro

1 – O trabalhador português e o trabalhador estrangeiro residente em Portugal sinistrados em acidente de trabalho no estrangeiro ao serviço de empresa portuguesa têm direito às prestações previstas na presente lei, salvo se a legislação do Estado onde ocorreu o acidente lhes reconhecer direito à reparação, caso em que o trabalhador pode optar por qualquer dos regimes.

2 – A lei portuguesa aplica-se na ausência de opção expressa do trabalhador sinistrado em acidente de trabalho no estrangeiro ao serviço de empresa portuguesa, salvo se a do Estado onde ocorreu o acidente for mais favorável.

I – Evidencia-se que, quer o trabalhador português, quer o trabalhador estrangeiro residente em Portugal terão de estar ao serviço de uma empresa portuguesa.

II – O destacamento para outro Estado encontra-se regulado no art. 8º do CT.

III – Ac. TRP, de 22-05-2019, Proc. 4800/16.1T8MTS.P1, Rel. NELSON FERNANDES: I – O Tratado de Roma, no que tange à determinação da lei aplicável, muito embora consagre no artigo 3º o princípio da "autonomia privada" – podendo pois as partes optar pela lei que irá regular o contrato –, consagra também, como forma de proteção do trabalhador (a parte "mais fraca" na relação contratual/laboral), regras específicas, assim no seu artigo 6º, nº 2, que se traduzem no afastamento da aplicação daquela lei escolhida quando dessa resulte para o trabalhador a privação da proteção que lhe garantem as disposições imperativas da lei que lhe seria aplicável, na falta de escolha, indicando-se no artigo 4º critérios para a determinação dessa lei, assim em primeira linha os do país onde o trabalhador desenvolve habitualmente a sua atividade, retornando-se à cláusula geral da "conexão mais estreita", no caso de o trabalhador não prestar habitualmente o seu trabalho no mesmo país. II – Do artigo 3º da Diretiva 96/71/CE resulta uma clara intenção de salvaguardar, sem prejuízo de regime mais favorável, o direito de o trabalhador destacado ser remunerado com respeito pelo valor salarial mínimo que estiver estabelecido por lei no país em que desenvolve a sua atividade, não podendo pois aquele receber menos que o equivalente ao salário mínimo praticado nesse país. III – A interpretação por parte do intérprete da lei nacional deve ser feita à luz do texto e da finalidade da diretiva, de tal forma que seja alcançado o resultado por esta pretendido, excluindo ainda, por força do princípio da primazia do Direito Comunitário, a aplicação das normas internas contrárias ao disposto naquela. IV – Por aplicação de tais critérios, prestando o sinistrado a sua atividade noutro Estado, no que à remuneração mínima garantida diz respeito, importará verificar se naquele essa se encontra legalmente estabelecida e nesse caso qual é o seu valor, em comparação com o que se encontra estabelecida em Portugal, sendo que, caso se conclua que aquela é superior a esta, a escolha das partes pela lei portuguesa não pode afastar a aplicação daquela lei. V – Deste modo, estando o trabalhador deslocado na Alemanha quando sofreu o acidente de trabalho, sendo a remuneração mínima aí estabelecida superior quer à estabelecida em Portugal quer à que era efetivamente paga, àquela se impõe atender para efeitos de cálculo das indemnizações/pensões devidas ao sinistrado.

Artigo 7º – Responsabilidade

É responsável pela reparação e demais encargos decorrentes de acidente de trabalho, bem como pela manutenção no posto de trabalho, nos termos previstos na presente lei, a pessoa singular ou colectiva de direito privado ou de direito público não abrangida por legislação especial, relativamente ao trabalhador ao seu serviço.

I – Esta responsabilidade é objetiva e assenta no risco, constituindo um dos (primeiros) casos especificados na lei em que existe obrigação de indemnizar independentemente de culpa, mas, "na falta de preceitos legais em contrário" são aplicáveis "as disposições que regulam a responsabilidade por factos ilícitos", cfr. CC, arts. 483º, nº 2 e 499º.

II – Em consequência, a indemnização dos danos sofridos, por faltar o dolo ou a mera culpa, contêm-se nos termos e condições desta LAT, com exceção dos casos considerados de atuação culposa do empregador em que a "indemnização abrange a totalidade dos prejuízos, patrimoniais e não patrimoniais sofridos pelo trabalhador e seus familiares, nos termos gerais", o que não prejudica a eventual responsabilidade criminal, cfr. art. 18º.

III – A manutenção do posto de trabalho é prevista no art. 154º e segs.

IV – A responsabilidade das entidades com trabalhadores ao seu serviço, em regra, deve obrigatoriamente ser transferida para uma seguradora autorizada a explorar o ramo de acidentes de trabalho, como imposto no art. 79º.

V – Dada a sua relevância social, em grande parte, a reparação dos danos causados pelos acidentes de trabalho é controlada jurisdicionalmente, conforme imposto no arts. 88º a 90º, devendo ser utlizada a forma processual regulada no CPT, no art. 99º e segs. – processo para a efetivação de direitos resultantes de acidente de trabalho.

SECÇÃO II – Delimitação do acidente de trabalho

Artigo 8º – Conceito

1 – É acidente de trabalho aquele que se verifique no local e no tempo de trabalho e produza directa ou indirectamente lesão corporal, perturbação funcional ou doença de que resulte redução na capacidade de trabalho ou de ganho ou a morte.

2 – Para efeitos do presente capítulo, entende-se por:

a) «Local de trabalho» todo o lugar em que o trabalhador se encontra ou deva dirigir-se em virtude do seu trabalho e em que esteja, directa ou indirectamente, sujeito ao controlo do empregador;

b) «Tempo de trabalho além do período normal de trabalho» o que precede o seu início, em actos de preparação ou com ele relacionados, e o que se lhe segue, em actos também com ele relacionados, e ainda as interrupções normais ou forçosas de trabalho.

I – Só é acidente (evento repentino e casual) de trabalho aquele que, cumulativamente:

- Ocorrer no local e tempo de trabalho (v. nº 2 e artigo seguinte);
- Produzir direta ou indiretamente lesão corporal, perturbação funcional ou doença;
- Donde resulte redução na capacidade de trabalho ou de ganho ou a morte (art. 19º).

II – No CT, as noções (mais restritas) de tempo de trabalho, período normal de trabalho, período de descanso, horário de trabalho e período de funcionamento (de abertura e de laboração) inserem-se nos arts. 197º a 201º.

III – O acidente de trabalho pode deixar de ser caracterizado como tal, nos termos do art. 14º e a responsabilidade inerente pode ser excluída em caso de força maior (art. 15º) e em situações especiais de prestação de serviços ocasionais de boa vizinhança sem a utilização de máquinas (art. 16º).

IV – Ac. TRL, de 24-10-2018, Proc. 2200/14.7TTLSB-4, Rel. PAULA SANTOS: I – Estamos perante um acidente de trabalho desde logo quando ocorre um acontecimento ou evento súbito, violento, inesperado e de ordem exterior ao próprio lesado. II – O enfarte agudo do miocárdio sofrido por um trabalhador no local e tempo de trabalho, que lhe provoca a morte, não constitui um evento súbito, de natureza exógena, se associados a aterosclerose coronária cardíaca e generalizada grave, cardiomegália e cardiopatia isquémica crónica de que padecia a vítima.

Artigo 9º – Extensão do conceito

1 – Considera-se também acidente de trabalho o ocorrido:

a) No trajecto de ida para o local de trabalho ou de regresso deste, nos termos referidos no número seguinte;

b) Na execução de serviços espontaneamente prestados e de que possa resultar proveito económico para o empregador;

c) No local de trabalho e fora deste, quando no exercício do direito de reunião ou de actividade de representante dos trabalhadores, nos termos previstos no Código do Trabalho;

d) No local de trabalho, quando em frequência de curso de formação profissional ou, fora do local de trabalho, quando exista autorização expressa do empregador para tal frequência;

e) No local de pagamento da retribuição, enquanto o trabalhador aí permanecer para tal efeito;

f) No local onde o trabalhador deva receber qualquer forma de assistência ou tratamento em virtude de anterior acidente e enquanto aí permanecer para esse efeito;

g) Em actividade de procura de emprego durante o crédito de horas para tal concedido por lei aos trabalhadores com processo de cessação do contrato de trabalho em curso;

h) Fora do local ou tempo de trabalho, quando verificado na execução de serviços determinados pelo empregador ou por ele consentidos.

2 – A alínea a) do número anterior compreende o acidente de trabalho que se verifique nos trajectos normalmente utilizados e durante o período de tempo habitualmente gasto pelo trabalhador:

a) Entre qualquer dos seus locais de trabalho, no caso de ter mais de um emprego;

b) Entre a sua residência habitual ou ocasional e as instalações que constituem o seu local de trabalho;

c) Entre qualquer dos locais referidos na alínea precedente e o local do pagamento da retribuição;

d) Entre qualquer dos locais referidos na alínea b) e o local onde ao trabalhador deva ser prestada qualquer forma de assistência ou tratamento por virtude de anterior acidente;

e) Entre o local de trabalho e o local da refeição;

f) Entre o local onde por determinação do empregador presta qualquer serviço relacionado com o seu trabalho e as instalações que constituem o seu local de trabalho habitual ou a sua residência habitual ou ocasional.

3 – Não deixa de se considerar acidente de trabalho o que ocorrer quando o trajecto normal tenha sofrido interrupções ou desvios determinados pela satisfação de necessidades atendíveis do trabalhador, bem como por motivo de força maior ou por caso fortuito.

4 – No caso previsto na alínea a) do nº 2, é responsável pelo acidente o empregador para cujo local de trabalho o trabalhador se dirige.

I – No nº 1, a) e nº 2, prevê-se o chamado acidente de percurso, ou *in itinere*, ou seja, no caminho para ou do trabalho para o domicílio.

II – O lugar do pagamento da retribuição e o crédito de horas para a procura de emprego são regulados, respetivamente, nos arts. 277º e 364º do CT.

III – O número de membros das comissões de trabalhadores e os seus direitos encontram-se previstos no art. 417º e segs. e dos delegados sindicais, no art. 463º, ambos do CT. Já os direitos dos representantes para a saúde e segurança no trabalho preveem-se no art. 21º e segs. da Lei nº 102/2009, de 10 de setembro (regime jurídico a promoção da segurança e saúde no trabalho) e os membros dos conselhos europeus no art. 28º da Lei nº 96/2009, de 3 de setembro.

IV – Ac. TRP, de 18-02-2019, Proc. 5526/15.9T8MAI.P1, Rel. Rui Ataíde de Araújo: I – O alargamento do conceito de acidente de trabalho aos acidentes in itinere não pode deixar de estar limitado a uma ligação, mais ou menos direta, com a relação laboral, pois que é essa ligação que justifica que o acidente mereça ainda tutela por parte do empregador, de acordo com a teoria do risco económico ou da autoridade. II – Se o trabalhador sai da empresa, após o horário laboral, e tem um acidente numa parte de percurso que não era a habitual para chegar a casa, apurando-se que fizera essa parte de percurso para ir levantar o cartão de cidadão, não estamos perante um acidente de trabalho, mesmo que a intenção do trabalhador fosse, posteriormente, seguir para casa.

V – Sobre o tema, v. o estudo de Sérgio Silva de Almeida, Notas sobre Acidentes In Itinere, Qualificação e Descaracterização, PDT, 2017-II, pág. 185.

Artigo 10º – Prova da origem da lesão

1 – A lesão constatada no local e no tempo de trabalho ou nas circunstâncias previstas no artigo anterior presume-se consequência de acidente de trabalho.

2 – Se a lesão não tiver manifestação imediatamente a seguir ao acidente, compete ao sinistrado ou aos beneficiários legais provar que foi consequência dele.

I – Como parece óbvio a presunção é *juris tantum*, admitindo, pois, prova em contrário.

II – Ac. TR, de 18-02-2019, Proc. 6875/16.4T8VNG.P1, Rel. Jerónimo Freitas: I – A presunção de natureza ilidível estabelecida no art. 10º/1 da Lei 98/2009, de 4 de Setembro, liberta o sinistrado ou os seus beneficiários da prova do nexo de causalidade entre o evento (acidente) e as lesões, mas já não o desonera do ónus de provar a verificação do próprio evento causador das lesões, que lhe compete nos termos do disposto no art. 342º CC. II – A montante da verificação cumulativa dos pressupostos que fazem operar aquela presunção do art. 10º nº1, é necessário que previamente se possa concluir que determinado evento possa ser havido como "acidente de trabalho". Verificada essa condição, então, sim, poderá operar a presunção, por efeito da mesma considerando-se que determinada lesão é consequência do acidente. III – Não tendo a apelante alegado e provado que o desmaio do sinistrado foi a consequência de uma doença de que ele padecia, pode afirmar-se que a perda de sentidos foi involuntária e como tal estamos perante um evento súbito, inesperado, causador do acidente.

III – Ac. TRP, de 30-05-2018, Proc. 1718/16.1T8MTS.P1, Rel. Rita Romeira: I – Não se tendo apurado a causa da lesão que o sinistrado apresenta não pode ter-se por verificada a ocorrência de um acidente de trabalho, nos termos definidos no art. 8º da LAT. II – A presunção que decorre do art.10º da LAT é uma presunção de nexo de causalidade e não uma presunção de existência do evento. III – A prova da existência do evento causador do dano, compete fazer ao A./trabalhador que reclama o direito à reparação, art. 2º da LAT e art. 342º, nº 1, do CC.

Artigo 11º – Predisposição patológica e incapacidade

1 – A predisposição patológica do sinistrado num acidente não exclui o direito à reparação integral, salvo quando tiver sido ocultada.

2 – Quando a lesão ou doença consecutiva ao acidente for agravada por lesão ou doença anterior, ou quando esta for agravada pelo acidente, a incapacidade avaliar-se-á como se tudo dele resultasse, a não ser que pela lesão ou doença anterior o sinistrado já esteja a receber pensão ou tenha recebido um capital de remição nos termos da presente lei.

3 – No caso de o sinistrado estar afectado de incapacidade permanente anterior ao acidente, a reparação é apenas a correspondente à diferença entre a incapacidade anterior e a que for calculada como se tudo fosse imputado ao acidente.

4 – Sem prejuízo do disposto no número anterior, quando do acidente resulte a inutilização ou danificação das ajudas técnicas de que o sinistrado já era portador, o mesmo tem direito à sua reparação ou substituição.

5 – Confere também direito à reparação a lesão ou doença que se manifeste durante o tratamento subsequente a um acidente de trabalho e que seja consequência de tal tratamento.

I – Por "predisposição patológica" deve entender-se a "situação clinica de um trabalhador indiciadora da probabilidade de ocorrência de doença, acidente de trabalho ou acidente em serviço" (Ilídio das Neves, Dicionário Técnico e Jurídico de Proteção Social, Coimbra Editora, 2001, pág. 537).

II – Segundo o Instituto Nacional para a Reabilitação, o termo "produtos de apoio" substitui o de "ajudas técnicas", no contexto da nomenclatura utilizada na Norma ISO 9999:2007. Este Instituto gere o Sistema de Atribuição de Produtos de Apoio, denominado SAPA, criado pelo Decreto-Lei nº 93/2009, de 16 de abril. Os Produtos de Apoio que podem ser prescritos por este Sistema, constam da lista homologada do Despacho Nº 7197/2016, publicado na 2ª série do Diário da República de 1 de junho, de acordo com a norma ISO 9999:2007, cujo anexo I identifica os produtos de apoio de prescrição médica obrigatória bem como os que são prescritos por equipa técnica multidisciplinar.

SECÇÃO III – Exclusão e redução da responsabilidade

Artigo 12º – Nulidade

1 – É nula a convenção contrária aos direitos ou garantias conferidos na presente lei ou com eles incompatível.

2 – São igualmente nulos os actos e contratos que visem a renúncia aos direitos conferidos na presente lei.

3 – Para efeitos do disposto do nº 1, presume-se realizado com o fim de impedir a satisfação dos créditos provenientes do direito à reparação prevista na lei todo o acto do devedor, praticado após a data do acidente ou do diagnóstico inequívoco da doença profissional, que envolva diminuição da garantia patrimonial desses créditos.

I – Através da norma do nº 1, perante a sua natureza e objeto, é conferida imperatividade absoluta à presente lei.

II – E por força do nº 2, são irrenunciáveis os direitos conferidos nesta lei, quer aos sinistrados, que aos seus familiares.

III – A presunção *juris tantum*, estabelecida no nº 3, destina-se a proteger os créditos do acidentado do trabalho e seus familiares, nomeadamente por os devedores poderem não ser seguradoras, ou por não haverem transferido para elas a sua responsabilidade, total ou em parte, ou ainda por terem sido responsabilizados culposamente.

IV – Ac. TRP, de 30-09-2013, 404/11.3TTBGC.P1, Rel. FERREIRA DA COSTA: IV – A circunstância de a sinistrada ter pedido apenas as prestações normais não impede que o Tribunal, atento o disposto no art. 74º do CPT e no art. 12º da Lei nº 98/2009, de 4 de setembro, condene em prestações agravadas, desde que se provem os factos relativos à culpa da empregadora na produção do acidente.

V – Ac. TRG, de 24-01-2019, Proc. 1100/16.0T8VRL.G2, Rel. ANTERO VEIGA: II – A norma do artigo 12º da LAT não implica uma impossibilidade de acordo, designadamente quanto à matéria de facto, designadamente quanto à matéria salarial, dentro de determinados condicionalismos. O acordo deve estar em conformidade com os elementos constantes do processo, conforme resulta dos artigos 109º e 114º do CPT. III – O acordo em fase contenciosa quanto ao vencimento, será aceitável se se enquadrar no "range" de factos sujeitos a prova, ou seja, se corresponder a factualidade que poderia vir a resultar demonstrada, e não existirem indícios de intento em fraudar a lei.

Artigo 13º – Proibição de descontos na retribuição

O empregador não pode descontar qualquer quantia na retribuição do trabalhador ao seu serviço a título de compensação pelos encargos resultantes do regime estabelecido na presente lei, sendo nulos os acordos realizados com esse objectivo.

I – O regime da nulidade (e anulabilidade) insere-se no CC, art. 285º e segs.

II – O desrespeito por esta norma pode originar uma contraordenação grave, cfr. art. 171º, nº 2, alínea c).

Artigo 14º – Descaracterização do acidente

1 – O empregador não tem de reparar os danos decorrentes do acidente que:

a) For dolosamente provocado pelo sinistrado ou provier de seu acto ou omissão, que importe violação, sem causa justificativa, das condições de segurança estabelecidas pelo empregador ou previstas na lei;

b) Provier exclusivamente de negligência grosseira do sinistrado;

c) Resultar da privação permanente ou acidental do uso da razão do sinistrado, nos termos do Código Civil, salvo se tal privação derivar da própria prestação do trabalho, for independente da vontade do sinistrado ou se o empregador ou o seu representante, conhecendo o estado do sinistrado, consentir na prestação.

2 – Para efeitos do disposto na alínea a) do número anterior, considera-se que existe causa justificativa da violação das condições de segurança se o acidente de trabalho resultar de incumprimento de norma legal ou estabelecida pelo empregador da qual o trabalhador, face ao seu grau de instrução ou de acesso à informação, dificilmente teria conhecimento ou, tendo-o, lhe fosse manifestamente difícil entendê-la.

3 – Entende-se por negligência grosseira o comportamento temerário em alto e relevante grau, que não se consubstancie em acto ou omissão resultante da habitualidade ao perigo do trabalho executado, da confiança na experiência profissional ou dos usos da profissão.

I – Ao invés da epígrafe, não há descaracterização do acidente mas, outrossim, afastamento do direito ou dever de reparação dos seus efeitos.

II – As regras básicas de saúde e segurança e trabalho constam na Lei nº 102/1009, de 10 de setembro, desenvolvendo-se através de diversos diplomas para atividades específicas.

III – A privação do uso da razão, como fator de inimputabilidade prevê-se no CC art. 488º.

IV – Fundamentalmente, no dolo deve entender-se que existe a consciência do ato e das suas consequências que, livremente, se desejam.

V – Ac. TRP, de 04-02-2019, Proc. 1312/12.6TTLRS.P1, Rel. Rui Penha: I – A descaracterização do acidente constitui um facto impeditivo do direito que o autor se arroga e, como tal, de acordo com os critérios gerais de repartição do ónus da prova, a sua prova compete ao réu na ação, ou seja, à entidade patronal ou à respetiva seguradora (artigo 342º, nº 2, do Código Civil). II – Desconhecendo-se em que circunstâncias ocorreu o sinistro, nomeadamente se o sinistrado tinha a possibilidade de se prender a uma segunda linha provisória de vida sem que previamente se desprender da outra, e desconhecendo-se as condições de segurança da obra, não pode proceder a argumentação da descaracterização do acidente. III – Cabe ao sinistrado bem como à seguradora que pretenda ver-se desonerada da sua responsabilidade infortunística, o ónus de alegar e provar os factos que revelem que o acidente ocorreu por inobservância por parte da entidade empregadora de regras sobre segurança, higiene e saúde no trabalho, bem como os factos que revelem ter ocorrido, no concreto, a violação causal destas regras, nos termos previstos no artigo 342º nº 2 do Código Civil. IV – A isso não obsta a circunstância de se tratarem de factos negativos, dado que se tratam de factos constitutivos do direito invocado pelo recorrente/sinistrado.

VI – Ac. STJ, de 26-06-2019, Proc. 763/16.1T8AVR.P1.S1, Rel. Chambel Mourisco: III – A alínea a), do nº 1, do art. 14º, da Lei nº 98/2009, de 4 de setembro, prevê duas hipóteses de descaracterização do acidente: uma, decorrente de atuação dolosa provocada pelo sinistrado e outra, prevista na segunda parte, se o acidente provier de ato ou omissão do sinistrado que importe violação, sem causa justificativa, das condições de segurança estabelecidas pelo empregador ou previstas na lei. IV – ... V – Para descaracterizar um acidente de trabalho quando o sinistrado apresenta álcool no sangue, ainda que em grau suscetível de influenciar o comportamento humano e de afetar as respetivas faculdades intelectuais ou capacidades psicomotoras, é necessário demonstrar, por quem tem esse ónus, a existência do nexo de causalidade entre aquela situação e a verificação do acidente, ou seja que o grau de alcoolemia foi a causa do acidente, ou que, pelo menos, o influenciou.

VII – Ac. STJ, de 03-07-2019, Proc. 749/13.8TTGMR.G2.S1, Rel. Ribeiro Cardoso: III – A descaracterização do acidente exige a verificação de dois requisitos: que o acidente provenha de comportamento indesculpável, temerário em alto e relevante grau do sinistrado, e que esta sua conduta seja a causa exclusiva do mesmo. IV – Sendo a ocorrência do acidente por culpa grave e indesculpável da vítima a circunstância impeditiva do direito à indemnização, é sobre a empregadora e/ou sobre a seguradora que, nos termos do art. 342º, nº 2 do CC, impende o ónus de provar os factos respetivos e que foram eles a sua causa adequada e exclusiva. V – No caso concreto, o sinistrado adotou um comportamento objetivamente grave, temerário em alto e relevante grau e indesculpável, ao conduzir o ciclomotor com uma taxa de alcoolémia de 2,74 g/l que, atenta a matéria de facto fixada pelas instâncias e como concluiu a Relação, foi a causa exclusiva do acidente.

Artigo 15º – Força maior

1 – O empregador não tem de reparar o acidente que provier de motivo de força maior.

2 – Só se considera motivo de força maior o que, sendo devido a forças inevitáveis da natureza, independentes de intervenção humana, não constitua risco criado pelas condições de trabalho nem se produza ao executar serviço expressamente ordenado pelo empregador em condições de perigo evidente.

Em geral, por caso ou motivo de fora maior deve considerar-se o facto cuja ocorrência não era razoavelmente previsível e cujos efeitos não podiam ser evitados. Cfr. dois casos no CC, no âmbito da responsabilidade pelo risco, nos arts. 50º e 509º, nº 2.

Artigo 16º – Situações especiais

1 – Não há igualmente obrigação de reparar o acidente ocorrido na prestação de serviços eventuais ou ocasionais, de curta duração, a pessoas singulares em actividades que não tenham por objecto exploração lucrativa.

2 – As exclusões previstas no número anterior não abrangem o acidente que resulte da utilização de máquinas e de outros equipamentos de especial perigosidade.

A eventualidade e a ocasionalidade são definíveis, ao contrário do que acontece com a curta duração, que se deverá quedar por algumas horas que não perfaçam um dia de trabalho.

Artigo 17º – Acidente causado por outro trabalhador ou por terceiro

1 – Quando o acidente for causado por outro trabalhador ou por terceiro, o direito à reparação devida pelo empregador não prejudica o direito de acção contra aqueles, nos termos gerais.

2 – Se o sinistrado em acidente receber de outro trabalhador ou de terceiro indemnização superior à devida pelo empregador, este considera-se desonerado da respectiva obrigação e tem direito a ser reembolsado pelo sinistrado das quantias que tiver pago ou despendido.

3 – Se a indemnização arbitrada ao sinistrado ou aos seus representantes for de montante inferior ao dos benefícios conferidos em consequência do acidente, a exclusão da responsabilidade é limitada àquele montante.

4 – O empregador ou a sua seguradora que houver pago a indemnização pelo acidente pode sub-rogar-se no direito do lesado contra os responsáveis referidos no nº 1 se o sinistrado não lhes tiver exigido judicialmente a indemnização no prazo de um ano a contar da data do acidente.

5 – O empregador e a sua seguradora também são titulares do direito de intervir como parte principal no processo em que o sinistrado exigir aos responsáveis a indemnização pelo acidente a que se refere este artigo.

I – No nºs 1 e 4, prevê-se uma situação de sub-rogação legal, contemplada no CC, art. 592º. É neste Código que se contêm os “termos gerais” da responsabilidade civil, como uma das fontes das obrigações (art. 483º e segs.).

II – A situação pressuposta no nº 2, ocorre, com frequência, quando o acidente de trabalho é, simultaneamente, acidente de viação. O direito de regresso encontra-se configurado no CC, art. 524º.

III – A intervenção processual como parte principal prevê-se no CPC, art. 311º e segs.

IV – Ac. TRG, de 14-03-2019, Proc. 2110/15.0T8VCT.G1, Rel. ANA CRISTINA DUARTE: 1 – Na fixação da indemnização pelo dano não patrimonial resultante de acidente de viação, o indispensável recurso à equidade, não impede, antes aconselha, que se considere, como termo de comparação, os valores pecuniários encontrados para o mesmo efeito noutras decisões judicias relativas a casos semelhantes, sem prejuízo das especificidades e particularidades do caso que, concretamente, é submetido à apreciação do tribunal. 2 – As indemnizações consequentes ao acidente de viação que seja simultaneamente sinistro laboral – assentes em critérios distintos e cada uma delas com a sua funcionalidade própria – não são cumuláveis. 3 – Não há duplicação de indemnizações quando se pretende ressarcir no processo civil, não o dano consubstanciado na perda de rendimentos salariais decorrente do grau de incapacidade fixado ao sinistrado no processo de acidente de trabalho (compensado pela entrega do capital de remição), mas antes o dano biológico decorrente das sequelas das lesões sofridas, entendido como uma diminuição global das capacidades gerais do lesado.

V – Ac. TRC, de 12-03-2019, Proc. 1977/15.7T8VIS.C2, Rel. MOREIRA DO CARMO: 1 – Nos termos do disposto no nº 4 do art. 31º da Lei 100/97, de 13.9 (relativa a reparação por acidentes de trabalho), a entidade empregadora ou a seguradora que houver pago a indemnização pelo acidente tem o direito de regresso contra os responsáveis referidos no nº 1; a doutrina e jurisprudência têm entendido que nos encontramos perante uma verdadeira sub-rogação legal da entidade patronal ou da seguradora nos direitos do sinistrado contra o causador do acidente, o que o legislador consagrou expressamente na nova lei da reparação dos acidentes de trabalho – Lei 98/2009, de 4.9 –, no art. 17º, nº 4. 2 – A norma constante do nº 2 do art. 498º do CC é analogicamente aplicável aos casos em que o direito ao reembolso se efectiva, não através da constituição de um direito de regresso nas relações internas entre responsáveis solidários, mas pela via da sub-rogação legal. 3.- Tendo a obrigação de indemnizar sido satisfeita fraccionadamente, o início do curso do prazo de prescrição deve ser reportado ao último pagamento efetuado, até porque o cumprimento daquela obrigação perdura até à recuperação do sinistrado, sendo como tal incompatível com o prazo curto de prescrição estabelecido no nº 2 do art. 498º do CC.

VI – Ac. STJ, de 12-07-2018, Proc. 1842/15.8T8STR.E1S1, Rel. ROSA TCHING: I – As indemnizações devidas pelo responsável civil e pelo responsável laboral em consequência de acidente, simultaneamente de viação e de trabalho, assentam em critérios distintos e têm uma funcionalidade própria, não sendo cumuláveis, mas antes complementares até ao ressarcimento total do prejuízo causado ao lesado/sinistrado. II – Esta concorrência de responsabilidades configura uma solidariedade imprópria ou imperfeita, podendo o lesado/sinistrado exigir, alternativamente, a indemnização ou ressarcimento dos danos a qualquer dos responsáveis, civil ou laboral, escolhendo aquele de que pretende obter em primeira linha a indemnização, sendo que o pagamento da indemnização pelo responsável pelo sinistro laboral não envolve extinção, mesmo parcial, da obrigação comum, não liberando o responsável pelo acidente. III – A indemnização devida ao lesado/sinistrado a título de perda da sua capacidade de ganho, mesmo no caso do autor ter optado pela indemnização arbitrada em sede de acidente de trabalho, não contempla a compensação do dano biológico, consubstanciado na diminuição somático-psíquica e funcional do lesado, com substancial e notória repercussão na sua vida pessoal e profissional, porquanto estamos perante dois danos de natureza diferente. IV – A indemnização fixada em sede de acidente de trabalho tem por objeto o dano decorrente da perda total ou parcial da capacidade do lesado para o exercício da sua atividade profissional habitual, durante o período previsível dessa atividade e, consequentemente, dos rendimentos que dela poderia auferir. V – A compensação do dano biológico tem como base e fundamento a perda ou diminuição de capacidades funcionais que, mesmo não importando perda ou redução da capacidade para o exercício profissional da atividade habitual do lesado, impliquem ainda assim um maior esforço no exercício dessa atividade e/ou a supressão ou restrição de outras oportunidades profissionais ou de índole pessoal, no decurso do tempo de vida expetável, mesmo fora do quadro da sua profissão habitual. VI – Neste campo, relevam apenas e tão só as implicações de alcance económico e já não as respeitantes a outras incidências no espetro da qualidade de vida, mas sem um alcance dessa natureza, não sendo, por isso, de ter em conta, em sede de indemnização por dano biológico, as implicações na vida sexual do lesado, que devem ser ponderadas, antes, em sede de danos não patrimoniais. VII – O montante da indemnização por danos não patrimoniais deve, nos termos do disposto no art. 496º, nº 4 do CC, ser fixado segundo o critério da equidade, tendo-se em atenção as circunstâncias referidas no art. 494º do mesmo diploma, com exceção da referência à situação económica do lesado, por constituir violação do princípio da igualdade, consignado no art. 13º da CRP.

VII – Ac. TRP, de 03-06-2019, Proc. 448/15.6Y2MTS.P1, Rel. Nelson Fernandes: I – O fim/objetivo que se pretende alcançar com a Lei nº 98/2009, de 04 de Setembro (LAT), é o de que o sinistrado, em caso de ocorrência de acidente de trabalho, seja totalmente ressarcido do prejuízo que sofreu – prejuízo esse em relação ao qual a própria lei prevê o modo/forma como deve ser ressarcido –, do que decorre que, em caso de ressarcimento por terceiro estranho à relação laboral – ou seja, estranho ao núcleo de responsabilidade prevista na LAT para a reparação do acidente –, se esse ressarcimento tiver visado reparar o mesmo dano acautelado pela LAT, não pode então o sinistrado, assim ressarcido, voltar a sê-lo, agora pelo empregador, sob pena de se verificar um seu enriquecimento injustificado, pois que seria neste caso o lesado duplamente indemnizado/ressarcido pelo mesmo dano – artigo 17º, nºs 2 e 3, da LAT. II – É que, ainda que assentem em critérios distintos e tenham uma funcionalidade própria, essas indemnizações não são cumuláveis, mas antes complementares até ao ressarcimento total do prejuízo causado ao sinistrado, pelo que não deverá tal concurso de responsabilidades conduzir a que esse possa acumular no seu património um duplo ressarcimento pelo mesmo dano concreto. III – O regime referido em I e II, não obstante as diferenças existentes, é aplicável aos casos em que a indemnização é recebida pelo sinistrado de terceiro, mediador de seguros, que, por ato próprio, obstou/impediu à transferência da responsabilidade da entidade patronal para a companhia seguradora, sob pena de, também neste caso, ocorrer uma situação de duplicação de indemnização pelo mesmo dano concreto, podendo pois a entidade patronal desonerar-se total ou parcialmente da sua obrigação, nos termos previstos nos nºs 2 e 3 do artigo 17º da LAT. IV – Por decorrência do regime mencionado em I a III, dado o quadro legal referente à intervenção do Fundo de Acidentes de Trabalho (FAT), pode este exercer na ação os direitos que assistiriam ao empregador, nos quadros do invocado artigo 17º da LAT.

VIII – Ac. STJ, de 11-07-2019, Proc. 1456/15.2T8FNC.L1.S1, Rel. Henrique Araújo: I – Em caso de acidente de viação e de trabalho, as respetivas indemnizações não são cumuláveis, mas antes complementares, assumindo a responsabilidade infortunística laboral carácter subsidiário. II – Na condenação da seguradora no pagamento da indemnização devida por acidente de viação não se deve deduzir a indemnização devida por acidente de trabalho já paga ao sinistrado em processo de acidente de trabalho.

SECÇÃO IV – Agravamento da responsabilidade

Artigo 18º – Actuação culposa do empregador

1 – Quando o acidente tiver sido provocado pelo empregador, seu representante ou entidade por aquele contratada e por empresa utilizadora de mão-de-obra, ou resultar de falta de observação, por aqueles, das regras sobre segurança e saúde no trabalho, a responsabilidade individual ou solidária pela indemnização abrange a totalidade dos prejuízos, patrimoniais e não patrimoniais, sofridos pelo trabalhador e seus familiares, nos termos gerais.

2 – O disposto no número anterior não prejudica a responsabilidade criminal em que os responsáveis aí previstos tenham incorrido.

3 – Se, nas condições previstas neste artigo, o acidente tiver sido provocado pelo representante do empregador, este terá direito de regresso contra aquele.

4 – No caso previsto no presente artigo, e sem prejuízo do ressarcimento dos prejuízos patrimoniais e dos prejuízos não patrimoniais, bem como das demais prestações devidas por actuação não culposa, é devida uma pensão anual ou indemnização diária, destinada a reparar a redução na capacidade de trabalho ou de ganho ou a morte, fixada segundo as regras seguintes:

a) Nos casos de incapacidade permanente absoluta para todo e qualquer trabalho, ou incapacidade temporária absoluta, e de morte, igual à retribuição;

b) Nos casos de incapacidade permanente absoluta para o trabalho habitual, compreendida entre 70% e 100% da retribuição, conforme a maior ou menor capacidade funcional residual para o exercício de outra profissão compatível;

c) Nos casos de incapacidade parcial, permanente ou temporária, tendo por base a redução da capacidade resultante do acidente.

5 – No caso de morte, a pensão prevista no número anterior é repartida pelos beneficiários do sinistrado, de acordo com as proporções previstas nos artigos 59º a 61º

6 – No caso de se verificar uma alteração na situação dos beneficiários, a pensão é modificada, de acordo com as regras previstas no número anterior.

I – Dão-se aqui por reproduzidas as anotações ao antecedente art. 7º, relativo à responsabilidade por acidentes de trabalho.

II – A atuação culposa do empregador significa que a provocação do acidente lhe é imputada (culpa em sentido lato) CC, art. 487º e segs.

III – Por representante do empregador deve entender-se qualquer seu gestor ou empregado hierarquicamente superior ao trabalhador sinistrado e a que este devia obediência (CT, art. 128º, nº 2).

IV – A cedência de trabalhadores regula-se no CT, art. 172º e segs. As regras de segurança constam, basicamente, na Lei nº 102/2009, de 10 de setembro, que contém o regime jurídico da promoção da segurança e saúde no trabalho. Vigora, ainda, numerosa legislação setorial sobre a segurança no trabalho.

V – Nos termos do nº 3 do art. 79º, "verificando-se alguma das situações referidas no artigo 18º, a seguradora do responsável satisfaz o pagamento das prestações que seriam devidas caso não houvesse atuação culposa, sem prejuízo do direito de regresso".

VI – Lei nº 102/2009, artigo 16º (atividades simultâneas ou sucessivas no mesmo local de trabalho) :

1 – Quando várias empresas, estabelecimentos ou serviços desenvolvam, simultaneamente, atividades com os seus trabalhadores no mesmo local de trabalho, devem os respetivos empregadores, tendo em conta a natureza das atividades que cada um desenvolve, cooperar no sentido da proteção da segurança e da saúde.

2 – Não obstante a responsabilidade de cada empregador, devem assegurar a segurança e a saúde, quanto a todos os trabalhadores a que se refere o número anterior, as seguintes entidades:

a) A empresa utilizadora, no caso de trabalhadores em regime de trabalho temporário;

b) A empresa cessionária, no caso de trabalhadores em regime de cedência ocasional;

c) A empresa em cujas instalações outros trabalhadores prestam serviço ao abrigo de contratos de prestação de serviços;

d) Nos restantes casos, a empresa adjudicatária da obra ou do serviço, para o que deve assegurar a coordenação dos demais empregadores através da organização das atividades de segurança e saúde no trabalho.

3 – A empresa utilizadora ou adjudicatária da obra ou do serviço deve assegurar que o exercício sucessivo de atividades por terceiros nas suas instalações ou com os equipamentos utilizados não constituem um risco para a segurança e saúde dos seus trabalhadores ou dos trabalhadores temporários, cedidos ocasionalmente ou de trabalhadores ao serviço de empresas prestadoras de serviços.

VII – A prática dos atos referidos pode originar uma contraordenação grave, cfr. art. 171º, nº 2, alínea c).

VIII – Neste caso de responsabilidade subjetiva, deverá ser utilizado o processo para a efetivação de direitos de terceiros conexos com acidentes de trabalho, previsto no CPT, art. 154º, da competência material dos juízos do trabalho [LOSJ, art. 126º, nº 1, al. c)].

SECÇÃO V – Natureza, determinação e graduação da incapacidade

Artigo 19º – Natureza da incapacidade

1 – O acidente de trabalho pode determinar incapacidade temporária ou permanente para o trabalho.

2 – A incapacidade temporária pode ser parcial ou absoluta.

3 – A incapacidade permanente pode ser parcial, absoluta para o trabalho habitual ou absoluta para todo e qualquer trabalho.

I – A incapacidade para o trabalho, que é um dos requisitos essenciais para se classificar o acidente como de trabalho (cfr. art. 8º), é, no contexto do respetivo processo, usual e abreviadamente, identificada pela letra I, seguida das letras iniciais da sua natureza: T (temporária) ou P (permanente) e da sua extensão: P (parcial) e A (absoluta). Esta última ainda poder ser para todo e qualquer trabalho ou apenas para o trabalho habitual.

II – Parafraseando a Norma Procedimental 004 do INMLCF, são usadas as seguintes siglas e definições:

ITP – Incapacidade Temporária Parcial;

ITA – Incapacidade Temporária Absoluta;

IPP – Incapacidade Permanente Parcial;

IPATH – Incapacidade Permanente Absoluta para o Trabalho Habitual;

IPATQT – Incapacidade Permanente Absoluta para Todo e Qualquer Trabalho.

Artigo 20º – Determinação da incapacidade

A determinação da incapacidade é efectuada de acordo com a tabela nacional de incapacidades por acidentes de trabalho e doenças profissionais, elaborada e actualizada por uma comissão nacional, cuja composição, competência e modo de funcionamento são fixados em diploma próprio.

I – A Tabela Nacional de Incapacidades de Trabalho e Doenças Profissionais – TNI – (bem como a Tabela Nacional para a Avaliação de Incapacidades Permanentes em Direito Civil) foi aprovada pelo DL nº 352/2007, de 23 de outubro.

II – Nesta TNI "as sequelas (disfunções), independentemente da causa ou lesão inicial"... "são designadas em notação numérica, inteira ou subdividida em sob números e alíneas, agrupados em capítulos" e a cada dano corporal ou funcional corresponde um coeficiente expresso em percentagem, que traduz a proporção da perda da capacidade de trabalho. Ex: I – Coluna vertebral 1.1. Entorses, fraturas e luxações 1.1.1. Traumatismos raquidianos ... b) Apenas com raquialgia residual – 0,02-0,10. A disfunção total, designada como incapacidade permanente absoluta para todo e qualquer trabalho (IPATT), é expressa pela unidade, ou seja 100% de incapacidade. Obviamente, todas as restantes incapacidades corresponderão à referida percentagem.

III – Como consta do exemplo acima indicado, na TNI o coeficiente é apresentado com um intervalo de variação, constituindo, assim, um elemento de base para o cálculo da incapacidade a atribuir pelo perito médico. Efetivamente, na determinação do valor da incapacidade a atribuir devem ser observadas diversas normas técnicas indicadas nas instruções gerais, que vão desde a idade, alteração do aspeto físico, possibilidade de aplicação de próteses e ortóteses até à multitude das lesões e outros fatores.

IV – No ANEXO I daquela TNI inserem-se as seguintes instruções gerais:

1 – A presente Tabela Nacional de Incapacidades (TNI) tem por objectivo fornecer as bases de avaliação do dano corporal ou prejuízo funcional sofrido em consequência de acidente de trabalho ou de doença profissional, com redução da capacidade de ganho.

2 – As sequelas (disfunções), independentemente da causa ou lesão inicial de que resultem danos enquadráveis no âmbito do número anterior, são designados na TNI, em notação numérica, inteira ou subdividida em subnúmeros e alíneas, agrupados em capítulos.

3 – A cada dano corporal ou prejuízo funcional corresponde um coeficiente expresso em percentagem, que traduz a proporção da perda da capacidade de trabalho resultante da disfunção, como sequela final da lesão inicial, sendo a disfunção total, designada como incapacidade permanente absoluta para todo e qualquer trabalho, expressa pela unidade.

4 – Os coeficientes ou intervalos de variação correspondem a percentagens de desvalorização, que constituem o elemento de base para o cálculo da incapacidade a atribuir.

5 – Na determinação do valor da incapacidade a atribuir devem ser observadas as seguintes normas, para além e sem prejuízo das que são específicas de cada capítulo ou número:

a) Os coeficientes de incapacidade previstos são bonificados, até ao limite da unidade, com uma multiplicação pelo factor 1.5, segundo a fórmula: IG + (IG x 0.5), se a vítima não for reconvertível em relação ao posto de trabalho ou tiver 50 anos ou mais quando não tiver beneficiado da aplicação desse factor;

b) A incapacidade é igualmente corrigida, até ao limite da unidade, mediante a multiplicação pelo factor 1.5, quando a lesão implicar alteração visível do aspecto físico (como no caso das dismorfias ou equivalentes) que afecte, de forma relevante, o desempenho do posto de trabalho; não é cumulável com a alínea anterior;

c) Quando a função for substituída, no todo ou em parte, por prótese, ortótese ou outra intervenção conduzida no sentido de diminuir a incapacidade, deve promover-se a revisão da mesma logo que atinja a estabilidade clínica;

d) No caso de lesões múltiplas, o coeficiente global de incapacidade é obtido pela soma dos coeficientes parciais segundo o princípio da capacidade restante, calculando-se o primeiro coeficiente por referência à capacidade do indivíduo anterior ao acidente ou doença profissional e os demais à capacidade restante fazendo-se a dedução sucessiva de coeficiente ou coeficientes já tomados em conta no mesmo cálculo. Sobre a regra prevista nesta alínea prevalece norma especial expressa na presente tabela, propriamente dita;

e) No caso de lesão ou doença anterior aplica-se o nº 2 do artigo 9º da Lei nº 100/97, de 13 de Setembro; (atual Lei nº 98/2009).

f) As incapacidades que derivem de disfunções ou sequelas não descritas na Tabela são avaliadas pelo coeficiente relativo a disfunção análoga ou equivalente.

5.A – A atribuição de incapacidade absoluta para o trabalho habitual deve ter em conta:

a) A capacidade funcional residual para outra profissão compatível com esta incapacidade atendendo à idade, qualificações profissionais e escolares e a possibilidade, concretamente avaliada, de integração profissional do sinistrado ou doente;

b) A avaliação é feita por junta pluridisciplinar que integra:

b.1) Um médico do Tribunal, um médico representante do sinistrado e um médico representante da entidade legalmente responsável, no caso de acidente de trabalho (AT);

b.2) Um médico do Centro Nacional de Protecção contra os Riscos Profissionais (CNPRP) (atual DPRP), *serviço do Instituto da Segurança Social, I. P., um médico representante do doente e um especialista em Medicina do Trabalho, no caso de doença profissional (DP);*

c) O especialista em Medicina do Trabalho, referido na alínea anterior, pode ser substituído por perito médico de outra especialidade sempre que, as condições concretas de cada caso a isso aconselhem e seja determinado pelo CNPRP.

6 – Quando a extensão e gravidade do défice funcional tender para o valor mínimo do intervalo de variação dos coeficientes, os peritos podem fixar o valor de incapacidade global no sentido do máximo, tendo em atenção os seguintes elementos:

a) Estado geral da vítima (capacidades físicas e mentais). – Considerando os factores de ordem geral determinantes do estado de saúde do indivíduo, devem os peritos médicos avaliar se a evolução do estado geral do sinistrado ou doente foi consideravelmente afectada de forma negativa;

b) Natureza das funções exercidas, aptidão e capacidade profissional. – A avaliação deve considerar a importância deste factor, em relação ao posto de trabalho que exercia, e aplicam-se as alíneas a) e b) do nº 5, conforme os casos;

c) Idade (envelhecimento precoce). – O envelhecimento precoce tem uma ponderação igual à da alínea a) deste número.

7 – Sempre que circunstâncias excepcionais o justifiquem, pode ainda o perito afastar-se dos valores dos coeficientes previstos, inclusive nos valores iguais a 0.00 expondo claramente e fundamentando as razões que a tal o conduzem e indicando o sentido e a medida do desvio em relação ao coeficiente em princípio aplicável à situação concreta em avaliação.

8 – O resultado dos exames é expresso em ficha apropriada, devendo os peritos fundamentar todas as suas conclusões.

9 – As incapacidades temporárias parciais correspondentes ao primeiro exame médico são fixadas pelo menos no dobro do coeficiente previsível numa futura situação de incapacidade permanente, sem ultrapassar o coeficiente 1, e são reduzidas, gradualmente, salvo o caso de recaída ou agravamento imprevisto, confirmado por diagnóstico fundamentado até à alta definitiva com estabilização da situação clínica.

10 – Na determinação da incapacidade global a atribuir devem ser ponderadas as efectivas possibilidades de reabilitação profissional do sinistrado, face às suas aptidões e às suas capacidades restantes.

Para tanto, sempre que seja considerado adequado ou conveniente, podem as partes interessadas ou o Tribunal solicitar parecer às entidades competentes nas áreas do emprego e formação profissional, sobre as efectivas possibilidades de reabilitação do sinistrado.

11 – Sempre que necessário para um diagnóstico diferencial seguro, devem ser utilizados os meios técnicos mais actualizados e adequados a uma avaliação rigorosa do défice funcional ou das sequelas com vista à fixação da incapacidade.

12 – Os sintomas que acompanhem défices funcionais, tais como dor e impotência funcional, para serem valorizáveis, devem ser objectivadas pela contractura muscular, pela diminuição da força, pela hipotrofia, pela pesquisa de reflexos e outros meios complementares de diagnóstico adequados.

13 – A fim de permitir o maior rigor na avaliação das incapacidades resultantes de acidente de trabalho e doença profissional, a garantia dos direitos das vítimas e a apreciação jurisdicional, o processo constituído para esse efeito deve conter obrigatoriamente os seguintes elementos:

a) Inquérito profissional, nomeadamente para efeito de história profissional;

b) Análise do posto de trabalho, com caracterização dos riscos profissionais e sua quantificação, sempre que tecnicamente possível (para concretizar e quantificar o agente causal de AT ou DP);

c) História clínica, com referência obrigatória aos antecedentes médico-cirúrgicos relevantes;

d) Exames complementares de diagnóstico apropriados.

14 – Deve ser avaliada a correlação do défice funcional com o agente causal, nomeadamente em matéria de doenças profissionais, para efeitos do disposto nos nºs 1 e 2 do artigo 27º da Lei nº 100/97, de 13 de Setembro; (atual Lei nº 98/2009).

V – Ac. STJ nº 10/2014, publicado no DR, de 30-06-2014, Rel. ANTÓNIO LEONES DANTAS:

1 – A expressão "se a vítima não for reconvertível em relação ao posto de trabalho" contida na alínea a) do nº 5 das Instruções Gerais da Tabela Nacional de Incapacidades por Acidente de Trabalho ou Doenças Profissionais, aprovada pelo Decreto-Lei nº 352/2007, de 23 de Outubro, refere-se às situações em que o sinistrado, por virtude das lesões sofridas, não pode retomar o exercício das funções correspondentes ao concreto posto de trabalho que ocupava antes do acidente;

2 – Não é possível bonificar, nos termos da alínea a) do nº 5 daquelas Instruções Gerais, o coeficiente de incapacidade geral de um profissional de futebol decorrente de acidente de trabalho, de 22 anos à data do acidente, e que retomou, logo após a alta, as tarefas correspondentes ao posto profissional que ocupava antes do acidente.

Artigo 21º – Avaliação e graduação da incapacidade

1 – O grau de incapacidade resultante do acidente define-se, em todos os casos, por coeficientes expressos em percentagens e determinados em função da natureza e da gravidade da lesão, do estado geral do sinistrado, da sua idade e profissão, bem como da maior ou menor capacidade funcional residual para o exercício de outra profissão compatível e das demais circunstâncias que possam influir na sua capacidade de trabalho ou de ganho.

2 – O grau de incapacidade é expresso pela unidade quando se verifique disfunção total com incapacidade permanente absoluta para todo e qualquer trabalho.

3 – O coeficiente de incapacidade é fixado por aplicação das regras definidas na tabela nacional de incapacidades por acidentes de trabalho e doenças profissionais, em vigor à data do acidente.

4 – Sempre que haja lugar à aplicação do disposto na alínea b) do nº 3 do artigo 48º e no artigo 53º, o juiz pode requisitar parecer prévio de peritos especializados, designadamente dos serviços competentes do ministério responsável pela área laboral.

I – Através deste artigo são confirmadas as principais instruções da TNI, cfr. anotação ao artigo anterior.

II – Ac. TRL, de 27-03-2019, Proc. 143/14.3TTFUN.L1-4, Rel. PAULA SANTOS: I – Não foi intenção do legislador tornar a TNI um instrumento estanque de avaliação do dano corporal, antes deixando uma ampla margem decisória aos peritos médicos e ao tribunal para a determinação da sequela e subsequente incapacidade do sinistrado, fruto da substancial complexidade que pauta esta operação. II – A aplicação analógica a que se reporta a Instrução 5º, f) da TNI visa permitir que, perante a semelhança de casos, estando um contemplado na norma e outro não contemplado, apresentando ambos similitudes entre si, a norma se estenda ao caso omisso, por se considerar que, se o caso omisso tivesse sido considerado pelo legislador, teria o mesmo tratamento legislativo do que o caso previsto, por ser a mesma a razão de decidir. III – Tendo sido fixada ao sinistrado uma IPP por acidente de trabalho anterior ao presente, ao serviço da mesma entidade patronal e sendo a mesma a seguradora responsável, tem aplicação a instrução geral nº 5, d) da TNI, ou seja, obtendo-se o coeficiente global de incapacidade "pela soma dos coeficientes parciais segundo o princípio da capacidade restante, calculando-se o primeiro coeficiente por referência à capacidade do indivíduo anterior ao acidente ou doença profissional e os demais à capacidade restante fazendo-se a dedução sucessiva de coeficiente ou coeficientes já tomados em conta no mesmo cálculo. (Sumário elaborado pela Relatora).

III – Ac. TRP, de 30-05-2018, Proc. 2024/15.4T8AVR.P1, Rel. Paula Leal de Carvalho: I – O exercício de uma profissão/trabalho habitual é caracterizado pela execução, e necessidade dessa execução, de um conjunto de tarefas que constituem o núcleo essencial dessa atividade profissional, não se podendo deixar de concluir que o sinistrado fica afetado de IPATH se as sequelas do acidente lhe permitem, apenas, desempenhar função meramente residual ou acessória do trabalho habitual de tal modo que não permitiria que alguém mantivesse, apenas com essa(s) tarefa(s) residual (ais), essa profissão/trabalho habitual. II – Tratando-se embora a fixação de incapacidade de matéria sobre a qual o juiz não dispõe dos necessários conhecimentos técnico-científicos, o laudo pericial não tem, todavia, força vinculativa obrigatória, estando sujeito à livre apreciação do julgador (arts. 389º do Cód. Civil e 489º do CPC/2013), devendo, no entanto, a eventual divergência ser devidamente fundamentada em outros elementos probatórios que, por si ou conjugadamente com as regras da experiência comum, levem a conclusão contrária e sendo que o juízo a fazer quanto à questão de saber se as lesões/sequelas determinam, ou não, IPATH passa também pela apreciação do tipo de tarefas concretas que o trabalho habitual do sinistrado envolve, conjugado, se for o caso, com outros elementos probatórios e com as regras do conhecimento e experiência comuns, o que extravasa um juízo puramente técnico-científico. III – No caso, e em síntese, tendo em conta a matéria de facto provada e decorrendo do parecer emitido pelo Centro de Reabilitação Profissional D... que as sequelas apresentadas pelo A. determinam IPATH por, funcionalmente, o impossibilitarem de realizar a grande maioria das tarefas compreendidas na sua atividade profissional de operador de máquinas de produção industrial, deverá ser-lhe atribuída tal incapacidade. IV – A IPATH não é incompatível com a aplicação, ao coeficiente de IPP para o exercício de outro trabalho, do fator de bonificação de 1,5 previsto no nº 5, al. a), das Instruções da TNI.

Artigo 22º – Conversão da incapacidade temporária em permanente

1 – A incapacidade temporária converte-se em permanente decorridos 18 meses consecutivos, devendo o perito médico do tribunal reavaliar o respectivo grau de incapacidade.

2 – Verificando-se que ao sinistrado está a ser prestado o tratamento clínico necessário, o Ministério Público pode prorrogar o prazo fixado no número anterior, até ao máximo de 30 meses, a requerimento da entidade responsável e ou do sinistrado.

I – A longa duração da incapacidade temporária, aqui *ex lege,* implica a mudança para a situação de incapacidade permanente o que determina a reavaliação do grau de incapacidade pelo perito médico, nos termos do artigo anterior. A incapacidade permanente resultante de tal conversão, como é lógico, deixa de ser provisória e só poderá ser alterada através do incidente de revisão previsto no art. 70º desta LAT e no art. 145º do CPT. Acarreta a mudança da indemnização para a pensão, cfr. arts. 47º, nº 1, a) e c) e 48º.

II – Como decorre da norma do nº 2, a conversão legal da situação de incapacidade temporária para a permanente tem por objetivo compelir à observância de práticas corretas no tratamento dos sinistrados, nomeadamente pelos serviços médicos das seguradoras até à emissão do boletim de alta (cfr. art. 35º).

SECÇÃO VI – Reparação

SUBSECÇÃO I – Disposições gerais

Artigo 23º – Princípio geral

O direito à reparação compreende as seguintes prestações:

a) Em espécie – prestações de natureza médica, cirúrgica, farmacêutica, hospitalar e quaisquer outras, seja qual for a sua forma, desde que necessárias e adequadas ao restabelecimento do estado de saúde e da capacidade de trabalho ou de ganho do sinistrado e à sua recuperação para a vida activa;

b) Em dinheiro – indemnizações, pensões, prestações e subsídios previstos na presente lei.

I – Como já aludido na anotação ao art. 7º, diferentemente do que acontece na responsabilidade civil em geral, em que "quem estiver obrigado a reparar um dano deve reconstituir a situação que existiria, se não se tivesse verificado o evento que obriga à reparação" (CC, art. 562º), na responsabilidade (pelo risco) por acidentes de trabalho, são taxativamente enunciadas (neste art. 23º) as prestações "necessárias e adequadas ao restabelecimento" do sinistrado no que respeita:

- ao estado de saúde;
- à capacidade de trabalho ou de ganho; e
- à recuperação para a vida ativa.

II – Estas prestações em espécie, aqui enunciadas na alínea *a*), têm o seu regime específico no art. 25º e segs. e destinam-se à recuperação, tanto quanto for possível, da saúde do sinistrado.

III – As prestações em dinheiro, referidas na alínea *b*) são concretizadas no art. 47º e segs. e o seu lugar de pagamento encontra-se regulado no art. 73º. Mas, ao contrário das prestações em espécie não indemnizam o salário perdido na sua totalidade, nem os danos morais ou não patrimoniais. Tais danos apenas poderão ser compensados nas situações previstas no art. 18º (atuação culposa do empregador).

IV – Constitui contraordenação grave "fazer tratar ou internar um sinistrado sem declarar a situação deste, para efeitos de se eximir ao pagamento das respetivas despesas" [art. 171º, nº 2, *b*)].

Artigo 24º – Recidiva ou agravamento

1 – Nos casos de recidiva ou agravamento, o direito às prestações previstas na alínea a) do artigo anterior mantém-se após a alta, seja qual for a situação nesta definida, e abrange as doenças relacionadas com as consequências do acidente.

2 – O direito à indemnização por incapacidade temporária absoluta ou parcial para o trabalho, previsto na alínea b) do artigo anterior, em caso de recidiva ou agravamento, mantém-se:

a) Após a atribuição ao sinistrado de nova baixa;

b) Entre a data da alta e a da nova baixa seguinte, se esta última vier a ser dada no prazo de oito dias.

3 – Para efeitos do disposto no número anterior, é considerado o valor da retribuição à data do acidente actualizado pelo aumento percentual da retribuição mínima mensal garantida.

I – A recidiva (popularmente conhecido como recaída) é o retorno da atividade de uma doença, antes considerada curada. Pode ser uma manifestação clínica ou laboratorial. Quando a doença não apresenta atividade detetável diz-se que há uma remissão completa.

II – A alta (médica), em oposição à baixa, significa que, no entendimento do médico assistente, o trabalhador se encontra curado e pode regressar à sua atividade laboral. Mas também pode haver "alta hospitalar" para o sinistrado, que estava internado no estabelecimento hospitalar, voltar ao seu domicílio, mas mantendo-se em situação de baixa ao trabalho, por continuar em tratamento médico. V. art. 35º relativo aos boletins de exame e alta.

SUBSECÇÃO II – Prestações em espécie

Artigo 25º – Modalidades das prestações

1 – As prestações em espécie previstas na alínea a) do artigo 23º compreendem:

a) A assistência médica e cirúrgica, geral ou especializada, incluindo todos os elementos de diagnóstico e de tratamento que forem necessários, bem como as visitas domiciliárias;

b) A assistência medicamentosa e farmacêutica;

c) Os cuidados de enfermagem;

d) A hospitalização e os tratamentos termais;

e) A hospedagem;

f) Os transportes para observação, tratamento ou comparência a actos judiciais;

g) O fornecimento de ajudas técnicas e outros dispositivos técnicos de compensação das limitações funcionais, bem como a sua renovação e reparação;

h) Os serviços de reabilitação e reintegração profissional e social, incluindo a adaptação do posto do trabalho;

i) Os serviços de reabilitação médica ou funcional para a vida activa;

j) Apoio psicoterapêutico, sempre que necessário, à família do sinistrado.

2 – A assistência a que se referem as alíneas a) e j) do número anterior inclui a assistência psicológica e psiquiátrica, quando reconhecida como necessária pelo médico assistente.

I – As ajudas técnicas são objeto do disposto no art. 41º e segs.

II – Ac. TRP, de 04-02-2019, Proc. 2768/17.6T8PNF.P1, Rel. Jerónimo Freitas: I – Os campos de aplicação dos arts. 25º, nº 1, al. f) e 39º da Lei 98/2009, por um lado, e do art. 17º, nº 8, do RCP, por outro, são distintos: os primeiros dispõem sobre o direito do sinistrado ao pagamento de transportes e estada; enquanto que o art. 17º, incluindo o seu nº 8, se reporta "às remunerações devidas às entidades que intervenham nos processos ou que coadjuvem em quaisquer diligências, ou seja, às devidas aos intervenientes acidentais a que se reporta. IX – O facto de ter sido decidido que o sinistrado "se encontra sem qualquer incapacidade permanente para o trabalho decorrente" das lesões sofridas no acidente de trabalho que sofreu e veio participar em juízo, não obsta ao direito ao reembolso das despesas por si suportadas com transportes para deslocações para ser observado no GML e para intervenção na tentativa de conciliação, atos a que estava obrigado a comparecer nos termos previstos imperativamente pelas regras processuais que regem o processo emergente de acidente de trabalho.

Artigo 26º – Primeiros socorros

1 – A verificação das circunstâncias previstas nos artigos 15º e 16º não dispensa o empregador da prestação dos primeiros socorros ao trabalhador e do seu transporte para o local onde possa ser clinicamente socorrido.

2 – O empregador ou quem o represente na direcção ou fiscalização do trabalho deve, logo que tenha conhecimento do acidente, assegurar os imediatos e indispensáveis socorros médicos e farmacêuticos ao sinistrado, bem como o transporte mais adequado para tais efeitos.

3 – O transporte e socorros referidos no número anterior são prestados independentemente de qualquer apreciação das condições legais da reparação.

I – Os primeiros socorros e o eventual transporte do sinistrado devem ainda ser prestados pelo empregador, para além da participação à seguradora, como resulta do preceituado no art. 87º.

II – A falta de cumprimento desta norma pode originar uma contraordenação muito grave, cfr. art. 171º, nº 1).

Artigo 27º – Lugar de prestação da assistência clínica

1 – A assistência clínica deve ser prestada na localidade onde o sinistrado reside ou na sua própria habitação, se tal for indispensável.

2 – Essa assistência pode, no entanto, ser prestada em qualquer outro local por determinação do médico assistente ou mediante acordo entre o sinistrado e a entidade responsável.

O fornecimento ou pagamento dos transportes e estada encontra-se regulado no art. 39º.

Artigo 28º – Médico assistente

1 – A entidade responsável tem o direito de designar o médico assistente do sinistrado.

2 – O sinistrado pode recorrer a qualquer médico nos seguintes casos:

a) Se o empregador ou quem o represente não se encontrar no local do acidente e houver urgência nos socorros;

b) Se a entidade responsável não nomear médico assistente ou enquanto o não fizer;

c) Se a entidade responsável renunciar ao direito de escolher o médico assistente;

d) Se lhe for dada alta sem estar curado, devendo, neste caso, requerer exame pelo perito do tribunal.

3 – Enquanto não houver médico assistente designado, é como tal considerado, para todos os efeitos legais, o médico que tratar o sinistrado.

I – A entidade responsável é, em regra, a seguradora.

II – Estatutos da Ordem dos Médicos – Lei nº 117/2015, de 31 de agosto, artigo 97º Títulos de qualificação profissional: 1 – A Ordem atribui os seguintes títulos profissionais, que reconhecem a diferenciação técnico-profissional dos seus titulares: a) Médico; b) Médico especialista. 2 – A Ordem atribui ainda as qualificações de médico especialista com subespecialidade e de médico com a competência. .... 4 – O médico especialista é o profissional habilitado com uma diferenciação a que corresponde um conjunto de saberes específicos, obtidos após a frequência, com aproveitamento, de uma formação especializada numa área do conhecimento médico e inscrito no respetivo colégio da especialidade. 5 – A competência é o título que reconhece habilitações técnico-profissionais comuns a várias especialidades e que pode ser obtido por qualquer médico ou especialista, através da apreciação curricular apropriada, realizada por uma comissão nomeada para o efeito pelo conselho nacional. 6 – O título de médico especialista é atribuído nas seguintes áreas: ... Medicina Desportiva; y) Medicina do Trabalho; z) Medicina Física e de Reabilitação; aa) Medicina Geral e Familiar;

Artigo 29º – Dever de assistência clínica

Nenhum médico pode negar-se a prestar assistência clínica a sinistrado do trabalho, quando solicitada pela entidade responsável ou pelo próprio sinistrado, no caso em que lhe é permitida a escolha do médico assistente.

Estatutos da Ordem dos Médicos – Lei nº 117/2015, de 31 de agosto, art. 97º, nº 3, "o médico é o profissional habilitado a exercer autonomamente a atividade médica".

Artigo 30º – Observância de prescrições clínicas e cirúrgicas

1 – O sinistrado em acidente deve submeter-se ao tratamento e observar as prescrições clínicas e cirúrgicas do médico designado pela entidade responsável, necessárias à cura da lesão ou doença e à recuperação da capacidade de trabalho, sem prejuízo do direito a solicitar o exame pericial do tribunal.

2 – Sendo a incapacidade ou o agravamento do dano consequência de injustificada recusa ou falta de observância das prescrições clínicas ou cirúrgicas, a indemnização pode ser reduzida ou excluída nos termos gerais.

3 – Considera-se sempre justificada a recusa de intervenção cirúrgica quando, pela sua natureza ou pelo estado do sinistrado, ponha em risco a vida deste.

I – Lei nº 15/2014, de 21 de março, Lei consolidando a legislação em matéria de direitos e deveres do utente dos serviços de saúde, art. 9º – Queixas e reclamações: *1 – O utente dos serviços de saúde tem direito a reclamar e apresentar queixa nos estabelecimentos de saúde, nos termos da lei, bem como a receber indemnização por prejuízos sofridos.*

II – Os boletins de exame e alta, encontram-se previstos no art. 35º, devendo ser emitidos em formulários próprios (art. 175º).

III – A infração a esta norma pode originar uma contraordenação grave, cfr. art. 171º, nº 3.

Artigo 31º – Substituição legal do médico assistente

1 – Durante o internamento em hospital, o médico assistente é substituído nas suas funções pelos médicos do mesmo hospital, embora com o direito de acompanhar o tratamento do sinistrado, conforme os respectivos regulamentos internos ou, na falta ou insuficiência destes, segundo as determinações do director clínico.

2 – O direito de acompanhar o tratamento do sinistrado contempla, nomeadamente, a faculdade de o médico assistente ter acesso a toda a documentação clínica respeitante ao sinistrado em poder do estabelecimento hospitalar.

Médico assistente em geral "é a quem a pessoa que se sente doente deve procurar em primeiro lugar. Que competências deve ter este Médico Assistente? A primeira competência – e a mais importante – é a de Clínica Médica: sabe ouvir e interpretar as queixas da pessoa doente, sabe observar, com meios clínicos, os sinais de doença dos diversos aparelhos e sistemas, sabe formular hipóteses de diagnóstico, sabe solicitar meios complementares de diagnóstico, como análises clínicas e imagens ecográficas e radiológicas e sabe integrar os seus resultados no diagnóstico certo ou mais provável; finalmente, sabe prescrever o tratamento mais adequado para a cura da pessoa" (Prof. Daniel Serrão, *in* sítio da Internet).

Artigo 32º – Escolha do médico cirurgião

Nos casos em que deva ser submetido a intervenção cirúrgica de alto risco e naqueles em que, como consequência da intervenção cirúrgica, possa correr risco de vida, o sinistrado tem direito a escolher o médico cirurgião.

Base XIV da Lei de Bases da Saúde (Lei nº 48/90) – Estatuto dos utentes: os utentes têm direito a escolher, no âmbito do sistema de saúde e na medida dos recursos existentes e de acordo com as regras de organização, o serviço e agentes prestadores.

Artigo 33º – Contestação das resoluções do médico assistente

O sinistrado ou a entidade responsável, mediante consulta prévia ao sinistrado, têm o direito de não se conformar com as resoluções do médico assistente ou de quem legalmente o substituir.

V. CPT, arts. 102º e 105º.

Artigo 34º – Solução de divergências

1 – Qualquer divergência sobre as matérias reguladas nos artigos 31º, 32º e 33º, ou outra de natureza clínica, pode ser resolvida por simples conferência de médicos, da iniciativa do sinistrado, da entidade responsável ou do médico assistente, bem como do substituto legal deste.

2 – Se a divergência não for resolvida nos termos do número anterior, é solucionada:

a) Havendo internamento hospitalar, pelo respectivo director clínico ou pelo médico que o deva substituir, se ele for o médico assistente;

b) Não havendo internamento hospitalar, pelo perito médico do tribunal do trabalho da área onde o sinistrado se encontra, por determinação do Ministério Público, a solicitação de qualquer dos interessados.

3 – As resoluções dos médicos referidos nas alíneas do número anterior ficam a constar de documento escrito e o interessado pode delas reclamar, mediante requerimento fundamentado, para o juiz do tribunal do trabalho da área onde o sinistrado se encontra, que decide definitivamente.

4 – Nos casos previstos na alínea b) do nº 2 e no nº 3, se vier a ter lugar processo emergente de acidente de trabalho, o processado é apenso a este.

Artigo 35º – Boletins de exame e alta

1 – No começo do tratamento do sinistrado, o médico assistente emite um boletim de exame, em que descreve as doenças ou lesões que lhe encontrar e a sintomatologia apresentada com descrição pormenorizada das lesões referidas pelo mesmo como resultantes do acidente.

2 – No final do tratamento do sinistrado, quer por este se encontrar curado ou em condições de trabalhar quer por qualquer outro motivo, o médico assistente emite um boletim de alta clínica, em que declare a causa da cessação do tratamento e o grau de incapacidade permanente ou temporária, bem como as razões justificativas das suas conclusões.

3 – Entende-se por alta clínica a situação em que a lesão desapareceu totalmente ou se apresenta como insusceptível de modificação com terapêutica adequada.

4 – O boletim de exame é emitido em triplicado e o de alta em duplicado.

5 – No prazo de 30 dias após a realização dos actos é entregue um exemplar do boletim ao sinistrado e outro remetido ao tribunal, se for caso disso, bem como enviado o terceiro exemplar do boletim de exame à entidade responsável.

6 – Tratando-se de sinistrado a cargo de seguradora, da administração central, regional, local ou de outra entidade dispensada de transferir a responsabilidade por acidente de trabalho, o boletim apenas é remetido a juízo quando haja de se proceder a exame médico, quando o tribunal o requisite ou tenha de acompanhar a participação do acidente.

7 – Imediatamente após a realização dos actos, a seguradora entrega ao sinistrado um documento informativo que indique os períodos de incapacidade temporária e respectivo grau, bem como, se for o caso, a data da alta e a causa da cessação do tratamento.

I – Nos nºs 2 e 3, contém-se a noção de "alta", que constitui um conceito deveras importante no domínio do regime dos acidentes de trabalho, consistindo na declaração pelo médico assistente de que cessou o tratamento do sinistrado, por o considerar curado ou em condições de retomar o trabalho que antes desempenhava ou ainda por se encontrar com incapacidade para o trabalho consolidada. Nestes dois últimos casos declara ainda, fundamentadamente, a natureza da incapacidade e o grau.

II – No nº 6, prevê-se a emissão do boletim no caso das entidades públicas, cfr. art. 80º. E quanto ao envio a juízo do trabalho, v. art. 92º.

III – O desrespeito pela norma do nº 5 pode originar uma contraordenação leve, cfr. art. 171º, nº 4.

IV – O boletim de baixa tem de obedecer a formulário próprio (art. 175º).

V – Ac. TRP, de 30-05-2018, Proc. 125/14.5TTVNG.P2, Rel. Domingos Morais: I – No final do tratamento do sinistrado, o médico assistente emite um boletim de alta clínica, em que declare a causa da cessação do tratamento e o grau de incapacidade permanente ou temporária, bem como as razões justificativas das suas conclusões – artigo 35º da Lei nº 98/2009, de 04.09 (LAT). II – Entende-se por alta clínica a situação em que a lesão desapareceu totalmente ou se apresenta como insuscetível de modificação com terapêutica adequada. III – O fundamento legal do incidente de revisão da incapacidade – artigo 70º da LAT – radica no agravamento, recidiva, recaída ou melhoria da lesão sofrida ("desaparecida" ou "adormecida"), e não da eventual sequela que resultara dessa lesão. IV – O direito de requer a revisão da incapacidade, nos termos previstos no artigo 70º da LAT, não pode, não deve ser negado ao sinistrado. V – Se das lesões sofridas pelo sinistrado, em acidente de trabalho, resultou, ou não, agravamento, é questão a resolver no âmbito do respetivo incidente de revisão da incapacidade, a admitir liminarmente.

Artigo 36º – Informação clínica ao sinistrado

O sinistrado tem direito a receber, em qualquer momento, a seu requerimento, cópia de todos os documentos respeitantes ao seu processo, designadamente o boletim de alta e os exames complementares de diagnóstico em poder da seguradora.

Artigo 37º – Requisição pelo tribunal

A entidade responsável, os estabelecimentos hospitalares, os serviços competentes da segurança social e os médicos são obrigados a fornecer aos tribunais do trabalho todos os esclarecimentos e documentos que lhes sejam requisitados relativamente a observações e tratamentos feitos a sinistrados ou, por qualquer outro modo, relacionados com o acidente.

Coincide com o preceituado no CPC, art. 436º.

Artigo 38º – Estabelecimento de saúde

1 – O internamento e os tratamentos previstos na alínea a) do artigo 23º devem ser feitos em estabelecimento de saúde adequado ao restabelecimento e reabilitação do sinistrado.

2 – O recurso, quando necessário, a estabelecimento de saúde fora do território nacional será feito após parecer de junta médica comprovando a impossibilidade de tratamento em hospital no território nacional.

3 – A entidade responsável deve assinar termo de responsabilidade para garantia do pagamento das despesas com o internamento e os tratamentos previstos na alínea a) do artigo 23º

4 – Se aquela entidade se recusar a assinar o termo de responsabilidade, não pode, com esse fundamento, ser negado o tratamento ou o internamento do sinistrado sempre que a gravidade do seu estado o imponha.

5 – No caso previsto no número anterior, o estabelecimento de saúde deve juntar ao respectivo processo a nota das despesas efectuadas para efeito de pagamento.

6 – O estabelecimento de saúde que, injustificadamente, deixar de cumprir as obrigações do tratamento ou do internamento urgente referidos no nº 4 é responsável pelo agravamento das lesões do sinistrado, reconhecido judicialmente como consequência de tais factos.

7 – Entende-se por estabelecimento de saúde o hospital, casa de saúde, casa de repouso ou de convalescença.

I – *O sistema de saúde é constituído pelo Serviço Nacional de Saúde e por todas as entidades públicas que desenvolvam atividades de promoção, prevenção e tratamento na área da saúde, bem como por todas as entidades privadas e por todos os profissionais livres que acordem com a primeira a prestação de todas ou de algumas daquelas atividades.* (Lei de Bases da Saúde (Lei nº 48/90, de 24 de agosto) – Base XII – Sistema de saúde. Para a nova Lei *o funcionamento do sistema de saúde não pode pôr em causa o papel central do SNS enquanto garante do cumprimento do direito à saúde* (Base 19 da Lei de Bases da Saúde, aprovada pela Lei nº 95/2019, de 4 de setembro, em vigor a partir de 4 de novembro).

II – A violação das normas dos nºs 3 e 4 pode originar uma contraordenação grave, cfr. art. 171º, nº 3)

Artigo 39º – Transporte e estada

1 – O sinistrado tem direito ao fornecimento ou ao pagamento de transporte e estada, que devem obedecer às condições de comodidade impostas pela natureza da lesão ou da doença.

2 – O fornecimento ou o pagamento referidos no número anterior abrangem as deslocações e permanência necessárias à observação e tratamento e as exigidas pela comparência a actos judiciais, salvo, quanto a estas, se for consequência de pedido do sinistrado que venha a ser julgado improcedente.

3 – O sinistrado utiliza os transportes colectivos, salvo não os havendo ou se outro for mais indicado pela urgência do tratamento, por determinação do médico assistente ou por outras razões ponderosas atendíveis.

4 – Quando o sinistrado for menor de 16 anos ou quando a natureza da lesão ou da doença ou outras circunstâncias especiais o exigirem, o direito a transporte e estada é extensivo à pessoa que o acompanhar.

5 – As categorias e classe da estada devem ajustar-se às prescrições do médico assistente ou dos clínicos que em tribunal derem parecer.

6 – O pagamento de transporte é, igualmente, extensivo ao beneficiário legal do sinistrado sempre que for exigida a sua comparência em tribunal e em exames necessários à determinação da sua incapacidade.

I – Naturalmente, o sinistrado poderá que ter de comprovar documentalmente tais despesas em transporte ou em estadias.

II – O desrespeito pela norma estabelecida no nº 1 pode originar uma contraordenação grave, cfr. art. 171º, nº 3.

Artigo 40º – Responsabilidade pelo transporte e estada

1 – Sem prejuízo do disposto no artigo anterior, a entidade responsável só é obrigada a despender o menor custo das prestações de transporte e estada que obedeçam às condições de comodidade impostas pela natureza da lesão.

2 – A entidade responsável deve assumir previamente, perante os fornecedores de transporte e estada, a responsabilidade pelo pagamento das despesas ou adiantar a sua importância.

Artigo 41º – Ajudas técnicas em geral

1 – As ajudas técnicas e outros dispositivos técnicos de compensação das limitações funcionais devem ser, em cada caso, os considerados adequados ao fim a que se destinam pelo médico assistente, preferencialmente aqueles que correspondam ao estado mais avançado da ciência e da técnica por forma a proporcionar as melhores condições ao sinistrado, independentemente do seu custo.

2 – O direito às ajudas técnicas e outros dispositivos técnicos de compensação das limitações funcionais abrange ainda os destinados à correcção ou compensação visual, auditiva ou outra, bem como a prótese dentária.

3 – Quando houver divergências sobre a natureza, qualidade ou adequação das ajudas técnicas e outros dispositivos técnicos de compensação

das limitações funcionais ou sobre a obrigatoriedade ou necessidade da sua renovação ou reparação, o Ministério Público, por sua iniciativa ou a pedido do sinistrado, solicita parecer ao perito médico do tribunal de trabalho da área de residência do sinistrado.

A ajuda técnica é o "meio e processo técnico destinado a compensar a incapacidade resultante de uma deficiência ou atenuar as consequências dessa situação de desvantagem, de forma a permitir, por parte das pessoas atingidas, maior autonomia pessoal e funcional para o exercício das atividades quotidianas e adequada participação na vida escolar, profissional e social", Ilídio das Neves, Dicionário Técnico e Jurídico da Proteção Social, Coimbra Editora, 2001, pág. 68.

Artigo 42º – Opção do sinistrado

1 – O sinistrado pode optar pela importância correspondente ao valor das ajudas técnicas e outros dispositivos técnicos de compensação das limitações funcionais indicados pelo médico assistente ou pelo tribunal quando pretenda adquirir ajudas técnicas de custo superior.

2 – No caso previsto no número anterior, a entidade responsável deposita a referida importância à ordem do tribunal, no prazo que este fixar, para ser paga à entidade fornecedora depois de verificada a aplicação da ajuda técnica.

Artigo 43º – Reparação e renovação das ajudas técnicas em geral

1 – Sempre que um acidente de trabalho inutilize ou danifique ajudas técnicas e outros dispositivos técnicos de compensação das limitações funcionais de que o sinistrado já era portador:

a) Ficam a cargo da entidade responsável por aquele acidente as despesas necessárias à renovação ou reparação das mencionadas ajudas técnicas;

b) Há lugar, se for caso disso, ao pagamento de indemnização correspondente à incapacidade daí resultante.

2 – Tratando-se de renovação, o respectivo encargo não pode ser superior ao custo de ajuda técnica igual à inutilizada, salvo se existir outra ajuda técnica mais adequada.

3 – As despesas de reparação ou renovação de ajudas técnicas e outros dispositivos técnicos de compensação das limitações funcionais usados por força de acidente de trabalho e deteriorados em consequência de uso ou desgaste normal ficam a cargo da entidade responsável pelo acidente que determinou a respectiva utilização.

4 – Durante o período de reparação ou renovação das ajudas técnicas e outros dispositivos técnicos, a entidade responsável deve, sempre que possível, assegurar ao sinistrado a substituição dos mesmos.

Artigo 44º – Reabilitação profissional e adaptação do posto de trabalho

1 – O empregador deve assegurar a reabilitação profissional do trabalhador e a adaptação do posto de trabalho que sejam necessárias ao exercício das funções.

2 – A reabilitação profissional a que se refere o número anterior deve ser assegurada pelo empregador sem prejuízo do número mínimo de horas anuais de formação certificada a que o trabalhador tem direito.

Pode haver subsídio para o efeito [art. 47º, alínea j)]. Sobre o regime da reabilitação profissional, v. art. 154º e segs.

Artigo 45º – Notificação judicial e execução

1 – Se a entidade responsável, injustificadamente, recusar ou protelar o fornecimento, renovação ou reparação das ajudas técnicas e outros dispositivos técnicos de compensação das limitações funcionais ou não efectuar o depósito referido no nº 2 do artigo 42º, o juiz profere decisão, ordenando a notificação daquela entidade para, no prazo de 10 dias, depositar à sua ordem a importância que for devida.

2 – O responsável que não cumpra a decisão é executado para o pagamento do valor de depósito, seguindo-se os termos da execução baseada em sentença de condenação em quantia certa.

3 – Pelo produto da execução, o tribunal paga as despesas das ajudas técnicas e outros dispositivos técnicos de compensação das limitações funcionais à entidade que os forneceu ou reparou, depois de verificada a sua correcta aplicação.

O procedimento para a determinação pelo juiz a certas entidades para procederem ao tratamento do sinistrado está previsto no CPT, art. 125º.

Artigo 46º – Perda do direito a renovação ou reparação

O sinistrado perde o direito à renovação ou reparação das ajudas técnicas e outros dispositivos técnicos de compensação das limitações funcionais que se deteriorem ou inutilizem devido a negligência grosseira da sua parte.

SUBSECÇÃO III – Prestações em dinheiro

DIVISÃO I – Modalidades das prestações

Artigo 47º – Modalidades

1 – As prestações em dinheiro previstas na alínea b) do artigo 23º compreendem:

a) A indemnização por incapacidade temporária para o trabalho;

b) A pensão provisória;

c) A indemnização em capital e pensão por incapacidade permanente para o trabalho;

d) O subsídio por situação de elevada incapacidade permanente;

e) O subsídio por morte;

f) O subsídio por despesas de funeral;

g) A pensão por morte;

h) A prestação suplementar para assistência de terceira pessoa;

i) O subsídio para readaptação de habitação;

j) O subsídio para a frequência de acções no âmbito da reabilitação profissional necessárias e adequadas à reintegração do sinistrado no mercado de trabalho.

2 – O subsídio previsto na alínea j) é cumulável com as prestações referidas nas alíneas a), b), c) e i) do número anterior, não podendo no seu conjunto ultrapassar, mensalmente, o montante equivalente a seis vezes o valor de 1,1 do indexante de apoios sociais (IAS).

3 – A indemnização em capital, o subsídio por situação de elevada incapacidade permanente, os subsídios por morte e despesas de funeral e o subsídio para readaptação de habitação são prestações de atribuição única, sendo de atribuição continuada ou periódica todas as restantes prestações previstas no nº 1.

I – O regime de cada uma destas prestações pecuniárias consta, para além dos nºs 2 e 3 deste artigo, nas disposições seguintes, máxime no art. 48º. Também são devidas na reparação das doenças profissionais com ajustamentos, como se determina no art. 102º e segs. Entre elas, pela sua frequência, avultam a indemnização por incapacidade temporária para o trabalho e a pensão por incapacidade permanente para o trabalho, que visam compensar a perda de retribuição nas percentagens estabelecidas no artigo seguinte.

II – A indemnização em capital por incapacidade permanente será paga nas situações de remição da pensão por esta ser de diminuto montante, cfr. arts. 75º e 76º.

III – Através da Lei nº 53-B/2006, de 29 de Dezembro, foi criado o indexante dos apoios sociais e novas regras de atualização das pensões e outras prestações sociais do sistema de segurança social. Nos termos do nº 1 do seu art. 4º, o *valor do IAS é atualizado anualmente com efeitos a partir do dia 1 de Janeiro de cada ano, tendo em conta os seguintes indicadores de referência:*

a) O crescimento real do produto interno bruto (PIB), correspondente à média da taxa do crescimento médio anual dos últimos dois anos, terminados no 3º trimestre do ano anterior àquele a que se reporta a atualização ou no trimestre imediatamente anterior, se aquele não estiver disponível à data de 10 de Dezembro;

b) A variação média dos últimos 12 meses do IPC, sem habitação, disponível em dezembro do ano anterior ao que reporta a atualização, ou em 30 de novembro, se aquele não estiver disponível à data da assinatura do diploma de atualização....

O indexante de apoios sociais (IAS) para o ano de 2019 é de € 435,76 (P. nº 24/ /2019, de 17 de janeiro).

IV – No nº 3, classificam-se e indicam-se as prestações pecuniárias de atribuição única, ou seja, aquelas que são pagas de uma só vez e as continuadas ou periódicas. Ainda há a considerar que umas resultam da retribuição do sinistrado e outras têm limites por aplicação do IAS, cfr. art. 71º, nº 1.

V – A retribuição a considerar haverá de resultar da observância do disposto no art. 71º (retribuição anual ilíquida normalmente devida ao sinistrado, à data do acidente de trabalho). Porém no âmbito das doenças profissionais, já é a "retribuição de referência" que deve ser tida em conta (arts. 110º e 111º).

VI – As regras da reabilitação e reintegração profissional constam do capítulo IV (art. 154º e segs.).

DIVISÃO II – Prestações por incapacidade

Artigo 48º – Prestações

1 – A indemnização por incapacidade temporária para o trabalho destina-se a compensar o sinistrado, durante um período de tempo limitado, pela perda ou redução da capacidade de trabalho ou de ganho resultante de acidente de trabalho.

2 – A indemnização em capital e a pensão por incapacidade permanente e o subsídio de elevada incapacidade permanente são prestações destinadas a compensar o sinistrado pela perda ou redução permanente da sua capacidade de trabalho ou de ganho resultante de acidente de trabalho.

3 – Se do acidente resultar redução na capacidade de trabalho ou de ganho do sinistrado, este tem direito às seguintes prestações:

a) Por incapacidade permanente absoluta para todo e qualquer trabalho – pensão anual e vitalícia igual a 80% da retribuição, acrescida de 10% desta por cada pessoa a cargo, até ao limite da retribuição;

b) Por incapacidade permanente absoluta para o trabalho habitual – pensão anual e vitalícia compreendida entre 50% e 70% da retribuição, conforme a maior ou menor capacidade funcional residual para o exercício de outra profissão compatível;

c) Por incapacidade permanente parcial – pensão anual e vitalícia correspondente a 70% da redução sofrida na capacidade geral de ganho ou capital de remição da pensão nos termos previstos no artigo 75º;

d) Por incapacidade temporária absoluta – indemnização diária igual a 70% da retribuição nos primeiros 12 meses e de 75% no período subsequente;

e) Por incapacidade temporária parcial – indemnização diária igual a 70% da redução sofrida na capacidade geral de ganho.

4 – A indemnização por incapacidade temporária é devida enquanto o sinistrado estiver em regime de tratamento ambulatório ou de reabilitação profissional.

I – Como se verifica deste normativo e como é lógico, pelas incapacidades permanentes são devidas pensões, que serão vitalícias, (ainda que possam, inicialmente, ser de montante provisório – art. 52º) e que apenas podem ser reduzidas através da sua revisão – art. 51º e 70º. Podem ter acréscimo por pessoa a cargo (art. 49º) ou beneficiar de prestação suplementar para assistência de terceira pessoa (art. 53º). Em caso de morte do sinistrado pode haver lugar a pensões a favor de cônjuges ou equiparados, filhos, ascendentes e até do FAT (arts. 59º a 64º). Havendo remição, aquela pensão será substituída por uma "indemnização em capital" (início do nº 2 e art. 75º).

II – Pelas incapacidades temporárias, são devidas indemnizações (pelo tempo correspondente e contado por dias – art. 50º) e de montante correspondente às percentagens indicadas. Os subsídios destinam-se a ocorrer a situações especiais (arts. 65º a 69º). Para exemplo do seu cálculo, considerando um trabalhador com a retribuição ilíquida anual de € 20.000,00 e com ITP de 5%, durante 60 dias, teremos: € 20,000,00: 360 dias (ou por 12 meses e, depois, por 30 dias) = € 55,55 (indem. diária de ITA) x 5% (0,5) de ITP = € 27,77 por dia x 60 dias = € 1.666,50 (indem. total).

III – Esta indemnização (diária) por incapacidade temporária bem se distingue do subsídio de doença atribuível no regime jurídico de proteção social na eventualidade doença no âmbito do sistema previdencial da segurança social (DL nº 28/2004, de 4 de fevereiro).

IV – Também as pensões por incapacidade permanente são diferentes das pensões por invalidez (quer relativa, quer absoluta) e velhice do regime jurídico de proteção nas eventualidades invalidez e velhice do regime geral de segurança social (DL nº 187/ /2007, de 10 de maio). É neste diploma (art. 54º e segs.) que se regula a acumulação e coordenação de pensões diversas.

V – Os montantes quer da indemnização, quer da pensão podem ser agravados nos termos do n. º 4 do art. 18º (atuação culposa do empregador).

VI – Ac. TRP, de 30-05-2018, Proc. 0692/17.0T8PRT-A.P1, Rel. Jerónimo Freitas: I – Desde que esteja em causa a subsistência do sinistrado (ou beneficiários) por entretanto se verem privados dos rendimentos normais obtidos pelo trabalho, não poderá deixar de haver um meio processual que dê resposta a essa situação. II – Para os casos em que não há providência específica, o CPT admite o recurso subsidiário a todo o género de providências cautelares previstas no CPC, que se revelem adequadas a garantir a tutela eficaz de direitos emergentes da relação jurídico-laboral (art. 32º, 1). III – Para se saber qual o procedimento cautelar adequado para antecipar e preparar a providência ulterior, que há-de definir em termos definitivos a relação jurídica litigiosa, é necessário atender à causa de pedir, isto é, aos fundamentos em que se sustenta o efeito jurídico que se pretende assegurar antecipadamente, bem assim a esse mesmo efeito, traduzido no pedido. O objeto do procedimento cautelar é definido pela conjugação da causa de pedir com o pedido formulado, como decorrência lógica daquela. IV – Enquanto o sinistrado está em tratamento para recuperação, a incapacidade temporária absoluta ou temporária confere-lhe o direito a indemnização, nos termos previstos no art. 48º da Lei nº 98/2009, destinada a compensá-lo (nº 1) "durante um período de tempo limitado, pela perda ou redução da capacidade de trabalho ou de ganho resultante de acidente de trabalho". Esta indemnização é calculada segundo as regras constantes, respetivamente, das alíneas d) e ??), do nº 3, do mesmo artigo, bem assim do nºs 1 e 3, do artigo 50º e do art. 70º, relevando aqui sublinhar que é devida desde o dia seguinte ao do acidente, cabendo à entidade responsável, ou seja, à seguradora para quem está transferida a responsabilidade civil em conformidade com a obrigação imposta ao empregador pelo art. 79º /1, assegurar o seu pagamento mensalmente (art. 72º, nº 3).

VII – Ac. TRL, de 24-10-2018, Proc. 49/12.2TTFUN.1.L1-4, Rel. Paula Santos: I – Na determinação da pensão devida ao sinistrado por incapacidade permanente absoluta para o trabalho habitual, nos termos do disposto no artigo 48º, nº 3, b) da Lei nº 98/2009 de 04-09 (LAT), deve aplicar-se o critério objetivo que faz corresponder a pensão à soma do valor mínimo (50% da retribuição) com o resultado da multiplicação da diferença entre esse valor mínimo e o valor máximo (70% da retribuição) pelo coeficiente de desvalorização, salvo se resultar provada uma capacidade funcional para o exercício de profissões compatíveis com as lesões diferente do referido critério. II – O valor já liquidado pela responsável, a título de capital de remição, consequência da fixação da pensão devida ao sinistrado e primitivamente fixada, não deve ser abatido ao novo montante da pensão, mais elevado e não obrigatoriamente remível, obtido por efeito da revisão, pois extinguiu a obrigação de pagamento de tal pensão. Cumpre antes calcular a diferença entre o primitivo cálculo da pensão e o atual, sendo esse o valor que o sinistrado tem direito a receber. (sumário elaborado pela Relatora).

Artigo 49º – Pessoa a cargo

1 – Para efeitos do disposto na alínea a) do nº 3 do artigo anterior, considera-se pessoa a cargo do sinistrado:

a) Pessoa que com ele viva em comunhão de mesa e habitação com rendimentos mensais inferiores ao valor da pensão social;

b) Cônjuge ou pessoa que com ele viva em união de facto com rendimentos mensais inferiores ao valor da pensão social;

c) Descendente nos termos previstos no nº 1 do artigo 60º;

d) Ascendente com rendimentos individuais de valor mensal inferior ao valor da pensão social ou que conjuntamente com os do seu cônjugue ou de pessoa que com ele viva em união de facto não exceda o dobro deste valor.

2 – É equiparado a descendente do sinistrado, para efeitos do disposto no número anterior:

a) Enteado;

b) Tutelado;

c) Adoptado;

d) Menor que, mediante confiança judicial ou administrativa, se encontre a seu cargo com vista a futura adopção;

e) Menor que lhe esteja confiado por decisão do tribunal ou de entidade ou serviço legalmente competente para o efeito.

3 – É equiparado a ascendente do sinistrado, para efeitos do disposto no nº 1:

a) Padrasto e madrasta;

b) Adoptante;

c) Afim compreendido na linha recta ascendente.

4 – A pedido da entidade responsável, o beneficiário deve fazer prova anual da manutenção dos requisitos que lhes conferem o direito à pensão, sob pena de o respectivo pagamento ser suspenso 60 dias após a data do pedido, sendo admitidos os tipos de prova regulamentados por norma do Instituto de Seguros de Portugal cujos custos, caso existam, são suportados pela entidade responsável.

I – Esta prestação por pessoa a cargo do sinistrado apenas é devida em caso de incapacidade permanente absoluta para todo e qualquer trabalho, conforme se estabelece no nº 1 e tem o limite previsto na parte final da alínea a) do nº 3 do artigo anterior.

II – Relativamente aos meios de prova referidos no nº 4, trata-se da Norma nº 18/ /1999-R, de 29 de dezembro, do antigo ISP, atual ASF, que estabelece os tipos de prova a para efeitos de manutenção dos requisitos que conferem direito às pensões de acidentes de trabalho (presencial, atestado da junta de freguesia e outros considerados válidos).

Artigo 50º – Modo de fixação da incapacidade temporária e permanente

1 – A indemnização por incapacidade temporária é paga em relação a todos os dias, incluindo os de descanso e feriados, e começa a vencer-se no dia seguinte ao do acidente.

2 – A pensão por incapacidade permanente é fixada em montante anual e começa a vencer-se no dia seguinte ao da alta do sinistrado.

3 – Na incapacidade temporária superior a 30 dias é paga a parte proporcional correspondente aos subsídios de férias e de Natal, determinada em função da percentagem da prestação prevista nas alíneas d) e e) do nº 3 do artigo 48º.

I – A norma do nº 1, diferentemente do que se pode inculcar do art. 271º do CT, considera que a retribuição mensal respeita a todos os dias do mês, o que permite o cálculo da retribuição diária mediante a divisão por trinta.

II – Todavia o valor destas indemnizações por incapacidade temporária e permanente é calculado "com base na retribuição anual ilíquida normalmente devida ao sinistrado, à data do acidente" (art. 71º, nº 1). Deste modo, é englobado, desde logo, o valor dos subsídios de férias e de Natal, para além doutras prestações retributivas (art. 71º, nº 2).

III – A retribuição do dia do acidente de trabalho é paga pelo empregador (art . 71º, nº 6).

Artigo 51º – Suspensão ou redução da pensão

1 – A pensão por incapacidade permanente não pode ser suspensa ou reduzida mesmo que o sinistrado venha a auferir retribuição superior à que tinha antes do acidente, salvo em consequência de revisão da pensão.

2 – A pensão por incapacidade permanente é cumulável com qualquer outra.

I – Sobre a revisão das prestações, v. art. 70º e sua anotação.

II – Este comando mantêm-se mesmo quando a incapacidade se converte em permanente por força da norma do art. 22º.

III – A pensão por incapacidade permanente é cumulável, desde logo, com a pensão de velhice (v. anotação ao art. 48º).

Artigo 52º – Pensão provisória

1 – Sem prejuízo do disposto no Código de Processo do Trabalho, é estabelecida uma pensão provisória por incapacidade permanente entre o dia seguinte ao da alta e o momento de fixação da pensão definitiva.

2 – A pensão provisória destina-se a garantir uma protecção atempada e adequada nos casos de incapacidade permanente sempre que haja razões determinantes do retardamento da atribuição das prestações.

3 – A pensão provisória por incapacidade permanente inferior a 30% é atribuída pela entidade responsável e calculada nos termos da alínea c) do nº 3 do artigo 48º, com base na desvalorização definida pelo médico assistente e na retribuição garantida.

4 – A pensão provisória por incapacidade permanente igual ou superior a 30% é atribuída pela entidade responsável, sendo de montante igual ao valor mensal da indemnização prevista na alínea e) do nº 3 do artigo 48º, tendo por base a desvalorização definida pelo médico assistente e a retribuição garantida.

5 – Os montantes pagos nos termos dos números anteriores são considerados aquando da fixação final dos respectivos direitos.

No CPT, v. arts. 121º a 124º, onde se prevê o estabelecimento pelo juiz de pensão ou indemnização provisória em situações especiais e enquanto não são fixadas em sentença.

Artigo 53º – Prestação suplementar para assistência a terceira pessoa

1 – A prestação suplementar da pensão destina-se a compensar os encargos com assistência de terceira pessoa em face da situação de dependência em que se encontre ou venha a encontrar o sinistrado por incapacidade permanente para o trabalho, em consequência de lesão resultante de acidente.

2 – A atribuição da prestação suplementar depende de o sinistrado não poder, por si só, prover à satisfação das suas necessidades básicas diárias, carecendo de assistência permanente de terceira pessoa.

3 – O familiar do sinistrado que lhe preste assistência permanente é equiparado a terceira pessoa.

4 – Não pode ser considerada terceira pessoa quem se encontre igualmente carecido de autonomia para a realização dos actos básicos da vida diária.

5 – Para efeitos do nº 2, são considerados, nomeadamente, os actos relativos a cuidados de higiene pessoal, alimentação e locomoção.

6 – A assistência pode ser assegurada através da participação sucessiva e conjugada de várias pessoas, incluindo a prestação no âmbito do apoio domiciliário, durante o período mínimo de seis horas diárias.

Não obstante o texto da epígrafe, neste artigo, trata-se da assistência dada ao sinistrado por terceira pessoa e não "a terceira pessoa". Encontra-se elencada no art. 47º, nº 1, h).

Artigo 54º – Montante da prestação suplementar para assistência a terceira pessoa

1 – A prestação suplementar da pensão prevista no artigo anterior é fixada em montante mensal e tem como limite máximo o valor de 1,1 IAS.

2 – Quando o médico assistente entender que o sinistrado não pode dispensar a assistência de uma terceira pessoa, deve ser-lhe atribuída, a partir do dia seguinte ao da alta e até ao momento da fixação da pensão definitiva, uma prestação suplementar provisória equivalente ao montante previsto no número anterior.

3 – Os montantes pagos nos termos do número anterior são considerados aquando da fixação final dos respectivos direitos.

4 – A prestação suplementar é anualmente actualizável na mesma percentagem em que o for o IAS. V. art. 154º

O indexante de apoios sociais (IAS) para o ano de 2019 é de € 435,76 (P. nº 24//2019, de 17 de janeiro). Relativamente à sua base legal v. anotação ao art. 47º.

Artigo 55º – Suspensão da prestação suplementar para assistência de terceira pessoa

A prestação suplementar da pensão suspende-se sempre que se verifique o internamento do sinistrado em hospital, ou estabelecimento similar, por período de tempo superior a 30 dias e durante o tempo em que os custos corram por conta da entidade responsável.

DIVISÃO III – Prestações por morte

Artigo 56º – Modo de fixação da pensão

1 – A pensão por morte é fixada em montante anual.

2 – A pensão por morte, incluindo a devida a nascituro, vence-se a partir do dia seguinte ao do falecimento do sinistrado e cumula-se com quaisquer outras.

O regime desta pensão por morte do sinistrado é diferente do que se aplica à proteção na eventualidade da morte dos beneficiários do regime geral de segurança social, estabelecido no DL nº 322/90, de 18 de outubro.

Artigo 57º – Titulares do direito à pensão por morte

1 – Em caso de morte, a pensão é devida aos seguintes familiares e equiparados do sinistrado:

a) Cônjuge ou pessoa que com ele vivia em união de facto;

b) Ex-cônjuge ou cônjuge judicialmente separado à data da morte do sinistrado e com direito a alimentos;

c) Filhos, ainda que nascituros, e os adoptados, à data da morte do sinistrado, se estiverem nas condições previstas no nº 1 do artigo 60º;

d) Ascendentes que, à data da morte do sinistrado, se encontrem nas condições previstas na alínea d) do nº 1 do artigo 49º;

e) Outros parentes sucessíveis que, à data da morte do sinistrado, com ele vivam em comunhão de mesa e habitação e se encontrem nas condições previstas no nº 1 do artigo 60º

2 – Para efeitos de reconhecimento do direito, é equiparado a filho o enteado do sinistrado desde que este estivesse obrigado à prestação de alimentos.

3 – É considerada pessoa que vivia em união de facto a que preencha os requisitos do artigo 2020º do Código Civil.

4 – A pedido da entidade responsável, os familiares e equiparados referidos no nº 1 devem fazer prova anual da manutenção dos requisitos que lhes conferem o direito à pensão, nos termos e para os efeitos previstos no nº 4 do artigo 49º.

As classes de sucessíveis encontram-se elencadas no CC, art. 2133º.

Artigo 58º – Situações de nulidade, anulabilidade, indignidade e deserdação

1 – Em caso de casamento declarado nulo ou anulado, tem direito às prestações por morte a pessoa que tenha celebrado o casamento de boa fé com o sinistrado e, à data da sua morte, receba pensão de alimentos decretada ou homologada judicialmente, ou quando esta não lhe tiver sido atribuída pelo tribunal por falta de capacidade económica do falecido para a prestar.

2 – Não tem direito às prestações por morte a pessoa que careça de capacidade sucessória por motivo de indignidade, salvo se tiver sido reabilitada pelo sinistrado, ou de deserdação.

I – O casamento é definido no CC, art. 1577º e o seu regime integra o art. 1587º e segs.

II – A incapacidade sucessória por indignidade encontra-se regulada no CC, arts. 2034º a 2038º.

Artigo 59º – Pensão ao cônjuge, ex-cônjuge e pessoa que vivia em união de facto com o sinistrado

1 – Se do acidente resultar a morte do sinistrado, a pensão é a seguinte:

a) Ao cônjuge ou a pessoa que com ele vivia em união de facto – 30% da retribuição do sinistrado até perfazer a idade de reforma por velhice e 40% a partir daquela idade ou da verificação de deficiência ou doença crónica que afecte sensivelmente a sua capacidade para o trabalho;

b) Ao ex-cônjuge ou cônjuge judicialmente separado e com direito a alimentos – a pensão estabelecida na alínea anterior e nos mesmos termos, até ao limite do montante dos alimentos fixados judicialmente.

2 – Se por morte do sinistrado houver concorrência entre os beneficiários referidos no número anterior, a pensão é repartida na proporção dos respectivos direitos.

3 – Qualquer das pessoas referidas no nº 1 que contraia casamento ou passe a viver em união de facto recebe, por uma só vez, o triplo do valor da pensão anual, excepto se já tiver ocorrido a remição total da pensão.

A Lei nº 7/2001, de 11 de Maio, adota medidas de proteção das uniões de facto.

Artigo 60º – Pensão aos filhos

1 – Se do acidente resultar a morte, têm direito à pensão os filhos que se encontrem nas seguintes condições:

a) Idade inferior a 18 anos;

b) Entre os 18 e os 22 anos, enquanto frequentarem o ensino secundário ou curso equiparado;

c) Entre os 18 e os 25 anos, enquanto frequentarem curso de nível superior ou equiparado;

d) Sem limite de idade, quando afectados por deficiência ou doença crónica que afecte sensivelmente a sua capacidade para o trabalho.

2 – O montante da pensão dos filhos é o de 20% da retribuição do sinistrado se for apenas um, 40% se forem dois, 50% se forem três ou mais, recebendo o dobro destes montantes, até ao limite de 80% da retribuição do sinistrado, se forem órfãos de pai e mãe.

I – A Lei nº 46/86, de 14 de outubro, que estabelece o quadro geral do sistema educativo, prevê que a educação escolar compreende os ensinos básico, secundário e superior (art. 4º, nº 2). O ensino secundário é acedido por quem complete o básico e tem a duração de três anos (art. 10º).

II – O ensino superior compreende o ensino universitário e o ensino politécnico, tendo acesso a ele os "indivíduos habilitados com o curso do ensino secundário ou equivalente que façam prova de capacidade para a sua frequência" (arts. 11º e 12º da citada Lei nº 46/86).

III – O conceito de retribuição que interessa é o que é traçado no art. 71º.

Artigo 61º – Pensão aos ascendentes e outros parentes sucessíveis

1 – Se do acidente resultar a morte do sinistrado, o montante da pensão dos ascendentes e quaisquer parentes sucessíveis é, para cada, de 10% da retribuição do sinistrado, não podendo o total das pensões exceder 30% desta.

2 – Na ausência de titulares referidos nas alíneas a) a c) do nº 1 do artigo 57º, os beneficiários referidos no número anterior recebem, cada um, 15% da retribuição do sinistrado, até perfazerem a idade de reforma por velhice, e 20% a partir desta idade ou no caso de deficiência ou doença crónica que afecte sensivelmente a sua capacidade para o trabalho.

3 – O total das pensões previstas no número anterior não pode exceder 80% da retribuição do sinistrado, procedendo-se a rateio, se necessário.

As classes de sucessíveis estão plasmadas no art. 2133º do CC.

Artigo 62º – Deficiência ou doença crónica do beneficiário legal

1 – Para os fins previstos nos artigos 59º, 60º e 61º, considera-se com capacidade para o trabalho sensivelmente afectada o beneficiário legal do sinistrado que sofra de deficiência ou doença crónica que lhe reduza definitivamente a sua capacidade geral de ganho em mais de 75%.

2 – Tem-se por definitiva a incapacidade de ganho mencionada no número anterior quando seja de presumir que a doença não terá evolução favorável nos três anos subsequentes à data do seu reconhecimento.

3 – Surgindo dúvidas sobre a incapacidade referida nos números anteriores, esta é fixada pelo tribunal.

I – O Programa de Emprego e Apoio à Qualificação das Pessoas com Deficiência e Incapacidade foi criado pelo DL nº 290/2009, de 12 de outubro, alterado pela Lei nº 24/2011, de 16 de junho.

II – O específico regime do trabalhador com deficiência ou doença crónica contém-se no CT, arts. 85º a 88º.

Artigo 63º – Ausência de beneficiários

Se não houver beneficiários com direito a pensão, reverte para o Fundo de Acidentes de Trabalho uma importância igual ao triplo da retribuição anual.

O Fundo dos Acidentes de Trabalho (FAT), previsto no art. 82º da LAT, é regulado pelo DL 142/99, de 30 de abril, cfr. anotação.

Artigo 64º – Acumulação e rateio da pensão por morte

1 – As pensões por morte são cumuláveis, mas o seu total não pode exceder 80% da retribuição do sinistrado.

2 – Se as pensões referidas nos artigos 59º a 61º excederem 80% da retribuição do sinistrado, são sujeitas a rateio, enquanto esse montante se mostrar excedido.

3 – Se durante o período em que a pensão for devida aos filhos qualquer um deles ficar órfão de pai e mãe, a respectiva pensão é aumentada para o dobro, até ao limite máximo de 80% da retribuição do sinistrado.

4 – As pensões dos filhos do sinistrado são, em cada mês, as correspondentes ao número dos que têm direito a pensão nesse mês.

O rateio consiste na divisão proporcional do que restar.

DIVISÃO IV – Subsídios

Artigo 65º – Subsídio por morte

1 – O subsídio por morte destina-se a compensar os encargos decorrentes do falecimento do sinistrado.

2 – O subsídio por morte é igual a 12 vezes o valor de 1,1 IAS à data da morte, sendo atribuído:

a) Metade ao cônjuge, ex-cônjuge, cônjuge separado judicialmente ou à pessoa que com o sinistrado vivia em união de facto e metade aos filhos que tiverem direito a pensão;

b) Por inteiro ao cônjuge, ex-cônjuge, cônjuge separado judicialmente ou à pessoa que com o sinistrado vivia em união de facto ou aos filhos previstos na alínea anterior quando concorrerem isoladamente.

3 – O subsídio a atribuir ao ex-cônjuge e ao cônjuge separado judicialmente depende de este ter direito a alimentos do sinistrado, não podendo exceder 12 vezes a pensão mensal que estiver a receber.

4 – O subsídio por morte não é devido se o sinistrado não deixar beneficiários referidos no nº 2.

I – O indexante de apoios sociais (IAS) para o ano de 2019, corresponde a € 435,76 (P. nº 24/2019, de 17 de janeiro). Relativamente à sua base legal v. anotação ao art. 47º.

II – A prestação de alimentos, incluindo ao ex-cônjuge, ao cônjuge separado judicialmente ou ao unido de facto, encontra-se regulada no CC, art. 2003º e segs.

Artigo 66º – Subsídio por despesas de funeral

1 – O subsídio por despesas de funeral destina-se a compensar as despesas efectuadas com o funeral do sinistrado.

2 – O subsídio por despesas de funeral é igual ao montante das despesas efectuadas com o mesmo, com o limite de quatro vezes o valor de 1,1 IAS, aumentado para o dobro se houver trasladação.

3 – O direito ao subsídio por despesas de funeral pode ser reconhecido a pessoas distintas dos familiares e equiparados do sinistrado.

4 – Tem direito ao subsídio por despesas de funeral quem comprovadamente tiver efectuado o pagamento destas.

5 – O prazo para requerer o subsídio por despesas de funeral é de um ano a partir da realização da respectiva despesa.

No regime geral dos trabalhadores por conta de outrem, o subsídio de funeral é a "prestação atribuída de uma só vez, para compensar o requerente do subsídio das despesas efetuadas com o funeral de qualquer membro do seu agregado familiar ou de qualquer outra pessoa, incluindo os nascituros, desde que residente em território nacional".

Artigo 67º – Subsídio por situações de elevada incapacidade permanente

1 – O subsídio por situações de elevada incapacidade permanente destina-se a compensar o sinistrado, com incapacidade permanente absoluta ou incapacidade permanente parcial igual ou superior a 70%, pela perda ou elevada redução permanente da sua capacidade de trabalho ou de ganho resultante de acidente de trabalho.

2 – A incapacidade permanente absoluta para todo e qualquer trabalho confere ao sinistrado o direito a um subsídio igual a 12 vezes o valor de 1,1 IAS.

3 – A incapacidade permanente absoluta para o trabalho habitual confere ao beneficiário direito a um subsídio fixado entre 70% e 100% de 12 vezes o valor de 1,1 IAS, tendo em conta a capacidade funcional residual para o exercício de outra profissão compatível.

4 – A incapacidade permanente parcial igual ou superior a 70% confere ao beneficiário o direito a um subsídio correspondente ao produto entre 12 vezes o valor de 1,1 IAS e o grau de incapacidade fixado.

5 – O valor IAS previsto nos números anteriores corresponde ao que estiver em vigor à data do acidente.

6 – Nos casos em que se verifique cumulação de incapacidades, serve de base à ponderação o grau de incapacidade global fixado nos termos legais.

I – Sobre a classificação da incapacidade e sobre o IAS, v. anotações, respetivamente, aos arts. 20º e 47º.

II – Não obstante a sua natureza, este subsídio é de atribuição única (art. 47º, nºs 1 d) e 3).

Artigo 68º – Subsídio para readaptação de habitação

1 – O subsídio para readaptação de habitação destina-se ao pagamento de despesas com a readaptação da habitação do sinistrado por incapacidade permanente para o trabalho que dela necessite, em função da sua incapacidade.

2 – No caso previsto no número anterior, o sinistrado tem direito ao pagamento das despesas suportadas com a readaptação de habitação, até ao limite de 12 vezes o valor de 1,1 IAS à data do acidente.

Este subsídio é de atribuição única (art. 47º, nºs 1, d) e 3).

Artigo 69º – Subsídio para frequência de acções no âmbito da reabilitação profissional

1 – O subsídio para frequência de acções no âmbito da reabilitação profissional destina-se ao pagamento de despesas com acções que tenham por objectivo restabelecer as aptidões e capacidades profissionais do sinistrado sempre que a gravidade das lesões ou outras circunstâncias especiais o justifiquem.

2 – A atribuição do subsídio para a frequência de acções no âmbito da reabilitação profissional depende de o sinistrado reunir, cumulativamente, as seguintes condições:

a) Ter capacidade remanescente adequada ao desempenho da profissão a que se referem as acções de reabilitação profissional;

b) Ter direito a indemnização ou pensão por incapacidade resultante do acidente de trabalho ou doença profissional;

c) Ter requerido a frequência de acção ou curso ou aceite proposta do Instituto do Emprego e Formação Profissional ou de outra instituição por este certificada;

d) Obter parecer favorável do perito médico responsável pela avaliação e determinação da incapacidade.

3 – O montante do subsídio para a frequência de acções no âmbito da reabilitação profissional corresponde ao montante das despesas efectuadas com a frequência do mesmo, sem prejuízo, caso se trate de acção ou curso organizado por entidade diversa do Instituto do Emprego e Formação Profissional, do limite do valor mensal correspondente ao valor de 1,1 IAS.

4 – O subsídio para frequência de acções no âmbito da reabilitação profissional é devido a partir da data do início efectivo da frequência das mesmas, não podendo a sua duração, seguida ou interpolada, ser superior a 36 meses, salvo em situações excepcionais devidamente fundamentadas.

Relativamente à reabilitação profissional, v. anotação ao art. 154º.

DIVISÃO V – Revisão das prestações

Artigo 70º – Revisão

1 – Quando se verifique uma modificação na capacidade de trabalho ou de ganho do sinistrado proveniente de agravamento, recidiva, recaída ou melhoria da lesão ou doença que deu origem à reparação, ou de intervenção clínica ou aplicação de ajudas técnicas e outros dispositivos técnicos de compensação das limitações funcionais ou ainda de reabilitação e reintegração profissional e readaptação ao trabalho, a prestação pode ser alterada ou extinta, de harmonia com a modificação verificada.

2 – A revisão pode ser efectuada a requerimento do sinistrado ou do responsável pelo pagamento.

3 – A revisão pode ser requerida uma vez em cada ano civil.

I – A revisão da incapacidade ou da pensão será efetivada através do procedimento regulado no CPT, art. 145º. O processo para declaração de extinção de direitos resultantes de acidentes de trabalho encontra-se estatuído nos arts. 151º a 153º do mesmo CPT.

II – Sobre os conceitos de recidiva, ajudas técnicas e reabilitação profissional v. anotações, respetivamente, aos arts. 24º, 41º, e 154º.

III – Ac. TRP, de 30-05-2018, Proc. 125/14.5TTVNG.P2, Rel. DOMINGOS MORAIS: III – O fundamento legal do incidente de revisão da incapacidade – artigo 70º da LAT – radica no agravamento, recidiva, recaída ou melhoria da lesão sofrida ("desaparecida" ou "adormecida"), e não da eventual sequela que resultara dessa lesão. IV – O direito de requer a revisão da incapacidade, nos termos previstos no artigo 70º da LAT, não pode, não deve, ser negado ao sinistrado. V – Se das lesões sofridas pelo sinistrado, em acidente de trabalho, resultou, ou não, agravamento, é questão a resolver no âmbito do respetivo incidente de revisão da incapacidade, a admitir liminarmente.

IV – Ac. TRE, de 24-05-2018, Proc. 207/14.3TTPTM.E1, Rel. PAULA DO PAÇO: II – A incapacidade permanente resultante da conversão da incapacidade temporária fica determinada, não tem carácter provisório, pelo que só pode ser alterada por força de um incidente típico de revisão, nos termos previstos pelo artigo 145º do Código de Processo do Trabalho, conjugado com o artigo 70º da LAT. III – Na ação especial de acidente de trabalho, se ficar demonstrado que a entidade responsável procedeu ao pagamento ao sinistrado de prestações previstas na LAT, os valores pagos devem ser considerados e descontados/compensados nas quantias e nas prestações que vierem a ser fixadas na condenação final. (Sumário da Relatora).

DIVISÃO VI – Cálculo e pagamento das prestações

Artigo 71º – Cálculo

1 – A indemnização por incapacidade temporária e a pensão por morte e por incapacidade permanente, absoluta ou parcial, são calculadas com base na retribuição anual ilíquida normalmente devida ao sinistrado, à data do acidente.

2 – Entende-se por retribuição mensal todas as prestações recebidas com carácter de regularidade que não se destinem a compensar o sinistrado por custos aleatórios.

3 – Entende-se por retribuição anual o produto de 12 vezes a retribuição mensal acrescida dos subsídios de Natal e de férias e outras prestações anuais a que o sinistrado tenha direito com carácter de regularidade.

4 – Se a retribuição correspondente ao dia do acidente for diferente da retribuição normal, esta é calculada pela média dos dias de trabalho e a respectiva retribuição auferida pelo sinistrado no período de um ano anterior ao acidente.

5 – Na falta dos elementos indicados nos números anteriores, o cálculo faz-se segundo o prudente arbítrio do juiz, tendo em atenção a natureza dos serviços prestados, a categoria profissional do sinistrado e os usos.

6 – A retribuição correspondente ao dia do acidente é paga pelo empregador.

7 – Se o sinistrado for praticante, aprendiz ou estagiário, ou nas demais situações que devam considerar-se de formação profissional, a indemnização é calculada com base na retribuição anual média ilíquida de um trabalhador da mesma empresa ou empresa similar e que exerça actividade correspondente à formação, aprendizagem ou estágio.

8 – O disposto nos nºs 4 e 5 é aplicável ao trabalho não regular e ao trabalhador a tempo parcial vinculado a mais de um empregador.

9 – O cálculo das prestações para trabalhadores a tempo parcial tem como base a retribuição que aufeririam se trabalhassem a tempo inteiro.

10 – A ausência ao trabalho para efectuar quaisquer exames com o fim de caracterizar o acidente ou a doença, ou para o seu tratamento, ou ainda para a aquisição, substituição ou arranjo de ajudas técnicas e outros dispositivos técnicos de compensação das limitações funcionais, não determina perda de retribuição.

11 – Em nenhum caso a retribuição pode ser inferior à que resulte da lei ou de instrumento de regulamentação colectiva de trabalho.

I – O conceito de retribuição no âmbito do direito infortunístico difere do que é apresentado no CT, art. 258º; no Código do IRS, art. 2º e no CRCSPSS, art. 44º e segs.

II – Na LAT e no âmbito dos acidentes de trabalho, considera-se "a retribuição anual ilíquida normalmente devida ao sinistrado, à data do acidente". Tem por base a retribuição mensal que é composta por "todas as prestações recebidas com caráter de regularidade que não se destinem a compensar o sinistrado por custos aleatórios", cujo valor é multiplicado por 12 e acrescido "dos subsídios de férias e de Natal e outras prestações anuais a que o sinistrado tenha direito com caracter de regularidade". O valor final da retribuição diária haverá de resultar da divisão do valor da retribuição anual por 360 ou da divisão por 12 e depois por 30.

III – Na interpretação literal deste conceito de retribuição, fazem-se nele incluir certas prestações, como é o caso do subsídio de alimentação, que por não constituir base de incidência de contribuições para a segurança social acaba por não ser considerado para o prémio do seguro de acidentes de trabalho vindo, em caso de sinistro, a responsabilizar o empregador. Daqui resultam mais delongas no processo judicial e mais entraves na vida empresarial que não compensam os diminutos benefícios para o trabalhador.

IV – Naturalmente, o cálculo do valor da indemnização e das pensões, previsto no nº 1, baseia-se na retribuição anual e resulta das percentagens aplicáveis conforme são estabelecidas nos nºs 2 e 3 do art. 48º. Exemplificando:

a) Abel tem uma retribuição anual de € 14.000,00 e sofreu de ITA por 25 dias:

14.000,00: 360 dias x 70% (0,70) x 25 dias = € 680,00;

b) Benta tem uma retribuição anual de € 12.000,00 e sofreu de ITP de 10% por 35 dias:

12.000,00: 360 dias x 70% (0,70) x 10% (0,10) x 35 dias = € € 81,66;

c) Clara tinha uma retribuição anual de € 10,000,00 e ficou a sofrer de IPATQT: 10.000,00 X 80% (0,80) = € 8.000,00 por ano (com eventual acréscimo por pessoa a cargo) pagável em 14 prestações de € 571,42 (art. 72º).

V – Relativamente aos trabalhadores a tempo parcial, quer desempenhem outros trabalhos ou não, como estabelecido no nº 9, a retribuição a considerar, no âmbito da LAT, é a que corresponderia ao período a tempo integral. Efetivamente, o trabalhador que fique incapacitado no trabalho a tempo parcial, ficará, em regra, incapacitado para trabalhar nos restantes períodos do dia.

VI –A falta ao trabalho, total ou parcial, prevista no nº 10, para além de não determinar perda de retribuição, ainda se deverá considerar justificada, cfr. CT, art. 249º, nº 2 j).

VII – A retribuição mínima mensal está regulada no CT, art. 273º. Em 2019, é de € 600,00. Existindo instrumento de regulamentação coletiva de trabalho aplicável, as retribuições nele fixadas terão de ser observadas, pelo menos, nos seus mínimos, cfr. CT, art. 476º.

VIII – Ac. TRP, 29-04-2019, Rel. Paula Leal de Carvalho: I – A LAT/2009 adota um conceito próprio de retribuição, que é mais amplo do que o do Código do Trabalho de 2009. II – Consubstancia retribuição, para efeitos de cálculo das prestações devidas por acidente de trabalho a designada "gratificação por acta", paga durante 8 dos 12 meses anteriores à data do acidente de trabalho e que se destina a incentivos à melhoria da produtividade do trabalhador no exercício das suas funções e da sua assiduidade e zelo.

IX – Ac. TRT, de 11-07-2019, Proc. 2151/15.8T8FAR.L1-4, Rel. José Feteira: I – O conceito de retribuição, enquanto base de cálculo para efeitos de reparação em matéria de acidentes de trabalho, não coincide plenamente com o conceito de retribuição que decorre do Código do Trabalho. Com efeito, aquele surge com maior abrangência ou amplitude do que este, porquanto, para além de integrar as prestações recebidas pelo trabalhador (sinistrado), enquanto correspetivo ou contrapartida da sua prestação de trabalho ao serviço do empregador, nele se integram também todas as prestações recebidas por aquele da parte deste com carácter de regularidade, desde que não se destinem a compensá-lo por custos aleatórios. II – Como se referiu no douto Acórdão do Supremo Tribunal de Justiça de 31/10/2018, proferido no processo nº 359/15.5T8STR.L1.S1 e acessível em www.dgsi.pt, «[i]mporta que na ponderação deste conceito não se esqueça que o que está em causa é a perda da capacidade para o futuro do sinistrado e não a fixação da dimensão de rendimentos devidos ao sinistrado» (sublinhado nosso) pelo que, tendo em consideração a abrangência do conceito de retribuição que decorre do disposto no art. 71º da LAT, quando conjugada com o que está verdadeiramente em causa neste tipo de ações, não poderemos deixar de concluir que as importâncias (o seu valor médio) pagas pela Ré/apelante ao Autor/apelado a título de trabalho suplementar, em 7 (sete) dos 12 (doze) meses que precederam a data do acidente de trabalho por este sofrido, com as consequências que resultam da matéria de facto provada, devem ser levadas em consideração a título da retribuição por este auferida à data do acidente, para efeitos no cálculo das prestações que lhe são devidas ao abrigo da mencionada LAT.

X – Sobre o tema, v. estudo de Maria José Costa Pinto, O Conceito de Retribuição no Regime Jurídico dos Acidentes de Trabalho.

Artigo 72º – Pagamento da indemnização, da pensão e da prestação suplementar

1 – A pensão anual por incapacidade permanente ou morte é paga, adiantada e mensalmente, até ao 3º dia de cada mês, correspondendo cada prestação a 1/14 da pensão anual.

2 – Os subsídios de férias e de Natal, cada um no valor de 1/14 da pensão anual, são, respectivamente, pagos nos meses de Junho e Novembro.

3 – A indemnização por incapacidade temporária é paga mensalmente.

4 – O pagamento da prestação suplementar para assistência de terceira pessoa acompanha o pagamento mensal da pensão anual e dos subsídios de férias e de Natal.

5 – Os interessados podem acordar que o pagamento seja efectuado com periodicidade diferente da indicada nos números anteriores.

I – Não sendo estas prestações pagas e recebidas dentro dos limites temporais indicados, vencem-se juros mora, à taxa legal normal, cfr. art. 135º do CPT.

II – Ac. TRP, de 30-05-2018, Proc. 0692/17.0T8PRT-A.P1, Rel. Jerónimo Freitas: V – Acontece que o caso em presença ... em que ... a requerida e recorrente entidade empregadora não ter transferido a responsabilidade infortunística, incumprindo a imposição do art. 79º/1, para entidade seguradora, havendo necessariamente que encontrar na lei um meio processual que dê resposta a este tipo de situações. VI – A concreta situação de perigo que a requerente pretende acautelar é a sua subsistência até à realização da tentativa de conciliação, para tanto pedindo que a requerida, entretanto, lhe assegure provisoriamente um valor mensal como reparação pelo dano provocado pela situação de incapacidade para prestar trabalho e auferir a correspondente retribuição. VII – Esta situação tem enquadramento no procedimento cautelar especificado de arbitramento de reparação provisória, regulado no artigo 388º, do CPC, correspondente ao art. 403º do pretérito diploma. VIII – A providência cautelar de arbitramento de reparação provisória prevista no artigo 388º do CPC é aplicável em casos de responsabilidade contratual, designadamente, laboral.

III – O recebimento da indemnização e da pensão podem constituir rendimentos tributáveis em sede do Código do IRS (categoria H) – art. 11º.

Artigo 73º – Lugar do pagamento das prestações

1 – O pagamento das prestações previstas na alínea b) do artigo 23º é efectuado no lugar da residência do sinistrado ou dos seus familiares se outro não for acordado.

2 – Se o credor das prestações se ausentar para o estrangeiro, o pagamento é efectuado no local acordado, sem prejuízo do disposto em convenções internacionais ou acordos de reciprocidade.

Existem e vigoram, nesta matéria, numerosas convenções internacionais para além de regulamentos da UE, cfr. anotação ao art. 105º.

Artigo 74º – Dedução do acréscimo de despesas

1 – Quando seja acordado, a pedido do sinistrado ou do beneficiário legal, para o pagamento das prestações, lugar diferente do da residência daqueles, a entidade responsável pode deduzir no montante das mesmas o acréscimo das despesas daí resultantes.

2 – O acordo sobre o lugar ou periodicidade do pagamento só é válido se revestir a forma escrita.

I – Tais documentos sob a forma escrita podem ser meramente particulares como previsto no art. 363º do CC.

II – Ainda que não previsto também o correio eletrónico será possível por assumir a forma escrita.

SECÇÃO VII – Remição de pensões

Artigo 75º – Condições de remição

1 – É obrigatoriamente remida a pensão anual vitalícia devida a sinistrado com incapacidade permanente parcial inferior a 30% e a pensão anual vitalícia devida a beneficiário legal desde que, em qualquer dos casos, o valor da pensão anual não seja superior a seis vezes o valor da retribuição mínima mensal garantida, em vigor no dia seguinte à data da alta ou da morte.

2 – Pode ser parcialmente remida, a requerimento do sinistrado ou do beneficiário legal, a pensão anual vitalícia correspondente a incapacidade igual ou superior a 30% ou a pensão anual vitalícia de beneficiário legal desde que, cumulativamente, respeite os seguintes limites:

a) A pensão anual sobrante não pode ser inferior a seis vezes o valor da retribuição mínima mensal garantida em vigor à data da autorização da remição;

b) O capital da remição não pode ser superior ao que resultaria de uma pensão calculada com base numa incapacidade de 30%.

3 – Em caso de acidente de trabalho sofrido por trabalhador estrangeiro, do qual resulte incapacidade permanente ou morte, a pensão anual vitalícia pode ser remida em capital, por acordo entre a entidade responsável e o beneficiário da pensão, se este optar por deixar definitivamente Portugal.

4 – Exclui-se da aplicação do disposto nos números anteriores o beneficiário legal de pensão anual vitalícia que sofra de deficiência ou doença crónica que lhe reduza definitivamente a sua capacidade geral de ganho em mais de 75%.

5 – No caso de o sinistrado sofrer vários acidentes, a pensão a remir é a global.

I – No âmbito deste artigo, a remição, ou direito de remir, significa a extinção de uma obrigação duradoura através do pagamento antecipado pelo devedor de uma compensação global. V. a remição dos contratos de renda perpétua e de renda vitalícia nos arts. 1236º e 1243º do CC. Em sentido convergente, no processo executivo, também alguns familiares do executado têm o direito de remir, ou seja preferir na venda ou adjudicação dos bens penhorados, pagando o preço (CPC, 842º e segs.). Diferentemente na remissão, "o credor pode remitir a dívida por contrato com o devedor", ou seja perdoá-la, que quando tiver carácter de liberalidade é havida como doação (CC, art. 863º).

II – A norma contida no nº 2 do artigo 75º foi declarada inconstitucional, com força obrigatória geral, na parte em que impede a remição parcial de pensões anuais vitalícias correspondentes a incapacidade inferior a 30%, não remíveis obrigatoriamente nos termos do nº 1 do mesmo preceito por serem de valor superior a seis vezes a retribuição mínima mensal garantida, em vigor no dia seguinte à data da alta, mesmo quando o sinistrado assim o requeira, por violação do artigo 13º, nº 1, da Constituição (Acórdão do Tribunal Constitucional nº 172/2014, de 18 de fevereiro, publicado no DR, de 10 março).

Artigo 76º – Cálculo do capital

1 – A indemnização em capital é calculada por aplicação das bases técnicas do capital da remição, bem como das respectivas tabelas práticas.

2 – As bases técnicas e as tabelas práticas referidas no número anterior são aprovadas por decreto-lei do Governo.

I – Não obstante o que se anuncia no nº 2, vigora a P. nº 11/2000, de 13 de janeiro, por força no determinado pelo art. 174º a), onde se contêm "*as bases técnicas aplicáveis ao cálculo do capital de remição das pensões de acidentes de trabalho e aos valores de caucionamento das pensões de acidentes de trabalho a que as entidades empregadoras tenham sido condenadas ou a que se tenham obrigado por acordo homologado*". Segundo o seu art. 2º, tais bases técnicas são a tábua de mortalidade TD88/90 e a taxa técnica de juro é de 5,25%.

II – Segundo o art. 3º da mesma Portaria, "*a iniciativa da remição obrigatória das pensões em pagamento cabe ao Ministério Público, devendo as empresas de seguros, nos casos de pensões a seu cargo, remeter aos tribunais de trabalho listagens relativas aos pensionistas com indicação do valor atualizado da pensão por pensionista*".

Artigo 77º – Direitos não afectados pela remição

A remição não prejudica:

a) O direito às prestações em espécie;

b) O direito de o sinistrado requerer a revisão da prestação;

c) Os direitos atribuídos aos beneficiários legais do sinistrado, se este vier a falecer em consequência do acidente;

d) A actualização da pensão remanescente no caso de remição parcial ou resultante de revisão de pensão.

O direito às prestações em espécie encontra-se enunciado no art. 23º, al. a), e concretizado a partir do art. 25º. A revisão das prestações prevê-se no art. 70º.

SECÇÃO VIII – Garantia de cumprimento

Artigo 78º – Inalienabilidade, impenhorabilidade, irrenunciabilidade dos créditos e garantias

Os créditos provenientes do direito à reparação estabelecida na presente lei são inalienáveis, impenhoráveis e irrenunciáveis e gozam das garantias consignadas no Código do Trabalho.

I – A inalienabilidade significa, como é óbvio, que este direito não pode ser alienado, isto é, que não pode passar para outro titular, seja qual for o meio. Trata-se de uma inalienabilidade absoluta, como acontece com os direitos de personalidade básicos, cfr. CC, art. 81º, nº 1.

II – A impenhorabilidade traduz-se na impossibilidade do direito em causa ser penhorado, ou seja, aprendido pelo tribunal em processo de execução, para, depois, ser vendido e pelo respeito produto ser satisfeita a dívida exequenda. A penhora é regulada no CPC, a partir do art. 735º.

III – A irrenunciabilidade quer dizer que o próprio sinistrado, como titular do direito, não pode declina-lo, o que acaba por permitir que, no caso de deixar de receber o crédito por qualquer razão, pode, posteriormente, vir exigi-lo.

IV – As garantias de créditos consignadas no CT são os privilégios creditórios e a responsabilização solidária de sociedades e até de sócios (arts. 333º a 335º).

Artigo 79º – Sistema e unidade de seguro

1 – O empregador é obrigado a transferir a responsabilidade pela reparação prevista na presente lei para entidades legalmente autorizadas a realizar este seguro.

2 – A obrigação prevista no número anterior vale igualmente em relação ao empregador que contrate trabalhadores exclusivamente para prestar trabalho noutras empresas.

3 – Verificando-se alguma das situações referidas no artigo 18º, a seguradora do responsável satisfaz o pagamento das prestações que seriam devidas caso não houvesse actuação culposa, sem prejuízo do direito de regresso.

4 – Quando a retribuição declarada para efeito do prémio de seguro for inferior à real, a seguradora só é responsável em relação àquela retribuição, que não pode ser inferior à retribuição mínima mensal garantida.

5 – No caso previsto no número anterior, o empregador responde pela diferença relativa às indemnizações por incapacidade temporária e pensões devidas, bem como pelas despesas efectuadas com a hospitalização e assistência clínica, na respectiva proporção.

I – O regime jurídico de acesso e exercício da atividade seguradora e resseguradora foi aprovado pela Lei nº 147/2015, de 9 de setembro, alterado pela Lei nº 7/2019, de 16 de janeiro. A autoridade reguladora é a ASF.

II – A cedência de trabalhadores prevê-se no CT, art. 288º e segs.

III – A retribuição em causa é a delimitada no art. 71º.

IV – No art. 18º alarga-se a responsabilidade quando se verifica a atuação culposa do empregador ou falta de observação das regras de segurança e saúde.

V – Face ao disposto nos nºs 4 e 5, o empregador, para além da seguradora, será notificado para intervir no processo para a efetivação de direitos resultantes de acidente de trabalho, cfr. CPT, art. 108º, nº 1.

VI – A violação do disposto nos nºs 1 e 2 constitui contraordenação muito grave e a omissão ou insuficiência nas declarações quanto ao pessoal e às retribuições com vista ao não cumprimento do disposto neste art. 79º pode originar uma contraordenação grave, cfr. art. 171º, nºs 1 e 2, alínea a).

VII – Ac. TRG, de 24-01-2019, Proc. 1100/16.0T8VRL.G2, Rel. Antero Veiga: I – Nos termos do artigo 79º, nº 4 da LAT, o seguro considerar-se-á sempre, pelo menos, abrangendo o salário mínimo em vigor à data do acidente, não podendo as seguradoras furtar-se a essa responsabilidade, se tiverem celebrado contrato de seguro em desconformidade com a norma.

VIII – Ac. TRP, de 30-05-2018, Proc. 1318/15.3T8VLG.P1, Rel. Rita Romeira: I – No contrato de seguro de prémio variável o objeto seguro é definido, mensalmente, pela remessa da folha de férias a enviar à seguradora, até ao dia 15 de cada mês, na qual se identificam os trabalhadores a que corresponde a massa salarial calculada. II – O envio tardio da folha de férias não determina a invalidade do contrato nem a não cobertura do sinistrado mas, antes e apenas, a possibilidade de a seguradora resolver o contrato e de agravar o prémio. III – Não tendo a seguradora, em consequência, do envio tardio das folhas de férias exercitado o seu direito de resolver o contrato de seguro celebrado com a empregadora, o mesmo mantém-se em vigor e, estando o salário auferido pela sinistrada, totalmente, transferido para si, através da folha de férias que lhe foi enviada, a responsabilidade pelos danos emergentes do acidente de trabalho sofrido, recai, exclusivamente, sobre si.

Artigo 80º – Dispensa de transferência de responsabilidade

As obrigações impostas pelo artigo anterior não abrangem a administração central, regional e local e as demais entidades, na medida em que os respectivos funcionários e agentes sejam abrangidos pelo regime de acidentes em serviço ou outro regime legal com o mesmo âmbito.

Na Administração Pública, o regime dos acidentes em serviço e das doenças profissionais é regulado no DL 503/99, de 20 de novembro, como previsto no art. 6º, 2 e 1 da Lei 25/2017, art. 36º, cuja última alteração foi introduzida pelo DL nº 33/2018, de 15 de maio.

Artigo 81º – Apólice uniforme

1 – A apólice uniforme do seguro de acidentes de trabalho adequada às diferentes profissões e actividades, de harmonia com os princípios estabelecidos na presente lei e respectiva legislação regulamentar, é aprovada por portaria conjunta dos ministros responsáveis pelas áreas das finanças e laboral, sob proposta do Instituto de Seguros de Portugal, ouvidas as associações representativas das empresas de seguros e mediante parecer prévio do Conselho Económico e Social.

2 – A apólice uniforme obedece ao princípio da graduação dos prémios de seguro em função do grau de risco do acidente, tidas em conta a natureza da actividade e as condições de prevenção implantadas nos locais de trabalho.

3 – Deve ser prevista na apólice uniforme a revisão do valor do prémio, por iniciativa da seguradora ou a pedido do empregador, com base na modificação efectiva das condições de prevenção de acidentes nos locais de trabalho.

4 – São nulas as cláusulas adicionais que contrariem os direitos ou garantias estabelecidos na apólice uniforme prevista neste artigo.

I – A P. nº 256/2011, de 5 de julho, "Aprova a parte uniforme das condições gerais da apólice de seguro obrigatório de acidentes de trabalho para trabalhadores por conta de outrem, bem como as respetivas condições especiais uniformes".

II – Para os trabalhadores independentes, na sequência do DL nº 159/99 referido na anotação ao art. 3º. vigora a Norma Regulamentar do Instituto de Seguros de Portugal nº 3/2009-R, de 23 de Março, que aprova a parte uniforme das condições gerais da apólice de seguro obrigatório de acidentes de trabalho para trabalhadores independentes, (DR Nº 57, Série II, 23 Março 2009

III – O antigo Instituto de Seguros de Portugal foi substituído pela ASF – Autoridade de Supervisão de Seguros e Fundos de Pensões, cfr. anotação ao art. 85º.

IV – O Conselho Económico e Social, criado pela Lei nº 108/91, de 17 de agosto, com a última modificação introduzida pela Lei nº 81/2017, de 18 de agosto, é o órgão de consulta e concertação no domínio das políticas económica e social e participa na elaboração dos planos de desenvolvimento económico e social.

V – Perante a imposição legal dos termos e condições da apólice uniforme, praticamente apenas o prémio de seguro é negociável.

Artigo 82º – Garantia e actualização de pensões

1 – A garantia do pagamento das pensões estabelecidas na presente lei que não possam ser pagas pela entidade responsável, nomeadamente por motivo de incapacidade económica, é assumida e suportada pelo Fundo de Acidentes de Trabalho, nos termos regulamentados em legislação especial.

2 – São igualmente da responsabilidade do Fundo referido no número anterior as actualizações do valor das pensões devidas por incapacidade permanente igual ou superior a 30% ou por morte e outras responsabilidades nos termos regulamentados em legislação especial.

3 – O Fundo referido nos números anteriores constitui-se credor da entidade economicamente incapaz, ou da respectiva massa falida, cabendo aos seus créditos, caso a entidade incapaz seja uma empresa de seguros, graduação idêntica à dos credores específicos de seguros.

4 – Se no âmbito de um processo de recuperação de empresa esta se encontrar impossibilitada de pagar os prémios dos seguros de acidentes de trabalho dos respectivos trabalhadores, o gestor da empresa deve comunicar tal impossibilidade ao Fundo referido nos números anteriores 60 dias antes do vencimento do contrato, por forma a que o Fundo, querendo, possa substituir-se à empresa nesse pagamento, sendo neste caso aplicável o disposto no nº 3.

I – O Fundo de Acidentes de Trabalho (FAT) foi criado pelo DL nº 142/99, de 30 de abril, sucedendo aos Fundos de Atualização de Pensões de Acidentes de Trabalho (FUNDAP) e de Garantia e Atualização de Pensões (FGAP). Funciona junto da Autoridade de Supervisão de Seguros e Fundos de Pensões (ASF) e assegura:

a) o pagamento das prestações que forem devidas por acidente de trabalho sempre que, por motivo de incapacidade económica objetivamente caracterizada em processo judicial de falência ou processo equivalente, ou processo de recuperação de empresa ou por motivo de ausência, desaparecimento e impossibilidade de identificação, não possam ser pagas pela entidade responsável;

b) o pagamento dos prémios do seguro de acidentes de trabalho das empresas que, no âmbito de um processo de recuperação, se encontrem impossibilitadas de o fazer, mediante requerimento apresentado pelo gestor da empresa;

c) o pagamento das atualizações de pensões de acidentes de trabalho e das atualizações das prestações suplementares a cargo das empresas de seguros;

d) a colocação dos riscos recusados de acidentes de trabalho numa empresa de seguros.

II – De harmonia com o preceituado no art 5º-B: 1 – *O FAT fica sub-rogado nos direitos e privilégios creditórios dos sinistrados e ou beneficiários, na medida dos pagamentos efetuados, bem como das respetivas provisões matemáticas, acrescidos dos juros de mora que se venham a vencer, para ele revertendo os valores obtidos por via da sub-rogação.*

2 – Os créditos abrangidos pelo presente decreto-lei gozam das garantias consignadas nos artigos 333º e seguintes do Código do Trabalho atual.

III – Relativamente â atualização anual das pensões de acidentes de trabalho, dispõe-se no art. 6º daquele DL 142/99 que: *1 – O valor das pensões de acidentes de trabalho é atualizado anualmente com efeitos a 1 de Janeiro de cada ano, tendo em conta os seguintes indicadores de referência:*

a) O crescimento real do produto interno bruto (PIB), correspondente à média da taxa do crescimento médio anual dos últimos dois anos, terminados no 3º trimestre do ano anterior àquele a que se reporta a atualização ou no trimestre imediatamente anterior, se aquele não estiver disponível à data de 10 de Dezembro;

b) A variação média dos últimos 12 meses do índice de preços no consumidor (IPC), sem habitação, disponível em dezembro do ano anterior ao que reporta a atualização, ou em 30 de novembro, se aquele não estiver disponível à data da assinatura do diploma de atualização. ---

IV – De harmonia com o disposto neste art. 6º, para o ano de 2019, as pensões de acidentes de trabalho foram "atualizadas para o valor resultante da aplicação da percentagem de aumento de 1,60%" (P. nº 23/2019, de 17 de fevereiro – art. 2º).

V – A norma contida nº 2 do artigo 82º foi declarada inconstitucional, com força obrigatória geral, em articulação com o disposto no artigo 1º, nº 1, alínea c), subalínea i), do Decreto-Lei nº 142/99, de 30 de abril, na parte em que impede a atualização de pensões por incapacidades inferiores a 30%, não remíveis obrigatoriamente nos termos do artigo 75º, nº 1, da citada Lei nº 98/2009 por serem superiores a seis vezes a retribuição mínima mensal garantida, em vigor no dia seguinte à data da alta, por violação dos artigos 13º, nº 1, e 59º, nº 1, alínea f), ambos da Constituição. (Acórdão do Tribunal Constitucional nº 173/2014, de 18 de fevereiro (DR 12 março).

Artigo 83º – Riscos recusados

1 – O Instituto de Seguros de Portugal estabelece por norma regulamentar as disposições relativas à colocação dos riscos recusados pelas seguradoras.

2 – O Instituto de Seguros de Portugal pode ressegurar e retroceder os riscos recusados.

3 – Relativamente aos riscos recusados, o Instituto de Seguros de Portugal pode requerer, às entidades competentes, certificados de conformidade com as regras de segurança em vigor.

I – É da competência do Fundo de Acidentes de Trabalho (FAT) ressegurar e retroceder os riscos recusados (DL nº 142/99 de 30 de abril, art. 1º, d), o que é regulamentada pela Norma do antigo ISP nº 1/2000, de 14/1/200, em cujo art. 1º, nº 1 se prevê que *os contratos de seguro obrigatório do ramo Acidentes, modalidade de Acidentes de Trabalho (trabalhadores por conta de outrem e trabalhadores independentes) que, nos termos da presente Norma, sejam recusados por, pelo menos, três empresas de seguros, serão colocados por intermédio do FAT-Fundo de Acidentes de Trabalho, cuja gestão está confiada ao Instituto de Seguros de Portugal* (atual ASF).

II – Ainda nos termos desta Norma nº 1/2000:

4. O interessado entregará no FAT toda a documentação necessária a uma boa caracterização do risco, incluindo, quando for adequado, o correspondente certificado de conformidade com as regras de segurança em vigor, emitido pela entidade competente em razão da matéria. .....

6. Uma vez de posse de todos os elementos, o FAT solicitará a análise do "dossier" à empresa de seguros que, de acordo com as regras da presente Norma, virá a ser indicada para celebrar o contrato.

7. A referida análise tem por finalidade determinar a taxa e as condições técnicas adequadas à subscrição do risco, devendo as suas conclusões ser comunicadas ao FAT, no prazo de cinco dias úteis, após a receção do "dossier".

Artigo 84º – Obrigação de caucionamento

1 – O empregador é obrigado a caucionar o pagamento de pensões por acidente de trabalho em que tenha sido condenado, ou a que se tenha obrigado por acordo homologado, quando não haja ou seja insuficiente o seguro, salvo se celebrar com uma seguradora um contrato específico de seguro de pensões.

2 – A caução pode ser feita por depósito de numerário, títulos da dívida pública, afectação ou hipoteca de imóveis ou garantia bancária.

3 – O caucionamento é feito à ordem do juiz do tribunal do trabalho respectivo, ou a seu favor, no prazo que ele designar.

4 – Os títulos da dívida pública são avaliados, para efeitos de caucionamento, pela última cotação na bolsa e os imóveis e empréstimos hipotecários pelo valor matricial corrigido dos respectivos prédios, competindo ao Ministério Público apreciar e dar parecer sobre a idoneidade do caucionamento.

5 – Os imóveis sujeitos a este risco são obrigatoriamente seguros contra incêndio.

6 – O caucionamento deve ser reforçado sempre que se verifique que é insuficiente, aplicando-se, com as devidas adaptações, o disposto nos números anteriores.

7 – Verificado o incumprimento, que se prolongue por período superior a 15 dias, deve o pagamento das pensões em dívida iniciar-se pelas importâncias caucionadas, sem necessidade de execução.

I – A obrigatoriedade do caucionamento de pensões resulta das situações previstas no art. 79º, ou seja, nas situações em que não haja contrato de seguro válido ou, havendo, houve atuação culposa do empregador (art. 18º) ou não tenha sido transferida a responsabilidade por inteiro, nomeadamente, não sendo indicada à seguradora toda a retribuição paga conforme é delineada no art. 71º.

II – A caução é um dos meios de garantia especial do cumprimento das obrigações, CC, arts. 623º a 626º. Na situação anunciada neste artigo, pode ser prestada por algum dos meios indicados no nº 2.

III – Seguro de pensões terá que ser celebrado com uma sociedade gestora de fundos de pensões ou uma empresa de seguros que se encontre autorizada a explorar legalmente o ramo "Vida".

IV – A infração ao disposto no nº 1 constitui contraordenação grave (art. 171º, nº 3).

Artigo 85º – Instituto de Seguros de Portugal

1 – Compete ao Instituto de Seguros de Portugal determinar o valor do caucionamento das pensões, quando não exista ou seja insuficiente o seguro das responsabilidades do empregador.

2 – Compete igualmente ao Instituto de Seguros de Portugal dar parecer sobre a transferência de responsabilidade das pensões por acidentes de trabalho para as seguradoras.

3 – Os valores de caucionamento das pensões são calculados de acordo com as tabelas práticas a que se refere o artigo 76º, acrescidas de 10%.

A Autoridade de Supervisão de Seguros e Fundos de Pensões (ASF) é uma entidade reguladora que substitui o ISP. As suas atribuições e competências estão essencialmente previstas no seu estatuto (Decreto-Lei nº 1/2015, de 6 de janeiro) e na Lei-quadro das entidades reguladoras (Lei nº 67/2013, de 28 de agosto).

SECÇÃO IX Participação de acidente de trabalho

Artigo 86º – Sinistrado e beneficiários legais

1 – O sinistrado ou os beneficiários legais, em caso de morte, devem participar o acidente de trabalho, verbalmente ou por escrito, nas 48 horas seguintes, ao empregador, salvo se este o tiver presenciado ou dele vier a ter conhecimento no mesmo período.

2 – Se o estado do sinistrado ou outra circunstância, devidamente comprovada, não permitir o cumprimento do disposto no número anterior, o prazo neste fixado conta-se a partir da cessação do impedimento.

3 – Se a lesão se revelar ou for reconhecida em data posterior à do acidente, o prazo conta-se a partir da data da revelação ou do reconhecimento.

4 – Quando o sinistrado não participar o acidente tempestivamente e por tal motivo tiver sido impossível ao empregador ou a quem o represente na direcção do trabalho prestar-lhe a assistência necessária, a incapacidade judicialmente reconhecida como consequência daquela falta não confere direito às prestações estabelecidas na lei, na medida em que dela tenha resultado.

I – Nesta secção preveem-se todas as circunstâncias em que o acidente de trabalho pode ocorrer, procurando-se que a sua notícia corra com celeridade, para que ao acidentado seja prestado o necessário apoio pela entidade responsável e a ser controlado jurisdicionalmente.

II – Neste artigo estabelece-se a necessidade de o acidente ser participado ao empregador, que é o responsável pelo ressarcimento dos danos emergentes e que pode estar longe do lugar do acidente. Como previsto no artigo seguinte, o empregador, legalmente, deve ter transferido a sua responsabilidade para uma seguradora autorizada e, em consequência, será esta a assumir a prestação dos cuidados.

Artigo 87º – Empregador com responsabilidade transferida

1 – O empregador que tenha transferido a responsabilidade deve, sob pena de responder por perdas e danos, participar à seguradora a ocorrência do acidente, no prazo de vinte e quatro horas, a partir da data do conhecimento.

2 – A participação deve ser remetida à seguradora por meio informático, nomeadamente em suporte digital ou correio electrónico, salvo o disposto no número seguinte.

3 – No caso de microempresa, o empregador pode remeter a participação em suporte de papel.

I – Neste artigo previne-se a situação mais comum, em que o empregador tendo tomado conhecimento do acidente presta os primeiros socorros e providencia pelo transporte do sinistrado para o local onde possa ser clinicamente socorrido, de conformidade com o preceituado nos arts. 26º e 27º, procedendo à participação à seguradora.

II –Esta participação será por meios eletrónicos, tendo o seu regime legal estabelecido na Lei nº 98/2009, de 4 de setembro, no Decreto-Lei 106/2017, de 29 de agosto e na Portaria 14/2018, de 11 de janeiro. É obrigatória e deve ser efetuada no prazo de 24 horas a partir da data do conhecimento do acidente pelo empregador para a respetiva seguradora.

III – A obrigatoriedade de envio informático aplica-se a todas as empresas à exceção de microempresa (empresas com menos de 10 trabalhadores), trabalhador independente e trabalhador do serviço doméstico, que ainda podem remeter à seguradora a participação de acidente de trabalho em suporte de papel.

IV – A infração ao disposto neste artigo constitui contraordenação grave (art. 171º, nº 3).

V – As seguradoras autorizadas a explorar o ramo dos acidentes de trabalho encontram-se obrigadas a dar informações para fins estatísticos, de conformidade com o disposto no DL 14/2018, de 11 de janeiro.

Artigo 88º – Empregador sem responsabilidade transferida

1 – O empregador cuja responsabilidade não esteja transferida deve participar o acidente ao tribunal competente, por escrito, independentemente de qualquer apreciação das condições legais da reparação.

2 – O prazo para a participação é de oito dias a partir da data do acidente ou do seu conhecimento.

3 – No caso de morte, o acidente é participado de imediato ao tribunal competente, por correio electrónico ou por telecópia, sem prejuízo do disposto nos números anteriores.

I – O tribunal competente é o juízo do trabalho do lugar onde o acidente ocorreu, cfr. CPT, art. 15º. A participação deve ser enviada para o magistrado do MP do juízo competente, cfr. CPT, art. 22º.

II – A infração ao disposto neste artigo constitui contraordenação grave (art. 171º, nº 3).

Artigo 89º – Trabalho a bordo

1 – Sendo o sinistrado inscrito marítimo, a participação é feita ao órgão local do sistema de autoridade marítima do porto do território nacional onde o acidente ocorreu, sem prejuízo de outras notificações previstas em legislação especial.

2 – Se o acidente ocorrer a bordo de navio português, no alto mar ou no estrangeiro, a participação é feita ao órgão local do sistema de autoridade marítima do primeiro porto nacional escalado após o acidente.

3 – As participações previstas nos números anteriores devem ser efectuadas no prazo de dois dias a contar da data do acidente ou da chegada do navio e remetidas imediatamente ao tribunal competente pelo órgão local do sistema de autoridade marítima, se a responsabilidade não estiver transferida ou se do acidente tiver resultado a morte, e à seguradora nos restantes casos.

I – A inscrição e a cédula de inscrição marítima são reguladas no DL nº 280/2001, de 23 de outubro, cuja última alteração foi introduzida pelo DL nº 181/2014, de 24 de dezembro.

II – O contrato de trabalho marítimo tem o seu regime básico na Lei nº 146/2015, de 9 de setembro.

III – A infração ao disposto neste artigo constitui contraordenação grave (art. 171º, nº 3).

Artigo 90º – Seguradora

1 – A seguradora participa ao tribunal competente, por escrito, no prazo de oito dias a contar da alta clínica, o acidente de que tenha resultado incapacidade permanente e, imediatamente após o seu conhecimento, por correio electrónico, telecópia ou outra via com o mesmo efeito de registo escrito de mensagens, o acidente de que tenha resultado a morte.

2 – A participação por correio electrónico, telecópia ou outra via com o mesmo efeito de registo de mensagens não dispensa a participação formal, que deve ser feita no prazo de oito dias contados do falecimento ou do seu conhecimento.

3 – A seguradora participa ainda ao tribunal competente, por escrito, no prazo de oito dias a contar da sua verificação, todos os casos de incapacidade temporária que, consecutiva ou conjuntamente, ultrapassem 12 meses.

I – Considerando o teor deste artigo e dos dois anteriores, conclui-se que, em regra, devem ser participados ao tribunal:

- Todos os acidentes de trabalho em que, contra o disposto no art. 79º, portanto, ilegalmente, a respetiva responsabilidade não se encontre devidamente transferida para uma seguradora; e
- Pelas seguradoras, os acidentes de que tenha resultado incapacidade permanente ou a morte do sinistrado ou ainda incapacidade temporária que, consecutiva ou conjuntamente, ultrapasse 12 meses.

II – Acontece ainda que, nos termos do art. 102º do CPT, pode o próprio sinistrado (e familiares) participar o acidente ao tribunal numa série de situações que vão desde a falta de tratamento adequado até à discordância do grau de desvalorização por incapacidade temporária.

III – Ainda de acordo com o subsequente art. 92º, outras entidades poderão proceder a tal participação.

IV – A infração ao disposto neste artigo constitui contraordenação grave (art. 171º, nº 3).

Artigo 91º – Comunicação obrigatória em caso de morte

1 – O director de estabelecimento hospitalar, assistencial ou prisional comunica de imediato ao tribunal competente e à entidade responsável, por telecópia ou outra via com o mesmo efeito de registo de mensagens, o falecimento, em consequência de acidente, de trabalhador ali internado.

2 – Igual obrigação tem qualquer outra pessoa ou entidade a cujo cuidado o sinistrado estiver.

Tal comunicação irá originar a abertura de processo na forma prevista no CPT, podendo ocasionar a realização de autópsia e de inquérito urgente e sumário (arts. 100º e 104º, nº 2).

Artigo 92º – Faculdade de participação a tribunal

A participação do acidente ao tribunal competente pode ser feita:

a) Pelo sinistrado, directamente ou por interposta pessoa;

b) Pelo familiar ou equiparado do sinistrado;

c) Por qualquer entidade com direito a receber o valor de prestações;

d) Pela autoridade policial ou administrativa que tenha tomado conhecimento do acidente;

e) Pelo director do estabelecimento hospitalar, assistencial ou prisional onde o sinistrado esteja internado, tendo o acidente ocorrido ao serviço de outra entidade.

I – Constitui contraordenação grave "fazer tratar ou internar um sinistrado sem declarar a situação deste, para efeitos de se eximir ao pagamento das respetivas despesas" [art. 171º, nº 2, b)].

II – Ac. TRP, de 04-02-2019, Proc. 2768/17.6T8PNF.P1, Rel. Jerónimo Freitas: IV – A lei assegura aos sinistrados a faculdade de participarem o acidente de trabalho ao tribunal competente, não estando o exercício desse direito sujeito a qualquer restrição ou condição. No essencial, visa não só salvaguardar o sinistrado das situações em que não é feita a participação devida a juízo – pela seguradora ou por entidade empregadora que não tenha transferida a responsabilidade infortunística -, mas também permitir-lhe que haja um controle e fiscalização sobre a forma como foram assegurados os seus direitos indisponíveis, mormente sobre a avaliação da incapacidade após a alta clínica, tendo em vista uma composição amigável.

CAPÍTULO III - Doenças profissionais

SECÇÃO I - Protecção nas doenças profissionais

SUBSECÇÃO I - Protecção da eventualidade

Artigo 93º - Âmbito

1 - A protecção da eventualidade de doenças profissionais integra-se no âmbito material do regime geral de segurança social dos trabalhadores vinculados por contrato de trabalho e dos trabalhadores independentes e dos que sendo apenas cobertos por algumas eventualidades efectuem descontos nas respectivas contribuições com vista a serem protegidos pelo regime das doenças profissionais.

2 - Podem, ainda, ser abrangidos pelo regime previsto no presente capítulo os trabalhadores aos quais, sendo apenas cobertos por algumas eventualidades, a taxa contributiva que lhes é aplicável integre o custo da protecção nas doenças profissionais.

I - De conformidade com o art. 1º desta LAT, para além das normas deste capítulo III, "às doenças profissionais aplicam-se, com as devidas adaptações, as normas relativas aos acidentes de trabalho constantes na presente lei e, subsidiariamente, o regime geral da segurança social".

II - Na Lei nº 4/2007, de 16 de janeiro - que aprova as bases gerais da segurança social - dispõe-se no art. 50º que "o sistema previdencial visa garantir, assente no princípio de solidariedade de base profissional, prestações pecuniárias substitutivas de rendimentos de trabalho perdido em consequência da verificação das eventualidades legalmente definidas".

São abrangidos obrigatoriamente pelo sistema previdencial, na qualidade de beneficiários, os trabalhadores por conta de outrem ou legalmente equiparados e os trabalhadores independentes (art. 51º, nº 1).

No seu âmbito material, o sistema previdencial integra a eventualidade de doenças profissionais (para além da doença; maternidade, paternidade e adoção; desemprego; invalidez; velhice e morte) (art. 52º).

O sistema previdencial abrange o regime geral de segurança social aplicável à generalidade dos trabalhadores por conta de outrem e aos trabalhadores independentes, os regimes especiais, bem como os regimes de inscrição facultativa e deve ser fundamentalmente autofinanciado, tendo por base uma relação sinalagmática direta entre a obrigação legal de contribuir e o direito às prestações.

III – De acordo com o CRCSPSS (art. 51º), a desagregação da taxa contributiva para cobertura do risco ou eventualidade das doenças profissionais será na percentagem de 0,50.

IV – Sob o título de "garantias contenciosas", no art. 77º da referida Lei de Bases Gerais da Segurança Social, preceitua-se que "as acções e omissões da administração no âmbito do sistema de segurança social são susceptíveis de reacção contenciosa nos termos do Código de Processo nos Tribunais Administrativos". Todavia, no âmbito da presente Lei nº 98/2009, a reação contenciosa deverá ser apresentada aos juízos do trabalho, através do processo especial para efetivação de direitos resultantes de doença profissional, previsto no CPT, art. 155º.

V – No âmbito da Administração Pública, apenas o procedimento para a certificação da doença como doença profissional tramita pela Segurança Social. A reparação, em princípio, é da responsabilidade do serviço ou organismo da Administração Pública onde foi contraída a doença profissional. Nos casos de incapacidade permanente ou morte, já a avaliação e a reparação pertencem à Caixa Geral de Aposentações (Regime jurídico dos acidentes em serviço e doenças profissionais no âmbito da Administração Pública – DL nº 503/99, de 20 de novembro, arts. 5º e 26º).

VI – Internacionalmente, avulta a Convenção da OIT nº 121 (1964) relativa aos acidentes de trabalho e doenças profissionais e o Código Europeu de Segurança Social, arts. 31º a 38º. No âmbito da União Europeia, salienta-se o Regulamento (CE) nº 120/2009 da Comissão, de 9 de Fevereiro de 2009, relativo à aplicação dos regimes de segurança social aos trabalhadores assalariados, aos trabalhadores não assalariados e aos membros da sua família que se deslocam no interior da Comunidade. Sobre o tema, v. anotação ao art. 105º.

Artigo 94º – Lista das doenças profissionais

1 – A elaboração e actualização da lista das doenças profissionais prevista no nº 2 do artigo 283º do Código do Trabalho é realizada por uma comissão nacional, cuja composição, competência e funcionamento são fixados em legislação especial.

2 – A lesão corporal, a perturbação funcional ou a doença não incluídas na lista a que se refere o número anterior são indemnizáveis desde que se prove serem consequência necessária e directa da actividade exercida e não representem normal desgaste do organismo.

I – A lista das doenças profissionais e o respetivo índice codificado foram aprovados pelo Decreto Regulamentar nº 6/2001, de 5 de Maio, alterado pelo artigo 2º do Decreto Regulamentar nº 76/2007, de 17 de Julho. Nas instruções gerais, para além de outras normas, estabelece-se que "a cada situação de disfunção corresponde um coeficiente expresso em percentagem, que traduz a proporção da deficiência funcional, sendo a disfunção total expressa pela unidade".

II – O Decreto Regulamentar nº 3/2019, de 12 de fevereiro, estabelece a composição, competência e funcionamento da Comissão Nacional de Revisão da Lista das Doenças Profissionais, prevista no nº 2 do artigo 283º do CT, competindo-lhe, essencialmente, proceder ao exame permanente da lista de doenças profissionais e propor a sua atualização

III – No nº 2, reproduz-se o texto do nº 3 do art. 283º do CT. As consequências da doença profissional – lesão corporal, perturbação funcional ou doença – são as mesmas do acidente do trabalho, cfr. art. 8º.

Artigo 95º – Direito à reparação

O direito à reparação emergente de doenças profissionais previstas no nº 1 do artigo anterior pressupõe que, cumulativamente, se verifiquem as seguintes condições:

a) Estar o trabalhador afectado pela correspondente doença profissional;

b) Ter estado o trabalhador exposto ao respectivo risco pela natureza da indústria, actividade ou condições, ambiente e técnicas do trabalho habitual.

I – A exposição ao risco de contração da doença profissional é descrita na referida lista das doenças profissionais, mas pode variar internacionalmente, cfr. art. 105º.

II – As condições indicadas nas alíneas carecem de certificação, como preceituado no art. 138º. Esta certificação, nos termos do art. 142º, resulta de um procedimento que se inicia num parecer do médico assistente ou do trabalho que deverá ser formalizado no impresso do modelo GDP13/2018-DGSS – Participação obrigatória/parecer clínico – e participado obrigatoriamente ao Departamento de Proteção contra os Riscos Profissionais do ISS, IP (antiga Caixa Nacional de Seguros de Doenças Profissionais), de conformidade com o DL nº 2/82, de 5 de janeiro e art. 142. Deve ainda ser observada a Informação Técnica nº 09/2014 da Direção Geral da Saúde.

III – Este e os restantes modelos obtêm-se no sítio da Internet da Segurança Social.

IV – Também o doente haverá de requerer e dar informações sobre onde terá sido contraída ou agravada a doença profissional, através do modelo GDP12/2018 – DGSS – Requerimento. Ainda por estes mesmos meios e impresso será feito o diagnóstico e caracterização da doença profissional dos trabalhadores da Administração Pública.

V – Como resulta do art. 100º, ainda para ser titular do direito à reparação prevista nesta lei, o doente profissional carece de estar inscrito na segurança social, como se impõe no CRCSPSS, art. 29º e segs., assumindo a situação de beneficiário.

VI – Sempre "que o doente discorde da decisão do Instituto da Segurança social, I.P., em matéria de doenças emergentes de riscos profissionais", portanto no que tange à certificação da doença e proteção da eventualidade, pode lançar mão do processo para efetivação de direitos resultantes de doença profissional" na sua fase contenciosa, como estatuído no art. 155º do CPT.

Artigo 96º – Avaliação, graduação e reparação das doenças profissionais

A avaliação, graduação e reparação das doenças profissionais diagnosticadas é da exclusiva responsabilidade do serviço com competências na área da protecção contra os riscos profissionais.

I – Este serviço é o Departamento de Proteção contra os Riscos Profissionais (DPRP), que substituiu o Centro Nacional de Proteção contra Riscos Profissionais, que, por sua vez, havia sucedido à Caixa Nacional de Seguros de Doenças Profissionais. É um departamento operacional do Instituto da Segurança Social, I. P (ISS, IP), cujos estatutos foram aprovados pela P. nº 135/2012, de 8 de maio, cuja última alteração foi introduzida pela P. nº 46/2019, de 7 fevereiro. A missão e as atribuições do Instituto da Segurança Social, I. P. foram definidos pelo DL nº 83/2012, de 30 de março.

II – O ISS, IP, para além de unidades orgânicas centrais, com departamentos, entre as quais figura aquele DPRP, possui serviços desconcentrados, em que avultam os centros distritais da segurança social. Segundo o art. 9º dos referidos Estatutos:

1 – Compete ao Departamento de Proteção contra os Riscos Profissionais, abreviadamente designado por DPRP, a responsabilidade pela gestão do tratamento, reparação e recuperação de doenças ou incapacidades emergentes de riscos profissionais.

2 – Compete, ainda, ao DPRP:

a) Avaliar e fixar as incapacidades das lesões, perturbações funcionais ou doenças emergentes de riscos profissionais;

b) Assegurar a prestação de cuidados médicos e medicamentosos necessários ao tratamento de doenças ou incapacidades resultantes de riscos profissionais;

c) Propor o pagamento de indemnizações por incapacidade temporária e pensões por incapacidade permanente;

d) Propor a concessão de prestações por morte aos familiares dos beneficiários com doença profissional;

e) Propor a compensação dos restantes danos emergentes de riscos profissionais;

f) Promover a recuperação clínica e a reclassificação profissional dos beneficiários com doença profissional;

g) Promover a colocação dos trabalhadores reabilitados em ocupações compatíveis com o seu estado físico e a sua capacidade de trabalho;

h) Assegurar a atribuição das prestações devidas por aplicação dos regulamentos comunitários e convenções internacionais aos trabalhadores migrantes vítimas de acidente de trabalho e de doenças profissionais;

i) Participar na interpretação e atualização da Tabela Nacional de Incapacidades por Acidentes de Trabalho e Doenças Profissionais e da Lista das Doenças Profissionais;

j) Participar, na sua área de intervenção, na negociação de convenções e de acordos internacionais.

III – Para além dos cuidados aos doentes profissionais, também e simultaneamente, é o DPRP que dirige a fase conciliatória.

Possui serviços médicos especializados em Lisboa e no Porto, onde se procede à certificação da doença profissional (art. 138º).

IV – No referido DL nº 83/2019, alterado pelo artigo 2º do Decreto-Lei nº 167/2013, de 30 de dezembro, prevê-se, no seu art. 9º, a existência do conselho de apoio para assuntos de proteção contra os riscos profissionais, que é o órgão de apoio à gestão, para matérias relacionadas com a proteção contra os riscos profissionais.

Artigo 97º – Natureza da incapacidade

1 – A doença profissional pode determinar incapacidade temporária ou permanente para o trabalho, nos termos definidos no artigo 19º

2 – A incapacidade temporária de duração superior a 18 meses considera-se como permanente, devendo ser fixado o respectivo grau de incapacidade, salvo parecer clínico em contrário, não podendo, no entanto, aquela incapacidade ultrapassar os 30 meses.

3 – O parecer clínico referido no número anterior pode propor a continuidade da incapacidade temporária ou a atribuição de pensão provisória.

I – Como se regula no art. 138º, a certificação das incapacidades "abrange o diagnóstico da doença, a sua caracterização como doença profissional e a graduação da incapacidade". Considerar a incapacidade permanente significa que a lesão corporal, a perturbação funcional ou a doença será vitalícia. Para os acidentes de trabalho v. arts. 21º e 22º.

II – Também a doença profissional pode provocar as mesmas situações de incapacidade que resultam do acidente de trabalho (art. 19º), ou seja: ITP, IPP ou IPA, sendo que esta última pode ser IPATH. Mais concretamente e parafraseando a Norma Procedimental 004 do INMLCF, utilizam-se as seguintes siglas e definições:

ITPA – Incapacidade Temporária Absoluta;

ITPP – Incapacidade Temporária Parcial;

IPP – Incapacidade Permanente Parcial;

IPA – Incapacidade Permanente Absoluta para Todo e Qualquer Trabalho;

IPATH – Incapacidade Permanente Absoluta para o Trabalho Habitual.

III – O parecer clínico referido pode determinar a atribuição de pensão provisória como previsto no art. 107º.

IV – A doença profissional pode ser certificada sem incapacidade para o trabalho, mas podendo o doente beneficiar de algumas prestações em espécie, como, por exemplo, o reembolso do custo de medicamentos (art. 104º).

Artigo 98º – Protecção da eventualidade

1 – A protecção nas doenças profissionais é assegurada pelo desenvolvimento articulado e sistemático das actuações no campo da prevenção, pela atribuição de prestações pecuniárias e em espécie tendo em vista, em conjunto com as intervenções de reabilitação e reintegração profissional, a adaptação ao trabalho e a reparação dos danos emergentes da eventualidade.

2 – As prestações em espécie revestem, com as devidas adaptações, as modalidades referidas no capítulo anterior, bem como as previstas no artigo seguinte.

3 – As prestações pecuniárias revestem, com as devidas adaptações, as modalidades referidas no capítulo anterior.

I – No domínio da prevenção das doenças profissionais, avultam as normas do art. 48º e segs. da Lei nº 102/2009, de 10 de setembro.

II – Há grande similitude na reparação dos danos, ou seja, na proteção contra os efeitos dos acidentes de trabalho e das doenças profissionais, mas implicando estas algumas especificidades, como resulta do disposto logo no art. 1º, nº 2 e, depois, neste art. 98º. Assim, as modalidades de prestações pecuniárias indicadas no art. 47º e segs. (do capítulo anterior, para os acidentados do trabalho) têm as especificidades estabelecidas nos arts. 102º a 109º para os doentes profissionais. Por seu turno, as modalidades de prestações em espécie enumeradas no art. 25º e segs. (também do capítulo anterior e para os acidentados do trabalho) sofrem, no âmbito das doenças profissionais, as adaptações previstas nos arts. 99º, 104º e segs.

III – Em consequência, estabelecem-se as mesmas prestações previstas para os acidentados do trabalho (art. 47º), mas com adaptações derivadas da diferente natureza das situações clínicas e até das distintas entidades obrigadas a dar-lhe cumprimento. Veja-se, por exemplo, os cuidados de saúde que não são fornecidos, mas reembolsados os seus custos (arts. 99º, 104º e 123º) e as bonificações nas indemnizações e nas pensões (art. 114º e segs.). Também a base de cálculo das prestações pecuniárias não é igual (art. 111º).

Artigo 99º – Modalidades das prestações em espécie

Constituem ainda prestações em espécie o reembolso das despesas de deslocação, de alimentação e de alojamento indispensáveis à concretização das prestações previstas no artigo 25º, bem como quaisquer outras, seja qual for a forma que revistam, desde que necessárias e adequadas ao restabelecimento do estado de saúde e da capacidade de trabalho ou de ganho do trabalhador e à sua recuperação para a vida activa.

I – No art. 25º enumeram-se as modalidades de prestações em espécie e neste art. 99º consagra-se o direito ao reembolso das despesas indispensáveis para o doente profissional obter tais prestações, nomeadamente, a assistência médica, cirúrgica e de enfermagem.

II – A fundamentação para estes reembolsos é concretizada no art. 104º e as condições para a sua atribuição indicam-se n art. 105º.

SUBSECÇÃO II – Titularidade dos direitos

Artigo 100º – Titulares do direito às prestações por doença profissional

1 – O direito às prestações é reconhecido ao beneficiário que seja portador de doença profissional.

2 – O direito às prestações por morte de beneficiário que seja portador de doença profissional é reconhecido aos familiares ou pessoas equiparadas, previstos no artigo 57º.

I – O direito às prestações para tratamento da doença profissional, ou melhor, o direito à reparação pelos danos provocados pela doença profissional pertence apenas aos beneficiários da segurança social (trabalhadores por conta de outrem, trabalhadores independentes inscritos, trabalhadores domésticos inscritos e as pessoas inscritas no seguro social voluntário com a inclusão deste risco).

II – No art. 57º indicam-se os familiares ou equiparados que podem ter direito à pensão por morte do sinistrado de acidente de trabalho (cônjuge, filhos, ascendente). Porém, por força do seguinte art. 101º, os familiares a cargo serão os indicado no regime de proteção da eventualidade morte.

III – As falsas declarações e a utilização de qualquer outro meio de que resulte concessão indevida de prestações ou do respetivo montante pode constituir contraordenação grave (art. 172º)

Artigo 101º – Familiar a cargo

O conceito de familiar a cargo, para efeito de titularidade ou montante das prestações reguladas no presente capítulo, corresponde ao previsto no regime geral de segurança social para a protecção da eventualidade morte.

I – É o DL nº 322/90, de 18 de outubro, em cujo art. 2º, sobre a caracterização da eventualidade, se dispõe que: *1 – Para efeitos do disposto neste diploma, é considerado o falecimento do beneficiário ainda que seja resultante de acidente de trabalho ou doença profissional. 2 – O regime de proteção previsto neste diploma só é aplicável às situações de falecimento por acidentes de trabalho ou doença profissional nos casos em que as mesmas não estejam abrangidas por legislação própria ou, estando, os valores das prestações sejam inferiores.*

No seu art. 14º, relativo aos ascendentes, estabelece-se que são condições de atribuição das prestações aos ascendentes que estes estejam a cargo do beneficiário falecido e não existam cônjuges, ex-cônjuges e descendentes com direito às mesmas prestações.

II – Através deste art. 101º é afastado o conceito de pessoa a cargo do sinistrado, previsto no antecedente art. 49º.

SECÇÃO II – Prestações

SUBSECÇÃO I – Prestações pecuniárias

Artigo 102º – Pensão e subsídios por morte e por despesas de funeral

1 – Para efeitos de atribuição da pensão por morte, dos subsídios por morte e por despesas de funeral, considera-se o falecimento que decorra de doença profissional.

2 – A atribuição das prestações referidas no número anterior, em caso de falecimento por causa natural do beneficiário portador de doença profissional, depende de os seus familiares ou terceiros não terem direito a prestações equivalentes concedidas por qualquer outro regime de protecção social obrigatório.

I – A pensão por morte do doente profissional está prevista no arts. 47º, nº 1, g) e nº 3 e regulada a sua atribuição nos arts. 56º a 58º; 118º; 107º, nºs 2 e 3; e 129º.

II – No nº 2 é prevista a situação do doente profissional falecer, não em virtude da sua doença profissional, mas de morte natural. Em tal situação, os familiares e terceiros apenas terão direito às prestações previstas no nº 1 se não tiverem direito às prestações previstas no regime geral na eventualidade morte.

III – Tais subsídios devem ser requeridos através do modelo GDP18-DGSS – Requerimento de subsídios.

Artigo 103º – Prestações adicionais

Nos meses de Junho e Novembro de cada ano, os titulares de pensões têm direito a receber, além da prestação mensal que lhes corresponda, um montante adicional de igual valor.

I – Estes montantes adicionais não estão previstos para as indemnizações ou subsídios ou pensões, cuja determinação se fundamenta na retribuição de referência, dado que no cálculo desta já se englobam os subsídios de férias e de Natal (art. 111º, nº 4, a)).

II – Ainda através da Lei nº 10/2016, de 4 de abril, foi estabelecido o direito a uma compensação por morte emergente de doença profissional dos trabalhadores da Empresa Nacional de Urânio, SA.

SUBSECÇÃO II – Prestações em espécie

Artigo 104º – Prestações em espécie

1 – As prestações em espécie são asseguradas, em regra, através de reembolsos das respectivas despesas, nos termos dos números seguintes.

2 – Os reembolsos das despesas com cuidados de saúde destinam-se a compensar, na totalidade, os gastos efectuados pelo beneficiário com assistência médica, cirúrgica, de enfermagem, medicamentosa e farmacêutica, decorrentes de doença profissional.

3 – Os reembolsos das despesas com deslocações destinam-se a compensar, nos termos prescritos, as despesas de deslocação efectuadas pelo beneficiário, resultantes de recurso a cuidados de saúde, a exames de avaliação de incapacidade e a serviços de reabilitação e reintegração profissional, bem como de frequência de cursos de formação profissional.

4 – Os reembolsos das despesas com alojamento e alimentação destinam-se a compensar, nos termos prescritos, os gastos efectuados pelo beneficiário decorrentes do recurso a prestações em espécie que impliquem deslocação do local da residência.

I – O direito à reparação em espécie é contemplado, em geral, no art. 23º, a) e pormenorizado, no caso dos acidentes de trabalho, no art. 25º e segs. No âmbito das doenças profissionais, as respetivas prestações são concretizadas pelo doente, ficando com o direito ao reembolso do seu custo (tendencialmente, pela totalidade) pelo ISS, conforme estipulado no art. 123º.

II – Todavia, o direito a estes reembolsos, já previsto no art. 99º, está sujeito aos condicionalismos elencados no art. 109º.

SECÇÃO III – Condições de atribuição de prestação

SUBSECÇÃO I – Condições gerais

Artigo 105º – Condições relativas à doença profissional

1 – Para efeitos da alínea b) do artigo 95º são tomadas em conta, na medida do necessário, as actividades susceptíveis de provocarem o risco em causa, exercidas nos termos da legislação de outro Estado, se tal estiver previsto em instrumento internacional de segurança social a que Portugal se encontre vinculado.

2 – Se o interessado tiver estado exposto ao mesmo risco nos termos do regime geral e da legislação de outro Estado ao qual Portugal se encontre vinculado por instrumento internacional, as prestações são concedidas de acordo com o disposto neste instrumento.

I –A coordenação internacional de legislações sobre Segurança Social assenta em alguns princípios, sendo um deles o da unicidade da legislação, através do qual deve ser fixada uma única ordem jurídica responsável pela compensação dos danos derivados do risco social previsto, que, em regra, será o país da prestação do trabalho. Assim, a pessoa que seja beneficiária de um acordo internacional e que tenha contraído uma doença profissional (ou sofrido um acidente de trabalho), mas que se encontre noutro país signatário do acordo tem o direito de nele requerer as prestações indemnizatórias correspondentes.

II – A nível da União Europeia, vigoram os seguintes regulamentos: Regulamento (CE) nº 883/2004, na versão alterada pelos Regulamentos (CE) nº 988/2009 e (UE) nº 1244/2010 e 465/2012, e Regulamento (CE) nº 987/2009, alterado pelos dois Regulamentos anteriores, todos publicados no Jornal Oficial da União Europeia, Série L 200, 338, 284 e 149, de 7 de junho de 2004, 22 de dezembro de 2010, 8 de junho de 2012 e 30 de outubro de 2009, respetivamente;

Regulamento (CE) nº 859/2003, de 14 de maio de 2003, publicado no Jornal Oficial da União Europeia, Série L 124, de 20 de maio de 2003; e

Regulamento (UE) nº 1231/2010, de 24 de novembro, publicado no Jornal Oficial da União Europeia Série L 344, de 29 de dezembro de 2010.

III – Portugal tem celebrado convenções internacionais com os Estados com afluxos migratórios, evidenciando-se a Convenção Multilateral Ibero-Americana de Segurança Social e respetivo Acordo de Aplicação, para além de numerosos acordos bilaterais.

Artigo 106º – Prazo de garantia

As prestações são atribuídas independentemente da verificação de qualquer prazo de garantia.

Por prazo de garantia deve entender-se o período mínimo de inscrição no sistema para se poder beneficiar de um determinado esquema de proteção. No caso excecional das doenças profissionais o prazo de garantia é prescindido, sendo certo que a sua etiologia é sempre demorada.

SUBSECÇÃO II – Condições especiais

Artigo 107º – Pensão provisória

1 – A atribuição da pensão provisória por incapacidade permanente depende de parecer clínico, nos casos previstos pelos nºs 2 e 3 do artigo 97º

2 – A atribuição da pensão provisória por morte depende ainda de não se considerar caracterizada a causa da morte, bem como de os respectivos interessados reunirem os condicionalismos legalmente previstos para o reconhecimento do respectivo direito e não se encontrarem em qualquer das seguintes situações:

a) Exercício de actividade profissional remunerada;

b) Pré-reforma;

c) Pensionista de qualquer sistema de protecção social.

3 – Pode ser atribuído um montante provisório de pensão por incapacidade permanente ou morte sempre que, verificadas as condições determinantes do direito, por razões de ordem administrativa ou técnica, não imputáveis aos beneficiários, seja inviável a atribuição de pensão definitiva no prazo de três meses a partir da data de entrada do requerimento.

I – A pensão provisória é atribuída de forma urgente e precária, logo aquando da certificação da doença profissional, por ainda não se encontrarem determinados os elementos conducentes ao seu cálculo definitivo (art. 97º, nº 3, parte final). V. CPT, arts. 121º a 124º.

II – A situação de pré-reforma encontra-se regulada no CT, art. 318º e segs.

Artigo 108º – Subsídio para frequência de acções no âmbito da reabilitação profissional

A atribuição do subsídio para a frequência de acções no âmbito da reabilitação profissional depende de o beneficiário reunir, cumulativamente, os condicionalismos previstos nas alíneas a) e b) do nº 2 do artigo 69º, bem como os seguintes:

a) Ter requerido a frequência de acção ou curso ou aceite proposta do serviço com competências na área da protecção contra os riscos profissionais;

b) Obter parecer favorável dos serviços médicos responsáveis pela avaliação das incapacidades por doenças profissionais.

I – A reabilitação profissional, através do uso de diversas técnicas e meios, tem por objeto a melhoria da situação no trabalho da pessoa diminuída, física ou mentalmente. V. art. 155º e segs.

II – A solicitação deste subsídio deve ser efetuada através do modelo GDP18-DGSS.

Artigo 109º – Prestações em espécie

1 – O reembolso das despesas com prestações em espécie, previsto no artigo 104º, depende, conforme o caso:

a) De prova da impossibilidade de recurso aos serviços oficiais e de autorização do serviço com competências na área da protecção contra os riscos profissionais para acesso a serviços privados;

b) Da necessidade de deslocação e permanência fora do local habitual da residência do beneficiário;

c) De parecer de junta médica, quanto à necessidade de cuidados de saúde e da sua impossibilidade de tratamento no território nacional.

2 – O reembolso, quando devido, deve ser efectuado pelo serviço com competência na área de protecção dos riscos profissionais, no prazo máximo de 30 dias a partir da data da entrega pelo beneficiário de documento comprovativo da despesa.

O serviço com competência é o DPRP, cfr. anotação ao art. 96º.

SECÇÃO IV – Montante da prestação

SUBSECÇÃO I – Determinação dos montantes

Artigo 110º – Disposição geral

1 – O montante das prestações (pecuniárias) referidas nas alíneas a) a c) e g) do nº 1 do artigo 47º é determinado pela aplicação da percentagem legalmente fixada à retribuição de referência.

2 – O montante das demais prestações referidas no nº 1 do artigo 47º é determinado em função das despesas realizadas ou por indexação a determinados valores.

I – No nº 1 deste artigo, determinam-se as prestações em dinheiro, cujos valores ou montantes são calculados através da aplicação de uma determinada percentagem sobre o quantitativo que resulta da utilização do conceito de "retribuição de referência" do beneficiário, o qual é traçado no artigo seguinte. Portanto, os seus valores estão na dependência da retribuição do trabalho que cada beneficiário estava a obter ou a considerar para o pagamento das contribuições à segurança social, aquando do diagnóstico da doença profissional. Tais prestações são as seguintes:

- Indemnização por incapacidade temporária para o trabalho;
- Pensão provisória;
- Indemnização em capital e pensão por incapacidade permanente para o trabalho;
- Pensão por morte.

II – Por outro lado, nas restantes prestações pecuniárias, já os seus valores são calculados por outro modo, que é objetivo e não dependente da retribuição do beneficiário, podendo ser fixado através do seu custo ou da indexação. Estas prestações são as seguintes:

- Subsídio por situação de elevada incapacidade permanente;
- Subsídio por morte;
- Subsídio por despesas de funeral;
- Prestação suplementar para assistência a terceira pessoa;
- Subsídio para readaptação de habitação;
- Subsídio para reabilitação profissional.

III – A indexação será ao valor do IAS (v. anotação ao art. 47º).

Artigo 111º – Determinação da retribuição de referência

1 – Na reparação de doença profissional, a retribuição de referência a considerar no cálculo das indemnizações e pensões corresponde à retribuição anual ilíquida devida ao beneficiário nos 12 meses anteriores à cessação da exposição ao risco, ou à data da certificação da doença que determine incapacidade, se esta a preceder.

2 – No caso de trabalho não regular e trabalho a tempo parcial com vinculação a mais de um empregador, bem como nos demais casos em que não seja aplicável o nº 1, a retribuição de referência é calculada pela média dos dias de trabalho e correspondentes retribuições auferidas pelo beneficiário no período de um ano anterior à certificação da doença profissional, ou no período em que houve efectiva prestação de trabalho.

3 – Na falta dos elementos referidos no número anterior, e tendo em atenção a natureza dos serviços prestados, a categoria profissional do beneficiário e os usos, a retribuição é definida pelo serviço com competências na área da protecção contra os riscos profissionais.

4 – Para a determinação da retribuição de referência considera-se como:

a) Retribuição anual as 12 retribuições mensais ilíquidas acrescidas dos subsídios de Natal e de férias e outras retribuições anuais a que o trabalhador tenha direito com carácter de regularidade, nos 12 meses anteriores à cessação da exposição ao risco, ou à data da certificação da doença que determine incapacidade, se esta a preceder;

b) Retribuição diária a que se obtém pela divisão da retribuição anual pelo número de dias com registo de retribuições.

I – A "retribuição de referência", definida neste artigo, especialmente nos seus nºs 1 e 4, é um elemento fundamental para o cálculo das prestações elencadas no nº 1 do artigo anterior. É similar, mas não igual, ao conceito de "retribuição anual ilíquida" utilizada para o cálculo das prestações pecuniárias de reparação dos efeitos dos acidentes de trabalho (art. 71º).

II – Esta retribuição de referência não é revalorizada pela carreira contributiva como acontece no regime de proteção na invalidez e velhice (DL nº 187/2007, art. 28º). Apenas interessam as retribuições ilíquidas dos 12 meses anteriores à cessação da exposição ao risco da doença profissional ou à data da sua certificação (não do seu diagnóstico), "acrescidas dos subsídios de férias e de Natal e outras retribuições anuais a que o trabalhador tenha direito com carácter de regularidade". É ainda diferente da retribuição convencional mencionada no art. 112º, a qual resulta da escolha dos beneficiários, como acontece em certos regimes especiais.

III – Não existindo "retribuições anuais com caráter de regularidades", a retribuição de referência anual será constituída pela remuneração dos últimos 12 meses, incluindo os subsídios de férias e de Natal; dividindo-a por 12, obtêm-se a retribuição de referência mensal e dividindo-a pelo número de dias com registo de retribuições, obtém-se a retribuição de referência diária.

Artigo 112º – Retribuição convencional

Quando a base de incidência contributiva tiver em conta retribuição convencional, a retribuição de referência corresponde ao valor que serve de base à incidência contributiva, sem prejuízo do disposto no artigo anterior.

A retribuição convencional é a escolhida pelo beneficiário de acordo com escalões determinados legalmente e indexados ao valor do IAS (v. base de incidência contributiva no regime do seguro social voluntário – CRCSPSS, art. 180º).

Artigo 113º – Retribuição de referência no caso de alteração de grau de incapacidade

1 – No caso de o beneficiário, ao contrair uma doença profissional, estar já afectado de incapacidade permanente resultante de acidente de trabalho ou outra doença profissional, a reparação é apenas a correspondente à diferença entre a incapacidade anterior e a que for calculada como se toda a incapacidade fosse imputada à última doença profissional.

2 – São tomadas em conta para efeitos do número anterior as incapacidades profissionais anteriores verificadas nos termos da legislação de outro Estado ao qual Portugal se encontre vinculado por instrumento internacional de segurança social.

3 – Na reparação prevista nos termos do nº 1 é considerada a retribuição correspondente à última doença profissional, salvo se a anterior incapacidade igualmente decorrer de doença profissional e a correspondente prestação tiver por base retribuição superior, caso em que é esta a considerada.

4 – Para efeitos de aplicação deste artigo e nos casos de incapacidade permanente absoluta para o trabalho habitual deve ser determinado um grau de incapacidade.

5 – O disposto no nº 3 aplica-se também aos casos de revisão em que haja agravamento de incapacidade.

I – Prevê-se e resolve-se a hipótese do doente profissional já estar afetado de incapacidade anterior decorrente de uma outra doença profissional ou de um acidente de trabalho, mesmo ocorridos no estrangeiro.

II – Relativamente às convenções internacionais v. anotação ao art. 105º.

SUBSECÇÃO II – Prestações por incapacidade

DIVISÃO I – Indemnização por incapacidade temporária

Artigo 114º – Indemnização por pneumoconiose associada à tuberculose

1 – O montante diário da indemnização por incapacidade temporária do beneficiário portador de pneumoconioses associadas à tuberculose é igual a 80% da retribuição de referência acrescida de 10% desta por cada pessoa a cargo, até ao limite da retribuição.

2 – O disposto no número anterior é aplicável independentemente das datas de diagnóstico da pneumoconiose e da tuberculose.

3 – Após a alta por tuberculose, o beneficiário é sujeito a exame médico para efeitos de determinação do grau de incapacidade por doença profissional.

I – A pneumoconiose é uma doença pulmonar ocupacional com padrão restritivo causada pela inalação de poeiras inorgânicas, geralmente associada a trabalho em metalúrgicas, construtoras, mecânicas ou minas. Prevista na TNIATDP, no Capítulo 2 – Doenças do aparelho respiratório.

II – Historicamente, foi a silicose (pneumoconiose) que gerou o sistema de proteção das doenças profissionais através do seguro obrigatório. Também a tuberculose foi uma doença com grande repercussão social. São estas as razões que geraram uma indemnização acrescida para a incapacidade temporária delas resultante, que ainda se mantém.

III – Neste artigo estabelece-se um acréscimo na indemnização por incapacidade temporária e no art. 116º impõe-se a bonificação da pensão por incapacidade permanente (alínea a).

DIVISÃO II – Prestações por incapacidade permanente

Artigo 115º – Pensão por incapacidade permanente absoluta para o trabalho habitual

Na incapacidade permanente absoluta para o trabalho habitual, o montante da pensão mensal é fixado entre 50% e 70% da retribuição de referência, conforme a maior ou menor capacidade funcional residual para o exercício de outra profissão compatível.

I – Sobre a natureza e o grau de incapacidade v. arts. 97º e 22º e respetivas anotações.

II – A retribuição de referência é determinada nos termos do art. 111º.

Artigo 116º – Bonificação da pensão por incapacidade permanente

1 – A pensão por incapacidade permanente é bonificada em 20% do seu valor relativamente a pensionista que, cessando a sua actividade profissional, se encontre afectado por:

a) Pneumoconiose com grau de incapacidade permanente não inferior a 50%, e em que o coeficiente de desvalorização referido nos elementos radiográficos seja 10%, quando completar 50 anos de idade;

b) Doença profissional com um grau de incapacidade permanente não inferior a 70%, quando completar 50 anos de idade;

c) Doença profissional com um grau de incapacidade permanente não inferior a 80%, independentemente da sua idade.

2 – O montante da pensão bonificada não pode exceder o valor da retribuição de referência que serve de base ao cálculo da pensão.

I – Sobre a natureza e o grau de incapacidade v. arts. 97º e 22º e respetivas anotações.

II – Sobre a pneumoconiose v. art. 114º e respetiva anotação.

III – Esta bonificação deve ser requerida através do modelo GDP21 – DGSS – Requerimento de pensão bonificada e pode ser suspensa nos termos do art. 131º.

Artigo 117º – Subsídios por elevada incapacidade permanente e para readaptação de habitação

O valor a ter em conta para a atribuição dos subsídios por elevada incapacidade permanente e para a readaptação de habitação, previstos nos artigos 67º e 68º, é o que estiver em vigor à data da certificação da incapacidade.

I – A certificação das incapacidades "abrange o diagnóstico da doença, a sua caracterização como doença profissional e a graduação da incapacidade" cfr. art. 138º.

II – Este subsídio deve ser requerido através do modelo GDP18 – DGSS – Requerimento de subsídio.

SUBSECÇÃO III – Prestações por morte

DIVISÃO I – Pensão provisória

Artigo 118º – Pensão provisória por morte

1 – O montante da pensão provisória por morte é igual ao que resulta da aplicação das percentagens de cálculo da pensão por morte ao valor definido no nº 1 do artigo 111º

2 – Atribuída a pensão definitiva, há lugar ao acerto de contas entre esta e o montante provisório de pensão.

I – A concessão da pensão por morte do beneficiário em virtude de doença profissional está prevista nos arts. 100º, nº 2 e 102º, nº 1.

II – A pensão por morte é devida a certos familiares para compensar a perda de rendimento (familiar) devida à morte do beneficiário. É paga mensalmente.

DIVISÃO II – Subsídio por morte

Artigo 119º – Subsídio

1 – Ao subsídio por morte, é aplicável o disposto no artigo 65º

2 – Na falta de qualquer dos titulares previstos no artigo 65º, o montante reverte para o fundo de assistência do serviço com competências na área da protecção contra os riscos profissionais.

I – Conforme o disposto no art. 65º "o subsídio por morte destina-se a compensar os encargos decorrentes do falecimento do sinistrado" (habilitação, partilhas, impostos, etc). É diferente do subsídio por despesas do funeral que se destina "a compensar as despesas efetuadas com o funeral do sinistrado" (art. 66º, nº 1). Mas ambos são pagos de uma só vez.

II – O subsídio por morte é uma prestação de atribuição única (art. 47º, nº 3) e "é igual a 12 vezes o valor de 1,1 IAS à data da morte" sendo devido aos familiares e nas proporções previstas nos nºs 2 a 3 do art. 65º.

III – O serviço com competência nesta área é o ISS, IP, podendo ter a cooperação do ISS, IPM, na RA da Madeira e do ISSA, IPA, na RA dos Açores, bem como dos centros distritais da segurança social.

IV – No art. 100º, nº 2, reconhece-se este direito aos "familiares ou pessoas equiparadas, previstos no art. 57º" e no art. 102º.

V – Os requerimentos de prestações por morte (pensão, subsídio e subsídio por despesas do funeral) são apresentados mediante o modelo GDP17-DGSS.

SUBSECÇÃO IV – Montante das prestações comuns às pensões

Artigo 120º – Prestação suplementar da pensão para assistência a terceira pessoa

1 – O montante da prestação prevista no artigo 54º corresponde ao valor da retribuição paga à pessoa que presta assistência, com o limite aí fixado.

2 – Na falta de prova da retribuição, o montante da prestação corresponde ao valor estabelecido para prestação idêntica, no âmbito do regime geral e, no caso de haver vários, ao mais elevado.

I – Esta prestação corresponde à prevista para os sinistrados de acidente de trabalho, como consta dos arts. 53º e 54º.

II – Deve ser requerida através do modelo GDP18 – DGSS.

Artigo 121º – Prestações adicionais

As prestações adicionais são de montante igual ao das pensões respeitantes aos meses de Junho e Novembro, respectivamente, incluindo o valor da prestação suplementar para assistência de terceira pessoa, quando a esta haja lugar.

Artigo 122º – Montante provisório de pensões

1 – A pensão provisória mensal por incapacidade permanente e o montante provisório da mesma são iguais ao valor mensal da indemnização por incapacidade temporária absoluta que estava a ser atribuída ou seria atribuível.

2 – Atribuída a pensão definitiva, há lugar ao acerto de contas entre esta e o montante provisório de pensão.

SUBSECÇÃO V – Montante das prestações em espécie

Artigo 123º – Reembolsos

1 – Os reembolsos relativos às despesas de cuidados de saúde a que haja lugar correspondem à totalidade das mesmas.

2 – Os reembolsos relativos às despesas de deslocação, alojamento e alimentação efectuados pelo beneficiário e seus acompanhantes que impliquem deslocação do local da residência são efectuados, mediante documento comprovativo, nos seguintes termos:

a) Pelo montante integral correspondente à utilização de transporte colectivo público ou o custo decorrente do recurso a outro meio de transporte, quando aquele não exista ou não seja adequado ao estado de saúde do beneficiário, desde que devidamente comprovado por declaração médica ou por outras razões ponderosas atendíveis;

b) Até ao limite do menor valor de ajudas de custo para os funcionários e agentes da Administração Pública, e nos respectivos termos.

3 – O pagamento das despesas do acompanhante do beneficiário depenade de o estado de saúde do beneficiário o exigir, devidamente comprovado por declaração médica.

Diferentemente do que acontece na proteção da doença natural, aqui as despesas com os cuidados de saúde são reembolsadas a 100%, cfr. art. 104º, nº 2 e, tendencialmente, assim é nas restantes despesas incluindo nas respeitantes às deslocações a Lisboa e Porto para a certificação da doença como doença profissional (art. 138º).

SUBSECÇÃO VI – Garantia e actualização das pensões

Artigo 124º – Actualização

Os valores das pensões reguladas neste capítulo são periodicamente actualizados nos termos fixados no diploma de actualização das demais pensões do regime geral.

I – No art. 6º do DL nº 142/99, de 30 de Abril, que criou o Fundo de Acidentes de Trabalho, prevê-se a atualização anual das pensões por incapacidade permanente e por morte resultantes de acidentes de trabalho. Tal atualização para o ano de 2019, foi concretizada pela P. nº 23/2019, de 17 de janeiro (1,60%).

II – Por seu turno, através da P. nº 25/2019, de 17 de janeiro, procedeu-se à atualização anual das pensões e de outras prestações sociais atribuídas pelo sistema de segurança social, das pensões do regime de proteção social convergente atribuídas pela CGA e das pensões por incapacidade permanente para o trabalho e por morte decorrentes de doença profissional, para o ano de 2019, através das seguintes taxas:

a) 1,60%, para as pensões de montante igual ou inferior a € 871,52;

b) 1,03%, para as pensões de montante superior a € 871,52 e igual ou inferior a € 2614,56;

c) 0,78%, para as pensões de montante superior a € 2614,56, sem prejuízo do disposto no número seguinte.

Artigo 125º – Garantia do pagamento

1 – O pagamento das pensões por incapacidade permanente ou morte e das indemnizações por incapacidade temporária que não possam ser pagas

pela entidade legalmente autorizada a não transferir a responsabilidade da cobertura do risco por motivo de incapacidade económica objectivamente caracterizada em processo de insolvência e recuperação de empresas ou por motivo de ausência, desaparecimento ou impossibilidade de identificação, é suportado pelo serviço com competências na área da protecção contra os riscos profissionais.

2 – O serviço com competências na área da protecção contra os riscos profissionais fica constituído credor da entidade economicamente incapaz ou da respectiva massa insolvente, cabendo aos seus créditos, caso a entidade incapaz seja uma seguradora, graduação idêntica à dos credores específicos de seguros.

I – O serviço com competência na área da proteção contra os riscos profissionais é o ISS, IP, que integrou o antigo Centro de Proteção, que por sua vez havia resultado da Caixa de Previdência das Doenças Profissionais.

II – Em Portugal, todas as pessoas singulares ou coletivas que beneficiem da atividade da generalidade dos trabalhadores devem estar inscritas como contribuintes do sistema de segurança social, como resulta, nomeadamente, do art. 27º do CRCSPSS.

SECÇÃO V – Duração das prestações

SUBSECÇÃO I – Início das prestações

Artigo 126º – Início da indemnização por incapacidade temporária

1 – A indemnização por incapacidade temporária absoluta é devida a partir do primeiro dia de incapacidade sem prestação de trabalho.

2 – A indemnização por incapacidade temporária parcial é devida a partir da data da redução do trabalho e da correspondente certificação.

Artigo 127º – Início da pensão provisória

1 – A pensão provisória é devida a partir do dia seguinte àquele em que deixou de haver lugar à indemnização por incapacidade temporária.

2 – O montante provisório da pensão é devido a partir da data do requerimento, da participação obrigatória ou da morte do beneficiário, conforme o caso.

Artigo 128º – Pensão por incapacidade permanente

1 – A pensão por incapacidade permanente é devida a partir da data a que se reporta a certificação da respectiva situação, não podendo ser anterior à data do requerimento ou da participação obrigatória, salvo se, comprovadamente, se confirmar que a doença se reporta a data anterior.

2 – A pensão por incapacidade permanente é devida a partir do mês seguinte ao do requerimento, nos seguintes casos:

a) Na impossibilidade de a certificação médica reportar a incapacidade a essa data, caso em que a mesma se considera presumida;

b) Se o beneficiário não instruiu o processo com o respectivo requerimento para avaliação de incapacidade permanente por doença profissional no prazo de um ano a contar da data da comunicação do serviço com competências na área da protecção contra os riscos profissionais, para esse mesmo efeito.

3 – No caso da alínea *a*) do número anterior, a incapacidade é considerada a partir da data da participação obrigatória, se anterior ao requerimento.

4 – A pensão por incapacidade permanente absoluta para todo e qualquer trabalho sequencial à incapacidade temporária sem prestação de trabalho é devida a partir do 1º dia em relação ao qual a mesma é certificada, não podendo, contudo, ser anterior ao 1º dia de incapacidade temporária.

5 – Tratando-se de pensão bonificada, a bonificação é devida a partir do mês seguinte ao da apresentação da documentação exigida para o efeito.

6 – O subsídio por situações de elevada incapacidade permanente é devido a partir da data da fixação da incapacidade.

Artigo 129º – Pensão por morte

1 – A pensão por morte é devida a partir do mês seguinte ao do falecimento do beneficiário no caso de ser requerida nos 12 meses imediatos ou a partir do mês seguinte ao do requerimento, em caso contrário.

2 – A alteração dos montantes das pensões resultante da modificação do número de titulares tem lugar no mês seguinte ao da verificação do facto que a determinou.

Deverá ser utilizado o impresso GDP17- DGSS – Requerimento de prestações por morte.

Artigo 130º – Prestação suplementar para assistência a terceira pessoa

A prestação suplementar para assistência a terceira pessoa reporta-se à data do respectivo requerimento, se for feita prova de que o requerente já necessitava de assistência de terceira pessoa e dela dispunha ou, caso contrário, à data em que se verificar esse condicionalismo.

A necessidade de assistência de terceira pessoa pode ser determinada logo aquando da certificação da doença profissional (art. 138º, nº 1).

SUBSECÇÃO II – Suspensão das prestações

Artigo 131º – Suspensão da bonificação das pensões

A bonificação da pensão é suspensa enquanto o pensionista exercer actividade sujeita ao risco da doença ou doenças profissionais em relação às quais é pensionista.

Os casos de bonificação da pensão por incapacidade permanente prevêem-se no art. 116º.

SUBSECÇÃO III – Cessação das prestações

Artigo 132º – Cessação do direito à indemnização por incapacidade temporária

O direito à indemnização por incapacidade temporária cessa com a alta clínica do beneficiário ou com a certificação da incapacidade permanente.

Artigo 133º – Cessação da pensão provisória

1 – A pensão provisória cessa na data da fixação definitiva da pensão ou da não verificação dos condicionalismos da atribuição desta prestação.

2 – A não verificação dos condicionalismos de atribuição da pensão não dá lugar à restituição das pensões provisórias pagas.

Pensão provisória por morte – art. 118º e por incapacidade permanente – art. 122º

Artigo 134º – Cessação do direito à pensão

1 – O direito à pensão cessa nos termos gerais de cessação das correspondentes pensões do regime geral.

2 – O direito à pensão por morte cessa, em especial, com:

a) O casamento ou a união de facto do cônjuge sobrevivo, do ex-cônjuge do beneficiário falecido ou da pessoa que vivia com o beneficiário em união de facto;

b) O trânsito em julgado de sentença de condenação do pensionista como autor, cúmplice ou encobridor do crime de homicídio voluntário, ainda que não consumado, na pessoa do beneficiário ou de outrem que concorra na respectiva pensão de sobrevivência, salvo se o ofendido o tiver reabilitado nos termos da lei civil;

c) A declaração judicial de indignidade do pensionista, salvo se o beneficiário o tiver reabilitado e no caso de deserdação por parte do beneficiário, salvo se o pensionista for reabilitado, mediante acção de impugnação da deserdação.

Artigo 135º – Remição

1 – Pode ser remida, mediante requerimento do interessado ou por decisão judicial, a pensão devida por doença profissional sem carácter evolutivo, correspondente a incapacidade permanente parcial inferior a 30%.

2 – Pode ser parcialmente remida, mediante requerimento ou por decisão judicial, a pensão devida por doença profissional sem carácter evolutivo, correspondente a incapacidade permanente parcial igual ou superior a 30%, desde que a pensão sobrante seja igual ou superior a 50% do valor de 1,1 IAS.

3 – O capital de remição é calculado nos termos do disposto em legislação especial.

I – Sobre a remição v. anotação ao art. 75º.

II – O indexante de apoios sociais (IAS) para o ano de 2019 é de € 435,76 (P. nº 24/2019, de 17 de janeiro). Relativamente à sua base legal v. anotação ao art. 47º.

III – Deve ser utilizado o modelo GDP19 – DGSS.

SECÇÃO VI – Acumulação e coordenação de prestações

Artigo 136º – Acumulação das prestações com rendimentos de trabalho

Não são acumuláveis com a retribuição resultante de actividade profissional as seguintes prestações:

a) A indemnização por incapacidade temporária absoluta;

b) A bonificação da pensão, caso se verifique a situação prevista no artigo 131º;

c) A pensão por incapacidade permanente absoluta para todo e qualquer trabalho e a pensão por incapacidade permanente absoluta para o trabalho habitual, desde que, quanto a esta, a retribuição decorra do exercício do mesmo trabalho ou actividade sujeita ao risco da doença profissional em relação à qual é pensionista.

As situações previstas nas alíneas são, pela sua natureza, incompatíveis com a atividade profissional retribuída.

Artigo 137º – Acumulação de pensão por doença profissional com outras pensões

A pensão por incapacidade permanente por doença profissional é acumulável com a pensão atribuída por invalidez ou velhice, no âmbito de regimes de protecção social obrigatória, sem prejuízo das regras de acumulação próprias destes regimes.

Tais regras encontram-se estabelecidas no art. 54º e segs. do DL nº 187/2007, de 10 de maio.

SECÇÃO VII – Certificação das incapacidades

Artigo 138º – Princípios gerais

1 – A certificação das incapacidades abrange o diagnóstico da doença, a sua caracterização como doença profissional e a graduação da incapacidade, bem como, se for o caso, a declaração da necessidade de assistência permanente de terceira pessoa para efeitos de prestação suplementar.

2 – A caracterização da doença profissional e graduação da incapacidade permanente pode ser revista pelo serviço com competências na área da protecção contra os riscos profissionais, oficiosamente ou a requerimento do beneficiário, independentemente da entidade que a tenha fixado.

3 – A certificação e a revisão das incapacidades é da exclusiva responsabilidade do serviço com competências na área da protecção contra os riscos profissionais, sem prejuízo do diagnóstico presuntivo pelos médicos dos serviços de saúde, para efeitos da atribuição da indemnização por incapacidade temporária.

I – Para o efeito e como já referido na anotação ao art. 95º, o Departamento de Proteção contra Riscos Profissionais (DPRP) tem serviços médicos especializados, em Lisboa e Porto, para procederem ao diagnóstico e caracterização da doença como profissional. Para tanto, os trabalhadores beneficiários da segurança social (e até os trabalhadores da Administração Pública) devem aí se deslocar quando o seu médico assistente ou do trabalho suspeite de sofrerem doença profissional e preencha o modelo GDP13 – DGSS – Participação obrigatória/parecer clínico (art. 142º). Também o beneficiário deve corresponder através do modelo GDP – 14 – DGSS – Relatório de avaliação da exposição a riscos.

II – Vindo a ser deliberado o porte de doença profissional, será conferida a sua natureza e o respetivo grau da incapacidade para o trabalho, o que, em caso de discordância, pode ser impugnado judicialmente pelo beneficiário da segurança social, com previsto no art. 155º do CPT. Pelo médico será emitido o certificado de incapacidade temporária para o trabalho (CIT), neste caso, por doença profissional (e não doença natural, como é vulgar). Será autenticada pela aposição de vinhetas do médico e do departamento, cfr. P. 337/2004, de 31 de março e seus anexos.

III – Excecionalmente, pode vir a ser certificada a doença como doença profissional sem incapacidade para o trabalho.

IV – Não sendo certificada a doença profissional, pode manter-se a situação de doença natural, com direito ao respetivo subsídio e demais prestações, à qual corresponde o certificado de incapacidade temporária para o trabalho (baixa) – modelo 141-10-CIT da P. nº 220/2013, de 4 de julho, que alterou aquela P. nº 337/2004.

Artigo 139º – Equiparação da qualidade de pensionista

A qualidade de pensionista por doença profissional com grau de incapacidade permanente igual ou superior a 50% é equiparada à qualidade de pensionista por invalidez do regime geral.

O regime de pensionista por invalidez e velhice dos beneficiários do regime geral de segurança social consta do DL nº 187/2007, de 10 de Maio, cuja última alteração foi conferida pelo DL nº 119/2018, de 27 de dezembro, que criou o novo regime de flexibilização da idade de acesso à pensão de velhice.

SECÇÃO VIII – Administração

SUBSECÇÃO I – Gestão do regime

Artigo 140º – Aplicação do regime

1 – A aplicação do regime previsto no presente capítulo compete aos serviços com competências na área da protecção contra os riscos profissionais.

2 – As demais instituições de segurança social, no âmbito das respectivas funções, colaboram com o serviço com competências na área da protecção contra os riscos profissionais no desenvolvimento da competência prevista no número anterior.

As demais instituições serão, por excelência, os centros distritais da segurança social que também se integram no ISS, IP e os Institutos das regiões autónomas, ISSM, IP-RAM e ISSA, IPRAA.

Artigo 141º – Articulação entre instituições e serviços

1 – O serviço com competências na área da protecção contra os riscos profissionais deve estabelecer normas de articulação adequadas com outros serviços, designadamente instituições de segurança social, serviços de saúde, emprego e formação profissional, relações laborais e tutela das várias áreas de actividade, tendo em vista assegurar a máxima eficiência e eficácia na prevenção e reparação das doenças profissionais.

2 – As medidas de reconversão profissional e reabilitação que se mostrem convenientes podem ser asseguradas pelos serviços competentes de emprego e formação profissional, mediante a celebração de acordos de cooperação, nos termos e condições prescritos no capítulo IV.

Compete ao Departamento de Proteção contra os Riscos Profissionais, abreviadamente designado por DPRP, a responsabilidade pela gestão do tratamento, reparação e recuperação de doenças ou incapacidades emergentes de riscos profissionais (art. 9º, nº 1. dos Estatutos do ISS, IP, aprovados pela P. nº 135/2012).

Artigo 142º – Participação obrigatória

1 – O médico participa ao serviço com competências na área da protecção contra os riscos profissionais todos os casos clínicos em que seja de presumir a existência de doença profissional.

2 – O diagnóstico presuntivo de doença profissional pelos serviços a que se refere o nº 3 do artigo 138º e o eventual reconhecimento de incapacidade

temporária por doença profissional não dispensam os médicos dos respectivos serviços da participação obrigatória prevista no presente artigo.

3 – A participação deve ser remetida no prazo de oito dias a contar da data do diagnóstico ou de presunção da existência de doença profissional.

4 – O modelo de participação referida neste artigo é aprovado por despacho conjunto dos ministros responsáveis pelas áreas laboral e da segurança social.

I – Como referido nas anotações aos arts. 95º e 138º, perante a suspeita de doença profissional, o médico assistente ou do trabalho ou qualquer médico de medicina geral ou familiar deve proceder à participação ao DPRP.

II – Na participação ao DPRP deve ser utilizado o modelo GDP13-DGSS. Se não vier acompanhada pelo requerimento do beneficiário, os serviços do Departamento devem providenciar para que ele faça sua apresentação através do modelo GDP12-DGSS.

III – O incumprimento dos deveres previstos no nº 3 pode constituir contraordenação grave (art. 172º).

Artigo 143º – Comunicação obrigatória

1 – O serviço com competências na área da protecção contra os riscos profissionais comunica os casos confirmados de doença profissional ao serviço competente em matéria de prevenção da segurança e saúde no trabalho e fiscalização das condições de trabalho, à Direcção-Geral da Saúde e ao empregador, bem como, consoante o local onde, presumivelmente, se tenha originado ou agravado a doença, aos serviços regionais de saúde e aos centros regionais de segurança social.

2 – A comunicação a que se refere o número anterior deve ser antecipada, a fim de poder determinar as correspondentes medidas de prevenção, nos casos em que concorram indícios inequívocos de especial gravidade da situação laboral.

I – Relativamente ao diagnóstico, conhecimento, prevenção e reparação da doença profissional, a Direção-Geral de Saúde emitiu a Informação Técnica nº 09/2014, de 05/02/2015, através da sua Equipa de Coordenação do Programa Nacional de Saúde Ocupacional.

II – Depois de confirmada a doença profissional pelo DPRP/ISS, este Departamento, nos termos deste artigo, deve informar as entidades nele referidas, nomeadamente, as administrações regionais de saúde para atuaram no campo da prevenção se se justificar.

SUBSECÇÃO II – Organização dos processos

Artigo 144º – Requerimento das prestações

1 – As prestações pecuniárias previstas no presente capítulo são objecto de requerimento, salvo no que se refere às prestações previstas nas alíneas *a*) e *i*) do nº 1 do artigo 47º

2 – As prestações em espécie que deem lugar a reembolso são igualmente requeridas.

3 – Os requerimentos previstos nos números anteriores são dirigidos ao serviço com competências na área da protecção contra os riscos profissionais.

Deve ser utilizado o modelo GDP18 – DGSS – Requerimento de subsídios e de prestação suplementar para assistência a terceira pessoa.

Artigo 145º – Requerentes

1 – As prestações são requeridas pelo interessado ou seus representantes legais.

2 – A prestação por morte a favor de menor ou incapaz pode ainda ser requerida pela pessoa que prove tê-lo a seu cargo ou que aguarde decisão judicial de suprimento da incapacidade.

Artigo 146º – Instrução do requerimento da pensão

1 – A pensão por incapacidade permanente é requerida em modelo próprio, entregue no serviço com competências na área da protecção contra os riscos profissionais ou nos serviços competentes da segurança social.

2 – O requerimento deve ser acompanhado de informação médica, designadamente dos serviços oficiais de saúde e do médico do serviço de medicina do trabalho do respectivo empregador.

3 – No caso de impossibilidade de o requerente dispor dos elementos comprovativos, os exames médicos devem ser efectuados no serviço com competências na área da protecção contra os riscos profissionais ou requisitados por este à entidade competente.

Deverá ser utilizado o modelo GDP12-DGSS – Pensão por incapacidade permanente – requerimento para pensão inicial, revisão e ....

Artigo 147º – Instrução do requerimento de pensão bonificada

A bonificação da pensão depende de requerimento do beneficiário instruído com declaração de cessação do exercício da actividade ou actividades profissionais determinantes da incapacidade permanente.

Artigo 148º – Instrução do requerimento das prestações por morte

1 – As prestações por morte são atribuídas a requerimento do interessado ou dos seus representantes legais, o qual deve ser instruído com os documentos comprovativos dos factos condicionantes da sua atribuição.

2 – No caso de união de facto, o requerimento da pensão deve ser instruído com certidão de sentença judicial proferida em acção de alimentos interposta contra a herança do falecido ou em acção declarativa contra a instituição de segurança social, da qual resulte o reconhecimento de que o requerente reúne as condições de facto legalmente exigidas para a atribuição dos alimentos.

Artigo 149º – Instrução do requerimento do subsídio por despesas de funeral

O requerimento do subsídio por despesas de funeral é instruído com documento comprovativo de o requerente ter efectuado o respectivo pagamento.

Artigo 150º – Requerimento da prestação suplementar de terceira pessoa

1 – A prestação suplementar é requerida pelo beneficiário, sendo o processo instruído com os seguintes documentos:

a) Declaração do requerente da qual conste a existência da pessoa que presta ou se dispõe a prestar assistência, com especificação das condições em que a mesma é ou vai ser prestada;

b) Parecer dos serviços médicos do serviço com competências na área da protecção contra os riscos profissionais que ateste a situação de dependência.

2 – O serviço com competências na área da protecção contra os riscos profissionais pode desencadear os procedimentos que julgue adequados à comprovação da veracidade da declaração referida na alínea a) do número anterior, directamente ou através de outras instituições.

Artigo 151º – Prazo de requerimento

1 – O prazo para requerer o subsídio por despesas de funeral e as prestações em espécie, na forma de reembolso, é de um ano a partir da realização da respectiva despesa.

2 – O prazo para requerer a pensão e o subsídio por morte é de cinco anos a partir da data do falecimento do beneficiário.

Artigo 152º – Contagem do prazo de prescrição

Para efeitos de prescrição do direito às prestações, a contagem do respectivo prazo inicia-se no dia seguinte àquele em que a prestação foi posta a pagamento, com conhecimento do credor.

Sobre a caducidade do direito de ação e prescrição do direito às prestações, v. art. 179º.

Artigo 153º – Deveres

1 – O titular de pensão bonificada que exerça actividade sujeita ao risco de doença ou doenças profissionais determinantes da sua situação de pensionista é obrigado a dar, do facto, conhecimento ao serviço com competências na área da protecção contra os riscos profissionais, no prazo de 10 dias subsequentes ao respectivo início.

2 – O pensionista por morte que celebre casamento ou inicie união de facto é obrigado a dar conhecimento ao serviço com competências na área da protecção contra os riscos profissionais, nos 30 dias subsequentes à respectiva verificação.

3 – Os familiares são obrigados a comunicar o óbito do beneficiário ao serviço com competência na área da protecção contra os riscos profissionais, no prazo de 60 dias, após a ocorrência.

O incumprimento dos deveres previstos neste artigo pode constituir contraordenação grave (art. 172º).

CAPÍTULO IV – Reabilitação e reintegração profissional

SECÇÃO I – Âmbito

Artigo 154º – Âmbito

O presente capítulo regula o regime relativo à reabilitação e reintegração profissional de trabalhador sinistrado por acidente de trabalho ou afectado por doença profissional de que tenha resultado incapacidade temporária parcial, ou incapacidade permanente, parcial ou absoluta para o trabalho habitual.

I – Por reabilitação profissional deve considerar-se "o processo complexo e dinâmico pelo qual .... se visa proporcionar a uma pessoa diminuída, em grau maior ou menor, no estado físico ou mental, na situação sociofamiliar, na capacidade profissional ou ao nível económico, por motivo de incapacidade permanente ou deficiência, a recuperação tão ampla quanto possível, na sua autonomia, face às características da desvantagem sofrida".

II – Por reintegração profissional deve entender-se o "conjunto de medidas que, em caso de incapacidade temporária parcial por motivo de acidente ou doença profissional visam assegurar ao interessado a prestação do trabalho compatível com a sua situação clínica e as perspetivas de recuperação, em conformidade com o parecer do médico assistente" (Ilídio das Neves, Dicionário Técnico e Jurídico de Proteção Social, Coimbra Editora, 2001, pág. 578 e 619).

III – Obviamente e por exclusão de partes, a reabilitação e reintegração profissional apenas não será possível no caso da incapacidade permanente para todo e qualquer trabalho.

IV – V. art. 165º sobre o serviço público – IEFP.

SECÇÃO II – Reabilitação e reintegração profissional

Artigo 155º – Ocupação e reabilitação

1 – O empregador é obrigado a ocupar o trabalhador que, ao seu serviço, ainda que a título de contrato a termo, sofreu acidente de trabalho ou contraiu doença profissional de que tenha resultado qualquer das incapacidades previstas no artigo anterior, em funções e condições de trabalho compatíveis com o respectivo estado, nos termos previstos na presente lei.

2 – Ao trabalhador referido no número anterior é assegurada, pelo empregador, a formação profissional, a adaptação do posto de trabalho,

o trabalho a tempo parcial e a licença para formação ou novo emprego, nos termos previstos na presente lei.

3 – O Governo deve criar serviços de adaptação ou readaptação profissionais e de colocação, garantindo a coordenação entre esses serviços e os já existentes, quer do Estado, quer das instituições, quer dos empregadores e seguradoras, e utilizando esses serviços tanto quanto possível.

I – A violação do disposto no nº 1 pode originar uma contraordenação grave, cfr. art. 173º e a verificação do seu cumprimento incumbe ao IEFP, nos termos do art. 165º, através do procedimento previsto no art. 166º.

II – Os princípios gerais quanto ao emprego de trabalhador com capacidade de trabalho reduzida ou com deficiência ou doença crónica constam do CT, art. 84º e segs.

III – As bases gerais do regime jurídico da prevenção, habilitação, reabilitação e participação da pessoa com deficiência constam da Lei nº 38/2004, de 18 de agosto e o Programa de Emprego e Apoio à Qualificação das Pessoas com Deficiência e Incapacidade foi criado pelo DL nº 290/2009, de 17 de outubro, ambos na esteira do art. 71º da Constituição da República.

IV – Ao ISS, IP, através do seu DPRP compete "promover a recuperação clínica e a reclassificação profissional dos beneficiários com doença profissional" e a "colocação dos trabalhadores reabilitados em ocupações compatíveis com o seu estado físico e a sua capacidade de trabalho" (Estatutos do ISS, art. 9º, alíneas f) e g) – P. 135/2012).

Artigo 156º – Ocupação obrigatória

1 – A obrigação prevista no nº 1 do artigo anterior cessa se, injustificadamente, o trabalhador não se apresentar ao empregador no prazo de 10 dias após a comunicação da incapacidade fixada.

2 – O empregador que não cumprir a obrigação de ocupação efectiva, e sem prejuízo de outras prestações devidas por lei ou por instrumento de regulamentação colectiva, tem de pagar ao trabalhador a retribuição prevista no nº 2 do artigo seguinte, salvo se, entretanto, o contrato tiver cessado nos termos legais.

I – A violação do disposto no nº 1 pode originar uma contraordenação grave, cfr. art. 173º e a verificação do seu cumprimento incumbe ao IEFP, nos termos do art. 165º, através do procedimento previsto no art. 166º.

II – A Lei nº 4/2019, de 10 de janeiro, "estabelece um sistema de quotas de emprego para pessoas com deficiência, com grau de incapacidade igual ou superior a 60%, visando a sua contratação por entidades empregadoras do setor privado e organismos do setor público, não abrangidos pelo âmbito de aplicação do Decreto-Lei nº 29/2001, de 3 de fevereiro" (art. 1º). Neste último diploma estabelece-se idêntico sistema para todos os serviços e organismos da administração central, regional autónoma e local.

III – Ac. TRP, de 13-05-2019, Proc. 3600/17.9T8VFR.P1, Rel. Jerónimo Freitas: I – A impossibilidade absoluta de o trabalhador prestar o trabalho tem de se reportar apenas às atividades para que foi contratado, caducando o contrato de trabalho se o trabalhador não se encontrar em condições de as executar, uma vez que não existe um dever genérico de o empregador modificar o objeto do contrato em função da limitação do trabalhador. II – Mas se essa solução vale em geral, já não serve para os casos em que essa situação decorra de incapacidade permanente resultante de acidente de trabalho ou doença profissional, dado a lei impor ao empregador que assegure ao trabalhador ocupação em funções e condições de trabalho compatíveis com o respetivo estado. III – Nestes casos excecionais, a lei obriga o empregador, se necessário for, a propor a modificação da categoria, sob pena de não poder invocar a caducidade do contrato de trabalho. IV – Se por um lado se impõe a necessidade de salvaguardar que eventuais funções a serem exercidas pelo trabalhador na categoria proposta sejam compatíveis com o seu estado de saúde, isto é, com as limitações decorrentes da doença profissional de que padece ou causadas por acidente de trabalho, por outro é também necessário que entidade empregadora disponha na sua estrutura produtiva de um posto de trabalho que a tal se mostre adequado. Mas já não está obrigada a criar um posto de trabalho para assegurar ao trabalhador funções compatíveis com o seu estado de saúde. V – Sempre que essas funções impliquem alteração da categoria profissional contratada, concomitantemente é necessário que o trabalhador dê o seu acordo à modificação do contrato, dado que, em princípio, aquele deve exercer as funções correspondentes à atividade para que foi contratado [art. 118º/ 1], sendo que a mudança para categoria inferior apenas pode ter lugar com o seu acordo [art. 119º]. VI – O facto de um trabalhador estar apenas afetado por uma incapacidade permanente parcial não significa que não fique excluída a possibilidade de manter o exercício da sua função habitual, nem tão pouco que não seja viável encontrar uma solução alternativa para assegurar a ocupação do trabalhador "em funções e condições de trabalho compatíveis com o respetivo estado" (art. 155º 1, da Lei 98/2009), por não existir na estrutura produtiva do empregador um outro posto de trabalho adequado à satisfação daquele objetivo. VII – Tendo ficado demonstrado – e com natureza vinculativa dada a confirmação por parecer da entidade pública competente (nº 4, do art. 166º da Lei 98/2009) – que a Ré não tinha a possibilidade de assegurar ocupação e função compatíveis com o estado da autora e a sua capacidade residual, resultantes da doença profissional que a afeta, a qual foi contraída na vigência do contrato de trabalho e no exercício das funções contratadas e tem natureza irreversível, na medida em que lhe determina uma incapacidade permanente parcial, é forçoso concluir que se verifica a impossibilidade superveniente, absoluta e definitiva de que lei faz depender a possibilidade do empregador fazer cessar o contrato de trabalho por caducidade (art. 343º/b, do CT). VIII – O princípio do abuso de direito constitui um expediente técnico, ditado por razões de justiça e equidade, para obstar que a aplicação de um preceito legal, certo e justo em circunstância normais, venha a revelar-se injusto numa situação concreta, em razão das particularidades ou circunstâncias especiais que nela concorram. Ocorrerá a figura de abuso "quando um certo direito – em si mesmo válido – seja exercido em temos que ofendam o sentimento de justiça dominante na comunidade social". IX – Os factos provados demonstram inequívoca e claramente que a Autora nunca deu nem estava disposta a dar o seu acordo à modificação do contrato de trabalho. Portanto, não podendo a Ré impor-lhe o exercício dessas funções, não pode dizer-se que lhe criou "expectativa e alternativa para trabalhar na R. (desempenhando tarefas de limpeza)". Se a autora não concordava com essa alteração de funções, é contraditório considerar-se que tinha expectativas de continuar a trabalhar para a Ré desempenhando funções de trabalhadora de limpeza. X – Estava também vedado à Ré persistir no propósito de procurar preservar a ocupação da autora através da atribuição de funções de limpeza, quando essas funções implicavam igualmente, pelo menos assim a autora o invocava, a execução de tarefas que a sujeitavam ao mesmo risco profissional, "uma vez que o torcer de panos de forma repetitiva tinha como consequência dores agudas no pulso do A. e inchaço do mesmo". XI – Estando demonstrado que a recorrente deixou de pagar a retribuição à recorrida após lhe ter comunicado "não dispor de nenhum posto de trabalho compatível com o seu estado de saúde e capacidade residual", com esse fundamento dando-lhe conhecimento "da impossibilidade de lhe assegurar uma ocupação compatível com o seu estado, nos termos do nº 1, do art. 161º da Lei 98/2009, de 4 de Setembro", bem assim que iria pedir "a avaliação e confirmação da situação à entidade competente", procedimento que efetivamente desencadeou, vindo o IEFP a confirmar a invocada impossibilidade, conclui-se que não recaía sobre aquela a obrigação do pagamento das retribuições que seriam devidas entre a data daquela comunicação e a da cessação do contrato de trabalho da autora por caducidade, fundada na impossibilidade superveniente, absoluta e definitiva de prestar trabalho.

Artigo 157º – Condições especiais de trabalho

1 – O trabalhador com capacidade de trabalho reduzida resultante de acidente de trabalho ou de doença profissional, a quem o empregador, ao serviço do qual ocorreu o acidente ou a doença foi contraída, assegure ocupação em funções compatíveis, durante o período de incapacidade, tem direito a dispensa de horários de trabalho com adaptabilidade, de trabalho suplementar e de trabalho no período nocturno.

2 – A retribuição devida ao trabalhador sinistrado por acidente de trabalho ou afectado por doença profissional ocupado em funções compatíveis

tem por base a do dia do acidente, excepto se, entretanto, a retribuição da categoria correspondente tiver sido objecto de alteração, caso em que é esta a considerada.

3 – A retribuição a que alude o número anterior nunca é inferior à devida pela capacidade restante.

4 – O despedimento sem justa causa de trabalhador temporariamente incapacitado em resultado de acidente de trabalho ou de doença profissional confere àquele, sem prejuízo de outros direitos consagrados no Código do Trabalho, caso não opte pela reintegração, o direito a uma indemnização igual ao dobro da que lhe competiria por despedimento ilícito.

I – O horário de trabalho com adaptabilidade, o trabalho suplementar e no período noturno encontram-se regulados, basicamente, no CT, art. 197º e segs.

II – A capacidade restante, remanescente ou residual "significa a aptidão funcional de que o trabalhador ainda dispõe para o exercício de outra atividade profissional compatível com o seu estado e as suas qualificações" (Ilídio das Neves, Dicionário cit., pág. 19). A retribuição devida corresponderá à respetiva percentagem e basear-se-á no valor da retribuição devida ao sinistrado no dia do acidente ou da sua eventual alteração.

III – A reintegração e a indemnização por despedimento ilícito estão previstas, imperativamente, no CT, arts. 389º e 390º.

Artigo 158º – Trabalho a tempo parcial e licença para formação ou novo emprego

1 – O trabalhador que exerça funções compatíveis de acordo com a sua incapacidade permanente, tem direito a trabalhar a tempo parcial e a licença para formação ou novo emprego, nos termos dos números seguintes.

2 – Salvo acordo em contrário, o período normal de trabalho a tempo parcial corresponde a metade do praticado a tempo completo numa situação comparável, e é prestado diariamente, de manhã ou de tarde, ou em três dias por semana, conforme o pedido do trabalhador.

3 – A licença para formação pode ser concedida para frequência de curso de formação ministrado sob responsabilidade de uma instituição de ensino ou de formação profissional ou no âmbito de programa específico aprovado por autoridade competente e executado sob o seu controlo pedagógico, ou para frequência de curso ministrado em estabelecimento de ensino.

4 – A licença para novo emprego pode ser concedida a trabalhador que pretenda celebrar contrato de trabalho com outro empregador, por período corresponde à duração do período experimental.

5 – A concessão da licença para formação ou novo emprego determina a suspensão do contrato de trabalho, com os efeitos previstos no nº 4 do artigo 317º do Código do Trabalho.

6 – O trabalhador deve solicitar ao empregador a passagem à prestação de trabalho a tempo parcial ou a licença para formação ou novo emprego, com a antecedência de 30 dias relativamente ao seu início, por escrito e com as seguintes indicações:

a) No caso da prestação de trabalho a tempo parcial, o respectivo período de duração e a repartição semanal do período normal de trabalho pretendidos;

b) No caso de licença para formação, o curso que pretende frequentar e a sua duração;

c) No caso de licença para novo emprego, a duração do período experimental correspondente.

7 – O empregador apenas pode recusar qualquer dos pedidos referidos no número anterior com fundamento em razões imperiosas e objectivas ligadas ao funcionamento da empresa ou serviço, ou à impossibilidade de substituir o trabalhador caso este seja indispensável.

I – O trabalho a tempo parcial está contemplado no CT, art. 150º e segs.

II – No CT, o regime do trabalho a tempo parcial consta do art. 150º e segs.; o da formação profissional, do art. 130º e segs. e o da licença sem vencimento no art. 317º e segs.

III – A violação do disposto no nº 1 pode originar uma contraordenação grave, cfr. art. 173º.

Artigo 159º – Avaliação

1 – Quando for considerado necessário o esclarecimento de dúvidas sobre as incapacidades referidas no artigo 154º ou sobre o emprego do trabalhador incapacitado em funções compatíveis com o seu estado, pode ser solicitado o parecer de peritos do serviço público competente na área do emprego e formação profissional.

2 – Quando o empregador assegure a ocupação compatível com o estado do trabalhador, pode requerer ao serviço público competente na área do emprego e formação profissional a avaliação da situação do trabalhador, tendo em vista a adaptação do seu posto de trabalho e disponibilização de formação profissional adequada à ocupação e função a desempenhar.

3 – O serviço público competente na área do emprego e formação profissional, através do centro de emprego da área geográfica do local de trabalho,

procede à avaliação da situação do trabalhador e à promoção de eventuais adaptações necessárias à ocupação do respectivo posto de trabalho mediante a disponibilização de intervenções técnicas consideradas necessárias, recorrendo, nomeadamente, à sua rede de centros de recursos especializados.

4 – Por acordo entre o empregador e o trabalhador pode, igualmente, ser requerida a avaliação a que se refere o nº 2, nos casos em que a ocupação compatível com o respectivo estado seja assegurada por um outro empregador.

O serviço competente na área do emprego e formação profissional é o IEFP. Os seus estatutos foram aprovados pela P. nº 319/2012, de 12 de outubro. No seu art. 2º indicam-se os seus serviços centrais, estabelecendo-se que a organização interna de tais serviços centrais do IEFP, I. P., é constituída por unidades orgânicas operacionais e de suporte, designadas departamentos e direções de serviços, e por unidades orgânicas de apoio especializado, designadas assessoria e gabinete.

2 – São unidades orgânicas operacionais:

a) Na área do emprego: i) Departamento de Emprego; ii) Direção de Serviços de Promoção do Emprego e iii) Direção de Serviços de Orientação e Colocação;

b) Na área da formação profissional: i) Departamento de Formação Profissional; ii) Direção de Serviços de Qualificação e iii) Direção de Serviços de Coordenação da Oferta Formativa.

Segundo o nº 4 do art. 4º de tais Estatutos, são unidades orgânicas locais do IEFP: a) Os centros de emprego e formação profissional; b) Os centros de emprego e c) O centro de formação e reabilitação profissional.

Artigo 160º – Apoios técnicos e financeiros

1 – Além do apoio técnico necessário para a adaptação do posto de trabalho às necessidades do trabalhador sinistrado ou afectado por doença profissional, o empregador que assegure ocupação compatível, nos termos referidos no nº 1 do artigo 155º e no nº 2 do artigo anterior, pode beneficiar do apoio técnico e financeiro concedido pelo serviço público competente na área do emprego e formação profissional a programas relativos à reabilitação profissional de pessoas com deficiência, desde que reúna os respectivos requisitos.

2 – O empregador que promova a reabilitação profissional do trabalhador também pode beneficiar dos apoios técnicos e financeiros previstos no número anterior.

Artigo 161º – Impossibilidade de assegurar ocupação compatível

1 – Quando o empregador declare a impossibilidade de assegurar ocupação e função compatível com o estado do trabalhador, a situação deve ser avaliada e confirmada pelo serviço público competente na área do emprego e formação profissional nos termos previstos no presente capítulo.

2 – Se o serviço público competente na área do emprego e formação profissional concluir pela viabilidade da ocupação de um posto de trabalho na empresa ao serviço da qual ocorreu o acidente de trabalho ou foi contraída a doença profissional, o empregador deve colocar o trabalhador em ocupação e função compatíveis, sugerindo-lhe, se for caso disso, que solicite ao centro de emprego da área geográfica do local de trabalho os apoios previstos no artigo anterior.

3 – Caso o serviço público competente na área do emprego e formação profissional conclua pela impossibilidade da ocupação de um posto de trabalho na empresa ao serviço da qual ocorreu o acidente de trabalho ou foi contraída a doença profissional, solicita a intervenção do centro de emprego da área geográfica da residência do trabalhador, no sentido de o apoiar a encontrar soluções alternativas com vista à sua reabilitação e reintegração profissional.

Os centros de emprego do IEFP encontram-se espalhados pelo território nacional.

Artigo 162º – Plano de reintegração profissional

1 – No âmbito do apoio preconizado nos nºs 1 e 2 do artigo 160º e nos nºs 2 e 3 do artigo anterior, o serviço público competente na área do emprego e formação profissional, através do centro de emprego competente e recorrendo à sua rede de centros de recursos especializados, define um plano de intervenção visando a reintegração profissional do trabalhador sinistrado ou afectado por doença profissional, equacionando os meios que devem ser disponibilizados.

2 – O plano de intervenção a que se refere o número anterior é definido conjuntamente com o trabalhador e consensualizado com:

a) O empregador que assegurar ocupação e função compatível;

b) Os demais serviços intervenientes na concretização do plano, se for caso disso.

3 – A intervenção do serviço público competente na área do emprego e formação profissional realiza-se a partir do momento em que o processo de reabilitação clínica permita o início do processo de reintegração profissional.

4 – Sempre que o serviço público competente na área do emprego e formação profissional verifique, no âmbito da sua intervenção, que não possui respostas adequadas para a reintegração do trabalhador, pode propor o recurso a outras entidades com competência para o efeito.

5 – O serviço público competente na área do emprego e formação profissional assegura o acompanhamento do processo de reintegração profissional.

Artigo 163º – Encargos com reintegração profissional

1 – Os encargos com a reintegração profissional, no âmbito do disposto no nº 2 do artigo 155º, são assumidos pelo empregador nas situações em que o trabalhador se mantenha na empresa ao serviço da qual sofreu o acidente ou contraiu a doença profissional, sem prejuízo dos nºs 1 e 2 do artigo 161º

2 – Os encargos com a reintegração profissional de trabalhadores a quem o empregador não tenha podido assegurar ocupação compatível são assumidos por este e pelo serviço público competente na área do emprego e formação profissional, no caso de acidente de trabalho, ou pelo empregador e pelo serviço com competências na área da protecção contra os riscos profissionais, no caso de doença profissional.

3 – Os encargos assumidos pelo empregador, previstos no número anterior, são assegurados até valor igual ao dobro da indemnização que lhe competiria por despedimento ilícito.

4 – Em situações excepcionais, devidamente fundamentadas e documentadas, o serviço público competente na área do emprego e formação profissional ou os serviços com competências na área da protecção contra os riscos profissionais, conforme se trate de acidente de trabalho ou de doença profissional, podem participar no financiamento de 50% dos encargos referidos nos números anteriores até ao valor limite correspondente:

a) A 12 vezes o valor de 1,1 IAS, na aquisição de bens;

b) Ao valor de 1,1 IAS, na aquisição de serviços de pagamento periódico.

5 – Os encargos com a reintegração profissional são calculados com base em valor unitário por hora de intervenção, a estabelecer por acordo de cooperação entre o empregador ou os serviços com competências na área da protecção contra os riscos profissionais, conforme se trate de acidente de trabalho ou de doença profissional, e o serviço público competente na área do emprego e formação profissional.

6 – Os encargos assumidos pelo empregador ou pelos serviços com competências na área da protecção contra os riscos profissionais, conforme se trate de acidente de trabalho ou de doença profissional, são assegurados,

através de prestações em espécie, no âmbito do disposto na alínea h) do nº 1 do artigo 25º

7 – As despesas de deslocação, alimentação e alojamento a que se refere o artigo 99º são pagas de acordo com o estabelecido no nº 2 do artigo 123º

8 – Os encargos do empregador referidos no presente artigo, atinentes a sinistrados de acidentes de trabalho, enquadram-se no âmbito da responsabilidade transferida do empregador para a seguradora.

O indexante de apoios sociais (IAS) para o ano de 2019 corresponde ao valor de € 435,76 (P. nº 24/2019, de 17 de janeiro). Relativamente à sua base legal v. anotação ao art. 47º.

Artigo 164º – Acordos de cooperação

1 – Os serviços com competências na área da protecção contra os riscos profissionais podem celebrar acordos de cooperação com o serviço público competente na área do emprego e formação profissional e outras entidades, públicas ou privadas, com vista à reintegração profissional dos trabalhadores afectados por doença profissional.

2 – O serviço público competente na área do emprego e formação profissional pode celebrar acordos de cooperação com o empregador, a respectiva seguradora ou outras entidades, públicas ou privadas, com vista à reintegração profissional do sinistrado de acidente de trabalho.

3 – Os acordos de cooperação devem conter, designadamente:

a) Descrição e finalidades da intervenção;

b) Tipologia das acções a desenvolver;

c) Meios técnicos, humanos e financeiros a disponibilizar;

d) Competências das entidades intervenientes;

e) Período de vigência.

4 – Os acordos têm a duração máxima de dois anos, com possibilidade de renovação.

5 – A execução do acordo é objecto de um relatório anual de avaliação, elaborado conjuntamente pelas entidades intervenientes.

SECÇÃO III – Garantia de ocupação e exercício de funções compatíveis com a capacidade do trabalhador

Artigo 165º – Competências

O serviço público competente na área do emprego e formação profissional, assegura:

a) A verificação da possibilidade de o empregador, ao serviço do qual ocorreu o acidente de trabalho ou foi contraída a doença, assegurar a ocupação e função compatíveis com a capacidade do trabalhador, nos termos dos artigos 155º e 156º;

b) A intermediação entre o trabalhador, o empregador e os serviços de emprego e de formação profissional;

c) O encaminhamento das situações decorrentes da reintegração do trabalhador no mesmo ou num novo posto de trabalho.

O serviço público é o Instituto de Emprego e Formação Profissional, cfr. anotação ao art. 159º.

Artigo 166º – Procedimento

1 – O serviço público competente na área do emprego e formação profissional, ouvidos os serviços competentes para a protecção contra os riscos profissionais e para a reabilitação e integração das pessoas com deficiência, aprecia a situação, elaborando parecer fundamentado e indicando se o empregador tem possibilidade de assegurar ocupação e função compatíveis com o estado do trabalhador.

2 – O parecer referido no número anterior avalia também a possibilidade de o empregador assegurar o processo de reintegração profissional, designadamente, a formação profissional para adaptação ao posto de trabalho, por si ou em colaboração com entidades públicas ou privadas, indicando, quando for o caso, as entidades públicas com competência para intervir.

3 – Quer o empregador quer o trabalhador podem indicar um representante de associação patronal ou sindical do sector, consoante os casos, para ser ouvido no âmbito do nº 1.

4 – O parecer referido no nº 1 tem natureza vinculativa, sendo comunicado ao empregador e ao trabalhador no prazo máximo de 30 dias após a declaração referida no artigo 147º

CAPÍTULO V – Responsabilidade contra-ordenacional

SECÇÃO I – Regime geral

Artigo 167º – Regime geral

O regime geral previsto nos artigos 548º a 565º do Código do Trabalho aplica-se às infracções decorrentes da violação dos artigos previstos na presente lei.

I – Nestes artigos do CT estabelece-se o regime substantivo das contraordenações laborais, que será complementado pelo regime geral das contraordenações estabelecido no DL nº 433/82, de 27 de outubro, como se assinala na parte IV, em anotação à lei do procedimento das contraordenações laborais e de segurança social (Lei nº 107/2009, de 14 de setembro).

II – Naquele regime do CT, contêm-se as normas com a definição de contraordenação laboral, sobre a punibilidade da negligência, a responsabilidade sobre a sua prática, os escalões de gravidade, o valor das coimas, as sanções acessórias e o seu registo, para além de outros aspetos.

Artigo 168º – Competência para o procedimento e aplicação das coimas

1 – Sem prejuízo do disposto no número seguinte, o procedimento das contra-ordenações previstas nesta lei, bem como a aplicação das respectivas coimas, compete ao serviço com competência para a fiscalização das condições de trabalho.

2 – O procedimento das contra-ordenações e a aplicação das correspondentes coimas competem ao Instituto de Seguros de Portugal, no caso de o agente da infracção ser uma entidade sujeita à sua supervisão.

I – O serviço competente, relativamente ao nº 1, é a ACT e relativamente ao nº 2 é a ASF, que sucedeu ao ISP. Sobre estas entidades, v. anotações aos arts. 2º da Lei nº 107/2009 e 137º do CPT.

II – Numa interpretação literal do disposto no nº 1, as contraordenações graves previstas no art. 172º que se situam no âmbito das doenças profissionais. Mas, na verdade, o procedimento e a aplicação das coimas não pode deixar de pertencer ao ISS, IP, conforme nº 1 b) do art. 2º da Lei nº 107/2009.

Artigo 169º – Produto das coimas

1 – O produto das coimas resultante de violação das normas de acidente de trabalho reverte em 60% para os cofres do Estado e em 40% para o Fundo de Acidentes de Trabalho.

2 – Aplica-se o disposto no artigo 566º do Código do Trabalho ao produto das restantes coimas aplicadas.

I – Sobre o FAT, v. anotação ao art. 82º.

II – No art. 566º do CT estipula-se o destino das coimas aplicadas pela ACT.

Artigo 170º – Cumulação de responsabilidades

A responsabilidade contra-ordenacional não prejudica a eventual responsabilidade civil ou criminal.

SECÇÃO II – Contra-ordenações em especial

Artigo 171º – Acidente de trabalho

1 – Constitui contra-ordenação muito grave a violação do disposto no artigo 26º e nos nºs 1 e 2 do artigo 79º

2 – Constitui contra-ordenação grave:

a) A omissão ou insuficiências nas declarações quanto ao pessoal e às retribuições com vista ao não cumprimento do disposto no artigo 79º;

b) Fazer tratar ou internar um sinistrado sem declarar a situação deste, para efeitos de se eximir ao pagamento das respectivas despesas;

c) A prática dos actos referidos nos artigos 13º e 18º

3 – Constitui ainda contra-ordenação grave, a infracção ao disposto no artigo 30º, nos nºs 3 e 4 do artigo 38º, no nº 1 do artigo 39º, no nº 1 do artigo 84º, nos artigos 87º a 90º e no artigo 177º

4 – Constitui contra-ordenação leve a infracção ao disposto no nº 5 do artigo 35º

Esta contraordenações encontram-se assinaladas nas anotações aos respetivos artigos.

Artigo 172º – Doença profissional

Constitui contra-ordenação grave o incumprimento dos deveres previstos no nº 3 do artigo 142º e no artigo 153º, as falsas declarações e a utilização de qualquer outro meio de que resulte concessão indevida de prestações ou do respectivo montante.

Artigo 173º – Ocupação compatível

Constitui contra-ordenação grave a violação do disposto no nº 1 do artigo 155º, no nº 1 do artigo 156º e no nº 1 do artigo 158º

CAPÍTULO VI – Disposições finais

Artigo 174º – Modelos oficiais e apólices uniformes

A entrada em vigor da presente lei não prejudica a validade de:

a) Modelos de declarações, participações e mapas anteriormente existentes;

b) Apólices uniformes anteriormente em vigor.

Sobre a apólice uniforme, v. anotação ao art. 81º.

Artigo 175º – Formulários obrigatórios

1 – As participações, os boletins de exame e alta e os outros formulários referidos nesta lei, que podem ser impressos por meios informáticos, obedecem aos modelos aprovados oficialmente.

2 – O não cumprimento do disposto no número anterior equivale à falta de tais documentos, podendo ainda o tribunal ordenar a sua substituição.

3 – Os centros de saúde remetem aos serviços competentes da segurança social os certificados de incapacidade temporária (CIT), por via electrónica, nos termos a definir em portaria conjunta dos membros do Governo responsáveis pelas áreas da segurança social e da saúde, deixando a sua entrega de ser exigível aos utentes.

I – Sobre a participação do acidente de trabalho, v. art. 86º e segs.

II – Sobre o boletim de exame e alta, v. art. 35º.

Artigo 176º – Isenções

1 – Está isento de emolumentos, custas e taxas todo o documento necessário ao cumprimento das normas relativas aos acidentes de trabalho e

doenças profissionais, independentemente da respectiva natureza e da repartição por onde haja passado ou haja de transitar para a sua legalização, salvo o disposto no Regulamento Emolumentar dos Registos e do Notariado.

2 – As isenções compreendidas no número anterior não abrangem a constituição de mandatário judicial.

O instrumento para a constituição de mandatário judicial, hoje em dia, não origina qualquer taxa.

Artigo 177º – Afixação e informação obrigatórias

1 – A empresa deve afixar, nos respectivos estabelecimentos e em lugar bem visível, as disposições do Código do Trabalho e da presente lei referentes aos direitos e obrigações do sinistrado e dos responsáveis.

2 – Os recibos de retribuição devem identificar a seguradora para a qual o risco se encontra transferido à data da sua emissão.

A infração ao disposto neste artigo constitui contraordenação grave (art. 171º, nº 3).

Artigo 178º – Estatísticas

Sem prejuízo do regime previsto para a informação estatística sobre acidentes de trabalho e doenças profissionais, o Instituto de Seguros de Portugal pode estabelecer estatísticas específicas destinadas ao controlo e supervisão dos riscos profissionais.

A recolha, publicação e divulgação da informação estatística sobre acidentes de trabalho é objeto do DL nº 14/2018, de 29 de agosto, regulamentado pela P. nº 14/2018, de 11 de janeiro, que contém os modelos de participação de tais acidentes.

Artigo 179º – Caducidade e prescrição

1 – O direito de acção respeitante às prestações fixadas na presente lei caduca no prazo de um ano a contar da data da alta clínica formalmente comunicada ao sinistrado ou, se do evento resultar a morte, a contar desta.

2 – As prestações estabelecidas por decisão judicial ou pelo serviço com competências na área da protecção contra os riscos profissionais, prescrevem no prazo de cinco anos a partir da data do seu vencimento.

3 – O prazo de prescrição não começa a correr enquanto os beneficiários não tiverem conhecimento pessoal da fixação das prestações.

I – A contagem dos prazos, a caducidade e a prescrição têm o seu regime básico no CC, art. 296º e segs.

II – Relativamente às doenças profissionais, v. arts. 151º (prazo de requerimento) e 152º (contagem do prazo de prescrição).

III – Ac. TRL, de 27-03-2019, Proc. 21401/16.7T8LSB-4, Rel. Manuela Fialho: 1- Perante um acidente de trabalho ocorrido em 2012 e nunca participado judicialmente, mas vindo a empregadora (CTT) a reconhecer incapacidades dele derivadas e a pagar pensão delas decorrentes, com sucessivas apreciações de recidivas, alegando-se nova recidiva, a situação configura-se como de revisão de incapacidade. 2- O prazo de caducidade do direito de ação pelos danos emergentes de acidente de trabalho só se inicia com a comunicação formal da alta clínica ao sinistrado. 3- A entrega de um boletim de exame ou de acompanhamento médico, ainda que dele conste a referência à alta, não é apta a desencadear as consequências relativas à caducidade.

IV – Ac. STJ, de 15-05-2019, Proc. Nº 835/15.OT8LRA, Rel. Ribeiro Cardoso: IV – A responsabilidade civil pelos danos patrimoniais e não patrimoniais, cuja indemnização é peticionada, decorrentes da violação, pela entidade empregadora, do legalmente estabelecido em matéria de higiene, saúde e segurança no local de trabalho de que resultou doença profissional, pode ter, simultaneamente, natureza extracontratual e contratual, pois o mesmo facto pode constituir, concomitantemente, uma violação do contrato e um facto ilícito lesivo do direito à saúde. V – Verificando-se a situação descrita, é de aplicar o princípio da consunção da responsabilidade extracontratual pela contratual, sendo o prazo de prescrição o ordinário estabelecido no art. 309º e não o de 3 anos previsto no art. 498º, ambos do CC, nem o de 1 ano cominado no art. 381º, nº 1 do Código do Trabalho/2003, sendo que neste se visam os créditos remuneratórios que integram a prestação de entidade empregadora na relação sinalagmática definida pelo contrato de trabalho.

Artigo 180º – Contagem de prazos

Os prazos fixados para as normas relativas aos acidentes de trabalho contam-se nos termos previstos no Código de Processo Civil e os previstos para as doenças profissionais são contados nos termos do Código do Procedimento Administrativo.

I – No CPC, art. 138º (regra da continuidade dos prazos).

II – No CPA, art. 87º (contagem dos prazos).

Artigo 181º – Norma remissiva

As remissões de normas contidas em diplomas legislativos para a legislação revogada com a entrada em vigor da presente lei consideram-se referidas às disposições correspondentes do Código do Trabalho e da presente lei.

Artigo 182º – Cartão de pensionista

O modelo do cartão para uso dos pensionistas do serviço com competências na área da protecção contra os riscos profissionais é aprovado por portaria do membro do Governo responsável pelas áreas laboral e da segurança social.

Esta disposição já constava do nº 2 do art. 79º do revogado DL 248/99, de 2 de julho, crendo-se que ainda não lhe foi dado cumprimento.

Artigo 183º – Atualização das pensões unificadas

As pensões unificadas atribuídas ao abrigo da Portaria nº 642/83, de 1 de Junho, são actualizadas no diploma que proceda à actualização das demais pensões do regime geral de segurança social.

Artigo 184º – Trabalhadores independentes

A regulamentação relativa ao regime do seguro obrigatório de acidentes de trabalho dos trabalhadores independentes consta de diploma próprio.

Tal diploma é o DL nº 159/99, de 11 de Maio, que regulamenta o seguro de acidentes de trabalho para os trabalhadores independentes. Relativamente à respetiva apólice, v. Regulamentos do ISP (atual ASF) nºs 1/2000, de 7 de janeiro e 3/2009-R, de 23 de março.

Artigo 185º – Regiões Autónomas

Na aplicação da presente lei às Regiões Autónomas são tidas em conta as competências legais atribuídas aos respectivos órgãos e serviços regionais.

I – Na RAM, Instituto de Segurança Social da Madeira, IP-RAM e Direção Regional do Trabalho e Ação Inspetiva.

II – Na RAA, Instituto de Segurança Social dos Açores, IPRA e Inspeção Regional do Trabalho.

Artigo 186º – Norma revogatória

Sem prejuízo do disposto no artigo seguinte, com a entrada em vigor da presente lei são revogados os seguintes diplomas:

a) Lei nº 100/97, de 13 de Setembro (aprova o novo regime jurídico dos acidentes de trabalho e das doenças profissionais);

b) Decreto-Lei nº 143/99, de 30 de Abril (regulamenta a Lei nº 100/97, de 13 de Setembro, no que respeita à reparação de danos emergentes de acidentes de trabalho);

c) Decreto-Lei nº 248/99, de 2 de Julho (procede à reformulação e aperfeiçoamento global da regulamentação das doenças profissionais em conformidade com o novo regime jurídico aprovado pela Lei nº 100/97, de 13 de Setembro, e no desenvolvimento do regime previsto na Lei nº 28/84, de 14 de Agosto).

Artigo 187º – Norma de aplicação no tempo

1 – O disposto no capítulo II aplica-se a acidentes de trabalho ocorridos após a entrada em vigor da presente lei.

2 – O disposto no capítulo III aplica-se a doenças profissionais cujo diagnóstico final seja posterior à entrada em vigor da presente lei, bem como a alteração da graduação de incapacidade relativamente a doença profissional já diagnosticada.

Artigo 188º – Entrada em vigor

Sem prejuízo do referido no artigo anterior, a presente lei entra em vigor no dia 1 de Janeiro de 2010.

Aprovada em 23 de Julho de 2009. O Presidente da Assembleia da República, *Jaime Gama.*

Promulgada em 26 de Agosto de 2009.

Publique-se.

O Presidente da República, ANÍBAL CAVACO SILVA.

Referendada em 26 de Agosto de 2009.

O Primeiro-Ministro, *José Sócrates Carvalho Pinto de Sousa.*

Parte IV

Procedimento das Contraordenações Laborais e de Segurança Social

Lei nº 107/2009, de 14 de Setembro

Aprova o regime processual aplicável às contraordenações laborais e de segurança social

A Assembleia da República decreta, nos termos da alínea c) do artigo 161º da Constituição, o seguinte:

CAPÍTULO I – Objecto, âmbito e competência

Artigo 1º – Objecto e âmbito

A presente lei estabelece o regime jurídico do procedimento aplicável às contra-ordenações laborais e de segurança social.

I – O ilícito de mera ordenação social e o respetivo processo foram instituídos pelo DL nº 433/82, de 27 de outubro, que continua em vigor, embora com diversas alterações. É vulgarmente designado como regime geral das contraordenações (RGC). Na sua primeira parte (até ao art. 32º) trata "da contraordenação e da coima em geral", ou seja, da perspetiva substantiva e, na segunda parte, cuida "do processo de contraordenação", ou seja, da perspetiva adjetiva ou processual.

II – Nesta notanda Lei nº 107/2009 (LPCLSS), regula-se apenas o processo referente às contraordenações laborais e de segurança social, dado que a parte substantiva se encontra disciplinada, essencialmente, no Código do Trabalho e na legislação da segurança social, nomeadamente no CRCSPSS. A sua última alteração foi introduzida pela Lei nº 55/2017, de 17 de julho, que alargou o "âmbito da ação especial de reconhecimento da existência de contrato de trabalho e os mecanismos processuais de combate à ocultação de relações de trabalho subordinado".

III – De harmonia com o preceituado no art. 1º daquele RGC "constitui contraordenação todo o facto ilícito e censurável que preencha um tipo legal no qual se comine uma coima". Mas como contraordenação laboral deve considerar-se "o facto típico, ilícito e censurável que consubstancie a violação de uma norma que consagre direitos ou imponha deveres a qualquer sujeito no âmbito de relação e que seja punível com coima" (CT, art. 548º). No CRCSPSS, "constitui contra-ordenação para efeitos do presente Código todo o facto ilícito e censurável, nele previsto e na legislação que o regulamenta, que preencha um tipo legal para o qual se comine uma coima" (art. 221º).

IV – No artigo 60º desta Lei nº 107/2009 (LPCLSS), com a epígrafe "direito subsidiário" estabelece-se que "sempre que o contrário não resulte da presente lei, são aplicáveis, com as devidas adaptações, os preceitos reguladores do processo de contraordenação previstos no regime geral das contraordenações", ou seja, as normas do art. 33º e segs.

V – Sob a epígrafe "responsabilidade contraordenacional" no capítulo II, do livro II do Código do Trabalho (CT) contém-se o regime substantivo das contraordenações laborais, as quais são tipificadas ao longo do Código, em regra, no número final dos artigos a que respeitam.

VI – Relativamente às contraordenações da segurança social, o seu regime substantivo constava do DL nº 64/89, de 25 de fevereiro, que atualmente apenas insere dispositivos sobre "contra-ordenações relativas à concessão de prestações em geral" (art. 9º), "comunicação do pagamento de indemnização" (art. 11º), "falta de apresentação de documentação" (art. 13º), "aplicação do regime de contra-ordenação" à ação social e ao licenciamento de estabelecimentos de apoio social com fins lucrativos (art. 33º) e a sua aplicação às regiões autónomas (art. 3º). Em grande parte, a sua derrogação resultou da Lei nº 110/2009, de 16 de setembro, que aprovou o CRCSPSS, e da presente Lei nº 107/2009. Anota-se, porém, que nos termos da alínea d) do art. 3º deste Código, é subsidiariamente aplicável "quanto à matéria substantiva contra-ordenacional, o Regime Geral das Infracções Tributárias".

VII – Na parte IV deste CRCSPSS e para os seus efeitos, isto é, no âmbito das relações jurídicas de vinculação e contributiva dos regimes do sistema previdencial, é estabelecido o sistema contraordenacional de natureza substantiva (arts. 221º a 248º). Concretamente, neste último artigo, sob a epígrafe "competência para o processo e aplicações de coimas", preceitua-se o seguinte:

1 – O processo e o procedimento das contraordenações previstas no presente Código competem ao Instituto da Segurança Social, I. P. (ISS, I. P.), no território continental e, nas Regiões Autónomas, ao Centro de Segurança Social da Madeira e ao Instituto de Gestão de Regimes de Segurança Social nos Açores, sem prejuízo do disposto no número seguinte.

2 – Sempre que se verifique uma situação de prestação de atividade, por forma aparentemente autónoma, em condições características de contrato de trabalho, que possa causar prejuízo ao trabalhador ou ao Estado ou a falta de comunicação de admissão do trabalhador na segurança social, o processo e o procedimento das contraordenações compete ao ISS, I. P., ou à Autoridade para as Condições do Trabalho no território continental e, nas Regiões Autónomas, ao Centro de Segurança Social da Madeira e ao Instituto de Gestão de Regimes de Segurança Social nos Açores.

3 – Tem competência para a decisão do processo e do procedimento previsto nos números anteriores, bem como para a aplicação das respetivas coimas, o órgão máximo da entidade que realizou o processo ou procedimento, podendo a competência ser delegada nos termos do Código do Procedimento Administrativo.

VIII – No que tange às relações jurídicas de natureza prestacional, entre o ISS e os seus beneficiários, vigoram diversos diplomas que, sem coerência, estabelecem tipos contraordenacionais. O mesmo acontece nos diplomas que regulam os poderes de tutela e de regulamentação sobre as instituições particulares de solidariedade social, os seus estabelecimentos e os das restantes entidades privadas (P. nº 196-A/2015, de 1 de julho).

IX – Sobre o tema, v. estudo de A. Leones Dantas, Estrutura da Infração Contraordenacional, PDT, 2018 – I, pág. 223.

Artigo 2º – Competência para o procedimento de contra-ordenações

1 – O procedimento das contra-ordenações abrangidas pelo âmbito de aplicação da presente lei compete às seguintes autoridades administrativas:

a) À Autoridade para as Condições do Trabalho (ACT), quando estejam em causa contra-ordenações por violação de norma que consagre direitos ou imponha deveres a qualquer sujeito no âmbito de relação laboral e que seja punível com coima;

b) Ao Instituto da Segurança Social, I. P. (ISS, I. P.), quando estejam em causa contra-ordenações praticadas no âmbito do sistema de segurança social.

2 – Sempre que se verifique uma situação de prestação de actividade, por forma aparentemente autónoma, em condições características de contrato de trabalho, que possa causar prejuízo ao trabalhador ou ao Estado ou a falta de comunicação de admissão do trabalhador na segurança social, qualquer uma das autoridades administrativas referidas no número anterior é competente para o procedimento das contra-ordenações por esse facto.

3 – A ACT é igualmente competente e instaura o procedimento previsto no artigo 15º-A da presente lei, sempre que se verifique, na relação entre a pessoa que presta uma atividade e outra ou outras que dela beneficiam, a existência de características de contrato de trabalho, nos termos previstos no nº 1 do artigo 12º do Código do Trabalho, aprovado pela Lei nº 7/2009, de 12 de fevereiro.

I – A Autoridade para as Condições do Trabalho, abreviadamente designada por ACT, segundo o Decreto Regulamentar nº 47/2012, de 31 de julho, que aprova a sua orgânica, é um serviço central da administração direta do Estado, dotado de autonomia administrativa. Além de outras, tem como atribuição "assegurar o procedimento das contraordenações laborais e organizar o respetivo registo individual" (art. 2º, alínea k).

II – O ISS, IP "é um instituto público de regime especial ... integrado na administração indireta do Estado, dotado de autonomia administrativa e financeira e património próprio". Constitui uma das suas atribuições "exercer os poderes sancionatórios no âmbito dos ilícitos de mera ordenação social relativo aos estabelecimentos de apoio social, a beneficiários e contribuintes nos termos legais" (arts. 1º e 3º, nº 2, alínea b), do DL nº 83/2012, de 30 de março).

III –De harmonia com o art. 8º dos Estatutos do Instituto da Segurança Social, I. P, aprovados pela Portaria nº 135/2012, de 8 de maio, "1 – Compete ao Departamento de Fiscalização, abreviadamente designado por DF, exercer a ação fiscalizadora no cumprimento dos direitos e obrigações dos beneficiários e contribuintes do sistema de segurança social, instituições particulares de solidariedade social (IPSS) e outras entidades privadas que exerçam atividades de apoio social. 2 – Compete, ainda, ao DF: ...

b) Fiscalizar o cumprimento das obrigações dos beneficiários e contribuintes, nomeadamente as relacionadas com o enquadramento, a inscrição, o registo e a declaração de remunerações;

c) Elaborar e determinar o registo oficioso das declarações de remunerações, na sequência do resultado da ação inspetiva;

d) Fiscalizar os beneficiários de prestações sociais e, caso conclua pela não verificação, total ou parcial, dos requisitos necessários à manutenção dos mesmos, determinar aos serviços competentes pela atribuição dos direitos que procedam à realização das diligências adequadas à correção das irregularidades detetadas;

e) Elaborar autos de notícia respeitantes às atuações ilegais de beneficiários e contribuintes, detetadas no exercício das suas funções;

f) Exercer a ação fiscalizadora das IPSS e de outras entidades privadas que exerçam atividades de apoio social;

j) Elaborar autos de notícia respeitantes às atuações ilegais das IPSS e de outras entidades privadas, detetadas no exercício das suas funções;

k) Desenvolver as ações necessárias à instrução dos processos de investigação no âmbito de condutas ilícitas dos beneficiários e contribuintes em relação à segurança social, legalmente definidas.

IV – O pessoal do ISS, IP, quando no exercício de funções de acompanhamento e supervisão de instituições de apoio social e no exercício de fiscalização tem poderes de autoridade, sendo-lhe aplicável o regime jurídico da atividade inspetiva dos serviços de inspeção, auditoria e fiscalização da administração central do Estado (art. 17º do referido DL nº 83/2012).

V – De harmonia com o estipulado nos nºs 2 e 3, em matéria de escamoteamento do contrato de trabalho através de contratos de prestação de serviços, de estágio ou outros ("falsos recibos verdes") e ainda quando falte a comunicação de admissão de trabalhador à segurança social, quer a ACT, quer o ISS têm competência para levantar o respetivo auto, iniciando o procedimento contraordenacional.

VI – Para efeitos do nº 2, estabelece-se no art. 62º o dever periódico de as autoridades administrativas competentes trocarem informações.

VII – Considerando as autoridades administrativas que a infração constitui crime deverão remeter o processo ao magistrado do MP competente, que o devolverá se concluir de modo diferente (RGC, art. 40º).

Artigo 3º – Competência para a decisão

1 – A decisão dos processos de contra-ordenação compete:

a) Ao inspector-geral do Trabalho (IGT), no caso de contra-ordenações laborais;

b) Ao conselho directivo do ISS, I. P., no caso de contra-ordenações praticadas no âmbito do sistema de segurança social.

2 – Nos termos do nº 2 do artigo anterior a decisão dos processos de contra-ordenação compete ao inspector-geral do Trabalho quando o respectivo procedimento tiver sido realizado pela ACT e ao conselho directivo do ISS, I. P., quando tiver sido realizado pelo ISS, I. P.

3 – As competências a que se refere o presente artigo podem ser delegadas nos termos do Código do Procedimento Administrativo (CPA).

I – As referidas competências para a decisão dos processos (administrativos) serão delegadas nos termos do art. 44º do CPA, que sob a epígrafe "delegação de poderes", no seu nº 1, estabelece: "os órgãos administrativos normalmente competentes para decidir em determinada matéria podem, sempre que para tal estejam habilitados por lei, permitir, através de um ato de delegação de poderes, que outro órgão ou agente da mesma pessoa coletiva ou outro órgão de diferente pessoa coletiva pratique atos administrativos sobre a mesma matéria".

II – Ainda no nº 2 do mesmo art. 44º, preceitua-se que "para efeitos do disposto no número anterior, considera-se agente aquele que, a qualquer título, exerça funções públicas ao serviço da pessoa coletiva, em regime de subordinação jurídica".

Artigo 4º – Competência territorial

São territorialmente competentes para o procedimento das contra-ordenações, no âmbito das respectivas áreas geográficas de actuação de acordo com as competências previstas nas correspondentes leis orgânicas:

a) Os serviços desconcentrados da ACT em cuja área se haja verificado a contra-ordenação;

b) Os serviços do ISS, I. P., em cuja área se haja verificado a contra-ordenação.

I – A ACT dispõe de unidades orgânicas desconcentradas, designadas por delegações, cujas áreas de competência territorial abrangem as áreas das unidades de nível III das nomenclaturas de unidades territoriais para fins estatísticos (NUTS) (DR nº 47/2012, art. 6º, al. d) e diversos centros locais (P. nº 1294-D/2007, de 28 de setembro).

II – Os serviços desconcentrados do ISS, IP são os seus 18 centros distritais e o Centro Nacional de Pensões (DL nº 83/2012, art. 2º, nºs 3 e 4). De harmonia com os seus estatutos, republicados na P. nº 102/2017, de 8 de maio, aos centros distritais do ISS, I. P, compete, nos termos do seu art. 17º, nas suas áreas de intervenção: colaborar na ação inspetiva e fiscalizadora do cumprimento dos direitos e obrigações dos beneficiários, das IPSS e de outras entidades privadas que exerçam apoio social (alínea l) e desenvolver as ações necessárias à aplicação dos regimes sancionatórios às infrações de natureza contraordenacional relativas a estabelecimentos de apoio social e a beneficiários e contribuintes (alínea m).

III – De harmonia como o disposto no art. 65º, nas regiões autónomas, tais competências pertencem às instituições locais indicadas na respetiva anotação.

IV – Complementam este art. 4º, as normas dos arts. 35º e 36º do RGC, com o seguinte teor:

Artigo 35º – Competência territorial

1. É territorialmente competente a autoridade administrativa concelhia em cuja circunscrição:

a) Se tiver consumado a infração ou, caso a infração não tenha chegado a consumar-se, se tiver praticado o último ato de execução ou, em caso de punibilidade dos atos preparatórios, se tiver praticado o último ato de preparação;

b) O arguido tem o seu domicílio ao tempo do início ou durante qualquer fase do processo.

2. Se a infração for cometida a bordo de aeronave ou navio português, fora do território nacional, será competente a autoridade em cuja circunscrição se situe o aeroporto ou porto português que primeiro for escalado depois do cometimento da infração.

Artigo 36º – Competência por conexão

1. Em caso de concurso de contraordenações será competente a autoridade a quem, segundo os preceitos anteriores, incumba processar qualquer das contraordenações.

2. O disposto no número anterior aplica-se também aos casos em que um mesmo facto torna várias pessoas passíveis de sofrerem uma coima.

CAPÍTULO II - Actos processuais na fase administrativa

Artigo 5º - Forma dos actos processuais

1 - No âmbito do procedimento administrativo, os actos processuais podem ser praticados em suporte informático com aposição de assinatura electrónica qualificada.

2 - Os actos processuais e documentos assinados nos termos do número anterior substituem e dispensam para quaisquer efeitos a assinatura autógrafa no processo em suporte de papel.

3 - Para os efeitos previstos nos números anteriores, apenas pode ser utilizada assinatura electrónica qualificada de acordo com os requisitos legais e regulamentares exigíveis pelo sistema de certificação electrónica do Estado.

4 - A tramitação processual no âmbito do procedimento administrativo pode ser efectuada informaticamente.

A aposição da assinatura eletrónica qualificada prevê-se no art. 6º da Lei nº 7/ /2007, de 5 de fevereiro, que cria o cartão de cidadão, alterada pelo artigo 2º da Lei nº 32/2017, de 1 de junho, onde no nº 2, se estatui que "o cartão de cidadão permite ao respetivo titular: c) Autenticar de forma unívoca através de uma assinatura eletrónica qualificada a sua qualidade de autor de um documento eletrónico".

Artigo 6º - Contagem dos prazos

1 - À contagem dos prazos para a prática de actos processuais previstos na presente lei são aplicáveis as disposições constantes da lei do processo penal.

2 - A contagem referida no número anterior não se suspende durante as férias judiciais.

I - Nos termos do art. 104º do Código de Processo Penal (CPP), referente à "contagem dos prazos de atos processuais", aplicam-se à contagem dos prazos para a prática de atos processuais as disposições da lei do processo civil. Mas correm em férias judiciais os prazos relativos a processos nos quais devam praticar-se os atos referidos nas alíneas a) a e) do nº 2 do artigo anterior, onde avultam os atos de inquérito e de instrução.

II - No CPC, a regra sobre a continuidade dos prazos contém-se no art. 138º.

Artigo 7º – Notificações

1 – As notificações são dirigidas para a sede ou para o domicílio dos destinatários.

2 – Os interessados que intervenham em quaisquer procedimentos levados a cabo pela autoridade administrativa competente, devem comunicar, no prazo de 10 dias, qualquer alteração da sua sede ou domicílio.

3 – Se do incumprimento do disposto no número anterior resultar a falta de recebimento pelos interessados de notificação, esta considera-se efectuada para todos os efeitos legais, sem prejuízo do disposto no artigo seguinte.

I – Neste artigo prevê-se a eventual alteração da sede da pessoa coletiva ou do domicílio da pessoa singular. No artigo seguinte, regula-se o modo das notificações.

II – No art. 47º do RGCO estabelece-se que "todas as decisões, despachos e demais medidas tomadas pelas autoridades administrativas serão comunicadas às pessoas a quem se dirigem" e que "tratando-se de medida que admita impugnação sujeita a prazo, a comunicação revestirá a forma de notificação, que deverá conter os esclarecimentos necessários sobre a admissibilidade, prazo e forma de impugnação".

Artigo 8º – Notificação por carta registada

1 – As notificações em processo de contra-ordenação são efectuadas por carta registada, com aviso de recepção, sempre que se notifique o arguido do auto de notícia, da participação e da decisão da autoridade administrativa que lhe aplique coima, sanção acessória ou admoestação.

2 – Sempre que o notificando se recusar a receber ou assinar a notificação, o distribuidor do serviço postal certifica a recusa, considerando-se efectuada a notificação.

3 – A notificação por carta registada considera-se efectuada na data em que seja assinado o aviso de recepção ou no 3º dia útil após essa data, quando o aviso seja assinado por pessoa diversa do notificando.

I – Como se preceitua neste artigo, as cartas registadas com aviso de receção devem ser utilizadas para as notificações cruciais do procedimento, ou seja, para dar conhecimento ao arguido do auto de notícia ou de participação e da decisão final condenatória.

II – As regras gerais sobre notificações são descritas no CPP, art. 113º, as quais podem ser efetuadas por contacto pessoal, por via postal registada, por via postal simples e por editais e anúncios.

III – Relativamente às notificações, estabelece-se no nº 3 deste art. 113º, que *quando efetuadas por via postal registada, as notificações presumem-se feitas no 3º dia útil posterior ao do envio, devendo a cominação aplicável constar do ato de notificação.*

IV – Ainda nos seus nºs 6 e 7, prevêem-se as diferentes situações possíveis por parte dos destinatários. Dispõe-se no nº 6:

Quando a notificação for efetuada por via postal registada, o rosto do sobrescrito ou do aviso deve indicar, com precisão, a natureza da correspondência, a identificação do tribunal ou do serviço remetente e as normas de procedimento referidas no número seguinte.

7 – Se:

a) O destinatário se recusar a assinar, o agente dos serviços postais entrega a carta ou o aviso e lavra nota do incidente, valendo o ato como notificação;

b) O destinatário se recusar a receber a carta ou o aviso, o agente dos serviços postais lavra nota do incidente, valendo o ato como notificação;

c) O destinatário não for encontrado, a carta ou o aviso são entregues a pessoa que com ele habite ou a pessoa indicada pelo destinatário que com ele trabalhe, fazendo os serviços postais menção do facto com identificação da pessoa que recebeu a carta ou o aviso;

d) Não for possível, pela ausência de pessoa ou por outro qualquer motivo, proceder nos termos das alíneas anteriores, os serviços postais cumprem o disposto nos respetivos regulamentos, mas sempre que deixem aviso indicarão expressamente a natureza da correspondência e a identificação do tribunal ou do serviço remetente.

Artigo 9º – Notificação na pendência de processo

1 – As notificações efectuadas na pendência do processo não referidas no nº 1 do artigo anterior são efectuadas por meio de carta simples.

2 – Quando a notificação seja efectuada por carta simples deve ficar expressamente registada no processo a data da respectiva expedição e a morada para a qual foi enviada, considerando-se a notificação efectuada no 5º dia posterior à data ali indicada, devendo esta cominação constar do acto de notificação.

3 – Sempre que exista o consentimento expresso e informado do arguido ou este se encontre representado por defensor constituído, as notificações referidas no número anterior podem ser efectuadas por telefax ou via correio electrónico.

4 – Para efeitos do disposto no número anterior, considera-se consentimento expresso e informado a utilização de telefax ou correio electrónico pelo arguido como meio de contactar a autoridade administrativa competente.

5 – Quando a notificação seja efectuada por telefax ou via correio electrónico, presume-se que foi feita na data da emissão, servindo de prova, respectivamente, a cópia do aviso onde conste a menção de que a mensagem foi enviada com sucesso, bem como a data, hora e número de telefax do receptor ou extracto da mensagem efectuada, o qual será junto aos autos.

6 – Sempre que o arguido se encontre representado por defensor legal as notificações são a este efectuadas.

I – Neste artigo apenas se focam as notificações dos atos interlocutórios, ou seja, praticados após a notificação do auto inicial e antes da decisão condenatória, pois se esta for absolutória também poderá ser notificada por correio simples.

II – Para além das regras estabelecidas no artigo haverá que considerar, nomeadamente, as dos nºs 3 a 5 do citado art. 113º do CPP, que são as seguintes:

3 – Quando efetuadas por via postal simples, o funcionário judicial lavra uma cota no processo com a indicação da data da expedição da carta e do domicílio para a qual foi enviada e o distribuidor do serviço postal deposita a carta na caixa de correio do notificando, lavra uma declaração indicando a data e confirmando o local exato do depósito, e envia-a de imediato ao serviço ou ao tribunal remetente, considerando-se a notificação efetuada no 5º dia posterior à data indicada na declaração lavrada pelo distribuidor do serviço postal, cominação esta que deverá constar do ato de notificação.

4 – Se for impossível proceder ao depósito da carta na caixa de correio, o distribuidor do serviço postal lavra nota do incidente, apõe-lhe a data e envia-a de imediato ao serviço ou ao tribunal remetente.

5 – Ressalva-se do disposto nos nºs 3 e 4 as notificações por via postal simples a que alude a alínea d) do nº 4 do artigo 277º (arquivo do inquérito que não correr contra pessoa determinada), *que são expedidas sem prova de depósito, devendo o funcionário lavrar uma cota no processo com a indicação da data de expedição e considerando-se a notificação efetuada no 5º dia útil posterior à data de expedição.*

CAPÍTULO III – Da acção inspectiva

Artigo 10º – Procedimentos inspectivos

1 – No exercício das suas funções profissionais o inspector do trabalho efectua, sem prejuízo do disposto em legislação específica, os seguintes procedimentos:

a) Requisitar, com efeitos imediatos ou para apresentação nos serviços desconcentrados do serviço com competência inspectiva do ministério responsável pela área laboral, examinar e copiar documentos e outros registos que interessem para o esclarecimento das relações de trabalho e das condições de trabalho;

b) Notificar o empregador para adoptar medidas de prevenção no domínio da avaliação dos riscos profissionais, designadamente promover, através de organismos especializados, medições, testes ou peritagens incidentes sobre os componentes materiais de trabalho;

c) Notificar para que sejam adoptadas medidas imediatamente executórias, incluindo a suspensão de trabalhos em curso, em caso de risco grave ou probabilidade séria da verificação de lesão da vida, integridade física ou saúde dos trabalhadores;

d) Levantar autos de notícia e participações, relativamente a infracções constatadas no exercício das respectivas competências, podendo ainda levantar autos de advertência em caso de infracções classificadas como leves e das quais ainda não tenha resultado prejuízo grave para os trabalhadores, para a administração do trabalho ou para a segurança social.

2 – No exercício das suas funções profissionais o inspector da segurança social efectua, sem prejuízo dos previstos em legislação específica, os seguintes procedimentos:

a) Requisitar e copiar, com efeitos imediatos, para exame, consulta e junção aos autos, livros, documentos, registos, arquivos e outros elementos pertinentes em poder das entidades cuja actividade seja objecto da sua acção e que interessem à averiguação dos factos objecto da acção inspectiva;

b) Levantar autos de notícia e participações, relativamente a infracções constatadas no exercício das respectivas competências, podendo ainda levantar autos de advertência em caso de infracções classificadas como leves e das quais ainda não tenha resultado prejuízo grave para a segurança social;

c) Notificar trabalhadores, beneficiários ou não, bem como entidades empregadoras, que sejam encontrados em situação de infracção, podendo igualmente proceder à notificação de outros cidadãos, com vista à sua inquirição como testemunhas e ou declarantes, com a faculdade de reduzir a escrito os respectivos depoimentos;

d) Direito de acesso livre-trânsito, nos termos da lei, pelo tempo e horário necessários ao desempenho das suas funções, nas instalações das entidades sujeitas ao exercício das suas atribuições;

e) Obter, das entidades fiscalizadas para apoio nas acções de fiscalização, a cedência de instalações adequadas, material e equipamento próprio, bem como a colaboração de pessoal que se mostre indispensável;

f) Trocar correspondência, em serviço, com todas as entidades públicas ou privadas sobre assuntos de serviço da sua competência;

g) Requisitar a colaboração necessária das autoridades policiais e administrativas, para o exercício das suas funções.

3 – O inspector do trabalho ou da segurança social, consoante os casos, pode, caso assim o entenda, notificar ou entregar imediatamente ao infractor os instrumentos referidos nos nºs 1 e 2.

4 – A notificação ou a entrega deve ser feita com a indicação da contra-ordenação verificada, das medidas recomendadas ao infractor e do prazo

para o seu cumprimento, avisando-o de que o incumprimento das medidas recomendadas influi na determinação da medida da coima.

I – Reforçam-se e explicitam-se os poderes dos inspetores do trabalho (no nº 1) e da segurança social (nº 2).

II – A ação inspetiva, incluindo as atividades e poderes do inspetor do trabalho, encontram-se disciplinadas no DL nº 102/2000, de 2 de junho, que aprova o Estatuto da Inspeção-Geral do Trabalho (mantido em vigor, com exceção dos arts. 1º a 4º, pelo art. 20º do DL nº 36-B/2007, de 28 de setembro, que aprovou a orgânica da ACT). Por sua vez, o regime jurídico da atividade de inspeção, auditoria e fiscalização dos serviços da administração direta e indireta do Estado encontra-se estabelecido no DL nº 276/2007, de 31 de julho. Ainda interessa mencionar as Convenções da OIT, nºs 81, de 1947 e 129, de 1969, ambas ratificadas por Portugal.

III – Os poderes de autoridade do pessoal do ISS, IP no exercício de funções de acompanhamento e supervisão das instituições particulares de solidariedade social e de outras entidades privadas que exerçam atividades de apoio social e, ainda, no exercício de funções de fiscalização encontram-se previstos no nº 1 do art. 17º do DL nº 83/21012, de 30 de março, que aprova a orgânica daquele Instituto. No seu nº 2, determina-se que a este pessoal é aplicável o regime jurídico da atividade inspetiva dos serviços de inspeção, auditoria e fiscalização da administração central do Estado, no que se refere ao regime de incompatibilidades e impedimentos, bem como ao direito a apoio em processos judiciais.

IV – Os princípios da atividade inspetiva sistematizados pela OCDE, em 2014 (Regulatory Enforcement and Inspections) são, em síntese, os seguintes: objetividade das decisões inspetivas, seletividade, foco no risco e na proporcionalidade, visão de longo prazo, coordenação e consolidação, governança transparente, integração de informação, justiça e clareza, promoção do cumprimento, regulação responsável e profissionalismo *in* Ana Fernanda Neves, Aproximação à Atividade Inspetiva: Delimitação, Princípios, Poderes e Deveres; Estudos sobre a Atividade Inspetiva, AAFDL, 2018, pág. 30.

Artigo 11º – Notificação no âmbito de procedimentos inspectivos

No caso de entrega imediata, a notificação considera-se feita na pessoa do infractor quando seja efectuada em qualquer pessoa que na altura o represente, ou na sua falta, em qualquer trabalhador que se encontre a exercer funções no local.

I – Não havendo decisão final condenatória transitada em julgado, não devia o arguido ou suspeito ser crismado de infrator, quer neste, quer no artigo anterior.

II – Esta "entrega imediata" reporta-se à notificação imediata do auto de notícia ou participação permitida nos nºs 3 e 4 do artigo anterior.

Artigo 12º – Modo e lugar do cumprimento

1 – Se o cumprimento da norma a que respeita a contra-ordenação for comprovável por documentos, o sujeito responsável exibe ou envia a título devolutivo os documentos comprovativos do cumprimento no serviço territorialmente competente da respectiva autoridade administrativa, dentro do prazo fixado.

2 – No caso de contra-ordenação não abrangida pelo disposto no número anterior, o inspector pode ordenar ao sujeito responsável pela contra-ordenação que, dentro do prazo fixado, comunique ao serviço territorialmente competente que tomou as medidas necessárias para cumprir a norma.

I – São numerosas as situações em que o cumprimento de obrigações legais de natureza laboral é comprovável por documentos. Sirvam de exemplo, o contrato a termo e o pagamento da retribuição (CT, arts. 141º e 276º).

II – Nas situações previstas no nº 2, sirvam de exemplo as medidas de segurança e saúde no trabalho.

III – A falta de apresentação do documento requisitado, bem como a sua ocultação, destruição e danificação podem constituir crime de desobediência qualificada (CT, art. 547º) ou apenas contraordenação leve (art. 552º).

CAPÍTULO IV – Tramitação processual

SECÇÃO I – Da fase administrativa

Artigo 13º – Auto de notícia e participação

1 – O auto de notícia e a participação são elaborados pelos inspectores do trabalho ou da segurança social, consoante a natureza das contra-ordenações em causa.

2 – Sem prejuízo do disposto em legislação especial, há lugar a auto de notícia quando, no exercício das suas funções o inspector do trabalho ou da segurança social, verificar ou comprovar, pessoal e directamente, ainda que por forma não imediata, qualquer infracção a normas sujeitas à fiscalização da respectiva autoridade administrativa sancionada com coima.

3 – Consideram-se provados os factos materiais constantes do auto de notícia levantado nos termos do número anterior enquanto a autenticidade do documento ou a veracidade do seu conteúdo não forem fundadamente postas em causa.

4 – Relativamente às infracções de natureza contra-ordenacional cuja verificação não tenha sido comprovada pessoalmente pelo inspector do trabalho ou da segurança social, há lugar à elaboração de participação instruída com os elementos de prova disponíveis e a indicação de, pelo menos, duas testemunhas e o máximo de cinco, independentemente do número de contra-ordenações em causa.

I – No nº 2, caracteriza-se o auto de notícia, exigindo-se que o inspetor verifique, presencialmente, os factos que nele descreve ou que, não os verificando diretamente, os comprove pessoalmente, mediante documentos, inspeção ou peritagem. No nº 3, indica-se o seu valor probatório.

II – Através do nº 3, confere-se fé pública ao auto de notícia.

III – No nº 4, apresenta-se a noção de participação, que já carece dos respetivos meios probatórios. Naturalmente, ainda se pode verificar a denúncia particular por qualquer pessoa, como previsto no RGC, art. 54º, nº 1.

IV – O conteúdo essencial do auto de notícia e da participação é indicado no art. 15º.

Artigo 14º – Auto de infracção

1 – O auto de infracção é levantado por qualquer técnico da segurança social.

2 – Há lugar a auto de infracção quando seja verificada por qualquer técnico no exercício das suas funções infracção correspondente a contra-ordenação da segurança social.

3 – Consideram-se provados os factos materiais constantes do auto levantado nos termos do número anterior enquanto a autenticidade do documento ou a veracidade do seu conteúdo não forem fundadamente postas em causa.

I – Diferentemente do que acontece com o auto de notícia e da participação, o auto de infração é erigido por qualquer técnico da segurança social e não por um inspetor. Também beneficia da presunção de veracidade quando o autor se encontra no exercício das suas funções.

II – A falsidade do documento pode ser originária ou superveniente, consoante o momento em que a adulteração se verifica. A primeira ainda pode ser material ou intelectual, sendo que nesta se relatam factos que não se verificaram.

III – Deverá ser arguida na contestação ou resposta ou no prazo geral de 10 dias (arts. 170º e 105º, nº 1, do CPP).

Artigo 15º – Elementos do auto de notícia, da participação e do auto de infracção

1 – O auto de notícia, a participação e o auto de infracção referidos nos artigos anteriores mencionam especificadamente os factos que constituem a contra-ordenação, o dia, a hora, o local e as circunstâncias em que foram cometidos e o que puder ser averiguado acerca da identificação e residência do arguido, o nome e categoria do autuante ou participante e, ainda, relativamente à participação, a identificação e a residência das testemunhas.

2 – Quando o responsável pela contra-ordenação seja uma pessoa colectiva ou equiparada, indica-se, sempre que possível, a sede da pessoa colectiva e a identificação e a residência dos respectivos gerentes, administradores ou directores.

3 – No caso de subcontrato, indica-se, sempre que possível, a identificação e a residência do subcontratante e do contratante principal.

I – No CT, a responsabilidade pelas contraordenações ou pelo pagamento da coima, incluindo das pessoas coletivas ou equiparadas e dos contratantes em relação aos subcontratantes, encontra-se amplamente determinada no art. 551º.

II – No CRCSPSS, os sujeitos responsáveis pelas contraordenações são indicados no art. 226º.

Artigo 15º-A – Procedimento a adotar em caso de inadequação do vínculo que titula a prestação de uma atividade em condições correspondentes às do contrato de trabalho

1 – Caso o inspetor do trabalho verifique, na relação entre a pessoa que presta uma atividade e outra ou outras que dela beneficiam, a existência de características de contrato de trabalho, nos termos previstos no nº 1 do artigo 12º do Código do Trabalho, aprovado pela Lei nº 7/2009, de 12 de fevereiro, lavra um auto e notifica o empregador para, no prazo de 10 dias, regularizar a situação, ou se pronunciar dizendo o que tiver por conveniente.

2 – O procedimento é imediatamente arquivado no caso em que o empregador faça prova da regularização da situação do trabalhador, designadamente mediante a apresentação do contrato de trabalho ou de documento comprovativo da existência do mesmo, reportada à data do início da relação laboral.

3 – Findo o prazo referido no nº 1 sem que a situação do trabalhador em causa se mostre devidamente regularizada, a ACT remete, em cinco dias, participação dos factos para os serviços do Ministério Público junto do tribunal do lugar da prestação da atividade, acompanhada de todos os elementos de prova recolhidos, para fins de instauração de ação de reconhecimento da existência de contrato de trabalho.

4 – A ação referida no número anterior suspende até ao trânsito em julgado da decisão o procedimento contraordenacional ou a execução com ela relacionada.

I – O preceituado neste artigo serve de fundamento ao processo especial da ação de reconhecimento da existência de contrato de trabalho (ARECT) regulado no art. 186º-K e segs. e classificado como urgente no art. 26º, nº 1, alínea i), ambos do CPT.

II – Ainda pode dar origem a "procedimento cautelar de suspensão de despedimento subsequente a auto de inspeção previsto no artigo 15º-A da Lei nº 107/2009, de 14 de setembro", como previsto no art. 186º-S do CPT.

III – A participação dos factos deverá equivaler-se à situação prevista no art. 22º do CPT, integrar-se na 12ª espécie na distribuição (art. 21º), dando origem à ação, com natureza urgente [art. 26º, al. i)] de reconhecimento da existência de contrato de trabalho, regulada no art. 186º-K e segs., todos do mesmo CPT.

IV – Ac. TRP, de 25-03-2019, Proc. 19/18.5T9VFR-A.P1, Rel. Nelson Fernandes: I – A ação para reconhecimento da existência de contrato de trabalho (ARECT) assume-se como causa prejudicial à possibilidade de prossecução do processo contraordenacional ou do processo de execução, constituindo-se a sentença naquela proferida como caso julgado material em relação à autoridade administrativa, solução esta que resulta do nº 4 do artigo 15º-A da Lei nº 107/2009, de 14 de setembro, ao impor a suspensão do procedimento contraordenacional ou da execução com ela relacionada até ao trânsito em julgado da decisão proferida naquela ação. II – A suspensão, que decorre como se viu expressamente da lei e que opera também mesmo nos casos em que já ocorra a execução, evidencia, de modo claro, que mesmo a autoridade do chamado caso resolvido, caraterística das decisões administrativas, cede perante a decisão que venha a ser proferida na AERECT, só se compreendendo que a suspensão também opere na fase executiva pelo respeito que se quer ver atribuído a essa decisão judicial. III – Daí que, proferida que seja sentença transitada em julgado pelo tribunal na AERECT, não caiba propriamente à ACT uma mera atividade de ponderação do ali decidido, no sentido de o respeitar ou não, impondo-se-lhe, pelo contrário, que a sentença seja respeitada, pelos efeitos do caso julgado material formado com aquela decisão, prejudicial como se disse em relação ao processo de contraordenação. IV – A instância na AERECT não se inicia com a apresentação da petição inicial em

juízo, no caso pelo Ministério Público, iniciando-se antes, diversamente, com o recebimento da participação, como resulta nº 6 do artigo 26º do CPT, pelo que, cumprido por parte da ACT o disposto no nº 3 do artigo 15º-A do RCOLSS, a partir de então a ação terá de considerar-se pendente, do que decorrerá, por aplicação do disposto no nº 4 do indicado artigo 15º-A, que o processo de contraordenação terá de ficar suspenso.
V – Como pressuposto da cessação da suspensão é que a AERECT já não se encontre pendente, tendo a ACT remetido a participação a que se alude no ponto anterior, tendo-se assim já como iniciada a instância na ação, caso não lhe tenha sido comunicada a sentença final (comunicação determinada oficiosamente ao tribunal), impõe-se-lhe que se esclareça, antes de proferir decisão final no processo de contraordenação, assim junto do Tribunal competente, em que estado se encontrava a ação.
VI – Proferindo a ACT decisão final no processo de contraordenação num momento em que este processo se deva considerar suspenso face à pendência da AERECT, é de considerar que aquela decisão não foi validamente proferida, pois que só ao tribunal estava cometida a competência para o fazer, arrogando-se assim a ACT a um poder/competência que então não detinha.

Artigo 16º – Impedimentos

O autuante ou o participante não podem exercer funções instrutórias no mesmo processo.

I – Ainda que não referido, mas pela mesma ordem de razões, o técnico da segurança social que der corpo ao auto de infração também não poderá exercer as funções de instrutor.

II – O instrutor, não obstante se inserir na estrutura hierárquica, deve atuar com imparcialidade, objetividade e independência.

III – O instrutor, antes de providenciar pela notificação prevista no artigo seguinte, deverá apreciar a regularidade do auto que deu origem ao processo, nomeadamente sobre os elementos mencionados no art. 15º, podendo mandá-lo aperfeiçoar e tomar outras diligências. Inclusive, deverá confirmar se no auto se contêm os elementos constitutivos da contraordenação em causa.

IV “As decisões, despachos e demais medidas tomadas pelas autoridades administrativas no decurso do processo são susceptíveis de impugnação judicial por parte do arguido ou da pessoa contra os quais se dirigem” (RGC, art. 55º, nº 1) a interpor, de imediato, para o juízo do trabalho competente (em cuja a área territorial se tiver consumado a infração, segundo o auto – RGC, art. 61º)

Artigo 17º – Notificação ao arguido das infracções laborais

1 – O auto de notícia, a participação e o auto de infracção são notificados ao arguido, para, no prazo de 15 dias, proceder ao pagamento voluntário da coima.

2 – Dentro do prazo referido no número anterior, pode o arguido, em alternativa, apresentar resposta escrita ou comparecer pessoalmente para apresentar resposta, devendo juntar os documentos probatórios de que disponha e arrolar ou apresentar testemunhas, até ao máximo de duas por cada infracção.

3 – Quando tiver praticado três ou mais contra-ordenações a que seja aplicável uma coima única, o arguido pode arrolar até ao máximo de cinco testemunhas por todas as infracções.

I – Neste artigo e no seguinte estabelece-se o exercício do direito de audição e defesa do arguido imposto no art. 5º do RGC. Neste, relativo às infrações laborais, a defesa é apresentada por "resposta escrita" ou por resposta oral.

II – As testemunhas devem ser identificadas "no rol pelos seus nomes, profissões e moradas (ou domicílio profissional) e outras circunstâncias necessárias para as identificar" (CPC, art. 498º, nº 1, aplicável *ex vi* do art. 4º e 132º, nº 3 do CPP). A sua apresentação é regulada no art. 21º.

III – Para além das testemunhas e dos documentos referidos, também, para poder haver defesa, são admissíveis os restantes meios de prova.

IV – No art. 53º do RGC, permite-se ao arguido o direito de se fazer acompanhar de advogado e até de pedir a nomeação de defensor oficioso.

V – Havendo pluralidade de contraordenações, haverá um processo e coima únicos como se prevê no CT, art. 558º.

Artigo 18º – Notificação ao arguido das infracções de segurança social

1 – O arguido é notificado dos factos que lhe são imputados para, no prazo de 15 dias, proceder ao pagamento voluntário da coima, ou para contestar, querendo, devendo apresentar os documentos probatórios de que disponha e arrolar testemunhas, até ao máximo de duas por cada infracção.

2 – Quando tiver praticado três ou mais contra-ordenações a que seja aplicável uma coima única, o arguido pode arrolar até ao máximo de cinco testemunhas por todas as infracções.

I – Ao contrário do que acontece no procedimento das infrações laborais, no da segurança social o arguido é notificado dos factos e para contestar e não é notificado nem do auto, nem para responder por escrito.

II – Havendo apenas notificação de factos e não das circunstâncias, será difícil verificar o elemento volitivo, que será determinante para apurar a censurabilidade que é determinante para haver uma contraordenação.

Artigo 19º – Pagamento voluntário da coima

1 – Em qualquer altura do processo, mas sempre antes da decisão da autoridade administrativa competente, nos casos em que a infracção seja qualificada como leve, grave ou muito grave praticada com negligência, o arguido pode proceder ao pagamento voluntário da coima, nos termos seguintes:

a) Em caso de pagamento voluntário da coima efectuado no prazo de 15 dias estabelecido no nº 1 dos artigos 17º e 18º, a coima é liquidada pelo valor mínimo que corresponda à contra-ordenação praticada com negligência, devendo ter em conta o agravamento a título de reincidência, sem custas processuais;

b) Em caso de pagamento voluntário da coima efectuado posteriormente ao decurso do prazo previsto na alínea anterior, mas antes da decisão da autoridade administrativa competente, a coima é liquidada pelo valor mínimo que corresponda à contra-ordenação praticada com negligência, devendo ter em conta o agravamento a título de reincidência, acrescido das devidas custas processuais.

2 – Se a contra-ordenação consistir na falta de entrega de mapas, relatórios ou outros documentos ou na omissão de comunicações obrigatórias, o pagamento voluntário da coima só é possível se o arguido sanar a falta no mesmo prazo.

3 – O pagamento voluntário da coima, nos termos do nº 1, equivale a condenação e determina o arquivamento do processo, não podendo o mesmo ser reaberto, e não podendo os factos voltar a ser apreciados como contra-ordenação, salvo se à contra-ordenação for aplicável sanção acessória, caso em que prossegue restrito à aplicação da mesma.

4 – Se o infractor agir com desrespeito das medidas recomendadas no auto de advertência, a coima pode ser elevada até ao valor mínimo do grau que corresponda à infracção praticada com dolo.

I – Os escalões de gravidade das contraordenações laborais e da segurança social classificam-se em leves, graves e muito graves consoante a relevância dos interesses violados (CT, art. 553º e CRCSPSS, art. 232º).

II – O valor das coimas, segundo o art. 554º do CT, em regra, varia em cada escalão de gravidade das contraordenações em função do volume de negócios da empresa e do grau de culpa do infrator. Diferentemente no CRCSPSS, apenas variam dentro de limites fixados (art. 233º).

III – O dever de apresentação de documentos prevê-se no art. 552º do CT. Em geral, as informações sobre as atividades sociais das empresas devem efetuar-se através do Relatório Único, aprovado pela P. nº 55/2010.

Artigo 20º – Responsabilidade solidária pelo pagamento da coima

O disposto nos artigos 17º, 18º e 19º é aplicável, com as necessárias adaptações, ao sujeito solidariamente responsável pelo pagamento da coima.

I – A responsabilidade pela contraordenação é do empregador, que, para além de uma pessoa singular, pode ser uma pessoa coletiva, uma associação sem personalidade jurídica ou uma comissão especial (CC, arts. 157º a 201º-A e CT, art. 551º, nº 1).

II – Sendo responsável uma pessoa coletiva ou equiparada, "respondem pelo pagamento da coima, solidariamente" os respetivos administradores, gerentes ou diretores (nº 2). Ainda em certos casos, o contratante pode ser responsabilizado solidariamente pelo pagamento da coima devida pelo subcontratante (nº 3).

III – "A obrigação é solidária, quando cada um dos devedores responde pela prestação integral e esta a todos libera, ou quando cada um dos credores tem a faculdade de exigir, por si só, a prestação integral e esta libera o devedor para com todos eles" (CC, art. 512º, nº 1).

Artigo 21º – Testemunhas

1 – As testemunhas indicadas pelo arguido na resposta escrita devem por ele ser apresentadas na data, na hora e no local indicados pela entidade instrutora do processo.

2 – Os depoimentos prestados nos termos do número anterior podem ser documentados em meios técnicos áudio-visuais.

3 – Os depoimentos ou esclarecimentos recolhidos nos termos do número anterior não são reduzidos a escrito, nem é necessária a sua transcrição para efeitos de recurso, devendo ser junta ao processo cópia das gravações.

I – Conforme anotado ao art. 17º "As testemunhas são designadas no rol pelos seus nomes, profissões e moradas e por outras circunstâncias necessárias para as identificar" (CPC, art. 498º, nº 1) e nº 3 do art. 132º abaixo transcrito.

II – A utilização dos meios técnicos audiovisuais apenas é possível quando estiverem implantados e em funcionamento, como prevenido no art. 65º, nº 2.

III – Dada a natureza do processo, o arguido pode apresentar testemunhas diferentes das arroladas, tendo apenas de respeitar o número máximo. As testemunhas de acusação, nomeadamente as referidas no nº 4 do art. 13º deverão ser notificadas pelo instrutor para comparecerem, oficiosamente ou a requerimento do arguido.

IV – Os deveres (essenciais) das testemunhas (que não serão ajuramentadas) e peritos encontram-se assinalados no arts. 43º e 52º do RGC. Os direitos e deveres da testemunha constam do art. 132º do CPP que é do seguinte teor:

1 – Salvo quando a lei dispuser de forma diferente, incumbem à testemunha os deveres de:

a) Se apresentar, no tempo e no lugar devidos, à autoridade por quem tiver sido legitimamente convocada ou notificada, mantendo-se à sua disposição até ser por ela desobrigada;

b) Prestar juramento, quando ouvida por autoridade judiciária;

c) Obedecer às indicações que legitimamente lhe forem dadas quanto à forma de prestar depoimento;

d) Responder com verdade às perguntas que lhe forem dirigidas.

2 – A testemunha não é obrigada a responder a perguntas quando alegar que das respostas resulta a sua responsabilização penal.

3 – Para o efeito de ser notificada, a testemunha pode indicar a sua residência, o local de trabalho ou outro domicílio à sua escolha.

4 – Sempre que deva prestar depoimento, ainda que no decurso de ato vedado ao público, a testemunha pode fazer-se acompanhar de advogado, que a informa, quando entender necessário, dos direitos que lhe assistem, sem intervir na inquirição.

5 – Não pode acompanhar testemunha, nos termos do número anterior, o advogado que seja defensor de arguido no processo.

V – As regras da inquirição das testemunhas constam do art. 138º do CPP.

Artigo 22º – Adiamento da diligência de inquirição de testemunhas

1 – A diligência de inquirição de testemunhas apenas pode ser adiada uma única vez, ainda que a falta à primeira marcação tenha sido considerada justificada.

2 – Considera-se justificada a falta motivada por facto não imputável ao faltoso que o impeça de comparecer no acto processual.

3 – A impossibilidade de comparecimento deve ser comunicada com cinco dias de antecedência, se for previsível, e no dia e hora designados para a prática do acto ou no prazo de vinte e quatro horas em caso de manifesta impossibilidade, se for imprevisível, constando da comunicação a indicação do respectivo motivo e da duração previsível do impedimento, sob pena de não justificação da falta.

4 – Os elementos de prova da impossibilidade de comparecimento devem ser apresentados com a comunicação referida no número anterior.

O dever de comparência das testemunhas e peritos está estabelecido no RGC, art. 52º, onde, no seu nº 2, se prevê a possibilidade da autoridade administrativa aplicar sanções em caso de recusa injustificada.

Artigo 23º – Legitimidade das associações sindicais como assistentes

1 – Nos processos instaurados no âmbito da presente secção, podem constituir-se assistentes as associações sindicais representativas dos trabalhadores relativamente aos quais se verifique a contra-ordenação.

2 – À constituição de assistente são aplicáveis, com as necessárias adaptações, as disposições do Código de Processo Penal.

3 – Pela constituição de assistente não são devidas quaisquer taxas.

I – A figura do assistente em processo penal está prevista no art. 68º e segs. do CPP.

II – As associações sindicais têm direito "a iniciar e intervir em processos judiciais e em procedimentos administrativos quanto a interesses dos seus associados nos termos da lei" (CT, art. 443º, nº 1, al. d) não sendo devida taxa de justiça.

III – A associação sindical só terá legitimidade para se poder constituir assistente quando a contraordenação respeitar a um grupo de trabalhadores seus associados.

Artigo 24º – Prazo para a instrução

1 – O prazo para a conclusão da instrução é de 60 dias.

2 – O prazo referido no número anterior pode ser sucessivamente prorrogado por iguais períodos em casos devidamente fundamentados.

3 – Para efeitos do nº 1, a contagem do prazo inicia-se com a distribuição do processo ao respectivo instrutor.

I – Este prazo pode ser sucessiva e indefinidamente prorrogado "em casos devidamente fundamentados". Assim, é forçoso concluir que se trata de um prazo perentório, pois só pode ser prorrogado havendo fundamento o que deve ser aduzido nos autos através de cota. Não se verificando tal fundamento como, inequivocamente, resulta do que se encontra estabelecido no art. 139º do CPC, aplicável *ex vi* do art. 104º do CPP, "o decurso do prazo ... extingue o direito de praticar o ato".

II – No RGC não se estabelece qualquer prazo para ultimar a instrução, cfr. art. 54º, mas, no artigo seguinte, prevê o recurso das medidas das autoridades administrativas (decisões, despachos e demais medidas tomadas).

Artigo 25º – Decisão condenatória

1 – A decisão que aplica a coima e ou as sanções acessórias contém:

a) A identificação dos sujeitos responsáveis pela infracção;

b) A descrição dos factos imputados, com indicação das provas obtidas;

c) A indicação das normas segundo as quais se pune e a fundamentação da decisão;

d) A coima e as sanções acessórias.

2 – Da decisão consta também a informação de que:

a) A condenação se torna definitiva e exequível se não for judicialmente impugnada nos termos dos artigos 32º a 35º;

b) Em caso de impugnação judicial, o tribunal pode decidir mediante audiência ou, caso os sujeitos responsáveis pela infracção, o Ministério Público e o assistente, quando exista, não se oponham, mediante simples despacho.

3 – A decisão contém ainda a ordem de pagamento da coima no prazo máximo de 10 dias após o carácter definitivo ou o trânsito em julgado da decisão.

4 – Não tendo o arguido exercido o direito de defesa nos termos do nº 2 do artigo 17º e do nº 1 do artigo 18º, a descrição dos factos imputados, das provas, e das circunstâncias relevantes para a decisão é feita por simples remissão para o auto de notícia, para a participação ou para o auto de infracção.

5 – A fundamentação da decisão pode consistir em mera declaração de concordância com fundamentos de anteriores pareceres, informações ou propostas de decisão elaborados no âmbito do respectivo processo de contra-ordenação.

I – Corresponde "in toto" ao art. 25º do RGC. Tendo sido apresentada defesa (por resposta escrita ou contestação, nos termos dos arts. 17º e 18º) e nela deduzida alguma irregularidade deverá o instrutor tomar posição sob pena de não ser considerada a defesa, o que gerará nulidade do processo.

II – O dever de fundamentação da sentença penal é regulado no nº 2 do art. 374º do CPP, com o seguinte texto: *Ao relatório segue-se a fundamentação, que consta da enumeração dos factos provados e não provados, bem como de uma exposição tanto quanto possível completa, ainda que concisa, dos motivos, de facto e de direito, que fundamentam a decisão, com indicação e exame crítico das provas que serviram para formar a convicção do tribunal.*

III – A falta dos requisitos exigidos constitui nulidade da decisão administrativa, a arguir em recurso ou, não sendo este possível, no prazo geral de 10 dias, cfr. CPP, art. 379º. Um desses requisitos deve consubstanciar a censurabilidade da conduta (CT, arts. 548º, 550º e 557º).

IV – Dado tratar-se de um procedimento administrativo e ao invés do que acontece na sentença em processo penal (art. 374º, nº 4 do CPP), no normativo sobre esta decisão condenatória não há qualquer referência a custas, razão pela qual não são devidas. De resto, no art. 59º, preceitua-se que "sempre que o contrário não resulte da presente lei, são aplicáveis, com as devidas adaptações, as disposições do regulamento das custas processuais". Ora, conforme consta no art. 2º, o RCP apenas se aplica "aos processos que correm termos nos tribunais judiciais, nos tribunais administrativos e fiscais e no balcão nacional de injunções". Também o lugar da inserção e os termos daquele art. 59º inculcam que o seu conteúdo apenas se aplica à fase contenciosa, até porque nele se invocam "as disposições do regulamento das custas processuais", ou seja, as normas do nº 7 e segs. do art. 8º deste RCP nas quais se preceitua que apenas "é devida taxa de justiça pela impugnação das decisões de autoridades administrativas". Tal dispositivo afasta a aplicação do RGC, embora no seu art. 92º, nº 2, se estabeleça que as autoridades administrativas "deverão fixar o montante das custas e determinar quem as deve suportar" mas, logo no artigo seguinte, determina que "o processo de contra-ordenação que corra perante autoridades administrativas não dá lugar ao pagamento da taxa de justiça". Parece, pois, uma arbitrariedade das autoridades administrativas que determinam o pagamento de custas, para além da arbitrariedade no seu cálculo.

V – "A decisão que aplique a coima deve conter, sendo caso disso, a ordem de pagamento de quantitativos em dívida ao trabalhador, a efetuar dentro do prazo estabelecido para o pagamento da coima" (CT, art. 364º, nº 2).

VI – As sanções acessórias, que vão da publicidade de decisão condenatória até à privação do direito de participar em arrematações ou concursos públicos, encontram-se elencadas no CT, art. 562º e no CRCSPSS, art. 243º.

VII – Ac. TC, Nº 80/2018, de 7 Fev. 2018, Processo 167/16: Não padece de inconstitucionalidade a norma que prevê que no caso de contraordenação muito grave, praticada com dolo, é aplicada automaticamente ao agente a sanção acessória de publicidade.

Artigo 26º – Natureza de título executivo

A decisão condenatória de aplicação de coima que não se mostre liquidada no prazo legal tem a natureza de título executivo.

I – O vocábulo "liquidada", face ao contexto, tem o significado plebeu de "paga" e não o sentido técnico-jurídico, como utilizado, por exemplo, no art. 358º do CPC.

II – Este título executivo insere-se na categoria da alínea d) do nº 1, do art. 73º do CPC, ou seja, é um documento a que, por disposição especial, é atribuída força executiva e, assim, pode servir de base à execução no juízo do trabalho competente (CPT, art. 88º, nº 1) a mover pelo MP (RGC, art. 9º). Na distribuição, pertence à 10ª espécie (art. 21º do CPT).

III – A competência para a execução pertence ao juízo do trabalho, territorialmente competente (RGC, arts. 89º e 91º e LOSJ, art. 126º. nº 1, alínea m) e nº 2), sendo promovida pelo MP.

IV – Em caso de decisão condenatória que implique o pagamento de quantitativos em dívida ao trabalhador, não sendo estes pagos, tal decisão serve de base à execução "aplicando-se as normas do processo comum de execução para pagamento de quantia certa" (CT. art. 564º, nº 3).

V – Ac. TRP, de 08-03-2019, Proc. nº 481/16.OT8VFR-B, Rel. Rita Maria Pereira Romeira. I – As normas do processo laboral prevalecem sobre as normas do processo civil, em tudo o que esteja expressamente regulado no Código de Processo do Trabalho, sendo a aplicação daquelas meramente subsidiária. II – Assim, tendo em atenção, que o art. 852º do CPC, quanto aos recursos de decisões proferidas no processo executivo, não refere que a remissão seja para o processo declarativo civil, tratando-se de um processo de execução laboral, aquela remissão é para o processo declarativo laboral e não para o processo declarativo processual civil, porque a questão do prazo de interposição dos recursos tem regulamentação expressa e autónoma no CPT, em concreto, art. 80º. III – Donde, o prazo de interposição de recurso, em processo execução de sentença laboral, é o previsto no Código de Processo do Trabalho e não o previsto no Código do Processo Civil.

Artigo 27º – Pagamento da coima em prestações

1 – Excepcionalmente, quando o arguido o requeira e desde que a sua situação económica o justifique, pode a autoridade administrativa competente, após decisão condenatória, autorizar o pagamento da coima em prestações, não podendo a última delas ir além de um ano subsequente ao carácter definitivo da decisão.

2 – A falta de pagamento de uma prestação implica o vencimento de todas as outras.

3 – Para efeitos de apreciação do pedido do pagamento da coima em prestações, o arguido tem de fazer prova da impossibilidade de pagamento imediato da coima.

4 – Nos casos em que seja autorizado o pagamento da coima em prestações, são pagos com a primeira prestação e pela seguinte ordem:

a) Créditos laborais em que o empregador tenha sido condenado;

b) Dívidas à segurança social e respectivas custas.

Os créditos laborais e as dívidas à segurança social são as que, eventualmente, resultem da contraordenação decidida e não outros, não havendo lugar à apresentação da certidão de situação contributiva regularizada, prevista no art. 208º do CRCSPSS.

SUBSECÇÃO I – Processo especial

Artigo 28º – Âmbito

1 – A infracção classificada como leve ou grave, com valor mínimo legal inferior ou igual ao valor de 10 UC, segue a forma de processo especial.

2 – O processo especial não é aplicável quando o infractor já tenha sido condenado por infracção anterior, sobre a qual ainda não decorreu um prazo superior ao da prescrição da respectiva coima, contado a partir da data da decisão condenatória.

I – A unidade de conta processual (UC) encontra-se prevista no RCP, art. 5º, servindo para expressar a taxa de justiça, encargos, multas e outras penalidades, entre as quais o valor de algumas coimas. É atualizada anual e automaticamente de acordo com o indexante dos apoios sociais (IAS). O valor deste para o ano de 2019 foi fixado em € 435,76 (P. nº 24/2019, de 17 de janeiro).

II – Mas, de conformidade com o disposto no art. 182º da Lei nº 71/2018, de 31 de dezembro, que aprovou o Orçamento do Estado para 2019, referente ao valor das custas processuais, ficou determinado, para 2019, que se mantém a suspensão da atualização automática da unidade de conta processual (UC) prevista no nº 2 do artigo 5º do RCP, continuando, assim, em vigor o mesmo valor das custas. Em consequência, em 2019, a UC continuará a corresponder a € 102,00.

III – O prazo de prescrição das coimas está subordinado às normas do art. 55º.

Artigo 29º – Procedimento

1 – A autoridade administrativa competente, antes da acusação, notifica o infractor da descrição sumária dos factos imputados, com menção das disposições legais violadas e indicação do valor da coima calculada.

2 – Na mesma notificação o infractor é informado da possibilidade de pagamento da coima, no prazo de cinco dias, com a redução prevista nos termos do artigo seguinte, desde que proceda simultaneamente ao cumprimento da obrigação devida.

3 – A ausência de resposta do infractor, recusa de pagamento no prazo referido no nº 2 ou o não cumprimento da obrigação devida, determina o

imediato prosseguimento do processo de acordo com as regras previstas nos artigos 17º a 27º, com as seguintes adaptações:

a) O prazo previsto no nº 1 dos artigos 17º e 18º é reduzido para 10 dias;

b) O prazo previsto no nº 1 do artigo 19º é reduzido para 10 dias;

c) O prazo previsto no nº 1 do artigo 24º é reduzido para 30 dias.

Como já referido na anotação ao art. 11º, também neste artigo o "infrator" é o arguido ou suspeito de ter praticado a infração.

Artigo 30º – Redução da coima

O valor da coima, calculado para os efeitos do nº 2 do artigo anterior, corresponde a 75% do montante mínimo legal aplicável.

Artigo 31º – Efeitos do cumprimento

O cumprimento da obrigação devida e o respectivo pagamento da coima nos termos do nº 2 do artigo 28º equivale a decisão condenatória definitiva, não podendo o facto voltar a ser apreciado como contra-ordenação, nem o infractor impugnar judicialmente aquela decisão.

Há um *lapsus calami*: em vez do artigo 28º, deve ser o artigo 29º.

SECÇÃO II – Fase judicial

Artigo 32º – Impugnação judicial das decisões de aplicação das coimas

A decisão da autoridade administrativa de aplicação de coima é susceptível de impugnação judicial.

I – Nesta fase visa-se não apenas a reapreciação da decisão final tomada pela autoridade administrativa (ACT ou ISS, IP), mas também o seu julgamento dos factos que foram imputados ao arguido e que levaram aquela decisão.

II – Esta impugnação judicial está prevista no art. 201º do CPT, sendo a sua apreciação da competência do juízo do trabalho, conforme art. 126º, nº 2, da LOSJ, onde é classificada como recurso.

III – Ainda "as decisões, despachos e demais medidas tomadas pelas autoridades administrativas no decurso do processo são susceptíveis de impugnação judicial por parte do arguido ou da pessoa contra as quais se dirigem", desde que não se "destinem a preparar a decisão final de arquivamento ou aplicação da coima, não colidindo com os direitos ou interesses das pessoas" (RGC, art. 55º, nºs 1 e 2).

Artigo 33º – Forma e prazo

1 – A impugnação judicial é dirigida ao tribunal de trabalho competente e deve conter alegações, conclusões e indicação dos meios de prova a produzir.

2 – A impugnação judicial é apresentada na autoridade administrativa que tenha proferido a decisão de aplicação da coima, no prazo de 20 dias após a sua notificação.

I – Nos termos do art. 8º do RCP:

7 – É devida taxa de justiça pela impugnação das decisões de autoridades administrativas, no âmbito de processos contra-ordenacionais, quando a coima não tenha sido previamente liquidada, no montante de 1 UC, podendo ser corrigida, a final, pelo juiz, nos termos da tabela III, que faz parte integrante do presente Regulamento, tendo em consideração a gravidade do ilícito.

8 – A taxa de justiça referida no número anterior é autoliquidada nos 10 dias subsequentes à notificação ao arguido da data de marcação da audiência de julgamento ou do despacho que a considere desnecessária, devendo ser expressamente indicado ao arguido o prazo e os modos de pagamento da mesma.

9 – Nos restantes casos, a taxa de justiça é paga a final, sendo fixada pelo juiz tendo em vista a complexidade da causa, dentro dos limites fixados pela tabela III

10 – Se o juiz não fixar a taxa de justiça nos termos do número anterior, considera-se a mesma fixada no dobro do seu limite mínimo.

II – Face ao disposto no art. 6º não é aplicável a disposição do art. 60º do RGC, sob a epígrafe "contagem do prazo para impugnação", onde se dispõe que: *1. O prazo para a impugnação da decisão da autoridade administrativa suspende-se aos sábados, domingos e feriados.*

III – Dado que a apresentação de documentos, nos centros locais da ACT ou no ISS e seus centros distritais, ainda não é possível por transmissão eletrónica de dados, para a entrega da impugnação judicial deverá ser utilizado um dos meios previstos nas alíneas a), b) e c) do nº 7, do art. 144º, aplicável *ex vi* do art. 4º do CPP, ou seja, por entrega pessoal na secretaria; por remessa por correio, sob registo e por telecópia.

Artigo 34º – Tribunal competente

É competente para conhecer da impugnação judicial o tribunal de trabalho em cuja área territorial se tiver verificado a contra-ordenação.

I – O tribunal competente é o juízo do trabalho "em cuja área territorial se tiver consumado a infração" ou "último acto de execução" ou último acto de preparação", segundo o auto (RGC, art. 61º e nº 2 do art. 126º da LOSJ).

II – O elenco dos juízos do trabalho e as respetivas áreas de competência territorial resulta do disposto na LOSJ, nos arts. 79º e 126º e do seu regulamento – DL nº 49/2014, de 27 de dezembro, cuja última alteração foi introduzida pelo DL nº 38/2019, de 18 de março, que, para além do mais, criou o Juízo do Trabalho de Almada.

III – Ac. do STA, 27-09-2017, Proc. 0706/17, Rel. Francisco Rothes: I – A competência para conhecer do recurso judicial de decisão de aplicação da coima em matéria de segurança social é do tribunal de trabalho (cfr. art. 33º, nº 1, da Lei nº 107/2009, de 14 de Setembro, que aprovou o regime processual aplicável às contra-ordenações laborais e de segurança social, e art. 126º, nº 2, da Lei nº 62/2013, de 26 de Agosto, Lei da Organização do Sistema Judiciário). II – A violação das regras de competência em razão da matéria determina a incompetência absoluta do tribunal, excepção que determina a remessa do processo ao tribunal declarado competente, a menos que este se tenha também já declarado incompetente por decisão transitada em julgado, caso em que se verificará um conflito negativo de competência (cfr. arts. 33º, nº 1, e 34º, nº 1, do CPP, aplicável ex vi do art. 41º, nº 1, do Regime Geral das Contra-Ordenações, aprovado pelo Decreto Lei nº 433/82, de 27 de Outubro). III – Ainda que a arguida tenha dirigido a impugnação judicial da decisão administrativa ao tribunal competente, se se conformou com a declaração de incompetência em razão da matéria e com a remessa dos autos a outro tribunal, deve arcar com custas quando este último, por sua vez, se declara incompetente em razão da matéria.

Artigo 35º – Efeitos da impugnação judicial

1 – A impugnação judicial tem efeito meramente devolutivo.

2 – A impugnação judicial tem efeito suspensivo se o recorrente depositar o valor da coima e das custas do processo, no prazo referido no nº 2 do artigo 33º, em instituição bancária aderente, a favor da autoridade administrativa competente que proferiu a decisão de aplicação da coima.

3 – O depósito referido no número anterior pode ser substituído por garantia bancária, na modalidade «à primeira solicitação».

I – Por garantia bancária "à primeira solicitação" ou "on first demand", deve entender-se, diferentemente do que acontece na simples garantia bancária, que o pagamento pelo banco garante deve ser logo efetuado após a interpelação da ACT ou ISS, sem poder invocar quaisquer razões ou motivos justificativos que assistam à entidade garantida.

II – Ac. TRE, de 16-04-2015, Proc. 24/14.0T8EVR.E1, Rel. ALEXANDRE BAPTISTA COELHO: 3. Na fase judicial do processo de contra-ordenação o auto de notícia deixa de ter o valor probatório conferido pelo art. 13º, nº 3, da Lei nº 107/2009, de 14/9, passando então a prevalecer o princípio da livre apreciação da prova consignado no art. 127º do Código de Processo Penal.

Artigo 36º – Envio dos autos ao Ministério Público

1 – Recebida a impugnação judicial e, sendo caso disso, efectuado o depósito referido no artigo anterior, a autoridade administrativa competente envia os autos ao Ministério Público no prazo de 10 dias, podendo, caso o entenda, apresentar alegações.

2 – Até ao envio dos autos, pode a autoridade administrativa competente revogar, total ou parcialmente, a decisão de aplicação da coima ou sanção acessória.

I – Face ao teor do nº 2, as alegações da ACT ou ISS não poderão ter outro sentido que não seja a sustentação, pelo menos, em parte, do auto de notícia, da participação ou do auto de infração que originou o processo, podendo também pronunciar-se sobre eventuais exceções ou vícios invocados, que terão de ser notificadas ao arguido (CPP, art. 417º, nº 2).

II – Face ao que se estipula no nº 2, com o envio dos autos ao MP, a autoridade administrativa esgota os seus poderes, não podendo voltar a ter alguma intervenção neles.

III – Caso o recorrente não tenha depositado "o valor da coima e das custas do processo" nem prestado garantia, o magistrado do MP deverá providenciar pela execução, mediante a abertura de processo sumário, como permitido no art. 31º, nº 1 do CPT, o que pode ser requerido pela autoridade administrativa, enviando certidão respeitante à decisão (com a sua proposta, liquidação e prova da sua notificação ao arguido) com a nota da falta do trânsito em julgado.

Artigo 37º – Apresentação dos autos ao juiz

O Ministério Público torna sempre presentes os autos ao juiz, com indicação dos respectivos elementos de prova, valendo este acto como acusação.

I – Em conjugação com o disposto no nº 2 do artigo anterior, resulta desta norma que o magistrado do MP não pode ordenar à autoridade administrativa a prática de mais qualquer ato, mesmo para colmatar eventuais omissões, nem lhe devolver os autos, o que se justifica por já ter havido a impugnação judicial ou recurso do arguido.

II – A acusação pelo MP em processo penal encontra-se regulada no art. 283º do CPP, que aqui não tem aplicação. Face à redação da norma, o magistrado "torna sempre presentes os autos ao juiz", podendo através do seu despacho requerer o que tiver por conveniente, como, por exemplo, retirar a acusação nos termos do art. 41º.

III – Entre os "elementos de prova", no caso do processo se estribar numa participação, contêm-se as testemunhas previstas no nº 4 do art. 13º, que, assim, assumirão o papel de testemunhas da acusação.

IV – Uma vez os autos recebidos no juízo do trabalho serão objeto de distribuição e de renumeração, que serão notificados à ACT ou ISS e ao mandatário do arguido, em princípio por via *Citius*, de conformidade com o disposto no art. 113º, nº 15, do CPP (na redação conferida pela Lei nº 1/2018, de 29 de janeiro). Sobre notificações na fase administrativa, v. antecedentes arts. 7º a 9º.

Artigo 38º – Não aceitação da impugnação judicial

1 – O juiz rejeita, por meio de despacho, a impugnação judicial feita fora do prazo ou sem respeito pelas exigências de forma.

2 – Deste despacho há recurso, que sobe imediatamente.

I – Corresponde ao art. 63º do RGC. Sobre a rejeição do recurso por falta de conclusões na sua motivação, v. Ac. TC nº 265/2001, de 19 de junho.

II – Ainda que não expressamente previsto, afigura-se poder tornar-se necessário o saneamento do processo, que no art. 311º do CPP está, assim, regulado:

1 – Recebidos os autos no tribunal, o presidente pronuncia-se sobre as nulidades e outras questões prévias ou incidentais que obstem à apreciação do mérito da causa, de que possa desde logo conhecer.

2 – Se o processo tiver sido remetido para julgamento sem ter havido instrução, o presidente despacha no sentido:

a) De rejeitar a acusação, se a considerar manifestamente infundada;

b) De não aceitar a acusação do assistente ou do Ministério Público na parte em que ela representa uma alteração substancial dos factos, nos termos do nº 1 do artigo 284º e do nº 4 do artigo 285º, respetivamente.

3 – Para efeitos do disposto no número anterior, a acusação considera-se manifestamente infundada:

a) Quando não contenha a identificação do arguido;

b) Quando não contenha a narração dos factos;

c) Se não indicar as disposições legais aplicáveis ou as provas que a fundamentam; ou

d) Se os factos não constituírem crime.

III – Ac. do STJ nº 5/2019, publicado no D.R., de 26-09-2019, Rel. António Manuel Clemente Lima: "O despacho genérico ou tabelar de admissão de decisão da autoridade administrativa, proferido ao abrigo do disposto no artigo 63º, nº 1, do Regime Geral das Contraordenações, não adquire força de caso julgado formal".

IV – António Leones Dantas, O Despacho Liminar do Recurso de Impugnação no Processo da Contra-ordenações, estudo *in* Regime Geral das Contraordenações e ..., CEJ, setembro de 2015, pág. 11.

Artigo 39º – Decisão judicial

1 – O juiz decide do caso mediante audiência de julgamento ou através de simples despacho.

2 – O juiz decide por despacho quando não considere necessária a audiência de julgamento e o arguido ou o Ministério Público não se oponham.

3 – O despacho pode ordenar o arquivamento do processo, absolver o arguido ou manter ou alterar a condenação.

4 – O juiz fundamenta a sua decisão, tanto no que respeita aos factos como no que respeita ao direito aplicado e às circunstâncias que determinaram a medida da sanção, podendo basear-se em mera declaração de concordância com a decisão condenatória da autoridade administrativa.

5 – Em caso de absolvição, o juiz indica porque não considera provados os factos ou porque não constituem uma contra-ordenação.

I – Quando ao juiz se afigure que poderá julgar o caso mediante simples despacho, antes de proferi-lo, terá de mandar notificar o magistrado do MP e o arguido ou seu advogado. E se algum deles se opuser expressamente, o juiz terá de marcar a audiência de julgamento.

II – O dever de fundamentação da sentença penal é regulado no nº 2 do art. 374º do CPP, com o seguinte texto: *Ao relatório segue-se a fundamentação, que consta da enumeração dos factos provados e não provados, bem como de uma exposição tanto quanto possível completa, ainda que concisa, dos motivos, de facto e de direito, que fundamentam a decisão, com indicação e exame crítico das provas que serviram para formar a convicção do tribunal.*

III – Ac. TRE, de 12-09-2018, Proc. 1738/17, Rel. João Nunes: I – Em processo de contraordenação laboral o juiz só poderá decidir por despacho quando (i) considere desnecessária a realização da audiência e (ii) o arguido e o Ministério Público se não oponham à decisão do recurso por despacho. II – Os casos em que o juiz poderá decidir por despacho são os casos em que a decisão final não dependa da realização de diligências de prova. III – A oposição à decisão por despacho poderá ser manifestada pelo arguido no requerimento de interposição de recurso e pelo Ministério Público ao apresentar o processo ao juiz, devendo entender-se que constituem manifestação implícita de oposição o oferecimento de prova que deva ser produzida em audiência. IV – Assim, tendo no requerimento de interposição do recurso a arguida apresentado prova testemunhal, deve entender-se que se opõe à decisão por despacho. V – E deve também entender-se que se opõe a decisão por simples despacho, agora de forma expressa, se tendo sido notificada para manifestar a sua oposição à decisão por simples despacho, veio em resposta afirmar que considera que a audição das testemunhas por si arroladas se revela imprescindível quanto ao apuramento dos factos, prescindindo todavia da audição dessas mesmas testemunhas apenas se forem consideradas procedentes as excepções que deduziu e que conduzem à sua absolvição. VI – No circunstancialismo descrito, tendo o tribunal decidido por despacho cometeu a nulidade prevista no art. 120º, nº 2, alª d), do Cód. Proc. Penal, nulidade consistente na violação do seu direito de defesa, por preterição da realização da audiência de julgamento. (Sumário do relator).

IV – Face à consagração no art. 79º-A, nº 1, do RGC, da proibição da *reformatio in pejus,* parece que o juiz não poderá "alterar" a decisão da autoridade administrativa no sentido do seu agravamento, dado que tal não é expressamente permitido, face aos princípios da legalidade e da segurança.

V – Ac. TC, nº 141/2019, de 12 Mar. 2019, Proc. 550/2018, Rel. MARIA DE FÁTIMA MATA MOUROS DE ARAGÃO SOARES HOMEM: Não é julgada inconstitucional a norma que permite o agravamento da coima decorrente de contraordenação laboral em sede de impugnação judicial interposta pelo arguido em sua defesa, interpretativamente extraída do artigo 39º, nº 3, da Lei nº 107/2009, de 14 de agosto.

A conformação da proibição da "reformatio in pejus", numa perspetiva jurídica que pondere globalmente todos os fins do sistema, não deve considerar apenas a perspetiva de interesse do arguido, devendo o âmbito da proibição ser delimitado na conexão entre as garantias de defesa e a realização da justiça. Ora, a norma em causa configura uma medida necessária e adequada a garantir a tutela de bens jurídicos com dignidade constitucional (tutela dos direitos dos trabalhadores e garantia do sistema de segurança social), bem como a celeridade e eficiência da reação sancionatória no caso de lesão desses bens jurídicos tutelados.

Artigo 40º – Marcação da audiência

Ao aceitar a impugnação judicial o juiz marca a audiência, salvo no caso referido no nº 2 do artigo anterior.

I – Quanto à taxa de justiça, v. anotação ao art. 33º.

II – No art. 66º do RGC preceitua-se que *salvo disposição em contrário, a audiência em 1ª instância obedece às normas relativas ao processamento das transgressões e contravenções, não havendo lugar à redução da prova a escrito.* Face à inexistência dessa forma processual, deverá ser utilizada a forma que o substituiu, que será analogicamente aplicável, ou seja, o processo sumaríssimo, regulado no CPP, art. 392º, e como se prevê, no seu art. 4º, para a integração das lacunas.

Artigo 41º – Retirada da acusação

A todo o tempo, e até à sentença em primeira instância ou até ser proferido o despacho previsto no nº 2 do artigo 39º, pode o Ministério Público, com o acordo do arguido e da autoridade administrativa, retirar a acusação.

I – A necessidade de acordo do arguido faz sentido por este poder ter interesse legítimo na apreciação judicial da questão.

II – Também o arguido pode retirar a impugnação judicial, nos termos do art. 46º.

Artigo 42º – Participação do arguido na audiência

1 – O arguido não é obrigado a comparecer à audiência, salvo se o juiz considerar a sua presença como necessária ao esclarecimento dos factos.

2 – O arguido pode sempre fazer-se representar por defensor legal.

3 – Nos casos em que o juiz não ordenou a presença do arguido a audiência prossegue sem a presença deste.

Caso o arguido não tenha sido notificado para comparecer, compulsando as normas deste e do artigo seguinte, conclui-se que a audiência terá lugar, quer faltem o arguido, ou o seu advogado ou mesmo ambos.

Artigo 43º – Ausência do arguido

Nos casos em que o arguido não comparece nem se faz representar por advogado, tomam-se em conta as declarações que tenham sido colhidas no âmbito do processo de contra-ordenação que correu termos na autoridade administrativa competente ou regista-se que ele nunca se pronunciou sobre a matéria dos autos, apesar de lhe ter sido concedida a oportunidade para o fazer, e procede-se a julgamento.

I – Dada a natureza do processo, as faltas do advogado e mesmo do arguido não impedem que sejam ouvidas as testemunhas arroladas e que se encontrem presentes.

II – Mas tendo sido notificado o arguido para comparecer, nos termos do nº 3 do artigo anterior, esteja ou não representado por advogado, se "o tribunal o considerar necessário, pode marcar uma nova audiência", cfr. RGC, art. 68º, nº 2. Ainda poderá a sua falta de comparência ser punida com "uma soma entre 2 UC e 10 UC" (CPP, art. 116º, nº 1).

III – Podem o arguido ou o advogado vir a obter a justificação das faltas de comparecimento de conformidade com as normas do art. 117º do CPP.

Artigo 44º – Participação do Ministério Público

O Ministério Público está presente na audiência de julgamento.

Corresponde ao art. 69º do RGC.

Artigo 45º – Participação da autoridade administrativa competente

1 – O tribunal comunica à autoridade administrativa competente a data da audiência para, querendo, esta poder participar na audiência.

2 – O Ministério Público, após notificação da decisão de arquivamento do processo, absolvição ou alteração da condenação, solicita a pronúncia por escrito da autoridade administrativa competente, no prazo de cinco dias, a fim de ser equacionado um eventual recurso no processo.

3 – O tribunal comunica à autoridade administrativa competente, de imediato e antes do trânsito em julgado, a sentença, bem como as demais decisões finais.

A autoridade administrativa competente ou é a ACT ou o ISS, ou melhor, as entidades em quem tenha sido delegada a competência, cfr. art. 3º.

Artigo 46º – Retirada da impugnação judicial

1 – A impugnação judicial pode ser retirada pelo arguido até à sentença em primeira instância ou até ser proferido o despacho previsto no nº 2 do artigo 39º

2 – Depois do início da audiência de julgamento, a impugnação judicial só pode ser retirada mediante o acordo do Ministério Público.

I – Corresponde ao art. 71º do RGC.

II – A retirada da impugnação judicial, implica a aceitação da decisão administrativa e poderá produzir efeitos na execução, na garantia e nas custas.

Artigo 47º – Prova

1 – Compete ao Ministério Público promover a prova de todos os factos que considere relevantes para a decisão.

2 – Compete ao juiz determinar o âmbito da prova a produzir.

3 – O Ministério Público e o arguido podem arrolar até ao máximo de duas testemunhas por cada infracção.

4 – Quando se trate de três ou mais contra-ordenações a que seja aplicável uma coima única, o Ministério Público e o arguido podem arrolar até ao máximo de cinco testemunhas por todas as infracções.

I – Nos termos do art. 341º do CPP, *a produção da prova deve respeitar a ordem seguinte:*

a) Declarações do arguido;

b) Apresentação dos meios de prova indicados pelo Ministério Público, pelo assistente e pelo lesado;

c) Apresentação dos meios de prova indicados pelo arguido e pelo responsável civil.

II – As normas dos nºs 1 e 2 correspondem às do art. 72º do RGC.

Artigo 48º – Admoestação judicial

Excepcionalmente, se a infracção consistir em contra-ordenação classificada como leve e a reduzida culpa do arguido o justifique, pode o juiz proferir uma admoestação.

I – Ainda que para a fase administrativa, dispõe-se no art. 51º do RGC:

1. Quando a reduzida gravidade da infração e da culpa do agente o justifique, pode a entidade competente limitar-se a proferir uma admoestação.

2. A admoestação é proferida por escrito, não podendo o facto voltar a ser apreciado como contraordenação.

II – Ac. do TRP, de 10-07-2019, Proc. 345/18.7T8PNF.P1, Rel. Rita Romeira: V – A admoestação só, excecionalmente, pode ser proferida e aplicada às infrações contraordenacionais qualificadas como leves ou simples, não sendo legal a sua aplicação, em casos, em que a infração é qualificada de muito grave.

Artigo 49º – Decisões judiciais que admitem recurso

1 – Admite-se recurso para o Tribunal da Relação da sentença ou do despacho judicial proferidos nos termos do artigo 39º, quando:

a) For aplicada ao arguido uma coima superior a 25 UC ou valor equivalente;

b) A condenação do arguido abranger sanções acessórias;

c) O arguido for absolvido ou o processo for arquivado em casos em que a autoridade administrativa competente tenha aplicado uma coima superior a 25 UC ou valor equivalente, ou em que tal coima tenha sido reclamada pelo Ministério Público;

d) A impugnação judicial for rejeitada;

e) O tribunal decidir através de despacho não obstante o recorrente se ter oposto nos termos do disposto no nº 2 do artigo 39º

2 – Para além dos casos enunciados no número anterior, pode o Tribunal da Relação, a requerimento do arguido ou do Ministério Público, aceitar o recurso da decisão quando tal se afigure manifestamente necessário à melhoria da aplicação do direito ou à promoção da uniformidade da jurisprudência.

3 – Se a sentença ou o despacho recorrido são relativos a várias infracções ou a vários arguidos e se apenas quanto a alguma das infracções ou a algum dos arguidos se verificam os pressupostos necessários, o recurso sobe com esses limites.

I – Corresponde ao art. 73º do RGC com adaptação dos valores.

II – Os recursos de fixação de jurisprudência prevêem-se no CPP, art. 437º e segs., começando pelo recurso de fixação de jurisprudência propriamente dito e concluindo pelo recurso no interesse da unidade do direito (art. 447º). São recursos extraordinários, assim como um outro, o recurso de revisão (art. 449º e segs.).

III – Ac. TRG, de 19-04-2018, Proc. 2099/17, Rel. Eduardo Azevedo: Em sede de contraordenações laborais o recurso para o Tribunal da Relação só admissível quando for aplicada ao arguido uma coima igual ou superior a 25 unidade de conta ... ou a condenação abranger sanções acessórias, sendo que o recurso não pode ter como objeto a matéria de facto.

Artigo 50º – Regime do recurso

1 – O recurso é interposto no prazo de 20 dias a partir da sentença ou do despacho, ou da sua notificação ao arguido, caso a decisão tenha sido proferida sem a presença deste.

2 – Nos casos previstos no nº 2 do artigo anterior, o requerimento segue junto ao recurso, antecedendo-o.

3 – Nestes casos, a decisão sobre o requerimento constitui questão prévia, que é resolvida por despacho fundamentado do tribunal, equivalendo o seu indeferimento à retirada do recurso.

4 – O recurso segue a tramitação do recurso em processo penal, tendo em conta as especialidades que resultem desta lei.

I – O recurso em processo penal é regulado no art. 399º e segs. do CPP e no RGC, nos arts. 74º e 75º.

II – "Nos recursos, a taxa de justiça é sempre fixada nos termos da tabela I-B e é paga pelo recorrente com as alegações e pelo recorrido que contra-alegue, com a apresentação das contra-alegações" (RCP, arts. 6º, nº 2 e 7º, nº 2). Todavia, v. teor do nº 9 do art. 8º do RCP transcrito em anotação ao art. 33º.

III – Ac. TRG, de 16-07-2019, Proc. 6215/18.8T8GMR-B.G1, Rel. António Sobrinho: A taxa de justiça pela interposição de recurso para o tribunal da Relação de decisão judicial sobre decisão administrativa é devida e paga a final. [RCP, art. 8º nº 9].

IV – Ac. STJ nº 3/2019, publicado em 02-07-2019: Em processo contraordenacional, no recurso da decisão proferida em 1ª instância o recorrente pode suscitar questões que não tenha alegado na impugnação judicial da decisão da autoridade administrativa.

Artigo 51º – Âmbito e efeitos do recurso

1 – Se o contrário não resultar da presente lei, a segunda instância apenas conhece da matéria de direito, não cabendo recurso das suas decisões.

2 – A decisão do recurso pode:

a) Alterar a decisão do tribunal recorrido sem qualquer vinculação aos termos e ao sentido da decisão recorrida;

b) Anulá-la e devolver o processo ao tribunal recorrido.

I – Corresponde ao teor do art. 75º do RGC.

II – Relativamente à proibição da "reformatio in pejus", preceitua-se no art. 72º-A do RGC: *1. Impugnada a decisão da autoridade administrativa ou interposto recurso da decisão judicial somente pelo arguido, ou no seu exclusivo interesse, não pode a sanção aplicada ser modificada em prejuízo de qualquer dos arguidos, ainda que não recorrentes.*

2. O disposto no número anterior não prejudica a possibilidade de agravamento do montante da coima, se a situação económica e financeira do arguido tiver, entretanto melhorado de forma sensível.

III – A figura da proibição de *reformatio in pejus* configura-se no CPP nos termos previstos no art. 409º. V. ac. do TC, sumariado em anotação ao antecedente art. 39º.

CAPÍTULO V – Prescrição

Artigo 52º – Prescrição do procedimento

Sem prejuízo das causas de suspensão e interrupção da prescrição previstas no regime geral das contra-ordenações, o procedimento extingue-se por efeito da prescrição logo que sobre a prática da contra-ordenação hajam decorrido cinco anos.

I – Há que distinguir a prescrição do procedimento (arts. 52º a 54º) da prescrição da coima (art. 56º e 57º) e da prescrição das sanções acessórias (art. 58º).

II – As causas de suspensão e interrupção da prescrição do procedimento encontram-se enumeradas nos arts. 27º-A e 28º do RGC.

III – O regime básico da prescrição está contido no CC, art. 300º e segs.

IV – Quanto ao início da contagem do prazo de prescrição, aplicam-se, subsidiariamente, as normas do art. 119º do Código Penal e ainda as dos arts. 127º e 128º (morte, amnistia, perdão genérico, indulto e extinção).

Artigo 53º – Suspensão da prescrição

1 – A prescrição do procedimento por contra-ordenação suspende-se, para além dos casos especialmente previstos na lei, durante o tempo em que o procedimento:

a) Não possa legalmente iniciar-se ou continuar por falta de autorização legal;

b) Não possa prosseguir por inviabilidade de notificar o arguido por carta registada com aviso de recepção;

c) Esteja pendente a partir do envio do processo ao Ministério Público até à sua devolução à autoridade administrativa competente, nos termos previstos no regime geral das contra-ordenações.

d) Esteja pendente a partir da notificação do despacho que procede ao exame preliminar do recurso da decisão da autoridade administrativa competente, até à decisão final do recurso.

2 – Nos casos previstos nas alíneas b), c) e d) do número anterior, a suspensão não pode ultrapassar seis meses.

I – Na suspensão, o período decorrido antes da sua causa é adicionado ao período que decorre depois de cessada a causa de suspensão, portanto apenas não se considera para efeitos da prescrição o período da suspensão.

II – A suspensão da prescrição no Código Civil é regulada no art. 318º e segs.

III – Ac. STJ nº 4/2011, de 13-01-2011, publicado em 11-02: A suspensão do procedimento por contra-ordenação cuja causa está prevista na alínea c) do nº 1 do artigo 27º-A do Decreto-Lei nº 433/82, de 27 de outubro, inicia-se com a notificação do despacho que procede ao exame preliminar da impugnação judicial da decisão da autoridade administrativa e cessa, sem prejuízo da duração máxima imposta pelo nº 2 do mesmo artigo, com a última decisão judicial que vier a ser proferida na fase prevista no capítulo IV da parte II do Regime Geral das Contra-ordenações.

IV – Ac. TRP, 22-05-2019, Proc. 116/14.6T8PRT.P, Rel. Maria Dolores da Silva e Sousa: I – No procedimento contraordenacional só vigoram as causas de suspensão da prescrição desse procedimento que são próprias do seu regime específico. II – Não é aplicável ao procedimento contraordenacional a causa de suspensão da prescrição do procedimento criminal referida no artigo 120º, nº 1, a), do Código Penal («quando o procedimento criminal não poder legalmente iniciar-se ou continuar por falta de autorização legal, ou de sentença a proferir por tribunal não penal, ou por efeito de devolução de uma questão prejudicial a juízo não penal»).

Artigo 54º – Interrupção da prescrição

1 – A prescrição do procedimento por contra-ordenação interrompe-se:

a) Com a comunicação ao arguido dos despachos, decisões ou medidas contra ele tomados ou com qualquer notificação;

b) Com a realização de quaisquer diligências de prova, designadamente exames e buscas, ou com o pedido de auxílio às autoridades policiais ou a qualquer autoridade administrativa;

c) Com a notificação ao arguido para exercício do direito de audição ou com as declarações por ele prestadas no exercício desse direito;

d) Com a decisão da autoridade administrativa competente que procede à aplicação da coima.

2 – Nos casos de concurso de infracções, a interrupção da prescrição do procedimento criminal determina a interrupção da prescrição do procedimento por contra-ordenação.

3 – A prescrição do procedimento tem sempre lugar quando, desde o seu início e ressalvado o tempo de suspensão, tenha decorrido o prazo da prescrição acrescido de metade.

I – Diferentemente da suspensão, a interrupção da prescrição tem um efeito mais forte, pois, finda a situação motivadora, o prazo para a prescrição do procedimento volta a contar-se desde o início.

II – Conjugando o disposto no nº 3 com o preceituado no art. 52º, a prescrição do procedimento ocorrerá, no máximo, ao fim de sete anos e meio após o seu início (prática da contraordenação), excetuando eventuais períodos de suspensão.

III – A interrupção da prescrição é tratada no CC, no art. 323º e segs.

Artigo 55º – Prescrição da coima

Sem prejuízo das causas de suspensão e interrupção da prescrição previstas no regime geral das contra-ordenações, as coimas prescrevem no prazo de cinco anos, a partir do carácter definitivo ou do trânsito em julgado da decisão condenatória.

As causas de prescrição da coima e da sua suspensão e interrupção prevêem-se nos arts. 29º, 30º e 30º-A do RGC.

Artigo 56º – Suspensão da prescrição da coima

A prescrição da coima suspende-se durante o tempo em que:

a) Por força da lei, a execução não pode começar ou não pode continuar a ter lugar;

b) A execução está interrompida;

c) Esteja em curso plano de pagamento em prestações.

Corresponde, em parte, ao art. 125º do Código Penal.

Artigo 57º – Interrupção da prescrição da coima

1 – A prescrição da coima interrompe-se com a sua execução.

2 – A prescrição da coima ocorre quando, desde o seu início e ressalvado o tempo de suspensão, tenha decorrido o prazo normal da prescrição acrescido de metade.

Artigo 58º – Prescrição das sanções acessórias

Aplica-se às sanções acessórias o regime previsto nos artigos anteriores para a prescrição da coima.

Corresponde ao art. 31º do RGC.

CAPÍTULO VI – Custas

Artigo 59º – Custas processuais

Sempre que o contrário não resulte da presente lei, são aplicáveis, com as devidas adaptações, as disposições do regulamento das custas processuais.

I – No RCP, avultam os artigos 8º, onde se estabelece nos seus números:

"7 – que "é devida taxa de justiça pela impugnação das decisões de autoridades administrativas, no âmbito de processos contraordenacionais, quando a coima não tenha sido previamente liquidada, no montante de 1 UC, podendo ser corrigida, a final, pelo juiz, nos termos da tabela III, que faz parte integrante do presente Regulamento, tendo em consideração a gravidade do ilícito.

8 – A taxa de justiça referida no número anterior é autoliquidada nos 10 dias subsequentes à notificação ao arguido da data de marcação da audiência de julgamento ou do despacho que a considere desnecessária, devendo ser expressamente indicado ao arguido o prazo e os modos de pagamento da mesma.

9 – Nos restantes casos, a taxa de justiça é paga a final, sendo fixada pelo juiz tendo em vista a complexidade da causa, dentro dos limites fixados pela tabela III (1 a 5 UC).

10 – Se o juiz não fixar a taxa de justiça nos termos do número anterior, considera-se a mesma fixada no dobro do seu limite mínimo".

II – Conforme anotação ao art. 28º, a UC, em 2019, corresponde a € 102,00.

CAPÍTULO VII – Disposições finais

Artigo 60º – Direito subsidiário

Sempre que o contrário não resulte da presente lei, são aplicáveis, com as devidas adaptações, os preceitos reguladores do processo de contra-ordenação previstos no regime geral das contra-ordenações.

Como anotado ao art. 1º, o RGC contém-se no DL nº 433/82, de 27 de outubro, com numerosas alterações. Este diploma foi emitido ao abrigo da autorização legislativa concedida pela Lei nº 24/82, de 23 de agosto.

Artigo 61º – Cumprimento da obrigação devida

O pagamento da coima não dispensa o infractor do cumprimento da obrigação, se este ainda for possível.

Corresponde à norma do art. 564º, nº 1 do CT.

Artigo 62º – Comunicações entre autoridades administrativas competentes

1 – Para efeitos do disposto no nº 2 do artigo 2º, as autoridades administrativas competentes comunicam entre si, trimestralmente, os procedimentos de contra-ordenação em curso e as coimas aplicadas.

2 – As autoridades administrativas competentes devem comunicar entre si, no prazo de 10 dias, a verificação de infracção a que corresponda uma contra-ordenação laboral ou de segurança social que não seja da sua competência.

No nº 2 do art. 2º prevê-se a competência, quer da ACT, quer do ISS para levantarem o procedimento contraordenacional "sempre que se verifique uma situação de prestação de actividade, por forma aparentemente autónoma, em condições características de contrato de trabalho, que possa causar prejuízo ao trabalhador ou ao Estado ou a falta de comunicação de admissão do trabalhador na segurança social."

Artigo 63º – Regiões Autónomas

Na aplicação da presente lei às Regiões Autónomas são tidas em conta as competências legais atribuídas aos respectivos órgãos e serviços regionais.

I – Na RAM, Instituto de Segurança Social da Madeira, IP-RAM, criado pelo DLR nº 29/2016, de 15 de julho, com atribuições para assegurar o exercício da ação inspetiva e fiscalizadora no cumprimento dos direitos e obrigações dos beneficiários e contribuintes do sistema de segurança social, das instituições particulares de solidariedade social e de outras entidades privadas que exerçam atividades de apoio social e exercer os poderes sancionatórios no âmbito dos ilícitos de mera ordenação social relativos aos estabelecimentos de apoio social, a beneficiários e contribuintes, nos termos legais (art. 4º); e Direção Regional do Trabalho e Ação Inspetiva, que tem por missão o controlo do cumprimento das normas em matéria laboral e da legislação relativa à segurança social, de acordo como o DRR nº 15/2015/M, de 19 de agosto que aprova a orgânica da Secretaria Regional da Inclusão e Assuntos Sociais (art. 11º, nº 2).

II – Na RAA, Instituto de Segurança Social dos Açores, I.P.R.A., abreviadamente, ISSA, IPRA, criado pelo DLR nº 14/2013/A, de 3 de outubro e com os estatutos aprovados pelo DRR nº 2/2014/A. Entre outras, é sua atribuição "exercer os poderes sancionatórios no âmbito dos ilícitos de mera ordenação social ... [art. 4º, alínea o)] e Inspeção Regional do Trabalho, com estatutos aprovados pelo DRR nº 14/2001/A (arts. 4º e segs.) com poderes relativamente a contraordenações laborais.

Artigo 64º – Norma revogatória

São revogados os artigos 14º a 32º do Decreto-Lei nº 64/89, de 25 de Fevereiro.

Este DL estabelecia o regime das contraordenações no sistema de segurança social, tendo, atualmente, apenas uns cinco artigos em vigor.

Artigo 65º – Entrada em vigor

1 – A presente lei entra em vigor no 1º dia do mês seguinte ao da sua publicação.

2 – As disposições da presente lei referentes aos meios áudio-visuais e informáticos só entram em vigor na data da sua implementação pelos competentes serviços do ministério responsável pela área laboral.

Entrou em vigor em 1 de outubro de 2009.

Aprovada em 23 de Julho de 2009.

O Presidente da Assembleia da República, *Jaime Gama*.

Promulgada em 31 de Agosto de 2009.

Publique-se.

O Presidente da República, ANÍBAL CAVACO SILVA.

Referendada em 31 de Agosto de 2009.

O Primeiro-Ministro, *José Sócrates Carvalho Pinto de Sousa*.

BIBLIOGRAFIA

ALEGRE, Carlos – *Acidentes de Trabalho e Doenças Profissionais – Regime Jurídico Anotado*, Almedina, Coimbra, 2000

CONCEIÇÃO, Apelles – *Legislação da Segurança Social*, 6ª ed., Almedina, Coimbra, 2017

CORREIA, João e Albertina Pereira, *Código de Processo do Trabalho Anotado à Luz da Reforma do Processo Civil*, Almedina, Coimbra, 2015

COSTA, Adalberto – *Contra-Ordenações Laborais e da Segurança Social*, Vida Económica, Porto, 2010

FERREIRA, Alberto Leite – *Código de Processo do Trabalho Anotado*, 4ª ed., Coimbra Editora, 1996

FERREIRA, António, *Código de Processo do Trabalho Anotado, ebook*, 2019

GOMES, Carla Amado e Ana Fernandes Alves, *Estudos Sobre a Atividade Inspetiva*, AAFDL, Lisboa, 2018

GOMES, Júlio Manuel Vieira – *O Acidente de Trabalho – O acidente* in intinere *e a sua descaracterização*, Coimbra Editora, 2013

MARTINS, Alcides – *Código do Trabalho e Legislação Complementar*, 3ª ed., Digital Juris Book, Lisboa, 2012

– *Direito do Processo Laboral – Uma Síntese e Algumas Questões*, 4ª ed., Almedina, Coimbra, 2019

NETO, Abílio – *Código de Processo do Trabalho Anotado*, 5ª ed., Ediforum, Lisboa, 2011

NEVES, Ilídio das – *Dicionário Técnico e Jurídico de Protecção Social*, Coimbra Editora, 2001

PASSOS, Sérgio – *Contra-Ordenações – Anotações ao Regime Geral*, 2ª ed., Almedina, Coimbra, 2006

PEREIRA, António Beça, *Regime Geral das Contra Ordenações e Coimas*, 12ª ed., Almedina, 2019

PINHEIRO, Paulo de Sousa – *Curso Breve de Direito Processual do Trabalho*, 2ª ed., Coimbra Editora, 2014

RIBEIRO, João Soares – *Contra-Ordenações Laborais – Regime Jurídico*, 3ª ed., Almedina, Coimbra, 2011

ROXO, Manuel M. e Luís C. Oliveira – *O Processo de Contra-Ordenação Laboral e de Segurança Social*, Almedina, Coimbra, 2009

VASCONCELOS, Joana – *Direito Processual do Trabalho*, Universidade Católica Editora, Lisboa, 2017

ÍNDICE IDEOGRÁFICO

ÍNDICE GERAL